市场预测与管理决策

（第五版）

Forcasting Market and Decision Making

21 世纪工商管理系列教材

Business Administration Classics

简明 胡玉立 编著

中国人民大学出版社
·北京·

序　言

本书第一版于1985年问世时，我国企业改革刚刚开始，企业经营管理人员渴望得到市场预测和管理决策的理论指导，高等院校也急需市场预测和管理决策的教材，本书的出版犹如雪中送炭。1996年胡玉立教授根据使用本书第一版10年来的教学经验，吸收当时企业运用的最新成果，对本书进行了第一次修订，保持了本书的时代性和指导性。进入21世纪，经济全球化把中国企业推进国际市场，科学技术的进步日新月异，要求企业不断创新，信息化时代的到来改变着传统的思维模式，这一切变化都对市场预测与管理决策的理论和方法提出了新的要求，基于此，2003年简明和胡玉立教授对本书进行了重大修订。近年来，我国市场经济体制日趋完善，国际先进理念和方法不断涌入，企业经营管理水平快速提高，企业的实践推动着理论的发展，也呼唤着理论的指导，为此简明和胡玉立教授再次对本书进行了修订。

本书第五版对部分内容和案例进行了更新，案例尽量采用最新的真实数据，使读者更容易感受和理解案例中企业所处的决策环境。本书案例中的计算采用最常用且易学的统计分析软件SPSS和预测软件Eviews，用计算机鼠标点击替代了复杂的数学推导和运算，使读者可以将主要精力放在理解预测和决策原理，掌握正确选用预测和决策的方法上，计算机的应用为预测和决策方法的普及使用提供了极大的便利。全书力求用完整的市场研究案例贯穿市场调查和预测的讲解，使读者更加容易理解市场调查和预测方法的逻辑关系和管理实践中的处理流程。通过章后习题，便于读者练习学到的方法或检验学习的效果。为了满足教师教学需要，第五版提供了配套的PPT讲稿，读者可以在中国人民大学出版社工商管理分社的网站上下载，网址为www.rdjg.com.cn。

本书凝结着车礼、高广礼、胡玉立等老一辈专家学者的智慧。本次修订大纲由简明和胡玉立策划，本书第1～6章由简明编写，第7～9章由胡玉立编写，全书由简明负责总纂。中国人民大学多届硕士研究生参加了本书第三版至第五版的修订工作，他们是统计学院的王静、锁磊、罗晓利、王超、张首芳、杜月、张星、王哲、黄鑫、姜良强、陈嘉明、王子、陈丽彬、李丽和公共管理学院的张丽华。中国人民大学出版社的编辑为本书的出版付出了辛勤劳动，在此一并表示感谢。

由于作者水平有限，本书不尽如人意之处很多，恳请有识之士不吝指教。

目　录

第1章

导　论

第一节　市场与企业

一、市场

（一）市场的含义

市场是商品生产、商品交换的场所，是以商品交换为基本内容的经济联系形式。在现代社会，随着生产力的迅猛发展，商品经济进入市场经济阶段，市场得到了空前的发展。一方面，随着交换规模的扩大，市场冲破了地域分割，不但形成一国的统一市场，而且扩展到国际范围，使市场的空间范围得到了极大的扩展；另一方面，市场体系高度发达，不仅生产资料、消费品等商品市场趋向成熟，生产要素市场也得到了充分发展。各类市场彼此衔接，相互依存，形成完善的市场体系，成为社会生产、交换、分配、消费等经济活动的枢纽。可见，市场是商品交换场所与实现商品交换关系的统一，是商品交换的市场体系，是社会经济生活的综合体现，也是一种经济运行机制（即市场机制）。企业从事经营管理活动，全面认识市场，能为提高市场调查和预测的可信度及管理决策效果奠定良好的基础。

（二）市场的基本要素

市场由多种基本要素相互联系和相互作用而成为有机整体。

（1）从宏观角度考察。商品、卖方和买方三者构成宏观市场的基本要素，通过供给与需求的相互关系，推动总体市场的运动方向。

（2）从微观角度考察。微观市场的构成基本要素是人口、购买力和购买欲望，这三者相互联系，相互制约，共同构成企业的微观市场。它是企业市场研究的重点，企业据此了解面临的现实市场状况，寻求潜在市场，进而做出正确决策求得企业的发展。

（三）市场的功能

市场功能是指社会经济活动中市场体系运行产生的效能。

（1）市场交换功能，即以市场为商品交易场所和中介，促进和实现商品所有权与实体交换活动的效能。它是市场最基本的功能，具体表现为销售、采购、运输、储存和挑选分类等功能。

（2）市场调节功能，即以市场机制为价值规律发生作用的实现形式，自动调节社会经济运行过程和基本比例关系的效能，是市场体系的核心功能。通常表现为价格调节，供求调节，竞争调节，对社会生产、分配、交换、消费的全过程进行自动调节等，最终实现社会经济基本比例关系，促使市场体系快速生成和发育。

（3）市场信息反馈功能，即以市场体系运行中形成的市场信息，经传递、接收影响商品交换当事人交换活动的职能。市场信息是对反映市场经济活动的消息、情报、数据、资料、指令的总称。它既是市场上商品供需双方能力的客观描述，同时也借助市场活动中的参数，如价格、利率、工资率、股息等相互变动、相互作用的信息，预示市场供求变动趋势。市场信息反馈功能可以为国家宏观经济决策和企业生产经营决策提供重要依据。

二、企业与市场的关系

企业作为一种经济组织，是通过为社会提供商品或服务的使用价值来实现自己的价值，收回成本获取利润，持续地从事经营活动的经济实体。企业的经济活动与市场密不可分，既要了解市场对企业的作用，更要认识企业是市场的主体这一特征，只有这样，企业才能以市场为导向开展经营活动，通过以自主经营的法人地位参与市场运营，促进市场发展。

（一）市场对企业的作用

在我国社会主义市场经济条件下，市场作为经济运行的中枢和集中体现，既是社会资源的主要配置者，也是国家对社会经济实行间接管理的中介、手段和直接作用对象，市场对现代企业的生产经营活动具有直接导向作用。

（1）市场是企业生存和发展的基石。企业生产经营的产品或服务，只有在市场上实现商品交换，才能实现价值，获取利润。因此，企业要根据市场供求信息决定为谁生产、生产什么、生产多少和怎样经营，以求得企业提供商品或服务能实现商品交换，获得好的经济效益和社会效益。

（2）市场引导企业适应消费，同时又检验和校正企业经营活动的有用性。企业作为资源配置的利益主体，通过市场竞争实现各项资源要素的最佳组合，推动企业经营产品结构的合理化。企业只有接收市场发出的供求变化、价格波动、市场竞争等信息来调节企业的资产投向、生产规模、产品开发和经营方式，才能提高企业运营的效果。

（3）市场促成企业内在经营机制与市场运行机制最大限度的衔接。市场充满竞争，既给企业造成威胁，也给企业发展契机，变市场威胁为市场契机的关键是企业要适应市场经济体制，建立一套完善的经营机制，如产权制度、责任制度、领导体制、组织制度等。

（二）企业是市场的主体

企业的经济运行状况会直接影响和推动市场的整体运行，并且促进市场经济体制的完善。作为市场运行的主体，其主体特征主要表现为：

（1）管理决策的自主性。企业是法人产权主体，享有资产占有、使用、收益和处分等行为权利，具体表现为企业能够在国家间接宏观调控下，根据市场需要自主地对生产经营计划、投资安排、资金支配、产品和劳务定价，并拥有对企业内部的劳动、人事、工资、资金分配等做出决定并组织实施的权力，并且对经营后果负责。

（2）利润最大化。企业追求利润最大的社会效益。一方面，企业利润多，上缴国家的税利就多，国家积累也就多；另一方面，企业在生产经营过程中尽可能提高技术水平、提高劳动生产率、降低成本，从而推动社会技术进步，加速流通，成为推动市场繁荣和社会进步的动力。

（3）市场行为应变性。企业充分认识市场的复杂性、多变性，运用好管理决策自主权，能动地制定适应环境变化的对策。表现为企业经营管理者在客观环境中要审时度势，分清积极面与消极面，运用适当的对策和应急措施，使企业与多变的市场之间保持动态均衡。

（4）企业系统自组织性。企业系统的自组织性是指企业运行机制使企业系统具有抗干扰能力，表现为企业能在生产、分配、交换、消费过程出现无序情况时，根据自身条件，借助与环境间的物质、能量、信息的流动，加强自组织控制，实行人、财、物全面优化配置，增强消化能力，维持一种时间、空间、功能的有序结构，把握市场机会或变威胁为机会，使企业系统返回原来的稳定状态或渐变为一种新的稳定状态。

管理决策的自主性是企业市场主体运行的基础和前提；利润最大化是主体目标；企业市场行为应变性是主体行为目的性的客观要求；企业系统自组织性是主体行为的一种机理。在实践中要使企业将上述四个主体特征有机结合，对市场各种变化做出能动反应。使企业在市场经济发展中立于不败之地的核心是企业的正确决策。为了保证企业做出正确决策，管理者应该及时获取制定决策所需的市场信息。

第二节　企业的市场管理决策过程

一、基础概念——市场信息和市场研究

人类社会已进入信息时代，信息对社会生活的各个领域有着巨大的影响。在市

场经济条件下，信息同资本、劳动力、原材料等生产要素一样，已成为社会再生产过程不可缺少的资源。企业经营管理要比过去更有效地应用各种市场信息资源，要经常收集市场信息，加以整理、存储或加工，并以恰当形式提供给管理者使用。市场研究就是一种重要的市场信息组织活动。

（一）市场信息的概念、种类和作用

1. 市场信息的概念

市场信息是指人们传递、接收、理解的有关市场经济活动的各种消息、情报、数据和资料的总称。市场信息是对市场运行过程与状况的客观描述，是各种经济事物运动变化状态及其相互联系的现实表现，是当事者进行判断、选择、预测和制定决策时有用的信息。

市场信息具有一般信息所共有的基本特征，如可感知性、可识别性、可转换性、可存储性、可加工处理性、与物质载体的不可分割性等，除此之外，市场信息还有着与其他社会信息不同的特点。首先，市场信息具有明确的来源和目的性，即市场信息直接产生于市场运行和与市场运行有关事物的动态变化之中，并直接为提高市场活动有效性，维持市场的正常运行服务；其次，市场信息的来源、内容和形式呈现复杂性和多样性；再次，市场信息具有较强的有序性和可传递性，信息的数字化和网络化，更使得市场信息突破时空限制，得以在全球范围内传输；最后，市场信息具有效用性，能为经济活动服务，能给使用者带来经济效益。

2. 市场信息的种类

市场信息的内容极其庞杂，从其发生过程和形成过程来看各不相同，在质的方面和形式方面也是多种多样，从不同角度可作多种分类：按照信息产生过程，可分为原始信息和加工信息；按照信息来源，可分为内部信息和外部信息；按照信息的时间属性，可分为历史信息、现时信息和未来信息；按照信息来源稳定程度，可分为固定信息和流动信息；按照信息内容，可分为市场情报信息、企业经营管理信息、营销环境信息等。

3. 市场信息的作用

（1）市场信息在管理者认识市场和确认经营管理问题或市场机会时极为重要。企业需要尽可能多地了解消费者，了解产品或服务如何适应市场需求，了解市场运行方式，竞争对手对现有产品和新产品有些什么动作及生产的灵活性等市场信息。获取这些信息不仅能及时发现问题与市场机会，更重要的是有益于管理者对问题症结与市场机会做出诊断，提高对问题与机会的理解。

（2）市场信息在保证产生、评估和优选解决问题或实现市场机会的方案质量方面有着关键的作用。首先，提出解决问题或利用机会备选方案的过程中，创造力的应用离不开对历史、现实和未来市场信息的综合利用。创造力不但要应用于系统地阐述问题或市场机会本身，而且要利用创造性的思维提出解决问题或利用机会的一系列备选方案。其次，评估备选方案和选择决策方案与市场信息密切相关，市场信息在保证决策方案质量方面所起的作用不言而喻。

（3）需要市场信息来确定决策方案的实施与监督的有效性。实施决策方案离不

开企业相关部门的协调，相关部门必须在能充分利用共享信息的基础上，为制定本部门的执行计划而收集相关业务信息，科学制定执行计划和预算，并付诸行动。在执行中又需要持续地收集和整理与决策环境有关的技术、政治、经济等方面不断变化的信息，检查各部门执行方案中显示效率水平的成本、废品率、生产能力、利润率等指标信息并评估执行中决策方案所设定的目标。

综上所述，管理决策的实质，从某种意义上讲就是对信息的收集与利用，市场信息是正确决策的基础。市场信息在形成过程中经常处于分散、无序状态，只有经过有目的的收集、整理、筛选和加工分析，使之集中化、有序化、系统化，才能成为管理适用的信息，这就需要开展市场研究。

（二）市场研究是一种市场信息组织活动

1. 市场研究的概念

市场研究是通过市场调查和市场预测收集商品从生产经营者转移到消费者的过程中市场活动发展变化的信息，据以综合研究和系统分析，向企业经营管理者提供有价值的决策依据，实现正确决策的一种信息组织活动。市场研究是一种提供市场信息的重要形式，其作用是为市场研究者提供经营管理过程的信息反馈，为企业探求新的市场机会。具体表现为：描述功能，通过市场调查信息，陈述市场、企业经营条件、环境的事实；诊断功能，指为更好地服务消费者，市场研究人员对信息的解释或建议；预测功能，指在市场调查基础上，通过预测分析阐明未来市场发展变化的趋向与可能给企业带来的机会与威胁。市场研究具有针对性、客观性、计划性、时间性、准确性、综合性等特点。

2. 市场研究的类型

（1）探测性研究。指企业对出现的问题不知症结所在，为确认问题或市场机会而进行的初步研究。可以采用探测性研究，如走访、座谈、收集间接资料等方法，初步了解情况，发现问题所在，为正式深入研究做好准备。此外，探测性研究也用于对现有营销管理的理念需要提供进一步的证明或深入了解某种市场现象，就某个复杂的决策问题或某种消费行为的假设进行的研究。

（2）描述性研究。指了解问题背后的基本关系后，通过对市场客观资料的全面收集、整理与分析，说明诸如“谁”、“什么”、“何时”、“何地”、“怎样”等问题，认清问题的特征，为解决问题提供依据。

（3）因果性研究。指为深入探索问题的原因与结果之间的关系而进行的专题市场研究。描述性研究旨在寻找经济现象之间的因果关系，明确解决问题从何入手，做出正确的决策。因果性研究可以用实验法检测变量间的因果关系，或采用数据分析方法找出量化的因果关系模式。

（4）预测性研究。指为更好地把握市场机会，探求市场发展变化趋势和未来一定时期内市场变化可能状态时进行的市场研究。这类市场研究一定是在市场调查基础上，运用预测理论与方法，对未来市场的发展趋势与可能状态做出估计与测算。

综上所述，探测性、描述性和因果性三类市场研究侧重于实现市场研究的描述与诊断两项功能，预测性市场研究则同时实现描述、诊断和预测三项功能，它强调在市场调查基础上，开展全面、科学的预测分析。可见，市场调查与市场预测是实现市场研究信息职能的重要手段。

二、市场调查

（一）市场调查的概念和任务

市场调查是用科学的方法，有目的、系统地收集、记录、整理和分析市场信息，了解市场发展变化的现状和趋势，为市场预测与管理决策提供科学依据的过程。企业要透过市场现象的偶然性、复杂性、流动性和模糊性，去认识市场需求和商品流通的客观性、必然性、规律性和确定性，去揭示市场的本质及其发展规律，更好地满足市场需求，具体表现为以下几个方面：

（1）把市场需求情况数量化，探求企业的商品销售潜在数量。消费者的购买行为由动机和愿望驱动，受个人的年龄、职业、经济情况、生活方式、偏好、观念等影响，同时也受社会和文化的多种因素影响，因此，通过收集商品购买、消费的各种事实、意见及动机等市场信息，提示会产生某种市场现象及其客观原因，进而观察、核查和计算市场需求水平与企业商品的潜在销售数量。

（2）寻找并明确商品适销对路的途径。使商品适销对路、符合消费者需求是获得生产经营利润的重要途径。为此，从商品使用及消费等角度，了解顾客的实际需要，获取他们对商品的效用、使用方便性、形态、大小、重量、美观程度、色彩、价格等需求的市场信息，作为正确制定商品生产经营计划的依据。

（3）寻找企业合理的市场营销途径或手段。企业商品生产经营计划的核心是营销目标，为此，企业必须做到知己知彼，就销售组织、销售政策、销售途径、销售人员装备与管理、广告、定价、促销活动等方面的问题开展市场调查，收集企业与竞争者之间各自优劣态势的信息，保证企业能发挥营销创造力，利用和开创市场机会，寻求独特的营销技巧及对策。

（二）市场调查的原则

完成市场调查任务，并不是轻而易举的事情，它经常要受到时间、技能、费用和认识水平等条件的限制。为此，搞好市场调查要遵循实事求是原则、系统性原则、反馈性原则。

三、市场预测

（一）市场预测的概念

市场预测是在市场调查的基础上，运用预测理论与方法，预先对所关心的市场未来变化趋势与可能的水平做出估计与测算，为决策提供科学依据的过程。

改革开放以来，我国在大胆引进国外的先进管理思想和方法的同时，积极学习和借鉴西方现代预测理论与技术，并密切结合我国实际，加以广泛推广和应用。经过理论界与实际部门的共同努力，目前已基本建立起具有中国特色的市场预测理论与方法体系，在政府经济决策、行业信息指导、企业经营管理等领域的应用中取得了明显效果。

（二）市场预测的特征

市场预测作为现代经营管理活动的重要组成部分和一门完整的应用性学科，其基本特征有：应用性，对实践的指导作用和可操作性；系统性，以系统观点为市场预测的指导思想；科学性，以科学的预测程序，借助现代科学技术手段在科学分析论证的基础上得出对未来市场状况进行估计和判断的结论。

（三）市场预测的意义

市场预测在长期的社会经济发展进程中，由简单的偶然性活动，发展成为现代经济活动不可缺少的重要组成部分，对企业经营管理有十分重要的意义。

（1）市场预测有益于决策者趋利避害，减少决策中的不确定性。各种社会、经济、文化、政治、心理及自然等构成因素是处于运动和变化之中的，大多数企业管理决策都有一定程度的不确定性，为避免在市场风险面前失利，减少经营管理的盲目性，需要通过市场预测，对将来的经营条件及其对企业经营的影响做出准确的预见和判断，以便根据预测做出正确决策。

（2）市场预测是企业从事生产经营活动的前提条件。生产经营者只有向消费者提供能满足其需要的商品，才能求得企业的生存和发展，为此，必须在生产经营过程开始之前，对消费者的需求做出预测。

（3）市场预测为合理的企业运营提供信息。企业对未来总销售额、产品线销售额和销售量，具体产品线的地区销售额和销售量的预测，可以为企业规划原材料的采购量、员工雇用、安排运输和生产经营周期提供信息依据，也能作为营销经理确定最优销售力量配置、销售目标和促销计划的依据。此外，销售预测也是财务经理对企业现金需求做出合理安排的重要信息依据。

可见，市场预测可以提高人们对市场发展规律的认识程度，增强经营管理的自觉性，减少盲目性，为正确制定各项管理决策，对生产经营活动进行有效组织和控制提供必要的保证。

四、管理决策

（一）管理决策的概念

（1）管理决策的定义。管理决策是管理者根据对经营管理活动规律的认识，经过对市场信息的分析研究，为解决组织面临的问题所做出决策的过程。

（2）管理决策贯穿于经营管理全过程。现代企业经营管理是企业适应市场环境变化，运用企业内部经营要素，实现经济效益与社会责任目标的经济活动过程。企业经营管理模式如图1—1所示。

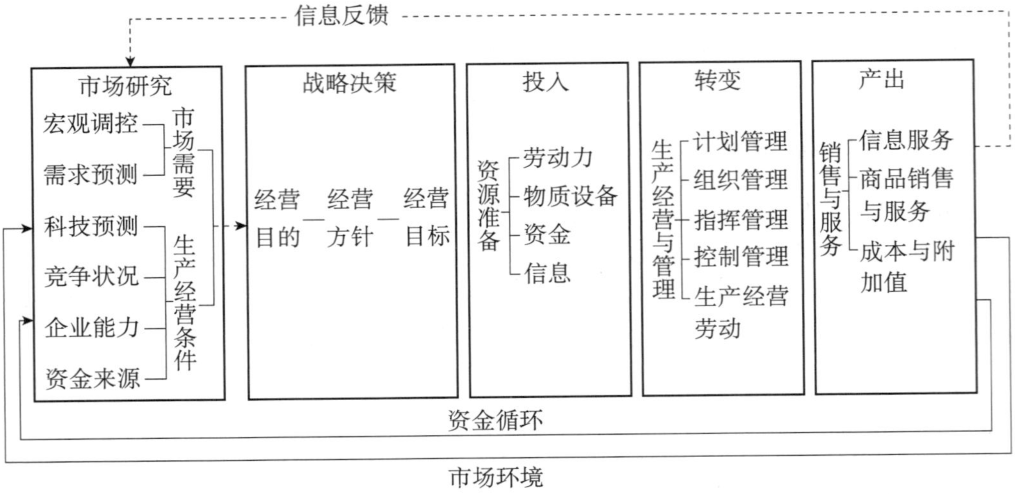

图 1—1 企业经营管理模式

企业经济活动的整个过程，既要把经营作为企业全部经济活动的中心，还要为达到经营目标而实现科学管理。前者根据企业面临的内外条件，确定经营商品范围和目标，决定销售什么、销售多少、销售给谁，用何种办法和手段进入市场，以最少的耗费求得最快的发展，经营是研究企业经济活动的未来对策问题。后者则是企业经营活动过程中实现经营目标，按照客观规律的要求进行计划、组织、指挥、协调、控制，加强企业内部经营要素的统筹安排和有效利用。由此可见，管理的重心是经营，经营的重心在决策，没有正确的战略规划和明确的经营目标，经营管理就失去了方向；同样，没有科学有效的决策，管理职能就无法执行，再好的战略也不会获得好的经济效益，经营与管理是企业经济活动过程的两个侧面，两者密不可分，相辅相成。

（3）科学的管理决策。随着生产社会化程度的提高和市场范围的扩大，生产经营活动内容日趋复杂，影响因素增多，仅凭个人经验和传统方法已难以做出准确有效的决策，于是，领导集团集体决策和专家智囊机构咨询参谋等新型决策形式应运而生。与此同时又相继涌现出综合现代最新科技成果的一系列科学决策理论与方法，如行为科学帮助我们理解面临决策时该如何行动，运筹学为复杂决策建模和定量分析提供强有力的方法。这些现代决策形式、理论和方法极大地弥补了传统决策方式的不足，促使管理决策由经验决策向科学决策转变。

为实现管理决策等由经验决策上升为科学决策，企业必须从观念、组织、制度、人员素质、信息技术等方面采取措施：完善企业管理决策体制、建立企业决策信息服务网络、提高决策者的素质、大力推广和应用现代科学决策法。

（二）管理决策的特征

管理决策具有一般决策的特征，如目的性、预测性、理智性和实践性。此外，管理决策应具有现代企业要求科学管理决策的特征，主要表现为：

（1）管理决策指导思想的科学性。在管理决策过程中，要求决策主体始终以正确的哲学观点为指导思想，提高运用唯物辩证法观察和分析市场问题的自觉性，同时能增强决策理论与方法在实践中灵活应用的能力。

（2）管理决策的系统性。首先，管理决策是决策者通过发现和提出问题、收集信息、拟定备选方案、确定备选方案、监督反馈结果等相互联系的环节与活动实现决策的过程；其次，管理决策是决策主体、决策客体和决策方法三个基本要素相互结合构成的有机系统。

（3）管理决策内容的复杂性。随着企业所处市场环境复杂多变，社会经济现象的随机性，企业在生产经营活动中常面临大量的新情况、新问题，企业管理决策的复杂程度大大提高。

（4）管理决策方法的多样性。为适应不同的决策对象、决策类型的特点和要求，现代管理决策在实践中融合各相关学科的理论与方法，形成多种不同的决策形式和评估分析方法。

（三）管理决策的作用

正确的管理决策是企业生产经营管理的根本和核心所在。随着我国社会主义市场经济的不断发展和完善，管理决策在现代企业经济活动中的作用主要表现在以下三个方面：

（1）管理决策能够明确企业的经营方向和目标，成为一定时期内全体人员的行动纲领，指导企业的经营过程，调动企业全体人员的积极性，保证企业有效地达到预期目标。

（2）管理决策能够有效地利用客观经济规律，在国家宏观调控指导下，充分发挥市场的调节作用，使企业经济活动与市场需求衔接起来。

（3）管理决策能够有效地运用企业的各项资源，提高经营管理的整体水平，保证管理出效益。

五、三者的关系

市场调查、市场预测与管理决策是密切联系的。市场调查是为了更好地进行市场预测，而市场预测是为了更好地进行管理决策，它们三者的关系如图1—2所示。

图1—2 三者之间的关系

（一）市场调查和市场预测的关系

市场调查和市场预测是市场研究的重要手段，它们密切联系又存在区别。市场调查的目的是了解市场活动的历史与现状，市场预测则是预见市场未来的发展趋势。市场调查是市场预测的前提，调查结果不仅为市场预测提供原始的数据和资料，还可为修正预测值提供依据。市场预测要在市场调查的基础上进行科学分析，将调查中取得的资料、数据用于对未来变动趋势的预测，使调查结果不仅为总结市场实践经验提供依据，更有益于提高预测准确度，并对发现、利用市场机会发挥实际作用。

（二）管理决策和市场预测的关系

市场预测与管理决策是经营管理过程中相互区别又密切联系的两种活动。市场预测属于认识范畴，它是一种认识未来市场的手段，从方法论上探求市场发展的客观规律，研究如何提高科学预见性。市场预测不是目的，它是为管理决策服务的，即为正确确定决策目标和选择实现决策目标的行动方案提供科学依据。管理决策是经营管理的核心，它为企业解决生存发展中存在的问题研究对策，即如何最科学、最合理地在时机、代价、效用三者之间进行分析、比较和选择，进而组织实施。管理决策既属于认识范畴，又属于实践范畴。预测能扩大决策者的视野，能为复杂决策问题指明方向，增强决策者的信心；预测可以根据可能出现的情况提出多种不同的对策方案供决策者选择，决策者就可以心中有数地作出正确的决策。一般而言，预测的结果越准确，决策目标的确定和方案选择的依据就越充分可靠，决策实施对目标贡献也越高。因此，从整体上讲，市场预测是管理决策过程的重要组成部分，是科学决策的前提与保证。

练习题

1. 市场的含义是什么？
2. 市场的基本要素有哪些？
3. 市场对企业有哪些作用？
4. 在实践中如何运用市场主体的特征使企业立于不败之地？
5. 市场信息的概念、种类及作用是什么？
6. 市场研究的概念、类型是什么？
7. 市场调查的概念和任务是什么？
8. 解释市场预测的概念、特征及意义。
9. 管理决策的概念是什么？
10. 市场调查、市场预测与管理决策三者之间的关系是什么？

第2章

市场调查

第一节　市场调查概论

一、市场调查业现状

当企业内部市场调查力量不能满足营销管理需求时，常常会委托外部市场调查机构进行市场调查研究活动。营销管理人员了解调查业发展状况，对于正确选择调查机构有很大帮助。

（一）发达国家市场调查业的现状

由于发达国家的企业已经长期牢固地形成了“决策前先做调查”的观念，这些国家和地区对市场调查一直有很大的市场需求，再加上国外调查业已有几十年稳步发展的历史，因此从整体上来说，目前发达国家调查业的现状是良好的、规范的、技术先进的。与目前国内调查业的现状相比，发达国家的调查业主要具有如下特点：

（1）调查机构数量多，从业人员专业化，营业额稳步增长。调查机构之多难以想象，而且类型各异，有提供全方位服务的机构，也有只提供有限服务的机构。欧洲民意和市场研究会每年一次对全球调查业的调查研究表明，近年来，欧洲、美国、日本等发达国家和地区对调查业的需求在逐年稳步增长，平均每年增长8%左右。

（2）调查设备和技术先进，市场调查效率提高。利用计算机辅助电话调查系统、计算机辅助人员面访系统以及其他电子手段，大大提高了市场调查的效率。例如，利用计算机辅助电话调查系统及相应的问卷设计软件、数据处理和报告撰写专用软件，能在 24 小时之内完成利用传统方法需要一个月左右才能做完的项目。

（3）调查理论深入发展，调查业走向规范化、标准化。目前，国际上有不少关于市场调查和民意调查的协会和学会，这些协会和学会定期或不定期地组织学术交流和业务交流。在竞争和行业协会的推动下形成了一系列调查业的道德规范，比如美国调查机构协会制定了访问员行为规范，促使调查业走向规范化、标准化（如表 2—1 所示）。

表 2—1　　美国调查机构协会访问员行为规范

每个访问员都要遵循以下步骤，以获得良好的访谈效果：

1. 如果调查对象询问，则告诉他们你的名字及公司电话。
2. 按照问卷清楚地读出问题，及时向管理人员反映存在的不足。
3. 按照问卷书写的顺序提问，并遵守跳读规则。
4. 以中立立场向调查对象解释调查问题。
5. 不要对调查对象歪曲调查的目的。
6. 未经允许不要泄露客户的身份。
7. 记录每次终止的调查以及终止原因。
8. 在访谈中保持中立，不要对调查对象的观点表示赞同或不赞同。
9. 说话清楚，语速稍慢，以便调查对象完全理解。
10. 逐字记录每个回答，不要进行概括。
11. 避免与调查对象进行不必要的交谈。
12. 对于开放式问题进行追问和澄清，除非有其他要求，否则在追问和澄清时保持中立。
13. 记录字迹清楚易读。
14. 问卷上交督导员前进行全面检查。
15. 当结束访谈时，采用中性的结束语，比如“谢谢”或“我们在这里的调查已完成，谢谢”。
16. 对所有的研究、资料和发现保密。
17. 不要篡改任何问题的任何答案。
18. 对调查对象参与调查表示感谢。

（二）国内市场调查的兴起和现状

1988 年宝洁为了满足自己的需要开办了中国第一家市场调查公司——广州市场研究公司，1990 年华南市场研究公司诞生，1992 年零点公司在北京开始营业。经过十多年的发展，中国调查业初具规模，特别是从 2003 年开始，先后有大约 40 家国际市场调查机构在中国注册或者建立合资研究公司，今天大部分中国本土的早期市场调查品牌已经与国际品牌合资。目前排名在中国市场调查行业前 10 位的公司主要是国际公司。20 年前中国的市场调查营业额总量在全球排在倒数几位，大约 15 年前排在第 60 位，10 年前排第 35 位，5 年前排第 25 位，2008 年大致排在第 15 位。这 20 年中，中国的市场调查行业在很低的基数上快速发展，但是我们也要看到，我国市场调查营业额与我国 GDP 在全球排第四位的水平相比还显得落后。今天中美之间的 GDP 比大约是 1∶5，而双方在市场调查上的投入比大约是 1∶50，中国企业家做决策时的信息支撑显然还有差距。

（三）市场调查机构的选择

市场调查提供营销决策所需的大部分信息。广泛地讲，市场调查提供者可以分为内部和外部两大类。内部提供者是企业内部的市场调查部，外部提供者是提供市场调查服务的外部公司。这些公司又可以分为两类：全程服务市场调查公司，提供全部市场调查服务；有限服务市场调查公司，专门从事市场调查项目中的一部分或几部分工作（如图 2—1 所示）。

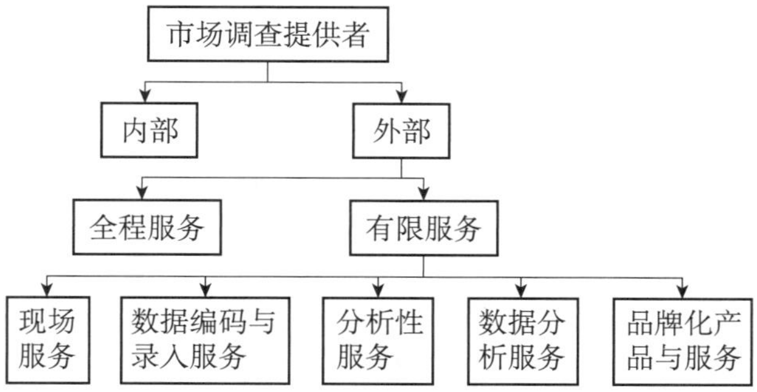

图 2—1　市场调查服务类型

如果公司内部没有市场调查部门，就要请外部的专业市场调查机构来承担研究项目。即使公司内部有市场调查部门，也常常由于多种原因需要请外部的专业市场调查机构来承担研究项目。例如，公司内部的市场研究力量不足、请别的专业公司来做更具经济效益，或者因利益冲突而无法自己进行某些研究工作，等等。

聘请外部的专业市场调查机构时，应当预先根据行业出版物、目录、口碑和互联网的信息来源，编制一个备选公司的清单。决定使用哪一家调查公司时，首先要明确利用外部研究力量的原因、目的及本次研究的特点；其次，还要注意考察一些基本条件，如公司的声誉如何？能否按时完成项目？是否讲职业道德？是否有灵活性？所做研究项目的质量如何？有哪类和多少项目经验？是否做过类似的项目？公司人员是否具有较高的专业能力？他们能否很好地与客户沟通？报价最低的公司并不总是最佳选择，应当进行竞争性招标，在比较价格的同时还要注意质量。

二、市场调查的内容

市场调查的内容十分广泛，每个企业、每个行业进行市场调查的目的不同，调查的具体内容和侧重点也不同，具体如图 2—2 所示。

从图 2—2 可见，市场调查的内容包括：了解顾客需求；结合企业环境因素进行分析；为营销战略选择和营销效果监测服务；在正确评估营销经理信息需求的前提下，准确、全面、科学、高效地收集市场信息，为营销决策提供信息支持和备选方案。

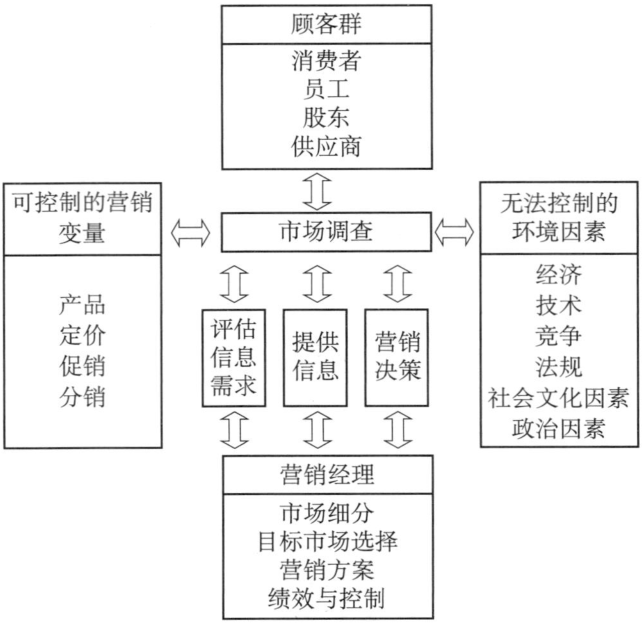

图 2—2　市场调查的内容

市场调查的内容通常包含如下专题：

（一）需求研究

在需求研究中，需要通过调查和分析，估计某类产品或服务市场的现有规模和潜在规模；预测该市场的近期、中期或远期需求；掌握有关该市场的促销和销售渠道方面的信息；了解消费者对该类产品或服务的消费形态及变化趋势；对目标市场进行进一步的细分；估计该类产品或服务各品牌的市场占有率等。

（二）消费者行为研究

消费者行为研究主要是指对消费者的购买行为进行调查和分析，一般需要了解8个方面的信息，即“6W”加“2H”：购买什么（what）？购买者是谁（who）？何时购买（when）？何处购买（where）？为什么要购买（why）？信息渠道来自何处（where）？购买多少（how much）？如何决策购买（how）？还需要进一步了解有关消费心理和消费观念方面的信息等。

（三）用户满意度研究

在用户满意度研究中，需要调查、了解和分析以下方面：用户对有关产品或服务的整体满意度；对产品或服务的各个方面的具体满意度；满意或不满意的原因；对改进产品或服务质量的具体建议；对各竞争对手的满意度评价；有关用户的生活方式和消费观念方面的信息等。

（四）产品研究

产品研究主要指新产品的开发研究，也叫产品测试，包括对现有产品的开拓或改造。在产品研究中需要调查了解消费者对产品的概念理解；对产品的各个属性的重要性的评价；对各种属性水平组合所形成的产品的偏好；在此基础上做进一步的定量分析，以寻找产品属性水平的最佳组合；估计产品的预期市场占有率。此外，还包括产品的概念测试、定价研究、名称研究、包装研究、家庭产品测试等。

（五）广告研究

广告研究的内容包括：为广告创作而做的广告主题调查和广告文案测试；为选择广告媒体而做的广告媒体调查、电视收视率调查、广播收听率调查、报纸或杂志阅读率调查；为评价广告效果而做的广告前消费者的态度和行为调查、广告中接触效果和接受效果调查、广告后消费者的态度和行为跟踪调查；以及为了解同行竞争对手的广告投放情况而做的电视、广播、报纸、杂志的广告媒介监测等。

（六）品牌或企业形象研究

品牌或企业形象研究的内容有：品牌或企业的基本形象和具体形象；对品牌或企业的认知程度及认知途径；对品牌或企业的名称、标志或商标的联想和印象；评价品牌或企业的指标及指标的相对重要性；品牌或企业的知名度；品牌或企业的美誉度；品牌的管理和品牌的忠诚度等。

三、市场调查的种类

在市场经济运行过程中，不论是国民经济宏观管理，还是企业微观管理都离不开市场调查。不同的管理有不同的市场调查目的与要求，涉及的市场范围、信息、时间等也就不同，形成多种类型的市场调查。常见的市场调查有以下几类：

（一）按调查内容划分

（1）市场营销环境调查。市场营销环境调查包括：政治环境调查，主要是对政府的方针、政策和各种法令、条例等可能影响本企业的诸因素的调查；经济环境调查，主要是对国民生产总值增长、国民收入分配的地区和社会格局、储蓄与投资变化、私人消费构成、政府消费结构等宏观经济指标进行调查；科技环境调查，主要是对国际国内新技术、新工艺、新材料的发展速度、变化趋势、应用和推广等情况进行调查；社会环境调查，主要是了解一个社会的文化、风气、时尚、爱好、习俗、宗教等。

（2）市场需求调查。市场需求调查包括：需求容量调查，主要是指对现有和潜在的人口变化、收入水平、生活水平、本企业的市场占有率、购买力投向等进行调查；顾客调查，主要是了解购买本企业产品或服务的团体或个人的情况，如年龄、性别、职业、地区等；购买行为调查，是调查各阶层顾客购买的欲望、动机、习惯、时间、地点、数量、品牌爱好等情况，以及顾客对本企业产品和其他企业提供的同类产品的欢迎程度。

（3）市场供给调查。市场供给调查主要调查产品或服务供给总量、供给变化趋势、市场占有率；消费者对本企业产品或服务的质量、性能、价格、交货期、服务、包装的意见、评价和要求；本企业产品或服务的市场寿命、消费者对本企业产品或服务更新的态度、现有产品或服务能继续多长时间、有无新产品或服务来代替；生产资源、技术水平、生产布局与结构；该产品或服务在当地生产和输入的发展趋势；协作伙伴和竞争对手的状况等。

（4）市场行情调查。市场行情调查主要调查整个行业市场、地区市场、企业市场的销售状况和销售潜力；商品供给的充足程度、市场空隙、库存状况；市场竞争程度，竞争对手的策略、手段和实力；有关企业同类产品的生产、经营、成本、价格、利润的比较；有关地区、企业产品的差别和供求关系及发展趋势；整个市场价格水平的现状和趋势，最适于顾客接受的性能价格比与定价策略；新产品定价及价格变动幅度等。

（5）市场营销活动调查。市场营销活动调查包括：营销决策之前进行调查，主要是为了制定正确的决策；营销活动之中进行调查，主要是监测实施的情况，发现问题及时解决；营销活动之后的调查，主要是为了评价此次营销活动的效果。

（二）按调查方法划分

（1）文案调查。文案调查是指利用企业内部和外部现有的各种信息、情报资料，对调查内容进行分析研究的一种调查方法。文案调查以收集文献性信息为主，侧重于收集反映市场变化趋势的历史及现实资料，所收集的是已经加工过的二手资料。文案调查不受时空的限制，可以获得实地调查难以取得的大量历史资料。

（2）实地调查。实地调查就是运用科学的方法，系统地现场收集、记录、整理和分析有关市场信息，了解商品或服务在供需双方之间转移的状况和趋势，为市场预测和经常性决策提供正确可靠的信息。具体方法包括询问调查法、观察法、实验法等。

（三）按调查对象划分

（1）全面调查，是对要研究的整个范围进行无一遗漏的调查，例如普查。这种调查方法的优点是，可以获得有关总体全面情况的准确信息，缺点是工作量大、时间长、费用高。

（2）重点调查，是只对总体中具有举足轻重地位的个体进行调查，以此获得总体基本情况。

（3）典型调查，是对总体中具有代表性的少数个体进行调查。这种调查方法的特点是调查对象少，可以对调查对象进行细致透彻的了解，因而可能取得其详尽资料。使用这种方法的关键是要选好典型，即调查对象要具有充分的代表性。

（4）抽样调查，就是按一定方法从总体中抽取部分个体进行调查，从而分析推断总体的情况。

（四）根据需要市场调查提供信息目的的不同划分

（1）探测性调查，是收集有关资料，以确定经营管理需要研究问题的症结所在。例如，某公司近几个月销售量持续下降，但公司弄不清楚原因，是经济衰退的影响？广告支出不足？销售代理效率低？还是消费者偏好改变？此时可采用探测性调查，如从中间商或者用户那里收集资料找出最有可能的原因。

（2）描述性调查，通常是为进一步研究问题症结的事实，收集必要的资料，以说明“什么”、“何时”、“如何”等问题。例如在销售研究中，收集不同时期的销售量、广告支出、广告效果的事实资料，经统计后就能说明广告支出的增加导致销售量的变化。

（3）因果性调查，是收集研究对象在发展过程中的变化及其影响因素的广泛资料，分清原因与结果，并指明哪个是决定性的变量。例如，在销售研究中，收集不同时期说明销售水平的销售量（额）、市场占有率、利润等因变量资料，收集影响销售水平的企业不同时期的价格与广告支出、竞争者的价格与广告支出、消费者的收入与偏好等自变量资料，在这些资料基础上就能了解这些自变量与某一因变量的关系。

（4）预测性调查，是收集研究对象过去和现在的各种市场情报资料，掌握其发展变化的规律，运用一定方法估计未来一定时期内市场对某种商品的需求量及其变化趋势。预测性调查是在描述性调查和因果性调查的基础上，对市场未来可能出现的变化趋势进行的估算、预测和推断，其实质是市场调查结果在市场预测中的运用。

四、市场调查的步骤

市场调查工作涉及面广，是一项复杂、细致的工作。为了确保不同类型市场调查的质量，使整个调查工作有序、高效率地进行，必须加强组织工作，合理安排调查的程序。不同类型的市场调查，虽然程序不尽相同，但从基本方面分析，大致要经过以下步骤，如图2—3所示。

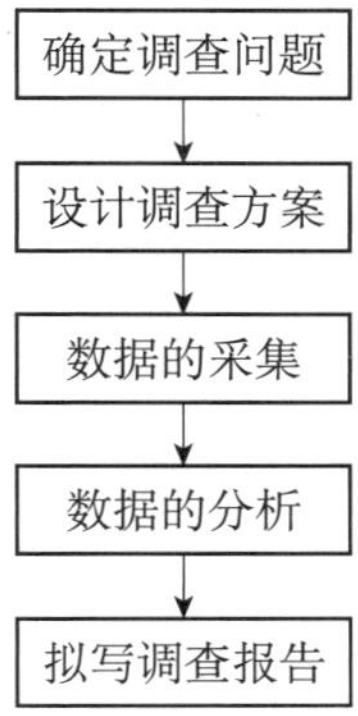

图2—3　市场调查阶段

（一）确定调查问题

明确调查目的、确定调查问题，是进行市场调查必须首先解决的问题。主要是明确为什么要进行此项调查，通过调查要了解哪些问题，调查结果的具体用途。其一般的工作程序如图 2—4 所示。

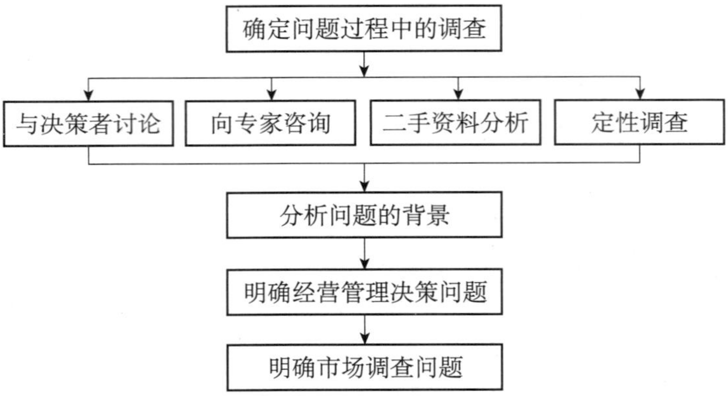

图 2—4　确定市场调查问题的工作流程

1. 确定问题过程中的调查

为了更科学、准确地确定市场调查问题，先期的调查或交流工作是必要的，这包括：与决策者讨论，了解决策者所面临的问题是什么，希望从市场调查中得到些什么，将调查的问题确定得更为准确和恰当；向专家咨询，有助于对市场调查问题的了解和认识；二手资料的分析，可以为解决当前的问题提供有价值的信息；定性调查，当从决策者、有关专家和二手资料来源获得的信息仍不足以确定调查的问题时，通过定性研究获得对问题和潜在因素的理解。

2. 分析问题的背景

任何问题或机会的产生和出现，都存在于一定的背景之中。了解这些背景有助于对问题和机会的认识和把握。首先，要掌握与企业和所属行业相关的各种历史资料和发展趋势，包括有关的销售量、市场份额、利润状况、技术水平、人口统计等。其次，要分析决策者的目标，包括团体的目标和决策者个人的目标。团体的目标有时比较概括和抽象，对它的描述常常是笼统的而不是准确的，如“改善企业的形象”等。决策者个人目标是指通过这个调查要达到的个人目的，例如通过调查结果来统一领导层内部的分歧，支持自己的某项决策等。再次，为了将调查问题确定在适当的范围内，还要分析企业的各种资源如资金和研究能力，面临的制约条件如成本和时间，任何调查策划都必须考虑调查经费支持的限度。此外，还要了解消费者的购买行为，整个经济环境和文化背景，以及进行市场调查所具备的技术条件等。

3. 明确决策问题和调查问题

经过上述一系列步骤，市场调查人员应该对经营管理的决策问题有了比较清楚的了解，并对其范围进行了比较明确的界定，在此基础上，需要将经营管理的决策问题转化为市场调查的问题。例如，近一段时期某企业的系列产品市场份额逐渐下降，经营管理的决策问题是怎样阻止下降趋势，恢复失去的市场份额。针对这个问题可以有几种行动方案：改进现有的产品质量；推出新产品；改变营销组合和营销策略；进一步细分市场等。假设经过与决策者、专家交流等一系列工作，认为不合适的市场细分是失去市场份额的主要原因，由此将调查的主题确定为“针对该系列产品，为进行有效的市场细分提供有关信息”。

（二）设计调查方案

设计调查方案就是根据调查研究的目的，恰当地确定调查内容、调查客体，选择合适的调查方式和方法，确定调查时间，进行经费预算，并制定具体的调查组织计划（如图 2—5 所示）。

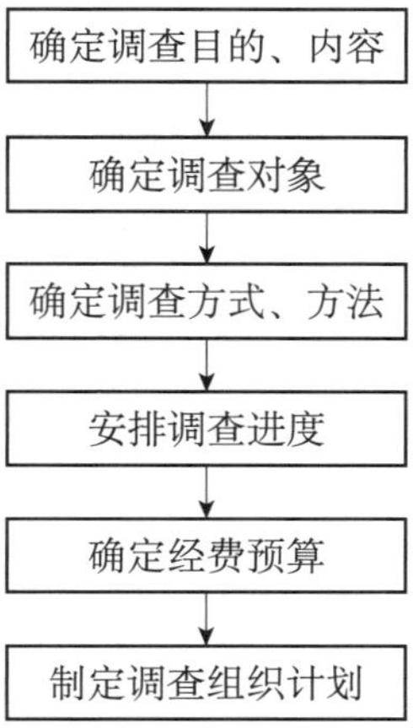

图 2—5 调查方案设计流程

1. 确定调查目的和调查内容

确定调查目的就是明确在调查中要解决哪些问题，通过调查要取得什么样的资料，取得这些资料有什么用途等问题。衡量一个调查设计是否科学的标准主要就是看方案的设计是否体现调查目的的要求，是否符合客观实际。

2. 确定调查对象和调查单位

明确了调查目的之后，就要确定调查对象和调查单位，这主要是为了解决向谁调查和由谁来具体提供资料的问题。调查对象是根据调查目的、任务确定的调查范围以及所要调查的总体，它是由性质上相同的许多调查单位所组成的。调查单位是所要调查的社会经济现象总体中的个体，即调查对象中一个一个的具体单位，它是调查实施中需要具体回答各个调查项目的承担者。

3. 确定调查方式和方法

收集资料的方式有普查和抽样调查等。具体调查方法有文案法、访问法、观察法和实验法等。在调查时，采用何种方式、方法不是固定和统一的，而是取决于调查对象和调查任务，如何选择最适当、最有效的调查方法，是设计调查方案的一个重要内容。在市场经济条件下，为准确、及时、全面地取得市场信息，尤其应注意多种调查方式的结合运用。

4. 安排调查进度

调查时间指调查在什么时间进行，需要多少时间完成。不同的调查课题，不同的调查方法，有不同的最佳调查时间。例如，对于入户调查，最好的调查时间是在晚上和周末休息日，这时家中有人的概率大，成功率高。只有对调查的时间段进行精心设计，才能有科学、合理的推断结果。另外，调查的方法和规模不同，调查工作的周期也不同。例如，邮寄调查的周期较长，而电话调查的周期较短。大规模的入户调查，其周期通常也是比较长的。

通常一个市场调查项目的进度安排大致要考虑：（1）总体方案论证、设计；（2）抽样方案设计；（3）问卷设计、测试、修改和定稿；（4）调查员的挑选与培训；（5）调查实施；（6）数据的整理、录入和分析；（7）调查报告的撰写；（8）有关鉴定、发布会和出版。

5．确定经费预算

调查的经费预算是调查设计的重要内容。经费的多少与调查范围、调查规模（样本量大小）、调查方法、调查难易程度均有关系。一个市场调查项目的经费预算通常包括：（1）调查方案设计费；（2）抽样费用，包括抽样方案设计、构造抽样框和样本的抽选；（3）问卷设计费；（4）问卷印刷、装订费；（5）调查实施费，包括预调查费、培训费、交通费、调查员和督导的劳务费、礼品费和其他有关费用；（6）数据审核、编码、录入费；（7）数据统计分析费；（8）调查报告撰写费；（9）折旧、耗材费；（10）项目办公费；（11）其他费用。

6．制定调查组织计划

调查组织计划是指为保证调查实施的具体工作计划，主要包括调查的组织管理、调查项目组的设置、人员的选择和培训、调查的质量控制等。对于规模较大的调研机构，调查的组织计划要体现并处理好几种关系：方案设计者、数据采集者、资料汇总处理者以及资料开发利用与分析者的相互关系；调查中的人、财、物各因素的相互关系；调查过程中各环节、各程序、各部门之间的相互关系。这些关系处理好，任务的安排就能做到科学、合理、平衡和有效。

（三）数据的采集

数据采集是按照调查设计的要求，对被选中的调查单位收集信息的过程，也就是调查实施的过程。数据采集是关系到市场调查成功与否的关键一步，而数据采集的关键又在于调查实施过程中严格的组织管理和质量控制。数据采集过程涉及选择、培训和管理数据采集人员，现场工作核实和现场工作人员评估也是这个过程中的重要部分。图2—6显示的是数据采集过程的一般框架。

1．选择现场工作人员

调查员的挑选需要考虑几个因素。首先要考虑调查的方式和调查对象的人口特征，要尽量选择与调查对象相匹配的调查人员。一般来说，调查员与被调查者所具有的共同特征越多，越有利于调查的实施。例如，对于入户调查，男性调查员的成功率通常不如女性调查员高，这种场合下，居委会工作人员是不错的人选。其次，调查人员的职业道德水平十分重要。对作弊行为的监测和监控成本都是比较高的，因此一开始就要特别注意调查员的职业道德水平。最后，调查员的语言交流能力也是一个要素。吐字清楚、注意说话的节奏、能细心聆听别人说话、正确领会和解释

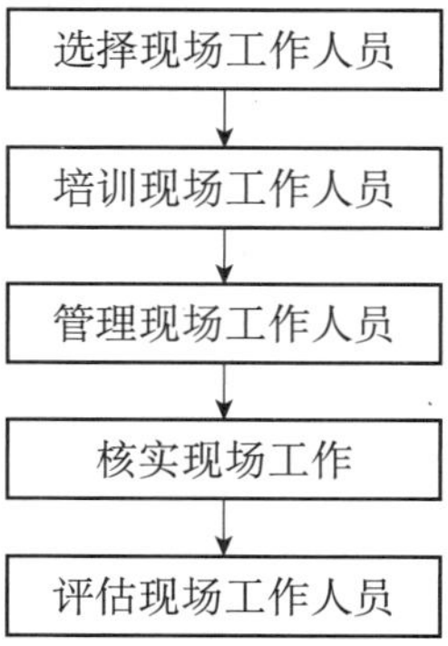

图 2—6　数据采集过程

他人的回应，这些都是一个合格调查员应具备的素质。

2. 培训现场工作人员

培训现场工作人员对于提高数据采集的质量非常重要，能够保证所有的调查员以同样的态度对待问卷，以便采集的数据具有一致性。培训内容应该包括：

（1）接触调查对象。自我介绍是调查员与受访者第一次接触的“表白”，是能否顺利实施调查的关键，在态度上要予以高度重视，在技巧上要仔细推敲。自我介绍的一般要求是，话语简单明了，态度友善礼貌。

（2）提问。这是一个相互交流的过程，调查员要随时注意受访者的理解程度和配合态度，调整自己的节奏，调动受访者的情绪，让受访者自始至终能以感兴趣的态度配合访问。访问员要注意用声音和眼神与对方沟通，掌握好提问节奏，快慢有序。

（3）追问。在访谈过程中当被调查者的回答含糊其辞、前后矛盾，或过于笼统时，需要采用追问形式，鼓励调查对象进一步说明解释他们的答案。常用的追问技巧有：重复问题、重复调查对象的回答、短暂停顿或沉默式追问、鼓励或打消调查对象的疑虑，等等。

（4）非语言控制。非语言控制包括表情、目光、动作和姿态。调查员要做到自始至终使自己的表情有礼貌、谦虚、诚恳、耐心，运用表情创造良好的访谈气氛，同时，调查员也应注意观察受访者的表情、目光及动作姿态，从中捕捉对方的情感信息。

（5）记录。应该培训调查员在访问过程中使用相同的格式、符号和修改方法进行记录。

（6）结束访谈。结束前可以先给对方发出访谈快要结束的信号，如可以问“您还有什么需要补充的吗?”以保证对方把想要说的话说完。结束时，应向被调查者表示感谢，向受访者赠送一个小礼品，并回答受访者关于调查项目的提问。

3. 管理现场工作人员

在调查实施过程中，需要对调查员的工作进行检查和监督，以保证调查员按培训中所要求的方法和技术进行访问。现场工作人员的管理工作主要有：

（1）质量控制，需要检查现场工作过程是否准确。督导员应该每天收集问卷和其他表格，并仔细检查回收的问卷，查看现场的记录是否规范、是否所有的问题都有答案、是否存在不完整或不合格的答案、答案之间的逻辑关系是否成立、字迹是否清楚等。对发现的问题，采取及时的补救措施。

（2）文档管理，对现场操作中每个阶段的实施情况都要建立必要的文档来管理。督导员应该记录调查员的工作时间和费用，以便了解单位成本、工作是否按进度进行，以及调查员是否有困难等。这些文档材料不仅有助于现场督导及时发现问题，也有助于项目组对现场操作的质量进行评估。

（3）抽样控制。抽样控制的目的是保证调查员严格按照抽样计划进行调查。督导员应该每天记录调查员访谈的数据、未找到的调查对象数量、被拒访的数量、每个调查员完成的访问数量，以及所管理的全部调查员的工作情况。

（4）调查员的报告。调查员应定期提交工作报告，汇报调查过程中的情况。这些报告所提供的信息，有助于提高现场工作的质量，同时也可以提示问卷中存在的某些问题。

4．核实现场工作

复核是对调查员完成工作的抽查，即通过对受访者再一次的访问以检查访问工作的真实性。复核的比例根据现场操作的情况可以有所不同，一般在10％～20％之间，对存在质量问题的调查员可以增大复核比例。复核的内容包括：

（1）访问情况。向受访者求证调查过程，如是否接受过调查，接受调查的时间和地点是否属实等。

（2）问卷内容的真实性。复核人员需要对问卷中的关键问题进行再次询问，核查与调查员的记录是否一致。

（3）调查员的工作态度。向受访者了解调查员的工作态度，包括现场的表现，是否有礼貌，是否赠送了礼品，让受访者对调查员的工作给予评价。

5．评估现场工作人员

及时对现场工作人员进行评估，对于其了解自己的工作状况，以及寻找并建立更好、更高质量的调查队伍十分重要。评估的标准在进行培训时就应该明确告诉现场工作人员，主要包括：

（1）成本和时间。对现场工作人员可以根据其时间分配情况进行比较，其花费的时间应该分成实际调查时间、旅行时间和管理时间。对调查员还可以用平均每次调查的总成本来相互比较。

（2）调查质量。要根据调查质量对调查员进行评估，督导员必须直接观察调查过程。调查质量的评估标准包括介绍是否适当、现场工作人员的提问是否准确、询问敏感性问题的能力、访谈中表现出的人际交往技巧，以及结束访谈时的表现等。

（3）调查成功率。管理人员应该监控一段时间内的调查成功率，并且在成功率过低的时候及时采取相应措施。

（四）数据的分析

1．数据的准备

数据的准备是把调查中采集到的数据转换为适合汇总制表和数据分析的形式，

它是整个调查过程中的一个重要环节。如对于纸质问卷，数据准备的过程主要包括：问卷检查、数据编辑、编码、录入。

2. 数据的分析

数据分析主要是运用统计分析技术对采集到的原始数据进行运算处理，并由此对研究总体进行定量的描述与推断，以揭示事物内部的数量关系与变化规律。

统计分析的技术方法有许多种，在市场调查中常用到的统计方法有：描述统计，对数据资料进行概括，主要是描述现象的集中趋势和离散趋势；参数估计，利用概率样本中的信息，在一定的把握程度下，推断总体参数的置信区间；列联分析，将两个或多个变量的观察值按一定的设计要求对应排列在一张表中，从中分析变量之间的相互关系，并对某种假设进行检验；相关和回归分析，研究两个或两个以上变量之间的相互关系；多元统计分析，对多个变量进行分析，等等。要深入了解各种统计分析方法，需要参阅专门的书籍。

（五）拟写调查报告

1. 调查报告的重要性

调查报告是市场调查的最后一个步骤。调查报告可以对整个项目的完成状况做最终的评价。事实上，绝大多数客户对调查实施过程中各方面的工作细节是不了解、不清楚的，他们所能见到的、关心的也就是调查报告。调查报告的重要性还在于：它对客户了解市场情况、分析有关问题、制定管理和发展计划等起着积极的作用，为管理决策提供了必要的依据。

2. 调查报告的类型

根据客户对内容要求的不同，调查报告大致可以分为三种类型：

（1）数据型报告。数据型报告的特征是，在报告中只提供调查所获得的数据，这是调查报告中最简单的形式。数据型报告一般以表格（图形）的方式提供统计结果，这时需要注意对表格进行说明。一次调查虽然可能只有几十个问题，但采用不同的处理方式以及不同变量之间的多种组合，统计结果可以有成百上千个甚至更多，取什么舍什么要根据客户的需求。对客户非常重视的变量，以及在数据处理中发现有特殊意义的线索，可以提供进一步深化的分析结果。

（2）分析型报告。分析型报告是在数据型报告的基础上对数据所反映的情况做进一步的分析，与数据型报告相比，分析型报告除了有表现常规性统计结果的表格之外，还要有对表中数据的进一步分析，并将这种分析用文字表述出来。对调查项目中的重要变量，需要利用更多专门的统计方法进行挖掘，使得对数据的分析更有层次，更为系统和深入。在调查报告中，除了本次调查所获取的第一手资料外，还可以在需要的时候引入二手资料，增强报告的感染力和说服力。

（3）咨询型报告。咨询型报告是在分析型报告基础上的进一步扩展和延伸，其内容除了对调查结果进行分析外，还包括对市场的分析，并在此基础上提出进行决策、采取行动的咨询方案。这种报告的工作需要由不同专长的分析人员协作共同完成，它所涉及的范围已经超出了传统的以提供调查结果为主要内容的调查机构的服务范围。

3. 调查报告的内容

在市场调查报告中，分析型报告具有典型意义，分析型报告所应包括的内容有：（1）封面，包括报告题目、研究人员或组织的相关信息、委托单位的名称和报告完成日期；（2）目录，包括内容目录、表目录、图目录和附件目录；（3）概要，应简要地描述调查的目的，调查的时间、地点，调查的主要结果、结论和建议等；（4）引言，提供调查项目的背景信息，如项目来历、研究目标、方法简述以及本报告的目的等；（5）数据分析，应描述数据分析方案并证实所采用的数据分析策略和技术是合理的；（6）研究结果，阐述调查的主要结果，可以根据不同的内容，将这部分报告划分为若干章节，每个章节中，都有讨论的中心问题、用于说明该问题的数据、对该问题的解释以及对该问题进行分析的结果；（7）结论和建议，应根据所研究的问题，在研究结果和结论的基础上，向决策制定者提出建议；（8）附录，提供一些必要的细节信息。

第二节　市场调查方法

调查方法分为文案调查法和实地调查法两大类。收集原始数据的方法有定性调查方法和定量调查方法。定量调查方法又分为调查法、观察法和实验法（如图 2—7 所示）。

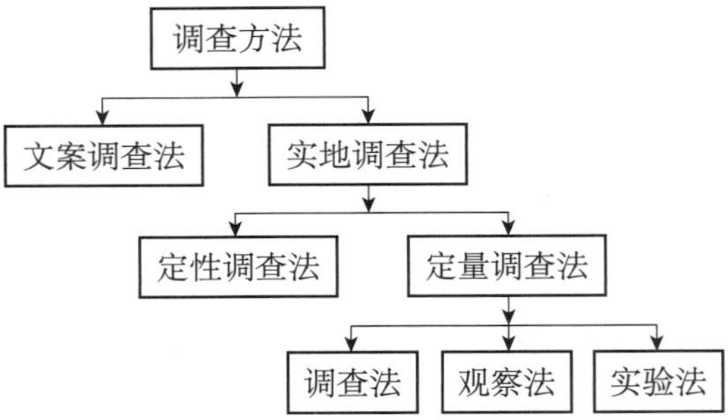

图 2—7　调查方法的分类

一、文案调查法

（一）文案调查法的定义

文案调查法是指利用企业内部和外部现有的各种信息、情报资料，对调查内容进行研究的一种调查方法，也称间接调查法、室内调查法、桌面调查法。市场调查人员通过对二手资料的收集，可以使企业迅速了解有关信息，把握市场机会，也可以帮助市场人员对要了解的市场情况有初步认识，为进一步的直接调查奠定基础。表 2—2 总结了原始数据和二手数据之间的区别，与原始数据相比，二手数据可以在短时间内迅速便捷地收集到，并且成本相对较低。

表 2—2 原始数据和二手数据的比较

比较项目	原始数据	二手数据
收集目的	为了手中的问题	为了其他问题
收集程序	非常费劲	快且容易
收集成本	高	相对较低
收集时间	长	短

(二) 文案调查法的优点和应用

与实地调查法相比，文案调查法有以下优点：成本相对较低，资料比较容易找到，收集资料所用时间相对较短。鉴于上述优点，文案调查法常常是市场调查的首选方法，几乎所有的市场调查都可以始于收集二手资料，只有当二手资料不足以解决问题时，才进行实地调查。因此，文案调查可以作为一种独立的调查方法来运用，它有助于确定问题、更好地定义问题、拟定问题的研究框架、阐述恰当的研究设计、回答特定的研究问题、更深刻地解释原始数据。在市场研究中，市场供求趋势分析、相关和回归分析、市场占有率分析、市场覆盖率分析等经常用文案调查法进行研究。

(三) 文案调查法的局限性及文案调查资料的评估

文案调查法存在一定的局限性，具体表现为：较多依赖历史资料，难以适应和反映现实中发生的新情况、新问题；收集的资料与调查目的往往不能很好地吻合，数据对解决问题不能完全适用；要求调查人员具有较广泛的理论知识，较深厚的专业知识和技能，否则将感到无能为力；难以把握文案调查所收集资料的准确程度。

由于存在上述局限性，在运用文案调查资料进行分析研究时，首先要对其质量进行评估，考察文案调查资料是否满足以下几方面的标准（见表 2—3）。

表 2—3 评估文案调查资料的标准

标准	要点	说明
规格和方法	数据收集方法 回答率 数据的质量 抽样技术 样本规模 问卷设计 现场工作 数据分析	数据应该可靠、有效，能够用于解决手中的问题
误差和准确度	检查存在于方法、研究设计、抽样、数据收集、数据分析和报告中的误差	通过比较不同来源的数据评价数据的准确度
及时性	收集数据和公开数据间的时滞 更新的频率	过时的数据会降低价值
目的	为什么要收集这些数据	目标将决定数据的相关性

续前表

标准	要点	说明
性质	定义关键变量 测量单位 所用类型 所检验的关系	如果可能，重整数据以增强其有用性
可靠性	信息来源的专业水平、可信度和声誉	应该从原始的而非转手的来源获得数据

1. 数据的收集方法

收集数据时使用的具体要求或方法应该经过严格审查，以便发现可能存在的偏差。方法方面的标准包括样本的大小和性质、回答率和质量、问卷设计和填写、现场工作程序、数据分析和报告程序。这些审查为数据的可靠性和有效性提供了信息，有助于判断二手数据是否适合手中的问题。

2. 数据的准确性

研究人员必须判断数据对于目前的研究目的而言是否足够准确。二手数据会有许多不同来源的误差，包括在研究方法、研究设计、抽样、数据收集、分析和报告等方面的误差。评价二手数据的准确性是很困难的，因为研究人员并没有参与相关的研究。如果可能的话，对同种资料应该从多种信息源取得，以便相互印证、核实。

3. 数据的及时性

二手数据可能不是当前的数据，数据收集和公布之间的时滞可能较长，这种情况在普查数据中经常出现。另外，随着信息时代的到来，知识更新速度加快，市场活动的节奏也越来越快，资料适用的时间在缩短。因此，只有反映最新市场活动情况的资料才是价值最高的资料，过时的二手数据的价值会降低。

4. 数据收集的目的

收集数据总会有一定的目的，需要了解的最根本的问题是："最初为什么收集这些数据?"收集数据的目的最终决定数据的相应用途。与某一特定目的相关的数据在另一种情形下也许并不适用。

5. 数据的性质

检验数据的性质或内容，应该特别注意关键变量的定义、测量单位、分类方法和所检验的关系。如果没有定义关键变量或者定义矛盾，那么数据的用途就会受到限制。

6. 数据的可靠性

通过检验二手数据来源的专业水平、可信度和声誉，可以获得对数据可靠性的总体认识。这可以通过与已使用此来源的数据的人进行核实来检验。应该用怀疑的眼光去看待为了促销、吸引特别的兴趣或进行宣传而公布的数据，对于匿名的或者以一种隐藏数据收集方法和程序细节的形式公布的数据，也应该采取同样的态度。

二、定性调查方法

定性研究提供关于问题背景的看法与理解，定量研究通常利用一些统计分析试图将数据量化。每当一个新的问题出现时，定量研究都必须在正确的定性研究之后进行。在市场调查中，应该把定性研究和定量研究结合起来使用，使它们互相补充。表 2—4 概括了这两种研究方法的区别。

表 2—4　定性研究与定量研究

	定性研究	定量研究
目标	提供关于潜在的原因与动机的定性理解	量化数据并且从所感兴趣的目标总体中概括结果
样本	数量少的无代表性的样本	大量的有代表性的样本
数据收集	非结构化的	结构化的
数据分析	非统计分析	统计分析
结果	提供最初的理解	建议最终的行动方案

（一）定性调查方法的分类

图 2—8 是定性调查方法的分类，根据调查对象是否了解项目的真正目的将定性调查分为直接法和间接法两大类。直接法对研究项目的目的不加掩饰，项目的目的对调查对象是公开的，或者从所问的问题中可以明显看出。焦点小组访谈法与深层访谈法是主要的直接方法。与之对应的间接法掩饰项目的真正目的，投影技法是间接方法中最常用的，包括联想法、完成法、构筑法以及表达法。

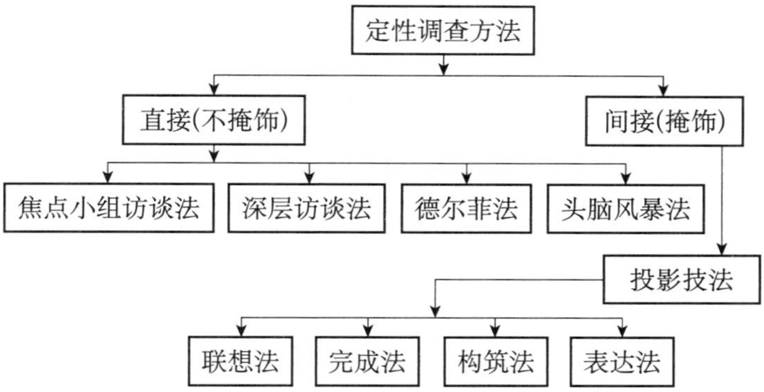

图 2—8　定性调查方法的分类

（二）焦点小组访谈法

1. 焦点小组访谈法的定义和特点

焦点小组访谈法，又称小组座谈法，就是采用小型座谈会的形式，挑选一组具有代表性的消费者或客户，在一个装有单面镜和录音录像设备的房间内，在训练有素的主持人的组织下，就某个专题进行讨论，从而获得对有关问题的深入了解。

焦点小组访谈法借用心理学的有关知识，是一种最重要的定性调查方法。其特点在于它不是一对一的调查，而是同时访问若干被调查者；它不是一问一答式的面谈，一个人的发言会点燃其他人的思想火花，从而可以观察到受试者的相互作用，这种相互作用比同样数量的人单独陈述能提供更多的信息。小组座谈过程是主持人与多个被调查者相互影响、相互作用的过程，要想取得预期效果，不仅要求主持人做好各种准备工作，熟练掌握主持技巧，还要求其有驾驭会议的能力。

2. 焦点小组访谈法的实施

在焦点小组访谈法准备阶段，要事先确定访谈进行的场所和时间，选择小组成员，选择主持人，编写访谈提纲，确定访谈的次数。在焦点小组访谈实施过程中，首先，要善于把握访谈的主题。为避免访谈的讨论离题太远，主持人应善于将小组成员的注意力引向讨论的问题，或是围绕主题提出新的问题，使访谈始终有一个焦点。其次，要做好小组成员之间的协调工作。在访谈进行过程中，可能会出现各种情况，如冷场、跑题、小组中某个成员控制了谈话等，遇到上述情况，主持人要妥善做好协调、引导工作，以保证访谈的顺利进行。此外，还要做好访谈记录。访谈一般由专人负责记录，同时还常常通过录音、录像等方式进行记录。

3. 焦点小组访谈法的优缺点

焦点小组访谈法的优点有：同时访问若干被调查者，资料收集快、效率高；取得的资料较为广泛和深入；能将调查与讨论相结合；可通过单向镜、录音录像等设备进行科学监测；覆盖的主题、深度等方面都是灵活的。

焦点小组访谈法的缺点有：对主持人的要求较高，挑选理想的主持人往往比较困难；访谈具有主观性，容易造成判断错误；小组成员选择不当会影响调查结果的准确性和客观性；回答结果散乱，后期对资料的分析和说明都比较困难；有些涉及隐私、保密的问题，很难在会上讨论；访谈结果对于整个样本总体不具有代表性，也不可进行推论。

4. 焦点小组访谈法的应用

在市场研究中，常用焦点小组访谈法研究的领域有：理解消费者关于某一产品种类的认知、偏好与行为；得到新产品概念的印象；产生关于旧产品的新观点；为广告提出有创意的概念与文案素材；获得价格印象；得到关于特定项目的消费者的初步反应，等等。

（三）深层访谈法

1. 深层访谈法的定义和特点

深层访谈法是指调查员和一名受访者在轻松自然的气氛中围绕某一问题进行深入的讨论，目的是让受访者自由发言，充分表达自己的观点和情感。其特点在于它是无结构的、直接的、一对一的访问，它的走向依据受访者的回答而定，随着会谈的逐渐展开，调查员彻底地探究每一个问题。

2. 深层访谈法的实施过程

在深层访谈的准备阶段，需要选择受访者、选择调查员、预约访谈时间、准备访谈计划、准备访谈用品。在准备工作就绪后，深层访谈就可以进入正式实施阶段。在这个阶段，首先，选择恰当的方式接近受访者，调查员应详细地介绍此次访谈的目的、意图，应指出受访者的回答对其自身是没有任何不利影响的，并尽量营造一种热情、友好、轻松的气氛；其次，在访谈中，调查员应始终保持中立的态度，当出现受访者对所提问题不理解或误解、受访者对某一问题的回答有所顾虑、受访者漫无边际闲谈的情况时，调查员要有礼貌而且巧妙地加以引导，而当受访者的回答含糊不清、过于笼统或残缺不全时，调查员则要适当地追问，以使访谈顺利进行。另外，调查员应该讲文明、有礼貌，用语准确、明了、贴切、恰当，在受访者回答问题或陈述观点时，调查员要认真倾听。

3. 深层访谈法的优缺点

相对于焦点小组访谈法来说，深层访谈法的优点在于：消除了群体压力，能更自由地交换信息，提供更真实的信息；一对一的交流使受访者感到自己是注意的焦点，使受访者更乐于表达自己的观点、态度和内心想法；便于对一些保密、敏感问题进行调查；能将受访者的反应与其自身相联系，便于评价所获资料的可信度。

与焦点小组访谈法相比，深层访谈法的缺点在于：由于只有一个受访者，无法产生受访者之间观点的相互刺激和碰撞；成本较高，在实际中的使用受到一定限制；调查的无结构性，使调查易受调查员自身素质高低的影响；访谈的结果和数据常难以解释和分析。

4. 深层访谈法的应用

深层访谈法主要用于获取对问题的理解的探索性研究，常用于详细探究受访者的想法，详细了解一些复杂行为，讨论一些保密的、敏感的话题，访问竞争对手、专业人员或高层领导，调查比较特殊的商品等。

（四）德尔菲法

1. 德尔菲法的定义和特点

德尔菲法是美国兰德公司在 20 世纪 60 年代首创和使用的一种特殊的调查方法。它是指通过函询的方式，征求每个专家的意见，经过客观分析和多次反复征询，逐步形成统一的调查结论。德尔菲法也是一种专家调查法，它用背对背的判断代替了面对面的会议，在一定程度上克服了畏惧权威和不愿当众发表不同意见的弊病，使参加调查的专家能够充分地发表自己的意见，最后取得较为客观实际的调查结论。

2. 德尔菲法的实施过程

首先，要拟定意见征询表，作为专家回答问题的主要依据。这里需要注意的是：问题要简单明确，数量不宜太多；问题的内容要尽量接近专家熟悉的领域；尽量提供比较齐全的背景材料。接着，选择合适的征询专家，尽量选择具有分析能力和预见能力的专家，一般在 8～20 人左右。然后，轮回反复征询专家意见。第一轮，将意见征询表和现有的背景材料寄给专家，要求专家明确回答征询表中的问题，调查人员对各个问题的结论进行归纳和统计。第二轮，将第一轮汇总过的专家意见及新的调查要求寄回专家，要求专家在了解全局情况后提出自己的见解，再次将专家寄回的资料进行统计，并提出新的要求。如此经过几轮的反复征询，专家的意见逐步趋向一致。最后，做出调查结论。

3. 德尔菲法的优缺点

与其他方法相比，德尔菲法的优点在于：匿名性，即整个过程中专家都是匿名发表意见，有助于专家独立思考、充分发表意见；反馈性，在调查过程中多次向专家反馈汇总的意见，能够帮助专家修正考虑欠周全的判断，有助于提高调查结论的全面性和可靠性；调查结果可定量处理，提高了调查的科学性。

德尔菲法的缺点在于：调查结果主要凭专家判断，缺乏客观标准；在得到调查组织者汇总的反馈资料后，有的专家由于水平不够可能做出趋近中位数或算术平均数的结论；持续时间较长，有的专家可能因工作忙或其他原因而中途退出，影响调查的准确性。

（五）头脑风暴法

头脑风暴法也是一种专家小组访谈法，一个小组由一位主持人和几位专家组成，在主持人的主持下小组成员按一定的顺序依次发言。第一位专家发言后，第二位专家结合第一位专家的观点发表自己的意见，第三位专家结合前两位专家的观点发表自己的意见，依此类推，直到最后一位专家发表完自己的意见，则第一轮发言结束。然后再从第一位专家开始第二轮发言，在第二轮发言中如果某位专家没有需要补充的观点或意见，可以保持沉默，由下一位专家发言，由此轮流到最后一位专家发言，第二轮发言结束。这样循环下去，第三轮发言，第四轮发言……直到每一位专家再没有需要补充的观点，则访谈结束。

头脑风暴法与焦点小组访谈法相似，它们的主要区别在于：

（1）焦点小组访谈法是自由发言，而头脑风暴法则按某种顺序依次发言。自由发言使小组成员之间的思想碰撞比较激烈，因此焦点小组访谈法的结果一般要比头脑风暴法的结果深刻、全面。此外，头脑风暴法由于采用按顺序依次发言的方式，其实施过程比焦点小组访谈法容易。

（2）焦点小组访谈法中主持人发挥至关重要的作用，而头脑风暴法中主持人的作用则要小得多，这使得头脑风暴法比焦点小组访谈法更容易实施，因为挑选合格的焦点小组访谈的主持人很难，而头脑风暴法对主持人没有太高的要求，挑选这样的主持人要容易些。此外，没有主持人适时地追问、鼓励或激励，头脑风暴法的效果可能要比焦点小组访谈法差一些。

（六）投影技法

1. 投影技法的特点和分类

投影技法是一种无结构、非直接的询问方式，可以激励被访者将他们关心某话题的潜在动机、态度或情感反映出来，适合于对动机、原因及敏感性问题的调查。投影技法的目的是探究隐藏在表面反应下的真实心理，以获知真实的情感、意图和动机，它的基本原理来自对人们经常难以或者不能说出自己内心深处的感觉的认识，或者说，人们受心理防御机制的影响而感觉不到那些情感。在投影技法中，调查对象被要求解释别人的行为而不是描述自己的行为，在解释别人的行为时，间接地反映出调查对象在此情景下自己的动机、信仰、态度或者感受。这样，通过分析调查对象对于有意非结构化的、模糊的、不明确的情节的解释来揭示他们的态度。常用的投影技法有联想法、完成法、构筑法以及表达法。

联想法是在被调查者面前设置某一刺激物，然后了解其最初联想到的事物的一种方法。其中最常用的是词语联想法，即向被调查者提供一些刺激词，让其说出或写出所联想的东西，调查者感兴趣的词语称为测试词语，分布在词语列单中，词语列单中还包括一些中立的或过滤的词语，用来掩饰研究的目的。通过被调查者的不同回答，分析他们的态度。一般要求被调查者迅速做出回答，不让心理防御机制有时间发挥作用，如果被调查者不能在 3 秒钟内做出回答，那么可以断定他已经受到了情感因素的干扰。词语联想法进一步可以分为自由联想法、控制联想法、引导联想法。

完成法是指给出一种不完全的刺激情景，要求被调查者来完成。常用的有句子完成法和故事完成法。

构筑法要求调查对象以故事、对话或者描述的形式来构造一个回答。在构筑法中，研究人员提供给调查对象比完成法更少的结构。构筑法进一步可以划分为图片法和漫画测试。

表达法是指给调查对象提供一个语言或视觉场景，要求将场景与别人的感受和态度联系起来。调查对象表达的不是他们自己的而是别人的感受或态度。表达法可以进一步分为角色扮演法和第三者法。

2. 投影技法的优缺点

投影技法最主要的优点是有助于揭示被调查者真实的意见和情感，对敏感问题的了解尤为有效。投影技法的不足在于：需要专门的、训练有素的调查员，而这种人员往往非常缺乏；通常费用较高；可能会存在严重的解释偏差；开放式的提问常会给分析和研究带来一定困难。

三、调查法

调查法以询问回答者为基础，向调查对象询问各种各样涉及他们的行为、意向、态度、感知、动机以及生活方式的问题。这些问题可能会以口头或书面的形式提出，或通过电脑提出，回答也可能由以上任一形式得到。

根据问卷的填写方式，调查法可以分为 4 类：面访调查、电话调查、邮寄调查和网上调查，如图 2—9 所示。

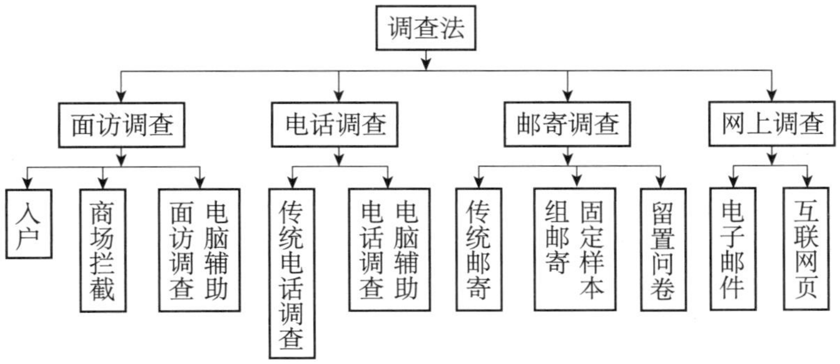

图 2—9　调查法的分类

（一）面访调查

1. 入户面访调查

入户面访调查就是调查员按照抽样方案中的要求，到抽中的家庭或单位，按事先规定的方法选取适当的被访者，再依照问卷或调查提纲进行面对面直接的访问。入户面访调查由于成本较高，使用越来越少。

2. 街头/商场拦截式面访调查

街头/商场拦截式面访调查主要有两种方式：第一种方式是由受过培训的调查员在事先选定的地点，按照一定的程序和要求选取访问对象，征得其同意后，在现场按照问卷进行简短的面访调查。这种方式常用于需要快速完成的小样本的探索性研究。第二种方式也叫厅堂调查或中心地调查，是在事先选定的场所按照一定的程序和要求拦截访问对象，征得其同意后，带到该场所附近的事先租借好的房间或厅堂内进行面访调查。这种方式常用于需要进行实物显示或特别要求有现场控制的探索性研究。

3. 电脑辅助面访调查

电脑辅助面访调查（CAPI）在发达国家使用比较广泛，是让调查对象坐在电脑终端前，用键盘、鼠标或触摸屏回答屏幕上显示的问卷。彩色屏幕和屏幕内外的刺激增加了调查对象对项目的兴趣和参与。这种方法被界定为面访调查，是因为通常有一名调查员在现场充当主持人，并根据需要对调查对象进行指导。

4. 面访调查的优缺点

面访调查的优点在于：入户面访可望取得较有代表性的样本；可望获取较多内容、较深程度、较高质量的数据；调查员可以利用这种激励作用，提高回答率和回答质量等。面访调查的缺点在于：费用较高；时间较长；某些群体的访问成功率低；实施质量控制较困难等。

（二）电话调查

1. 传统的电话调查

传统的电话调查使用的工具是普通的电话、普通的印刷问卷和普通的书写用笔。经过培训的调查员在电话室内按照调查设计所规定的随机拨号的方法，确定拨打的电话号码，拨通后按照准备好的问卷和培训的要求，筛选被访对象，然后对合格的调查对象对照问卷逐题逐字地提问，并及时地记录下答案。

2. 电脑辅助电话调查

电脑辅助电话调查（CATI）通常是在一个装备有计算机辅助电话调查设备的中心地点进行，经过培训的调查员按照屏幕上显示的问答题进行访问，并通过计算机的键盘或鼠标将数据及时录入计算机，电脑系统地引导调查员完成调查，答案直接进入电脑，可以及时提供数据收集和分析结果的中间及最终报告。

3. 电话调查的优缺点

电话调查的优点在于：节约费用；节约时间；可能访问到不易接触的调查对象；可能在某些问题上得到更为坦诚的回答；易于控制实施的质量等。电话调查的缺点在于：抽样总体与目标总体不一致；调查的内容难以深入；访问的成功率可能较低等。

（三）邮寄调查

1. 传统邮寄调查

传统邮寄调查就是将问卷装入信封，通过邮局寄给选定的调查对象，并要求他们按规定的要求和时间填写问卷，然后寄回调查机构。

2. 固定样本组邮寄调查

固定样本组邮寄调查指的是事先抽取一个地区性的或全国性的样本，样本中的家庭或个人都已同意参加某方面研究的定期的邮寄调查，然后由调查机构向这个固定样本组中的成员定期地邮寄调查问卷，样本组成员将问卷按要求填写后及时地寄回调查机构。

3. 留置问卷调查

由调查员按面访的方式找到被调查者，说明调查目的和填写要求后，将问卷留置于被调查者处，约定几天后再次登门取回填好的问卷。留置问卷调查的关键之一是保证匿名性。

4. 邮寄调查的优缺点

邮寄调查的优点在于：保密性强；调查区域广；费用较低；无调查员偏差等。邮寄调查的缺点在于：回收率低；花费的时间长；填答问卷的质量难以控制；调查对象受文化程度的限制等。

（四）网上调查

1. 电子邮件调查

为了进行一次电子邮件调查，首先要获得一份电子邮件地址名单，将调查内容写入电子邮件中寄给调查对象。电子邮件使用纯文本显示问卷，可以被任何一个有电子邮件地址的人收到并回答，调查对象在指定的地方输入开放式或封闭式问题的答案，然后按下“回答”键，将答案作为数据录入并汇总制表。

2. 互联网页调查

与电子邮件调查相比，互联网页调查所使用的是网络语言，即超文本链接标示语言（HTML），并放在一个网站上。可以从调查机构所持有的潜在调查对象数据库中在线招募，或者用常规的方法（邮寄、电话）招募调查对象。要求调查对象到一个特定的网址去完成调查。允许所有的网站浏览者或每隔一个浏览者参加调查。

3. 网上调查的优缺点

网上调查方法的优点在于：成本较低；传播迅速。缺点在于：调查对象的局限性；回答率难以控制；整个调查较难控制等。

（五）各种调查法的比较性评价

并不是所有的调查方法都适用于某个特定的情况，表2—5围绕各种因素对不同的调查方法进行了比较，对任何一个独特的研究项目而言，这些因素的相对重要性会不同。

表 2—5 调查法的比较性评价

标准	CATI	入户	商场拦截	CAPI	传统邮寄	固定样本组邮寄	电子邮件	互联网页
数据收集的灵活性	中～高	高	高	中～高	低	低	低	中～高
问题的多样性	低	高	高	高	中	中	中	中～高
有形刺激的使用	低	中～高	高	高	中	中	低	中
样本控制	中～高	潜在的高	中	中	低	中～高	低	低～中
数据收集环境控制	中	中～高	高	高	低	低	低	低
现场工作人员控制	中	低	中	中	高	高	高	高
数据数量	低	高	中	中	中	高	中	中
回答率	中	高	高	高	低	中	低	非常低
调查对象感觉到的匿名性	中	低	低	低	高	高	中	高
社会期望	中	高	高	中～高	低	低	中	低
获取敏感信息	高	低	低	低～中	高	中～高	中	高
调查员潜在偏差	中	高	高	低	无	无	无	无
速度	高	中	中～高	中～高	低	低～中	高	很高
成本	中	高	中～高	中～高	低	低～中	低	低

四、观察法

观察法就是通过观看、跟踪和记录调查对象的言行来汇集信息资料的调查方法。观察者并不向所观察的人提问或与之交谈，可以依靠调查人员在现场直接观看、跟踪和记录，也可以利用照相、摄像、录音等手段间接地从侧面观看、跟踪和记录。信息可以在事件发生时记录，或从过去的事件记录中获得。

观察法可以从不同角度分成结构化观察与非结构化观察、掩饰的观察与非掩饰的观察、自然观察与实验观察，等等。下面重点介绍几种市场调查中的方法。

（一）顾客观察法

顾客观察法就是在各种商场中秘密注意、跟踪和记录顾客的行踪和举动，以总结出企业经营所需的信息。这种观察法主要适用于自选商场、消费市场、超级商场和购物中心。要观察顾客行为，所选定的顾客的多少要根据商场客流量而定，可以采取等距抽样的办法来确定观察对象，比如在进入商场的客流中，每隔 10 人就选中一人作为跟踪目标。还要拟出观察方案，主要包括观察场所和路径，并制成观察记录表。在做观察记录时，观察人员要将顾客的行走方向和路线用箭头画出。如果顾客购买了某种商品，或是从货架上拿下了某种商品，那么就必须立刻在观察记录表中的对应位置做好记号。利用这种办法，不仅能从图上看出顾客的行走路线，还可以看出顾客搜寻各种商品的行踪。

（二）神秘购物法

神秘购物法是让观察人员扮成购物人员，像观察对象那样介入整个活动之中，收集有关商店的观察数据以及顾客或雇员间交互的数据的调查方法。神秘购物能够衡量员工的知识是否渊博、工作效率是否高、是否乐于助人并彬彬有礼。此外，神秘购物还可以识别出公司的优势和薄弱环节，为业务培训和策略的修订提供指导。

（三）痕量分析

痕量分析的数据收集以过去行为的物理痕迹或证据为基础，这些痕迹可能是调查对象有意或无意地遗留下来的。例如，可以根据一页纸上不同指纹的数目来衡量一本杂志中不同广告的读者人数；根据一个停车场内汽车的车龄和车况来评价顾客的富裕程度；根据互联网访问者留下的踪迹来分析访问者浏览和使用互联网的行为。虽然痕量分析已经被创造性地应用，但是也存在局限性，其数据经常不完整，为了分析不得不做出一些假设。

（四）阅读器观察法

阅读器观察法是一种典型的机器观察法。阅读器是由 Pretesting 公司发明的，这种仪器看起来就像一盏台灯，之所以这样设计是为了让被测试者坐在它面前的时候不会意识到它在记录阅读材料和读者眼睛的反应。这种自成一体的装置是全自动的，并且在不需要使用任何附件或特殊光学仪器的情况下就能够记录任何被测试者的信息，无论他是否戴眼镜。它允许被测试者阅读任何大小的杂志或报纸，并给他们足够的时间来回翻阅刊物。通过阅读器和特别设计的隐藏式照相机，能记录许多有关阅读习惯和不同大小的广告的使用情况以及品牌名称回忆等方面的信息。

（五）观察法的优缺点

观察法的优点包括：可以比较客观地收集第一手资料，调查结果直观、可靠；不会受到被观察者意愿和回答能力等有关因素的困扰；可以避免许多由于访问员及询问法中的问题结构所产生的误差因素；有利于排除语言交流或人际交往中可能发生的种种误会和干扰；简便、易行，灵活性强，可随时随地进行观察，等等。观察法的缺点在于：只能反映客观事实的发生经过，而不能说明发生的原因和动机；只能观察到公开行为，不能观察到私下的行为；观察到的公开行为并不能代表未来的行为；调查时间较长，调查费用较大；对调查人员的业务技术水平要求较高，等等。

五、实验法

（一）实验法的概念

实验法是通过小规模的实验来了解企业产品对社会需求的适应情况，以测定各种经营手段效果的市场调查方法。在实验法中，试验者控制一个或多个自变量（如价格、包装、广告），研究在其他因素（如质量、服务、销售环境等）都不变或相同的情况下，这些自变量对因变量（如销售量）的影响或效果。

在市场实验中，如果其他未控制的因素真的保持不变，那么实验的结果应该和自然科学实验一样准确，但是市场上未能控制而又可能在实验期间有所变动的外来因素太多，如竞争对手的策略、消费者的偏好等，这些外来因素都可能对实验的结果有所影响。为此，在进行实验的设计时，要特别考虑如何尽可能地减少实验的误差。此外，正式的市场实验的数据应该通过统计分析的方法进行检验，以确定在一定的水平下，自变量对因变量的影响是否显著。

（二）几种重要的实验设计

实验设计可以分为预实验设计、真实验设计和统计设计。预实验设计没有利用随机化步骤来控制外部因素，这类设计包括一次性个案研究、单组前后对比设计以及静态组。在真实验设计中，研究人员随机地将测试单位分派给各实验组，这类设计包括实验前后对照设计、实验后对照设计以及所罗门四组设计。统计设计是指一系列允许对外生变量进行统计控制和分析的基础实验。在统计设计中所用到的基本设计包括预实验设计和真实验设计，重要的统计设计包括随机区组设计、拉丁方设计和因子设计。

（三）实验法的优缺点

实验法的主要优点在于：可以探索不明确的因果关系；实验的结论有较强的说服力。主要缺点在于：高昂的成本；保密性差；管理、控制困难。

第三节 市场调查设计

一、测量与量表

测量有四种尺度，即定类尺度、定序尺度、定距尺度和定比尺度。每种尺度的特性和允许使用的统计方法都不同，因此，在调查设计时应选择好要使用的尺度。量表技术在问卷调查中大量使用，选择合适的量表对于得到更加准确的调查结果有很大帮助。

（一）测量与量表

测量指的是根据某些预先指定的规则为物体的特性分配序号或其他符号。我们测量的并不是物体本身，而是它的一些特性。量表可以被看做测量的一个扩充，涉及产生一个将被测物体定位的连续统一体。例如，我们根据“对航空公司的态度”这一特性来考虑一个定位消费者的量表。每个消费者被分配一个序号，表示不满意的态度（用 1 测量）、中性的态度（用 2 测量），或者满意的态度（用 3 测量）。测量是根据某些规则将序号 1，2 和 3 分配给每位消费者，量表是将调查对象置于一个与他们对待航空公司的态度有关的连续统一体中的过程，在我们的例子中，就是将调查对象分为持不满意态度、中性态度或满意态度的过程。

（二）测量的主要尺度

有四种主要测量尺度：定类、定序、定距和定比。定类尺度是一种标记方法，其中数字只用做对物体识别和分类的标志或标签，不反映物体所拥有的特性的数量。定序尺度是一种排序尺度，分配给物体的数字表明了物体拥有一些特性的相对程度，表示相对位置。定距尺度包含了定序尺度的所有信息，而且它还能够比较物体之间差别的大小。定比尺度拥有定类、定序和定距尺度的所有性质，此外，它还有一个绝对的零点，因此，可以对物体进行鉴别或分类，对物体排序并且比较它们的间距或差别，而且计算尺度值的比值也是有意义的。表 2—6 概括了它们的性质。

表 2—6　　测量的主要尺度

尺度	基本特性	普通实例	市场实例	允许的统计	
				描述性的	推论性的
定类	数字用于对事物的识别和分类	社会保险号、运动员编号	品牌号、商店类型、性别分类	百分比、众数	卡方、二项式检验
定序	数字代表物体的相对位置，但没有指明差距大小	质量排序、联赛中的各队排名	偏好排序、市场地位、社会阶层	百分位数、中位数	序数相关、Friedman、ANOVA
定距	物体之间可对比的差距，零点是任意定的	温度（华氏、摄氏）	态度、观点、指数	全距、平均数、标准差	简单相关、t 检验、ANOVA、回归因子分析
定比	零点是固定的，可以计算尺度值的比	长度、重量	年龄、收入、成本、销售额、市场份额	几何平均数、调和平均数	变异系数

（三）量表技术

市场研究中通常使用的量表技术可以分为比较量表和非比较量表两类，见图 2—10。

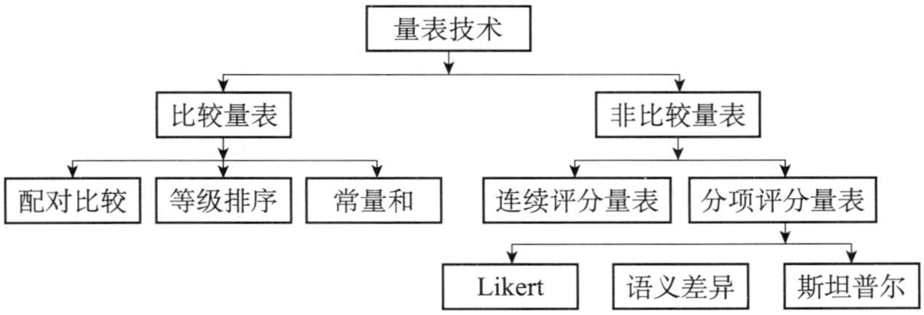

图 2—10　量表技术的分类

比较量表涉及对刺激物体的直接比较，例如，调查对象可能会被问到他们更喜换乘坐A航空公司的班机还是B航空公司的班机。比较量表的数据必须以相对的关系来解释，并且只有定序或等级顺序的性质。比较量表包括配对比较量表、等级排序量表和常量1量表。比较量表的主要优点是可以发现刺激物体间的微小差别，当调查对象比较刺激物体时，他们被迫从中选择。主要缺点包括数据的定序性质，且无法推广到被计量的刺激物体之外。

在非比较量表中，每个物体被独立于刺激物背景中的其他物体计量，结果数据通常假定为定距的或定比的。例如，调查对象可能被要求用一个1～10的满意程度尺度评价航空公司某次航班的服务（1＝很不满意，10＝很满意）。非比较量表可以是连续评分量表或者分项评分量表，分项评分量表又可进一步分为Likert量表、语义差异量表和斯坦普尔量表。非比较量表是市场研究中使用最为广泛的量表技术。

二、问卷设计

调查问卷是根据调查目的以提问方式设计的问题集合，采用问卷进行调查是国际通用的调查方式，也是我国近年来推行最快、应用最广的一种调查手段。问卷设计的好坏，在很大程度上决定着调查问卷的回收率、有效率，甚至关系到整个市场调查活动的成败。设计一份完善的问卷不是一件容易的事情，问卷设计人员除了要具备统计学、社会学、经济学、心理学、计算机软件等多方面的知识，还需要有一定的技巧和经验，可以说，问卷设计是科学与艺术的结合。

（一）问卷的一般结构

一份完整的调查问卷通常采取以下结构：

1. 问卷的标题

问卷的标题是概括说明调查的研究主题，使被调查者对所要回答的问题有一个大致的了解。确定标题应简明扼要，易于引起回答者的兴趣。例如，应使用“航空公司旅客调查问卷”，而不要简单采用“问卷调查”这样的标题，这容易使回答者因不必要的怀疑而拒答。

2. 问卷说明

问卷说明一般放在问卷开头，篇幅宜小不宜大，主要包括引言和注释。引言应该包括调查目的、意义、主要内容、调查的组织单位、调查结果的使用者、保密措施等。其目的是引起被调查者对填答问卷的重视和兴趣，争取他们对调查给予积极支持与合作。注释是问卷的填写说明，包括问卷的填写方法和填答要求以及有关注意事项，有时也包括问卷中某些概念的解释。注释一般出现在自填式问卷中，放在引言之后，问答题及答案之前，如果内容简单，也可与引言合为一体。

3. 调查主题内容

调查的主题内容是研究者所要了解的基本内容，也是调查问卷中最重要的部分。它主要是以提问的形式提供给被访者，这部分内容设计的质量直接影响整个调查的价值。主题内容主要包括：对人们的行为进行调查；对人们的行为后果进行调查；对人们的态度、意见、感觉、偏好等进行调查。

4. 被访者基本情况

这是指被访者的一些主要特征，即背景资料。例如，在消费者调查中，消费者的性别、年龄、民族、家庭人口、婚姻状况、文化程度、职业、单位、收入、所在地区等。又如，企业调查中的企业名称、地址、所有制性质、主管部门、职工人数、商品销售额等情况。通过这些项目，便于对调查资料进行统计分组和分析。在实际调查中，列入哪些项目，列入多少项目，应根据调查项目、调查要求而定，并非多多益善。

（二）问卷设计的过程

问卷设计是由一系列相关工作过程构成的，一般按照图 2—11 所示的步骤进行。

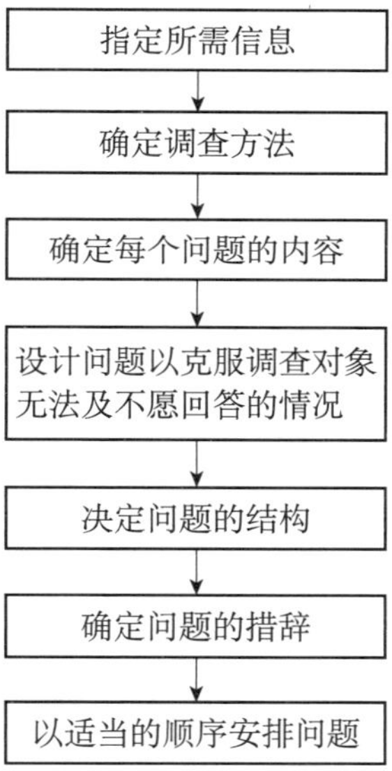

图 2—11　问卷设计过程

1. 指定所需信息

指定所需信息是问卷设计的第一步，在这个阶段，要确定调查主题的范围和调查项目，将所需问卷资料一一列出，分析哪些是主要资料，哪些是次要资料，哪些是调查的必备资料，哪些是可要可不要的资料，并分析哪些资料需要通过问卷来取得，需要向谁调查等，对必要的资料加以收集。对目标人群有一个清楚的概念是很重要的，因为被调查人群的特性对问卷设计有显著的影响，如适合大学生的问题也许不适合家庭主妇。同时要分析调查对象的各种特征，即分析了解各调查对象的社会阶层、行为规范、社会环境等社会特征，文化程度、知识水平、理解能力等文化特征，需求动机、行为等心理特征，以此作为拟定问卷的基础。

2. 确定调查方法

考虑一下问卷在每种访谈方法下是如何执行的，可以了解访谈方法如何影响问卷设计。在人员调查中，调查对象能看到问卷，并且与访谈人员面对面沟通，因此可以问冗长的、复杂的和各式各样的问题。在电话调查中，调查对象与访谈人员可以沟通，但是他们无法看到问卷，这样就只能问简短的问题。邮寄问卷是自填式的，因此所有的问题必须简单，必须提供详细的指导说明。在计算机辅助的调查（CAPI 和 CATI）中，可以实现问题的跳跃形式和随机化，以消除顺序偏差。互联网问卷包含 CAPI 的许多特性，而电子邮件问卷必须设计得更为简单。

3. 确定每个问题的内容

这里需要注意以下方面：

（1）问题的必要性。问卷上的每个问题对所需的信息均应有所贡献，或起到一些特殊的作用，否则，这个问题就应该删掉。在某些情况下，提一些与所需信息不相关的问题是有必要的。例如，在问卷的开始问一些中立的问题，这样有助于建立参与和交流的氛围，尤其是当问卷的主题比较敏感或者存在争议时。

（2）双重问题。当我们确定了一个问题是必要的之后，就必须确保它能够得到想要的信息。请考虑这样一个问题："你认为某航空公司的航班安全准时吗？"当被调查者回答"是"时，它的意义是清楚的，但如果回答"不"呢？这意味着调查对象认为某航空公司的航班不安全或不准时，还是既不安全也不准时呢？这种在一个问题中包含两个要点的问题称为双重问题，对于双重问题，为了获得所需的信息，应该分成两个独立的问题来问：

"你认为某航空公司的航班安全吗？"

"你认为某航空公司的航班准时吗？"

4. 确定调查对象能够回答问题

研究人员不应该假定调查对象能够准确回答所有的问题，某些因素限制了调查对象回答问题的能力，如调查对象可能没有相关的知识、可能记不住或者无法清晰地表达他的答案，研究人员应该尽量避免调查对象无法回答问题情况的发生，可以采取过滤调查时间、缩短时间范围、帮助调查对象表述等措施减少无回答题目的数量。

5. 确保调查对象愿意回答

即使调查对象能够回答一个特定的问题，他们也不一定愿意这样做，这可能是因为回答起来太困难、背景或目的不合适，或者涉及敏感信息等，因此，在设计问卷时应采取适当措施来减少调查对象的困难，合理化索取信息的目的，增加提供敏感信息的自愿性。

6. 决定问题的结构

（1）开放式问题。是指问卷不提供答案的选项而是要求被访者自由回答。例如，"请问您对航空公司提高服务质量有什么建议和要求？"开放式问题的优点是被访者可以充分自由地按自己的想法和方式回答问题和发表意见，不受限制，有利于发挥被访者的主动性和想象力。因此，开放式问题得到的资料往往比较主动、具体、信息量大，特别适合询问那些潜在的答案很多或者答案比较复杂，或者尚未弄清楚各种可能答案的问题，尤其是想了解客户的真实呼声，探求其建设性的意见和建议时，可采用开放式问题。开放式问题的缺点是由于被访者提供答案的想法和角度不同，因此在对答案分类和编码时，往往会出现困难，难以进行定量整理和分析，还可能因为被访者表达能力差异形成调查偏差。同时，由于时间关系或缺乏心理准备，被访者往往放弃回答或答非所问，使问卷的回收率和有效率降低。因此，这种问题不宜过多。

（2）封闭式问题。是指事先设计了一组答案选项，被访者只能从中挑选一个或几个现成答案的提问方式。根据提供答案方式的不同，封闭式问题还可以进一步分为：二项选择问题，即被访者的回答非此即彼，只能有一个选择；多选项问题，即调查对象可以选出一个或多个选项。二项选择问题易于理解，可迅速得到明确的答案，便于统计处理，分析也比较容易。多项选择问题执行起来很快，数据的编码和处理所需的成本和时间较少，但设计有效的多项选择问题需要相当大的工作量。

（3）量表。这里举一个例子来说明量表在问卷设计上的应用。

按照您本次航空旅行的实际体验，对航空公司的服务质量评分。

	很差									很好
• 办理航班乘机手续的服务	1	2	3	4	5	6	7	8	9	10
• 托运行李的服务	1	2	3	4	5	6	7	8	9	10
• 乘务员的服务水平和服务质量	1	2	3	4	5	6	7	8	9	10
• 客舱的舒适程度	1	2	3	4	5	6	7	8	9	10
• 客舱供应餐饮质量	1	2	3	4	5	6	7	8	9	10

7. *确定问题的措辞*

问题措辞是指将想要提的问题的内容和结构，翻译成调查对象可以清楚而轻松地理解的用语。确定问题的措辞可能是设计一张问卷时最关键也是最困难的任务，应使用含义明确的词语、通俗易懂的语句，问题要有明确的界限，避免诱导性问题。

8. *确定问题的顺序*

在设计问卷时，要讲究问题的排列顺序，使问卷条理清楚，提高回答效果，以下几点可供参考：最初的提问应当是被访者容易回答且较为关心的内容；提问的内容应从简单逐步向复杂深化；对相关联的内容应该进行系统的整理，使被访者不断增加兴趣；作为调查核心的重要内容应在前面提问；专业性强的具体、细致问题应尽量放在后面；敏感性问题也应该尽量放在后面；封闭性问题放在前面，开放性问题放在后面。

附：航空公司旅客调查问卷

航空公司旅客调查问卷

尊敬的旅客：您好！

为了进一步提高服务质量，改进服务工作，我们希望了解您对乘坐本次航班的感受，并对航空公司的服务质量进行评价。请您协助填写这份调查问卷。

中国人民大学
北京全华诚管理咨询有限公司
2014 年 3 月

一、本次航空旅行基本情况

1. 您乘坐的舱位是：
（1）头等舱 □
（2）公务舱 □
（3）经济舱 □
2. 您在哪里购买的机票？
（1）去航空公司售票处购买 □
（2）去机票代理销售点购买 □
（3）去旅行社购买 □
（4）电话订票送票上门 □
（5）电子商务购票 □
（6）电话订票，行前机场取票 □
（7）单位统一订票 □
（8）其他 □
3. 您提前多长时间购票？
（1）当天购票 □
（2）乘机前 1～2 天 □
（3）乘机前 3～6 天 □
（4）乘机前 7～15 天 □
（5）乘机前 15 天以上 □
4. 您购买的是不是折扣票？
（1）是折扣票 □
（2）不是折扣票 □
5. 您的机票费用由谁承担？
（1）单位报销 □
（2）自己承担 □
（3）常旅客奖励 □
（4）其他 □
6. 您选择本次航班的原因？（可以选择多项）
（1）安全有保障 □
（2）航班时刻适当 □
（3）机型好 □
（4）服务好 □

(5) 持常旅客卡 □
(6) 航班正点 □
(7) 折扣票 □
(8) 旅行社安排 □
(9) 无其他航班 □
(10) 其他 □ 请详细说明__________

7. 您乘坐过 A 航空公司（竞争对手）的班机吗？
(1) 乘坐过 □
(2) 没有乘坐过（跳答第 9 题） □

8. 在这两个航空公司中，从总体服务质量来看，您觉得哪一个更好一些？
(1) 该航空公司 □
(2) A 航空公司 □

9. 您本次乘机旅行的目的是：
(1) 公商务旅行 □
(2) 随团旅游 □
(3) 个人旅游或探亲访友 □
(4) 其他 □

二、服务质量评价

（请您根据本次乘坐该航空公司航班的切身感受，回答下列问题。）

1. 按照您本次航空旅行的实际体验，对航空公司的服务质量评分。

	很差									很好
(1) 办理航班乘机手续的服务	1	2	3	4	5	6	7	8	9	10
(2) 托运行李的服务	1	2	3	4	5	6	7	8	9	10
(3) 乘务员的服务水平和服务质量	1	2	3	4	5	6	7	8	9	10
(4) 客舱的舒适程度	1	2	3	4	5	6	7	8	9	10
(5) 客舱供应餐饮的质量	1	2	3	4	5	6	7	8	9	10

2. 根据您的实际体验，对该航空公司本次航班服务的满意程度进行评价。（很不满意 1 分，很满意 10 分，请任选一个整数表示您的评价。）

1　2　3　4　5　6　7　8　9　10

3. 您是否抱怨过这家航空公司？
(1) 抱怨过 □
(2) 未抱怨过 □

4. 您向别人推荐乘坐这家航空公司航班的可能性有多大？（很小 1 分，很大 10 分，请任选一个整数表示您的可能性。）

1　2　3　4　5　6　7　8　9　10

5. 下面是对于该航空公司办理乘机手续的一些叙述，请用数字 1～5 表明您对每种观点同意或反对的强烈程度。1＝强烈反对；2＝反对；3＝既不同意也不反对；4＝同意；5＝强烈赞成。

（1）服务态度很好	1　2　3　4　5
（2）办理速度不快	1　2　3　4　5
（3）排队时间太长	1　2　3　4　5
（4）行李交运较快	1　2　3　4　5
（5）舱位选择比较自由	1　2　3　4　5

三、您的偏好与期望

1. 请将下列影响您选择航班的因素排序，影响最大的排在第一位，影响最小的排在最后一位。

因素	您所排的顺序
（1）航班时刻	______
（2）票价	______
（3）航空公司印象	______
（4）安全	______
（5）常旅客计划	______
（6）机型	______
（7）服务	______

2. 如果不考虑其他因素，您认为以下哪个时间段的航班比较方便？（可以选择多项）

（1）7:00 以前 □
（2）7:00～9:00 □
（3）9:00～11:00 □
（4）11:00～13:00 □
（5）13:00～15:00 □
（6）15:00～17:00 □
（7）17:00～19:00 □
（8）19:00～21:00 □
（9）21:00～23:00 □
（10）23:00 以后 □

3. 您是不是这家航空公司的常旅客？

（1）是 □
（2）否 □（跳答四）

4. 您成为这家航空公司常旅客的主要目的是什么？

（1）升舱 □
（2）免费旅行 □
（3）其他 □

5. 您经常使用这家航空公司的常旅客卡吗？

（1）经常使用 □
（2）偶尔使用 □

（3）从未使用过 □

6. 在各种交通方式中，您对航空旅行是怎样的印象？请按照下面的问题，在您认为最适合的数字上画“○”。

（1）	安全的	1	2	3	4	5	6	7	危险的
（2）	麻烦的	1	2	3	4	5	6	7	方便的
（3）	高效的	1	2	3	4	5	6	7	低效的
（4）	舒适的	1	2	3	4	5	6	7	难受的
（5）	昂贵的	1	2	3	4	5	6	7	便宜的
（6）	紧张的	1	2	3	4	5	6	7	轻松的
（7）	准时的	1	2	3	4	5	6	7	不准时的
（8）	劣质的	1	2	3	4	5	6	7	优质的
（9）	亲切的	1	2	3	4	5	6	7	冷淡的

7. 您对航空公司提高服务质量有什么建议和要求？请您畅所欲言。

____

____

四、您的基本情况

（以下信息仅作综合分析使用，我们将按照《统计法》的有关规定，对您的个人信息严格保密。）

1. 您的文化程度：

（1）中学以下 □

（2）中学或中专 □

（3）大学或大专 □

（4）大学以上 □

2. 您的身份：

（1）国家公务员 □

（2）管理人员 □

（3）私营企业主 □

（4）专业技术人员 □

（5）个体工商户 □

（6）商业服务业 □

（7）工人 □

（8）农民 □

（9）自由职业者 □

（10）学生 □

（11）离退休、无业、失业人员 □

（12）其他 □

3. 您所在行业：

（1）金融、保险、证券 □

(2) 信息产业 □
(3) 新闻、出版、广告 □
(4) 文艺、体育 □
(5) 卫生、教育 □
(6) 制造业 □
(7) 党政机关、社会团体 □
(8) 中介机构（律师事务所、会计师事务所等）□
(9) 商业、服务业 □
(10) 农、林、牧、渔业 □
(11) 其他 □

4. 您的年收入水平：
(1) 1万元人民币以下 □
(2) 1万元～3万元人民币 □
(3) 3万元～6万元人民币 □
(4) 6万元～9万元人民币 □
(5) 9万元～12万元人民币 □
(6) 12万元～15万元人民币 □
(7) 15万元人民币以上 □

感谢您对我们的支持，祝您平安！

三、抽样设计

（一）普查与抽样调查

调查了解市场，可以采用市场普查与抽样调查两种形式。普查涉及统计一个总体中的全部个体的情况，抽样调查只了解抽选出来的样本的情况，然后用样本来推断总体的情况。这两种调查方式各有利弊，适用于不同的情况，表2—7概括了抽样调查与普查在几个项目上的比较。

表2—7 抽样调查与普查的比较

比较项目	适用的条件	
	抽样调查	普查
预算	小	大
可用时间	短	长
总体规模	大	小
特征差异	小	大
抽样误差的成本	低	高
非抽样误差的成本	高	低
测量的性质	破坏性的	非破坏性的
对个体案例的关注	是	否

普查成本高昂而且执行起来耗费时间，预算和时间这两个明显的约束使抽样调查方式的使用更为有利。对大多数消费产品而言，总体很大，采用普查方法是不现实的。如果总体单位之间差异较小，适宜用抽样调查的方法，最极端的情况是如果每个个体情况都是相同的，则只要随意抽得其中一个单位，就可以代表总体的情况了。如果抽样误差的成本很高，那么就适宜用普查的方法，这样可以消除抽样误差；如果非抽样误差的成本很高，就应该用抽样调查的方法，因为普查方法会大大增加非抽样误差，使之超过抽样误差。其实，非抽样误差是总误差的主要来源，因此，在大多数情况下，出于精确度的考虑，更适宜用抽样方法而不是普查方法。

（二）调查中误差的来源

调查中误差的潜在来源有很多，我们将其归类，如图 2—12 所示。

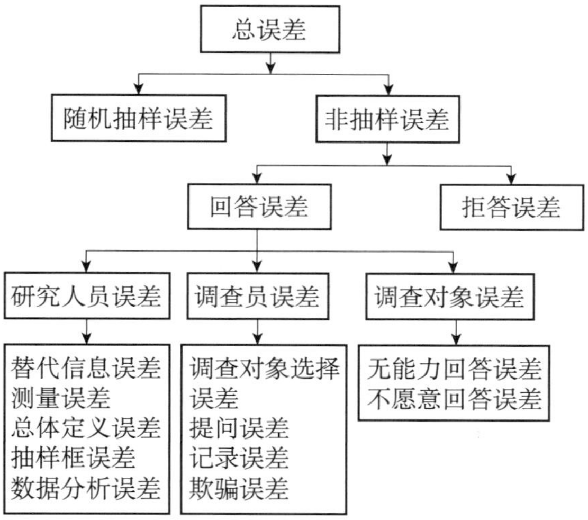

图 2—12　调查误差的来源

总误差是指所感兴趣的变量在样本总体中的真实平均值与调查项目得到的观测平均值之间的差异。

随机抽样误差是总体的真实平均值与初始样本真实平均值之间的差异，它的存在是因为所选择的特定样本不能完全代表相应的总体。

当包括在样本里的调查对象不予回答时，就产生了拒答误差，拒答的主要原因是拒绝和不在家。

替代信息误差是指研究问题所需的信息与研究人员所收集到的信息之间的差异。

测量误差是指所寻求的信息与研究人员测量过程中所产生的信息之间的差异。

总体定义误差是指真正与研究问题相关的总体与研究人员所定义的总体之间的差异。

抽样框误差是指研究人员所定义的总体与所用的抽样框代表的总体之间的差异。

数据分析误差是指在将问卷的原始数据转化为研究结果的过程中所产生的

误差。

调查对象选择误差指的是当调查员选择的调查对象不是抽样设计所指定的或者与抽样设计不一致时产生的误差。

提问误差是指在提问调查对象时或者在需要更多信息而没有进一步追问的情况下可能带来的误差。

记录误差是指在倾听、解释和记录调查对象的答案时所产生的误差。

欺骗误差是指访谈者编造部分或者全部的访谈答案所引起的误差。

无能力回答误差是由于调查对象不能给出准确的答案而造成的。

不愿意回答误差是由于调查对象不愿意给出正确信息而造成的。

（三）抽样设计过程

抽样设计过程可以总结为5个步骤，如图2—13所示。

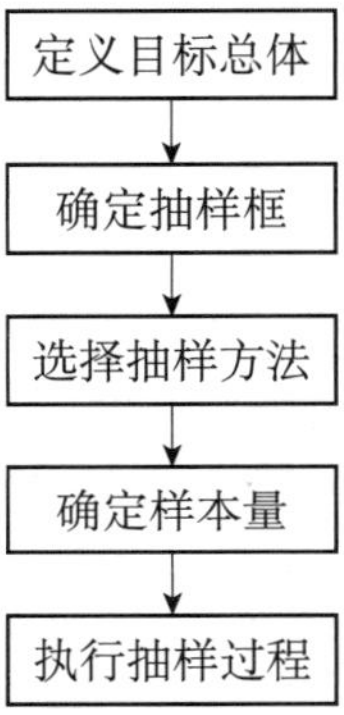

图2—13　抽样设计过程

1. 定义目标总体

抽样设计从定义目标总体开始，目标总体指的是拥有研究人员所要寻找的信息的个体或物体的集合。目标总体的定义必须精确，不精确的目标总体定义将会导致研究无效。例如，想要了解消费者对一种新品牌的男士洗面奶的反应，目标总体应该如何定义？是包括所有的男士、只包括曾经用过这种品牌洗面奶的男士，还是只包括上个月曾经用过这种品牌洗面奶的男士？有些妇女为她们的丈夫购买洗面奶，那么目标总体是否应该包括女性呢？这些问题都必须在定义目标总体时解决。

2. 确定抽样框

抽样框是供抽样用的所有调查单位的名单，常用的抽样框的例子有企业名录、电话簿、人员名册等。作为抽样框的清单有时会与目标总体不一致，可能遗漏了总体中的某些个体，或者包含了不属于这个总体的个体，这时会导致抽样框误差。有时目标总体和抽样框之间的差异比较小，可以忽略，但大多数情况下，研究人员应该认识到抽样框误差并进行处理。处理抽样框误差可以根据抽样框重新定义总体，或者通过在数据收集阶段筛选被访者来考虑抽样框误差，也可以通过加权来调整所收集到的数据，从而弥补抽样框误差。

3. 选择抽样方法

在选择抽样方法时，需要决定用放回抽样还是不放回抽样，用概率抽样还是非概率抽样。在放回抽样中，从抽样框中选出一个个体并获得数据后，再把这个个体放回抽样框中，因此个体可能会不止一次被抽中。在非放回抽样中，一旦一个个体被选进样本中，就从抽样框中剔除，因此不会再被选中。这两种方法统计量的计算略有不同，但是如果抽样框相对于最终的样本量很大，则差别不大。只有当抽样框与样本量相比较小时，这个问题才需要考虑。另外，选择概率抽样还是非概率抽样方法，是确定抽样方法的一个很重要问题。概率抽样可以避免人为因素影响，可以计算出抽样误差，还可以对总体参数进行推断。虽然有很多优越性，但是受抽样框获取的限制，很多时候没有条件进行概率抽样，这种情况下就只能采用非概率抽样。对于非概率抽样得出的调查结果要慎重使用。

4. 确定样本量

样本量指的是包含在样本中个体的数目。确定样本量需要考虑一系列的定性和定量因素，定量因素的考虑将在有关的概率抽样方法中涉及，定性因素的考虑主要有决策的重要性、研究的性质、变量的数目、分析的性质、发生率、完成率以及资源约束等。

5. 执行抽样过程

抽样过程的执行包括详细制定关于总体、抽样框、抽样单位、抽样方法以及样本量的抽样设计决策和履行。如果抽样单位是家庭，就需要对家庭有一个操作化的定义，对于空缺的家庭单位以及无人在家情况下的复查应该制定相应方法，对所有抽样设计决策应该提供详细的信息。

（四）抽样方法的分类

根据样本抽取方法的不同，抽样方法可以分为概率抽样和非概率抽样（见图 2—14）。

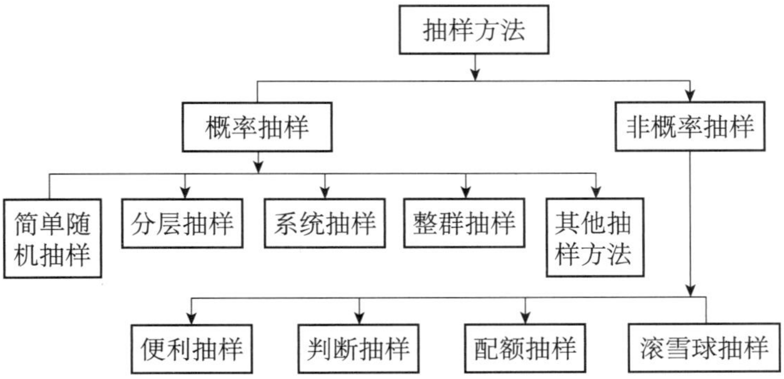

图 2—14 抽样方法的分类

概率抽样也称随机抽样，是指按照随机原则抽取样本。也就是说，在抽取样本时排除主观上有意识的挑选，总体中的每个单位都有一定的机会被抽中。如果每个单位被抽入样本的机会相同，称为等概率抽样；如果每个单位被抽入样本的机会不同，称为不等概率抽样。无论等概率或不等概率抽样，抽取时都要通过一定的随机化程序来实现，每个单位的入样概率也是通过抽样的随机化程序得到认定。概率抽样不仅要求对目标总体有一个精确的定义，而且要求对抽样框有一个全面的详述。概率抽样的最大特点是，因为样本个体是随机选择的，所以可以确定样本估计值的精确度，计算包含给定确定程度的真实总体值的置信区间，而且可以对样本所在的目标总体做出推论。抽取概率样本的技术操作相对复杂，同时必须有抽样框，因而概率抽样的成本较高，对抽样设计人员的专业技术要求也较高。通常所用的概率抽样技术包括简单随机抽样、分层抽样、系统抽样、整群抽样、顺序抽样、双重抽样等。

非概率抽样是相对于概率抽样而言的，是指抽取样本时并不遵照随机原则，而是根据主观判断有目的地挑选，或是依照方便、快捷的原则抽取，样本的抽取依赖于研究人员的个人判断，研究人员可以任意地或有意识地决定将哪些个体包括进样本中，因此，这种抽样效果的好坏在很大程度上依赖于抽样者的主观判断能力和经验。与概率抽样相比，非概率抽样的最大特点是操作简便、时效快、成本低。非概率样本可以产生对总体特征很好的估计，但是无法对样本结果的精确度做出客观评价，因为无法确定将任一特定个体选入样本的概率，所获得的估计在统计上不能推断到总体。通常所用的非概率抽样技术包括便利抽样、判断抽样、配额抽样、滚雪球抽样等。

（五）概率抽样和非概率抽样的选择

选择概率抽样还是非概率抽样，需要考虑的因素如表 2—8 所示。

表 2—8　　概率抽样和非概率抽样的选择

考虑的方面	有利于使用的条件	
	概率抽样	非概率抽样
研究的性质	结论性	探索性
抽样误差对非抽样误差的相对大小	抽样误差较大	非抽样误差较大
总体的变异程度	异质（高）	同质（低）
统计上的考虑	有利	不利
操作上的考虑	不利	有利

研究的性质对抽样方法的选择有影响，在探索性研究中，调查的结论往往只是初步的，而且可能没有充分的基础使用概率抽样，宜用非概率抽样；在结论性研究中，研究人员希望用结果来推断总体，则概率抽样是适合的。在一些研究问题中，要求有高度精确的总体特征估计值，这时概率抽样更可取，因为它能够消除选择偏差并计算抽样误差，但是概率抽样并不总能够得到更为精确的结果，如果非抽样误差是一个重要的因素，那么非概率抽样可能更好，因为通过判断可能更好地控制抽样过程。另一个考虑的方面是总体中需要研究的变量的同质性，一个较为异质的总体适宜用概率抽样，因为确保一个有代表性的样本更为重要。从统计的角度看，概率抽样也更可取，因为它是大多数统计技术的基础，但是概率抽样很复杂，要求研究人员在统计上受过训练，它一般比非概率抽样的成本更高，花费的时间更长。

第四节　调查数据处理和 SPSS 软件应用

一、数据的准备

数据的准备是把调查中采集到的数据转换为适合于汇总制表和数据分析的形式，它是整个调查过程的一个重要环节。通常数据准备工作比较费时、费力，但对调查数据的最终质量和统计分析有很大的帮助。因此，对数据准备工作进行周密的计划，对调查实施质量进行严格的监控，就显得非常重要。下面以纸质问卷为例，将数据准备过程分为问卷检查、数据编辑、数据编码和数据转录四个步骤，如图 2—15 所示。

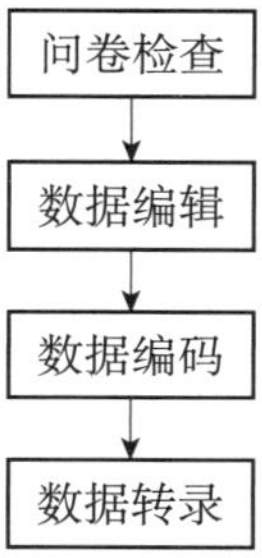

图 2—15　数据准备过程

（一）问卷检查

数据准备的第一步是检查问卷填写的完整性和数据质量，目的是确定哪些问卷可以接受，哪些问卷要作废。通常这种检查应该在现场工作实施过程中进行，如果实施是委托给数据收集机构去做的，那么研究者应该在收到数据后再进行独立的检查。在问卷检查以前，应该规定若干规则，使检查人员明确问卷完整到什么程度才可以接受。例如，至少要完成多少，哪一部分是应该全部完成的。一般来说，出现以下情况的问卷是不能接受的：

（1）回收的问卷是明显不完整的，如缺页或多页；

（2）问卷整体上是回答不完全的；

（3）问卷的几个部分是回答不完全的；

（4）问卷只有开头的部分才是回答完全的；

（5）调查对象的回答表明他没有弄清楚问题的含义或没有阅读说明，如有些问题他不必回答但回答了；

（6）调查对象的回答差异性不大，如在 5 级量表测量的一系列问题中总是选择 3；

（7）问卷是在事先规定的截止日期以后回收的；

（8）问卷是由不合要求的被访者回答的。

（二）数据编辑

数据编辑是为了提高问卷数据的准确性和精确性而进行的再检查，目的是筛选出问卷中看不清楚、不完整或不一致的答案。

如果问卷记录得不好，就会导致一些答案字迹模糊，尤其是当问卷中有大量非结构性问题时很容易出现这种情况。要想对数据进行正确的编码，首先数据必须十分清晰。同样，问卷也可能存在不同程度的不完整性，一些问题可能没有得到回答。在这个阶段，研究者的一项重要任务是对问卷的一致性进行检查，一些明显的不一致性会很容易被发现。比如，某调查对象的年收入为30 000元，却经常出入五星级酒店，其中很可能有问题。对检查出的不合格问卷，通常采取返回现场、插补缺失值和丢弃等处理方式。

（三）数据编码

编码就是将问卷信息（包括调查问题和答案）转化为统一设计的计算机可识别的代码，以便于对其进行数据整理与分析。

1. 编码设计的内容与分类

编码设计就是确定各问卷、问卷中的各问题以及问题的各答案对应的代码的名称、形式、范围以及与原数据的对应关系。

（1）编码设计的内容。编码设计的具体内容包括：问卷的代码、变量的定义（名称、类型、位数、对应问题等）以及取值的定义（范围、对应含义等）。将这些内容列成表格形式，称为编码表。编码设计是整个编码过程的基础，科学、合理、准确、全面、有效的编码设计，有助于提高调查数据分析的质量。

问卷的代码主要包括调查员代码、问卷代码以及与抽样或调查对象有关的子总体的代码等。例如，某问卷的代码为“1031102”，第一位数字“1”代表上海航空公司，后面两位数字“03”代表652次航班，再后面两位数字“11”为调查员编号，最后两位数字“02”表示该调查员在此航班成功完成的第2份问卷。问卷的代码看上去很简单，但非常必要，因为通过问卷代码不仅可以方便查找问卷，检查访问员的工作，还有助于子总体间的对比分析。

（2）编码设计的分类。根据分类标准的不同，编码设计可以分成不同的类型。例如，根据问卷结构的不同，可分为结构式问卷编码设计和非结构式问卷编码设计；根据问卷中问题类型的不同，可分为封闭题、半封闭题和开放题编码设计；根据编码设计的时间与方法不同，可分为前设计和后设计。

2. 前设计编码

前设计编码要求事先已知问题的答案类别。主要应用于结构式问卷中的封闭题和数字型开放题，下面按不同题型进行阐述。

（1）封闭题。

1）单选题。对单选题只需用一个变量来表示，变量的值为选项号。

例如：

请问您乘坐的舱位是：

1. 头等舱 □

2. 公务舱 □

3. 经济舱　　☐

对上题设计编码时定义变量名为 V2，属于数字型变量，变量所占字节数为 1，变量取值范围为 1，2，3 或 9，其中 1 表示头等舱，2 表示公务舱，3 表示经济舱，9 表示该题无回答。

2）多选题。多选题需用多个变量来表示，根据设立的变量个数及变量取值的不同，通常有两种方法：一种方法是所设立的变量的个数与问卷提供的选项的个数相同，每个变量都是 0—1 指示变量，如被调查者选择了该答案，此变量的值为 1，否则为 0。

例如：

您选择本次航班的原因？（可以选择多项）

1. 安全有保障　☐
2. 航班时刻适当　☐
3. 机型好　☐
4. 服务好　☐
5. 持常旅客卡　☐
6. 航班正点　☐
7. 折扣票　☐
8. 旅行社安排　☐
9. 无其他航班　☐
10. 其他　☐ 请详细说明________________

对上题设计的编码见表 2—9。

表 2—9　多选题的编码（方法一）

变量序号	变量名	变量类型	变量所占字节	取值范围	取值对应含义	备注	对应题号	对应问题
6	V6—1	数值型	1	0 或 1	取值为 1 表明该选项为选择本次航班的原因，为 0 则不是	全为 0 表示该题无回答	6	您选择本次航班的原因
7	V6—2	数值型	1	0 或 1				
8	V6—3	数值型	1	0 或 1				
9	V6—4	数值型	1	0 或 1				
10	V6—5	数值型	1	0 或 1				
11	V6—6	数值型	1	0 或 1				
12	V6—7	数值型	1	0 或 1				
13	V6—8	数值型	1	0 或 1				
14	V6—9	数值型	1	0 或 1				
15	V6—10	数值型	1	0 或 1				

这种方法的优点是编码的结果不用经过转换可直接分析；缺点是变量随选项增多而增多，对于大样本，录入工作负担较重。

另一种方法是所设立的变量的个数为最多可以选择的选项的个数，变量的取值为所选择的答案的选项号，变量排列顺序即为选择答案的顺序。仍以上题为例，假设题中规定至多选择 3 项，则该题设计的编码如表 2—10 所示。

如果题中没有规定选择的最多项数，则应等问卷回收后翻阅问卷回答结果，再根据分析的需要确定变量个数。这种编码方法的优点是便于录入和检查，但分析前要用程序把它们转化为各选项的 0—1 变量。

表 2—10　　　　多选题的编码（方法二）

变量序号	变量名	变量类型	变量所占字节	取值范围	取值对应含义（i=1～10 的整数）	备注	对应题号	对应问题
6	V6—1	数值型	1	0～10	取值为 i 表明第 i 选项为选择本次航班的原因，为 0 则说明其余选项都不是选择本次航班的原因	全为 0 表示该题无回答	6	您选择本次航班的原因
7	V6—2	数值型	1	0～10				
8	V6—3	数值型	1	0～10				

3）排序题。对排序题同样需要设立多个变量，与多选题类似，也有两种方法，这两种方法对应的问题形式略有差异。一种方法是，变量个数即选项个数，按照选项的顺序排列，分别定义各变量为对应选项所排次序号，取值即为次序号。

例如：

请将下列影响您选择航班的因素排序，从大到小在各因素后面横线上标出顺序。

因素	您所排的顺序
1. 航班时刻	________
2. 票价	________
3. 航空公司印象	________
4. 安全	________
5. 常旅客计划	________
6. 机型	________
7. 服务	________

对上题设计的编码见表 2—11。

表 2—11　　　　排序题的编码（方法一）

变量序号	变量名	变量类型	变量所占字节	取值范围	取值对应含义（i=1～7 的整数）	备注	对应题号	对应问题
32	V15—1	数值型	1	0～7	取值为 i 表明该因素的影响程度排名为 i，为 0 则表明对该因素的排名缺失	全为 0 表示该题无回答	15	对影响乘客选择航班因素的排序
33	V15—2	数值型	1	0～7				
34	V15—3	数值型	1	0～7				
35	V15—4	数值型	1	0～7				
36	V15—5	数值型	1	0～7				
37	V15—6	数值型	1	0～7				
38	V15—7	数值型	1	0～7				

如果对所有选项排序，采用此法与多选题一样，优点是可以直接进行分析，但录入工作量大。

另一种方法是，所设立的变量个数为要求排序项数，依照次序号排列顺序，分别定义各变量为各次序号对应的选项项数，取值即为选项号。仍以上题为例，但形式稍作改变：

请问下列因素在您选择航班时，影响最大的是________

其次是________

再次是________

1. 航班时刻
2. 票价
3. 航空公司印象
4. 安全
5. 常旅客计划
6. 机型
7. 服务

对上题设计的编码见表2—12。

表2—12　　排序题的编码（方法二）

变量序号	变量名	变量类型	变量所占字节	取值范围	取值对应含义（i=1～7的整数）	备注	对应题号	对应问题
32 33 34	V15—1 V15—2 V15—3	数值型 数值型 数值型	1 1 1	0～7 0～7 0～7	i为对应影响程度的因素的选项号，0表明对应影响程度的因素缺失	全为0表示该题无回答	15	对影响乘客选择航班因素的排序

在上述例子中，假设某一条记录的V15—1的变量值为3，表示的意义是某调查对象认为在其选择航班时影响程度最大的因素是第三个选项，即航空公司印象。

如果问题只要求取前几名排序，采用此法的优缺点与多选题一样，便于录入，可以减少工作量和出错率，但分析时要先进行数据转化。

（2）数字型开放题。对直接回答数字的问题，变量取值即为该数字。设计编码时变量的测量水平应尽量高一些，这样，后期为不同分析的需要可以再分组。如果编码时就采用低测量水平的变量，则后面想提高测量水平时只能重新编码，成本太高。变量所占字节数可以根据事先预计的数字最大值的位数确定。例如，直接询问被调查者的年龄，设计编码时取变量名为NL，所占字节为2（因为调查对象要求在20～60岁之间），小数点位为0，变量取值即为年龄，单位为"岁"，取值范围为20～60或0（0表示该题缺失）。

为数字题设计编码时，根据取值范围，可以核对该题的回答有无明显错误，是否合乎逻辑。此外，根据问卷的填写要求，对变量统一规定格式，如小数位数、数量单位等，以便于数据的对比分析。

3. 后设计编码

市场调查中有些问题的答案事先无法预料或难以完全罗列出来，但又希望能对答案进行定量分析，在这种情况下，一般要采用后设计编码方法，如对结构式问卷中的文字开放题的编码就是采用这种方法。

要对开放题进行定量分析，必须将问题转化为一个或几个变量，将所有可能的答案类别赋予相应代码。应注意：(1) 确定变量相对简单一些，类似单选或多选题对照问题大致翻阅一下问题的回答，根据分析的需要定义变量名称、类型和含义。(2) 根据问题的回答确定各答案类别。选取问卷有两种方式：在样本量较小的情况下，可以查阅所有问卷对该问题的回答；在样本量较大的情况下，只能抽取部分问卷来查阅回答情况，可以随机抽取问卷，也可以分层、系统抽取，还可以主观选取，尽量使其分布分散一些。选定问卷后，仔细阅读每个被调查者对该特定问题的回答，每遇到一个新的答案类别就记录下来，同时记录各答案类别出现的频数。这里要注意的是答案除表面含义以外，可能还有引申、隐含的含义，应注意区分。最后结合调查分析目的对分类的要求，对各答案类别进行整理归纳，突出分析重点，尽量包含所有信息且互不交叉，将不能编码或个数较少、可不予考虑的答案归入其他项。此外，注意留出位置准备修改，如果后期发现较多或较重要、有新意的类别，可以增加或细化类别。(3) 类似封闭题给每种答案类别确定一个代码，规定其位数。

一般情况下，结构性问题都采用事先编码，而非结构性问题通常只能事后编码。

（四）数据转录

数据转录涉及通过键盘录入把编码数据从问卷或转录纸转移到磁盘、磁带或计算机内。如果数据收集是通过 CATI 或 CAPI 完成，这一步就可以跳过，因为数据收集时就已经是电子形式了。除了通过键盘录入，数据转录还可以通过机读卡、光学扫描和计算机控制的传感器分析完成，但最常用的还是键盘直接录入。在大量数据的录入过程中，录入人员不可避免地会产生一些输入错误。如果错误率较低，改正错误较容易，但查出错误比较麻烦；如果错误率较高，查出错误较容易，但改正错误比较麻烦。为方便地校正输入错误，保证资料的转录质量，可采用编制程序自动检查的方法，或者重复输入两份数据，由计算机自动比较数据有无差异。

二、SPSS 软件简介

SPSS (Statistics Package for Social Science) 是目前世界上流行的三大统计软件之一。作为一个社会科学统计软件包，SPSS 在社会科学统计领域有着突出的优点，近年来被国内经济、管理、教育等领域的工作者广泛使用。

(一) 启动 SPSS

有关 SPSS 安装的问题，这里限于篇幅无法详述，需要了解的读者请参阅相关的软件书籍。

双击 SPSS 图标，屏幕弹出版本提示画面。在提示画面出现之后，出现 SPSS 文件对话框。文件对话框中共有 6 个功能选项：

Run the tutorial 运行操作指导。

Type in data 在数据窗口输入数据。选择此项则显示数据编辑窗口，等待输入数据建立数据集。

Run an existing query 运行一个已经存在的问题文件。即打开一个 *.spq 文件。

Create new query using database capture windows 使用数据库获取窗建立新文件。

Open an existing file 打开一个已经存在的数据文件。

Don't show this dialog in the future 选择此项则以后启动 SPSS 都不会出现文件对话框，系统直接显示数据编辑窗口。

这里点击取消（Cancel）键，进入数据编辑窗口。

(二) 数据编辑窗口

数据编辑窗口是使用 SPSS 软件的主窗口（见图 2—16）。在数据编辑窗口中共有 10 个主菜单选项：

File 文件操作。具体功能包括：文件的打开、保存、另存，读取数据库数据、ASCII 码数据，显示数据文件信息，打印等。

Edit 文件编辑。具体包括：撤销/恢复、剪切、复制、粘贴、清除、查找、定义系统参数等。

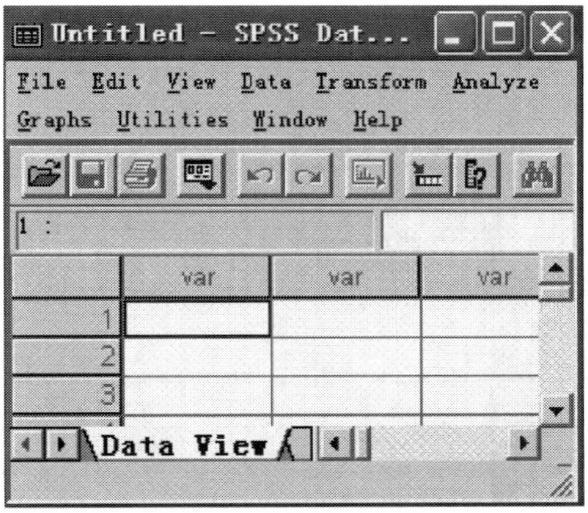

图 2—16 SPSS 数据编辑窗口

View 窗口外观控制。包括：状态栏、工具栏、表格线的显示或隐藏、字体设置等。

Data 数据文件建立与编辑。具体功能包括：定义变量、日期、模板，插入变量、观测值，对观测值进行定位、排序，对数据文件进行拆分、合并，对观测值进行选择、加权等。

Transform 数据转换。可以计算新变量、设置随机种子、计数、重新编码等。

Analyze 统计分析。包括：统计报告、描述统计、均值比较、广义线性模型、相关分析、回归分析、分类分析等。

Graphs 统计图标的建立与编辑。绘制并编辑各类统计图形。

Utilities 常用工具。包括：变量列表、文件信息、定义与使用集合、自动定位新观测值等。

Windows 窗口控制。主要功能为：所有窗口最小化、激活窗口列表等。

Help 提供帮助。

在主菜单的下面是一些常用工具栏，这里限于篇幅不一一介绍。工具栏的下方，占据整个数据编辑窗口主要面积的便是数据显示区。SPSS 中，每一列代表一个变量，列的最上方是变量的名称；每一行代表一个观测样本，即一个样本在各个变量上的观测值。

（三）建立数据库文件

在 SPSS 中建立数据库文件主要分为变量的定义和数据的录入两个部分。

在 SPSS 11.0 中，定义变量要在变量观察窗中进行。用户可以直接在数据编辑窗口切换数据观察窗（Data View）和变量观察窗（Variable View），切换方法是点击数据编辑窗口左下角的相应标签。

点击 Variable View 后，屏幕显示出变量观察窗（见图 2—17）。在这个窗口里面，用户可以方便地为变量定义名称（Name）、类型（Type）、数据宽度（Width）、数据小数位数（Decimals）、变量标签（Label）、数值标签（Values）、缺失值（Missing）等属性。

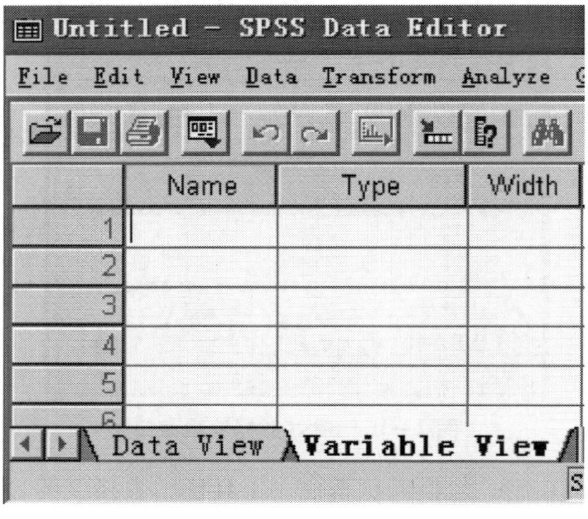

图 2—17 变量观察窗口

定义变量的工作就是通常所说的建库的工作。变量定义完之后，数据库的建立工作也就完成了。接下来用户需要将收集到的数据按照库的结构逐个录入数据库中。在 SPSS 中录入数据的方法和 Excel 中相差不多，用户只需先切换到数据观察窗（Data View），然后在相应的空白处直接录入、编辑和修改即可。

（四）文件的保存和打开

数据录入完毕之后需要将它保存起来。保存文件的方法是点击主窗口菜单中的 File→Save/Save As…，其中 Save As 命令用户将数据库另存为一个新的文件名（见图 2—18）。

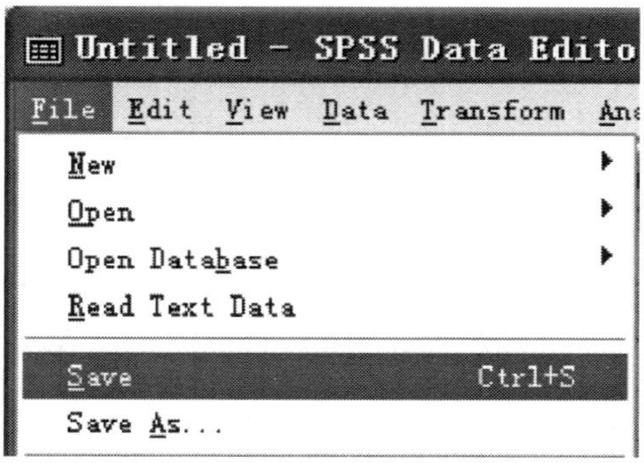

图 2—18 打开的文件菜单

点击保存（Save）命令之后，屏幕弹出保存文件对话框。用户可以选择保存文件的路径和类型，并且需要为文件取名。一般来说，用户只需要选择相应路径和为文件命名即可，文件类型只需使用缺省的格式。

打开文件基本上是保存文件的逆过程。用户点击文件菜单：File→Open→Data 进入数据文件打开对话框，选择相应路径和正确的文件名后，点击“确认”按钮即可打开数据文件。值得一提的是，在 Open 菜单的下一级选项中共有 5 种类型的文件，Data 只是其中一种。其他 4 种文件类型都是 SPSS 使用中会遇到的，有兴趣的读者可以参阅有关 SPSS 软件的书籍。

三、描述统计分析

（一）单变量统计分析

单变量统计分析是指针对某一单个变量进行的分析。它所反映的是事物在某一属性上的特征。例如，一个班级的学生在身高上的特征。单变量统计分析按照变量类型的区别可以分为定性数据统计分析和定量数据统计分析。

1. *定量数据统计分析*

定量数据是指那些可以用较精确的数字或数值加以描述的事物，比如长度、浓度、重量、产值、利润等。对于这类数据，一般用均值、方差、标准差等统计量来反映它们的基本特征。

均值（Mean）又称平均值或平均数，其计算公式为：

$$\overline{X}=\frac{\sum X_i}{N}$$

式中，N 为参加运算的样本值个数；X_i 为各个变量值。

均值是一个反映事物平均水平或集中趋势的统计量。如消费者对某商品的评价均值为 8 分，则说明消费者对该商品的评价大多集中在 8 分左右，或者说 8 分代表了大多数消费者对该商品的评价。反映平均水平的统计量还有众数、中位数等。

标准差计算公式为：

$$S=\sqrt{\frac{\sum(X_i-\overline{X})^2}{N-1}}$$

标准差是一个反映变量离散趋势的统计量。式中，N 为参加运算的样本值个数；X_i 为各个变量值。

如甲、乙两个商场 4 个季度的销售额数据见表 2—13：

表 2—13 单位：万元

甲商场	79	81	82	78
乙商场	99	61	100	60

这两家商场的平均销售额均为 80 万元，但显然乙商场各季度销售额之间具有更大的离散趋势。乙商场季度销售额的标准差为 39.01 万元；甲商场标准差为 3.16 万元。标准差越大说明变量值之间的差异也越大，即各个变量值距离均值这个中心的离散趋势也越大。

例 2—1

在一次航空公司服务质量的旅客调查中，有这样一个打分问题：按照您本次航空旅行的实际体验，对航空公司的服务质量评分（非常差打 1 分，非常好打 10 分）。

（1）办理航班乘机手续的服务

1 2 3 4 5 6 7 8 9 10

（2）托运行李的服务

1 2 3 4 5 6 7 8 9 10

（3）乘务员的服务水平和服务质量

1 2 3 4 5 6 7 8 9 10

（4）客舱的舒适程度

1 2 3 4 5 6 7 8 9 10

（5）客舱供应餐饮质量

1 2 3 4 5 6 7 8 9 10

使用 SPSS 进行变量的定量数据统计分析，使用的是描述统计（Descriptives）命令。具体步骤如下：

第一步，建立或打开一个数据文件。这里打开一个已有的数据文件，打开方法是在主窗口中点击 File→Open→Data，打开“航空公司数据”文件。

第二步，打开描述统计分析对话框。在 SPSS 11.0 中，打开描述统计分析对话框菜单的操作方法是点击 Analyze→Descriptive Statistics→Descriptives（见图 2—19）。

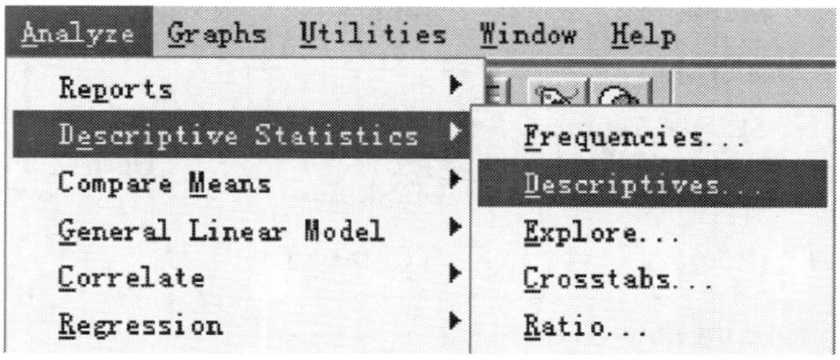

图 2—19 打开描述统计分析对话框

第三步，选择待分析变量。如图 2—20 所示，描述统计分析对话框中主要分为两个部分，左侧的变量框中列出了数据库中所包含的变量，用鼠标左键选择需要分析的变量：办理乘机手续的服务 [vb1 _ 1]、托运行李的服务 [vb1 _ 2]、航班正常情况 [vb1 _ 3]、乘务员的服务水平和服务质量 [vb1 _ 4] 和客舱供应餐饮质量 [vb1 _ 5]，然后点击中间的箭头按钮，将待分析的变量选入右边的 Variables 框中。

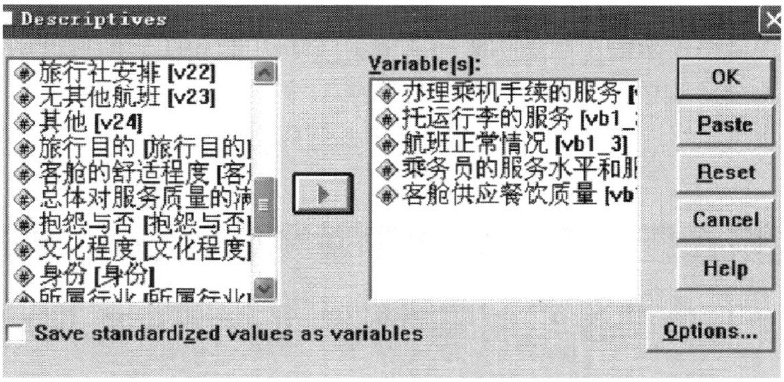

图 2—20 描述统计分析对话框

第四步，确定分析项目。缺省设置下，SPSS 将给出变量的均值、标准差、最大值、最小值 4 个统计量。如果用户需要输出更多的统计量或者减少输出的统计量，可以点击描述统计分析对话框中的 Options 按钮，弹出描述统计分析设置对话框（见图 2—21）。

在图 2—21 所示的对话框中，用户可以选择的统计量有：均值（Mean）、算术和（Sum）、标准差（Std. deviation）、方差（Variance）、全矩（Range）、最小值（Minimum）、最大值（Maximum）、标准误（S. E. mean）、偏度（Kurtosis）、峰度（Skewness）。这里仅选择均值和标准差统计量，点击 Continue 按钮回到描述统计分析对话框（见图 2—20）。

第五步，查看结果。在描述统计分析对话框中点击 OK 按钮，系统弹出一个新的窗口——结果输出窗口（Output 1）。结果输出窗口是 SPSS 显示分析结果的窗口（见图 2—22），它的最上方是菜单命令，菜单的下方是常用工具栏，常用工具栏的

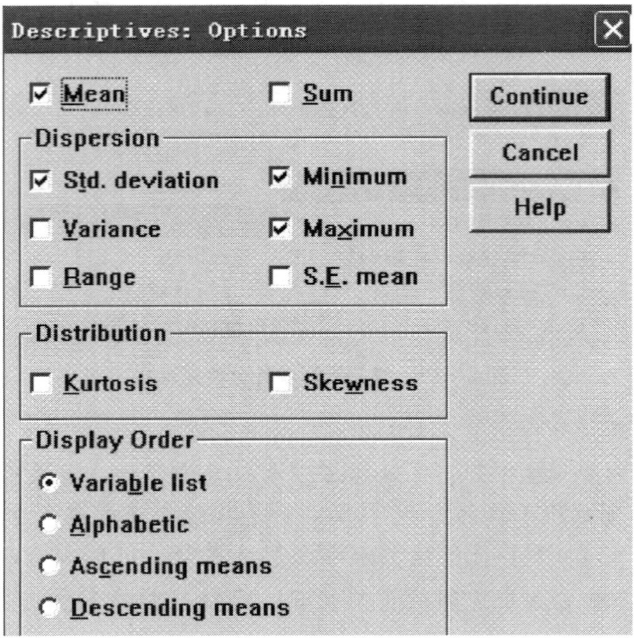

图 2—21 描述统计分析设置对话框

下面分为左右两个显示框。左边的显示框相对较小，用来显示输出内容的目录；右边的显示框是主显示区，显示所有的分析结果和分析中遇到的有关问题。有关结果输出窗口的使用本书不作更具体的介绍，有兴趣的读者可以参阅有关 SPSS 软件的书籍。

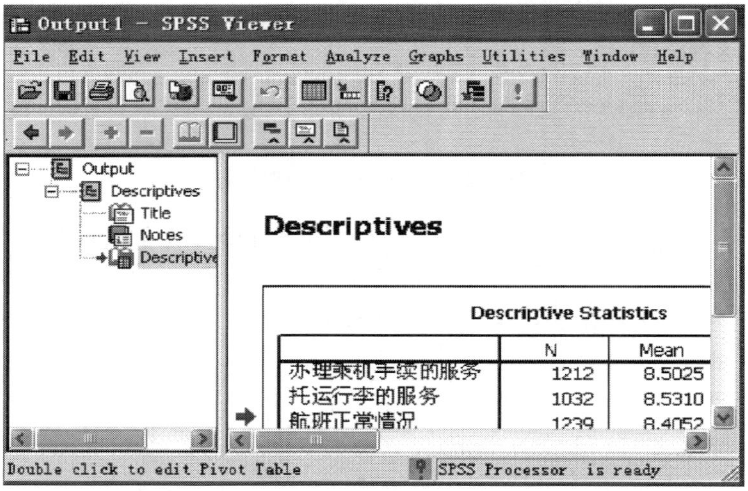

图 2—22 结果输出窗口

表 2—14 给出了上述操作的结果。其中 N 表示有效观测值的个数。从结果可以看出，乘客对于“乘务员的服务水平和服务质量”和“客舱供应餐饮质量”这两种服务的打分相对较高，都高于 9 分，并且乘客打分的离散趋势不大，说明有相当部分的乘客对这两项服务是非常满意的。

表 2—14　Descriptive Statistics

	N	Mean	Std. Deviation
办理乘机手续的服务	1 212	8.50	1.77
托运行李的服务	1 032	8.53	1.73
航班正常情况	1 239	8.41	2.07
乘务员的服务水平和服务质量	1 271	9.12	1.31
客舱供应餐饮质量	1 214	9.06	1.30
Valid N (listwise)	914		

乘客打分最低的项目是“航班正常情况”，平均打分为 8.41，同时该项打分的标准差为 2.07，是各项服务打分中最高的。这种结果说明乘客对于“航班正常情况”并不十分满意，而且确实存在一定数量的乘客对该项服务相当不满意——他们的打分使标准差变得比较大。

2. 定性数据统计分析

有些客观事物只能按照它的属性进行分类，如性别、文化程度、产品型号等，这些数据称为定性数据。在对定性数据进行分析时，通常是计算各个变量值出现的频数。比如市场调查中，经常需要了解市场中各类人的比例，男性多少人，女性多少人，各个年龄段的人有多少，等等。了解了变量各个值的频数分布，也就掌握了变量的总体分布特征，频数分析是一种基本而重要的分析工具。

例 2—2

仍以航空公司服务质量的旅客调查为例，其中一个调查问题是：“请问您本次乘机旅行的目的?”根据调查结果分析出各类旅行者的比例。

(1) 公商务旅行 □

(2) 随团旅游 □

(3) 个人旅游或探亲访友 □

使用 SPSS 进行分析。

第一步，打开数据库文件：航空公司数据。

第二步，打开频数统计分析对话框。在 SPSS 11.0 中，打开频数统计分析对话框的菜单操作方法是点击 Analyze→Descriptive Statistics→Frequencies（见图 2—23）。

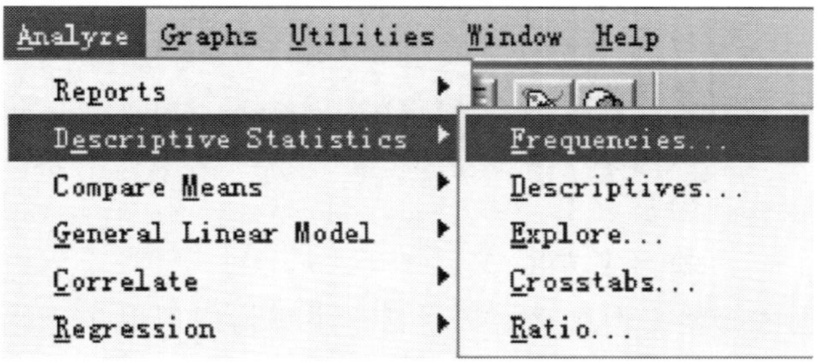

图 2—23　打开频数统计分析对话框

第三步，选择待分析变量。频数统计分析对话框（见图 2—24）的结构与描述统计分析对话框非常相似。对话框左边的源变量框中列出可供分析的变量，右边的 Variables 框中是待分析的变量，这里将“旅行目的”选为待分析变量。

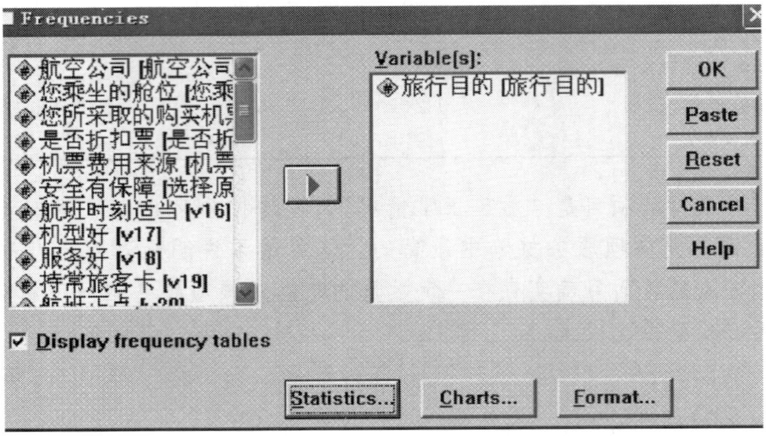

图 2—24　频数统计分析对话框

第四步，选择输出的图形结果。在频数统计分析对话框中，点击 Charts（图形）按钮，打开图形选择对话框（见图 2—25）。

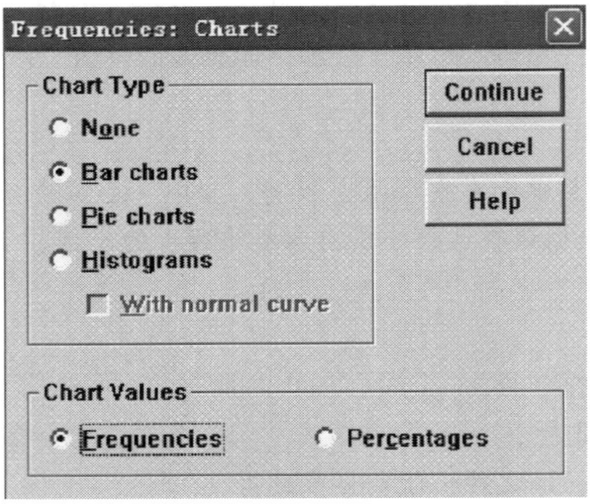

图 2—25　图形选择对话框

图形选择对话框中主要有两个部分。Chart Type（图形类型）栏包含四种选择：

None　　不输出图形

Bar charts　　输出条形图

Pie charts　　输出饼图

Histograms　　输出直方图

当选择条形图作为输出图形之后，对话框下方询问图中显示的统计值类型为：

Frequencies　　频数

Percentage　　比例

这里选择 Frequencies（频数），点击 Continue（继续）回到频数统计分析对话框。

第五步，查看结果。点击 OK 按钮之后，系统弹出结果输出对话框（Output 1），并且输出表 2—15 和图 2—26 所示的结果。

表 2—15　　旅行目的

	Frequency	Percent	Cumulative Percent
公商务旅行	770	63.79	63.79
随团旅游	182	15.08	78.87
个人旅游或探亲访友	255	21.13	100
总计	1 207	100	

表 2—15 中给出了各种出游目的出现的频数（Frequency）、百分比（Percent）和累计百分比（Cumulative Percent）。

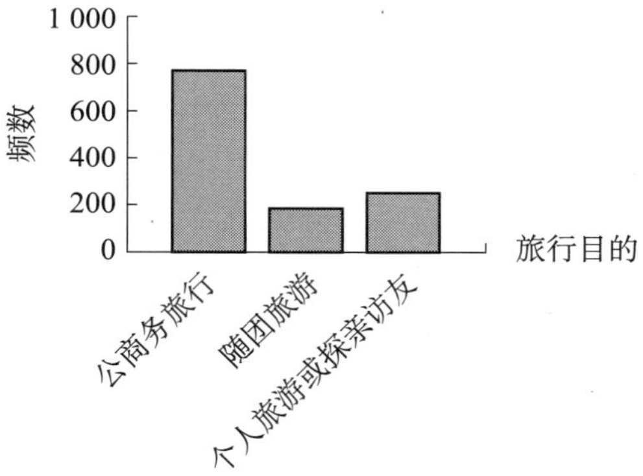

图 2—26　各类旅客出现的频数

从表 2—15 和图 2—26 的结果都可以明显地看到，因为“公商务旅行”而乘机的旅客占所有旅客的比例最大，达到 63.79%；其次是“个人旅游或探亲访友”的旅客，占 21.13%；“随团旅游”的旅客比例相对较低，为 15.08%。

（二）变量分组统计分析

不管是定性数据还是定量数据，实际中经常碰到的一个问题是比较分组数据的差异。例如各个年龄段的人对于某一事物的评分是否相同？是否存在一个评分比较突出的年龄段？最认可产品的是哪一类人群？这些问题都需要将变量进行分组，分别对各组的变量进行统计分析才能解决。

有时分组统计分析也被认为是单变量统计分析的一种深入。在了解了总体的特征之后，人们总是希望了解一些更为详细的信息，诸如“男性和女性群体的平均年龄分别是多少?”这样的问题很自然就会出现在分析人员的脑海中。

需要注意的是，分组统计分析并不总能提供理想的结果。对一个变量进行分组统计分析是否合适受到很多因素的影响，比如分组以后各组的样本量。有关样本量代表性的讨论并不是本书的重点，有兴趣的读者需要参阅相关的统计或者调查类的书籍。总之，在进行分组统计分析时，研究人员要比较小心，否则可能出现非常离奇的结果。

例 2—3 ☞

对于例 2—1 的问题，以性别分组，对比男性和女性乘客在评分上的区别。

第一步，打开数据库文件：航空公司数据。

第二步，对数据库进行分组。在 SPSS 11.0 中，对数据库进行分组的菜单命令是 Data→Split File…，屏幕弹出分组对话框（见图 2—27）。

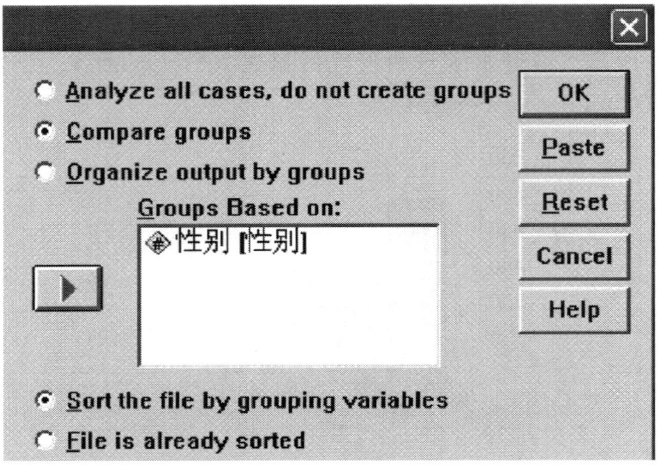

图 2—27　分组对话框

用户需要在分组对话框中选择具体的操作：

Analyze all cases, do not create groups（取消分组）

Compare groups（将各组结果放在一起进行比较）

Organize output by groups（分别显示各组的结果）

这里选择 Compare groups，并将分组变量确定为“性别”。点击 OK 键即完成分组操作。

第三步，进行变量统计分析。类似于例 2—1 中的操作，结果输出窗口（Output 1）中弹出表 2—16 的结果。

观察表 2—16 的结果，再对比表 2—14，可以看出女性旅客对航空公司提供服务的评分在各个项目上都高于男性旅客，男性旅客比女性旅客更加挑剔。

表 2—16　**Descriptive Statistics**

性别	评分项目	Mean	Std. Deviation
男性	办理乘机手续的服务	8.42	1.78
	托运行李的服务	8.44	1.71
	航班正常情况	8.30	2.13
	乘务员的服务水平和服务质量	9.10	1.30
	客舱供应餐饮质量	9.04	1.26

续前表

性别	评分项目	Mean	Std. Deviation
女性	办理乘机手续的服务	8.69	1.60
	托运行李的服务	8.72	1.68
	航班正常情况	8.61	2.02
	乘务员的服务水平和服务质量	9.20	1.29
	客舱供应餐饮质量	9.19	1.27

四、相关分析

（一）相关关系

事物是相互联系的，记录客观事物的数据之间因此体现出各种各样的关系。相关分析就是描述数据之间线性关系的一种统计指标。

要理解什么是相关关系，可以对比一下数学关系。下面是一组出租车行驶里程与价格的数据（见表 2—17）。

表 2—17

行程（公里）	收费（元）
7	13.0
11	19.0
12	20.5

如果设行程为 X，收费为 Y，那么二者之间的关系用数学公式表达就是：

$$Y = 10+1.5(X-5)$$

这种关系是非常确定的，某个 X 代入公式中必然得到一个确定的 Y，因此称为数学关系。然而，现实生活中这种确定性的关系并不十分常见，真正常见的是统计关系。

一个最容易理解的例子就是人们的收入和消费之间的关系。一般而言，当人们的收入水平升高，消费支出就会增大。高收入的人会支出更多，而低收入的人支出较少。收入和支出之间的关系并不是十分确定的，不同的人将收入用于消费的比例会有一定的差异，就是同一个人不同时期的消费支出比例也会变动，因为很少有人会制定“将收入的 80%用于消费”这样严格的指标。

对于既存在紧密关系又不能使用确定的函数或者公式表达的关系，统计学家创造了很多方法去刻画，我们笼统地把它们称为统计关系。统计关系的概念涵盖范围很广，最为大家所熟悉的就是相关关系。

相关关系是用来反映事物之间联系程度的，相关系数就是刻画这种关系密切程度的指标。相关系数的计算公式为：

$$r = \frac{\sum (X_i - \overline{X})(Y_i - \overline{Y})}{\sqrt{\sum (X_i - \overline{X})^2 (Y_i - \overline{Y})^2}}$$

式中，相关系数 r 的值域在 -1 和 $+1$ 之间。当 r 为正数时，说明变量 X 和 Y 之间是正相关关系，即 X 和 Y 同时增大或同时减小。r 越接近 $+1$ 说明正相关的关系越强，如果 $r=+1$，称 X 和 Y 之间是完全正相关关系，不过这种情况极少发生。当 r 是负数时，说明变量 X 和 Y 之间是负相关关系，即 X 和 Y 变化方向相反，X 增大则 Y 减小，X 减小则 Y 增大。r 越接近 -1 说明负相关的关系越强，如果 $r=-1$，称 X 和 Y 之间是完全负相关关系，这种情况同样很少发生。当 $r=0$ 时，称 X 和 Y 之间不存在简单线性相关关系（注意，这种表述很重要）。

为了能够理解相关系数的确切含义，我们举一个身高和体重关系的例子。假设身高和体重的相关系数是 0.6，我们可以说一个人之所以有 60 公斤重，很大程度上因为他有 1.70 米的身高。当然这种很大程度并不是一个十分确切的数值，我们并不能因为相关系数是 0.6 就说这个人 60%的体重是由身高造成的，这种表达不科学，因为它混淆了统计关系和数学关系的概念。

（二）相关分析

例 2—4

航空公司服务质量的旅客调查问卷节选：“根据您的实际体验，对该航空公司本次航班服务的满意程度进行评价（很不满意 1 分，很满意 10 分，请任选一个整数表示您的评价）。”

1 2 3 4 5 6 7 8 9 10

结合例 2—1 中的 5 个打分问题分析，当旅客对航空公司总体满意程度进行评价时，他们看重的主要因素有哪些?

第一步，打开数据库文件：航空公司数据。

第二步，打开相关分析对话框。在 SPSS 11.0 中，点击 Analyze→Correlate→Bivariate…（见图 2—28），屏幕弹出相关分析对话框（见图 2—29）。

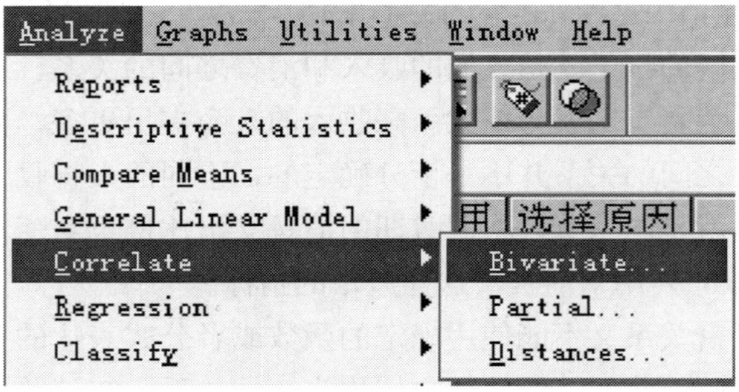

图 2—28 打开相关分析对话框

相关分析对话框左边是源变量框，将需要分析的变量——办理乘机手续的服务、托运行李的服务、航班正常情况、乘务员的服务水平和服务质量、客舱供应餐饮质量和总体对服务质量的满意程度，放入右边的 Variables 框中。注意，这里总体对服务质量的满意程度和其他 5 个变量是同时放入 Variables 框中的，SPSS 将计

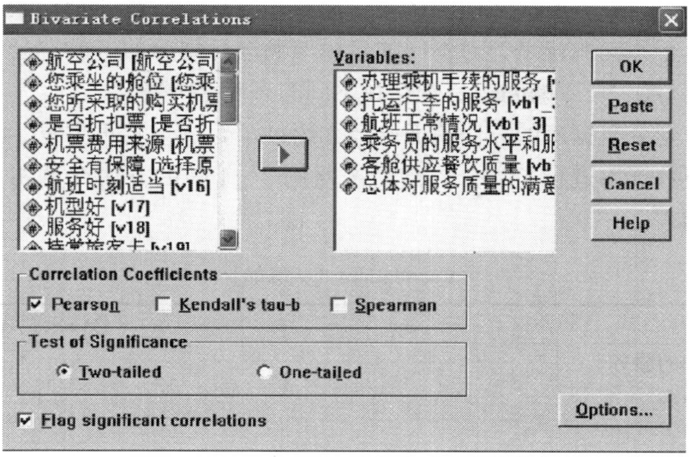

图 2—29 相关分析对话框

算 Variables 框中任意两个变量之间的相关系数，本例中就是给出一个 6×6 的相关系数矩阵。

在 Correlation Coefficients（相关系数）框中有三种可以选择的相关系数，分别是 Pearson，Kendalls tau-b，Spearman 相关系数。这三种相关系数的计算公式和应用对象都不同，本例中选择最常用的 Pearson 相关系数，即简单相关系数。

第三步，查看结果。在相关分析对话框中，选择了需要分析的变量后，点击 OK 按钮，屏幕弹出结果输出窗口。表 2—18 节选了部分输出结果。

表 2—18 **Correlations（全体）**

	总体满意程度
办理乘机手续的服务	0.58
托运行李的服务	0.59
航班正常情况	0.49
乘务员的服务水平和服务质量	0.68
客舱供应餐饮质量	0.59
客舱的舒适程度	0.61

从分析的结果可以看出，影响旅客对航空公司总体服务进行评价的主要因素有“乘务员的服务水平和服务质量”、“客舱的舒适程度”。相对来说，“航班正常情况”对旅客评分的影响力较弱。

（三）分组相关分析

例 2—4 的结果让我们了解到，在航空公司提供的各项服务中，旅客比较看重“乘务员的服务水平和服务质量”、“客舱的舒适程度”。那么是不是所有的旅客都是这样呢？在这个竞争日益激烈的时代，航空公司总是希望更好地掌握旅客的情况。

在国内，旅客在飞机中乘坐的舱位分为三种：头等舱、商务舱和经济舱。头等舱的座位最舒适，商务舱次之，经济舱最拥挤，但是经济舱的价格最低，头等舱的价格最高。由于不同舱位是针对不同的目标市场进行划分的，航空公司希望知道不同舱位的旅客对例 2—4 的问题是否存在不同的态度。

有关如何划分数据库的方法前面已经介绍过了，这里不再重复。假设已经按照舱位的不同将数据库进行了划分，然后按照例 2—4 中的方法计算相关系数，结果见表 2—19 和表 2—20。

表 2—19　　　　Correlations（头等舱）

	总体满意程度
办理乘机手续的服务	0.64
托运行李的服务	0.67
航班正常情况	0.35
乘务员的服务水平和服务质量	0.38
客舱供应餐饮质量	0.38
客舱的舒适程度	0.52

表 2—20　　　　Correlations（经济舱）

	总体满意程度
办理乘机手续的服务	0.57
托运行李的服务	0.58
航班正常情况	0.48
乘务员的服务水平和服务质量	0.68
客舱供应餐饮质量	0.58
客舱的舒适程度	0.60

从表 2—19 可以明显地看出，头等舱的旅客更注意登机前的服务，“办理乘机手续的服务”和“托运行李的服务”是影响他们“总体满意程度”的主要因素。头等舱的旅客在飞机上会享受比经济舱和商务舱都要好的服务，因此机上服务对他们来说已经比较满意。不论是头等舱的旅客还是经济舱的旅客，在没上飞机之前和下了飞机之后，他们几乎都享受同样的“办理乘机手续的服务”和“托运行李的服务”，因此，对于头等舱的旅客来说，登机前的服务更影响他们的评分。

表 2—20 的结果说明，经济舱的旅客比较看重机上的服务，尤其非常看重“乘务员的服务水平和服务质量”。相对于其他两种舱位的旅客，乘坐经济舱的旅客很多，他们每个人能分享到的乘务员的服务很有限，这成了经济舱旅客更看重这项服务的一个主要原因。

练习题

1. 什么是市场调查？

2. 如果你准备对本地区毕业生的就业方向进行一次调查，请回答如下问题：

(1) 为什么要进行这样一项调查？

(2) 调查中想获取的信息有哪些?

(3) 谁使用这些数据? 如何使用这些数据?

(4) 调查中要定义哪些问题?

3. 什么是调查方案的设计? 它有何重要性?

4. 学校为了进一步发挥图书馆的功能，决定对学生的需求和使用习惯进行调查，请你拟定调查方案，并编写调查问卷。

5. 一家电器连锁商店正在进行空调的季节性降价促销。抽取的10个样本商店销售的空调数量（单位：台）为：82，113，2，41，71，83，99，52，84，30。

根据这些数据能否说明这次促销期间每家商店平均销售空调数量多于50台（$\alpha=0.05$）?

6. 熟悉运用SPSS软件对调查数据进行频数分析、均值及方差计算、列联分析、相关分析的操作步骤。

第3章

市场预测的种类和内容

第一节　市场预测的种类

预测是人们对未来不确定事件进行推断和预见的一种认识活动。

市场预测是企业制定营销战略和探索营销策略的依据。在市场调查的基础上，企业利用科学的市场预测方法和技术，测算未来一定时期内市场供求趋势和影响市场营销因素的变化，为企业的营销决策提供科学的依据。市场预测是企业市场营销的重要组成部分。

企业要想在市场竞争中占据有利地位，必须在产品、价格、渠道、促销等方面制定有效的营销策略。只有通过准确的市场预测，企业才能把握市场机会，确定目标市场，制定相应的价格策略、销售渠道策略、促销策略等，进而提高企业的经营效益。

对企业来说，最主要的销售预测总是表现为一定商品、一定地区、一定时间和一定需求特性的销售量。根据经营管理的需要，市场预测可以划分为商品层次、空间层次、时间层次和需求特性层次四种类型，每种类型的预测又分为若干种，现分述如下。

一、商品层次

市场需求复杂多变，顾客对商品的需求范围越来越广泛，需求条件也越来越复杂。企业针对商品的需求（销售）进行市场预测的方法也越来越多，同时，对商品需求的预测也是多方面的。

商品层次按顾客对商品的需求范围划分，市场预测分为单项商品预测、同类商品预测、分消费对象的商品预测和商品总量预测。

（1）单项商品预测，是对某种品牌、质量、规格、款式等具体商品的市场需求预测。比如，对各种品牌 22 英寸电脑显示器的需求预测。单项商品预测是具体细微的，旨在研究某一个特定商品的需求情况。

（2）同类商品预测，是对符合特定条件的某一类商品按其不同特征进行市场需求预测。比如对绿色食品的需求预测；对 1 000 元以下手机的需求预测等。商品分类特定条件的选择可按生产经营管理的具体信息要求来决定。一般按商品用途分类，如食品类、服装类、家电类、日用品类等。

（3）分消费对象的商品预测。包括两种情况：一是按某一消费对象需要的不同商品进行的预测；二是按不同消费对象所需要的某种商品的不同特征进行的预测。例如，进行服装市场需求预测，不仅要分别对男装、女装、童装进行预测，还应按老年、中年、青年人群及胖、中、瘦体型分别进行预测。

（4）商品总量预测，是对消费者所需要的各种商品总量进行预测。这类预测的目的是实现社会有支付能力的货币需求与商品供应达到总量上的平衡，以及为制定调节供求关系的决策提供可靠的依据。

二、空间层次

市场预测的空间层次，即预测商品需求的地区范围。按空间层次，市场预测可分为全国性市场预测、地区性市场预测、当地市场预测以及行业或企业市场占有率预测。

（1）全国性市场预测，是统一对全国市场需求的发展变化趋势的预测。目的是为确定企业生产经营发展方向，调节全国的商品产供销关系，合理分配国计民生相关重要商品等提供依据。

（2）地区性市场预测，是对某地区（或经济区）的市场需求及发展前景的预测。目的是为该地区（或经济区）安排生产、组织货源、指导消费提供信息，更好地满足地区市场的需求。

（3）当地市场预测，是对企业所在地（市、县）的市场需求及发展趋势的预测。目的是为企业正确地确定经营的商品数量、品种结构、规格、质量等提供相关资料，生产经营适销对路的商品，满足消费市场多种多样的需求。

（4）行业或企业市场占有率预测，是在专业分工基础上，对某个市场范围内本行业在市场销售总量（额）中所占比例及变化趋势，或本企业生产经营的某种商品在同行业、同一市场、同一种商品总销售量（额）中所占比重及发展趋势的预测。市场占有率是反映一个行业或一个企业经营效益水平高低的重要经济指标。预测市场占有率，可以使行业或企业更加客观地了解其市场竞争地位，正确地规划发展目标，确定经营方案。

三、时间层次

进行市场预测所得出的市场需求量，必定表现为一定时间内，某一区域对某一商品的需求量。如果没有时间限制，整个市场预测就会失去实际意义。按照时间层次，市场预测可以分为短期预测、近期预测、中期预测和长期预测。

（1）短期预测，是以日、周、旬、月为时间单位，对一个季度时间范围内市场需求量的预测。它为企业确定短期生产经营任务和落实实施方案提供依据。

（2）近期预测，是以月或季为时间单位，对季度内或年内的市场需求及发展前景的预测。为制定季度计划、年度计划，组织货源，合理安排市场等提供依据。

（3）中期预测，是以年为时间单位，对 1 年以上、3 年（或 5 年）内的市场发展前景的预测。是为企业制定中期经营发展战略决策提供依据。

（4）长期预测，是以年为时间单位，对 3 年或 5 年以上的市场经济发展前景的预测。它是为企业制定长期发展规划提供依据。

宏观经济管理部门比较侧重于中长期预测；企业中下层管理部门比较侧重于短、近期预测，而高层管理部门比较侧重于近、中、长期预测。总之，对市场预测的不同类型，预测者应根据企业在市场上所处的地位和预测的目的进行选择。

四、需求特性层次

市场由某种产品的实际消费者和潜在消费者组成，它具有多种层次。按照需求特性层次，市场预测可以分为潜在市场预测、有效市场预测、目标市场预测和渗透市场预测。

（1）潜在市场，是指那些表明对某种商品存在一定兴趣的顾客，这在一定范围内是该商品的最大销售市场，但是并非每个对该商品有兴趣的人都有相应的支付能力和获取渠道来购买该商品，因此潜在市场对企业来说只具有理论上的价值，企业应更多考虑以下几个市场。

（2）有效市场，由一群对产品有兴趣，同时有相应的支付能力和购买渠道的潜在市场顾客组成。

（3）目标市场（服务市场），是企业决定要在合格市场上追求的那部分顾客。

（4）渗透市场，指那些正在购买该公司产品的顾客群体。

对需求的预测可以在以上各个市场中进行，其目的是不同的。如在新产品上市前对潜在市场和有效市场容量的估计对企业正确选择营销策略具有重要的指导作用；对目标市场容量的正确预测不论在产品刚上市还是产品需要重新定位时都具有很高的参考价值。

第二节 市场预测的内容

市场预测的内容十分广泛，从宏观到微观，二者相互联系、相互补充。

从国家宏观管理部门角度进行的宏观市场预测，主要是研究社会商品购买力和商品供给量的平衡问题，分析商品供求的大致组成及变动趋势，预测各种商品的市场需求量和供给量。

从企业角度进行的微观市场预测，主要是对企业在特定市场上，一定时期内商品种类、品质、规格、式样、质量等供求状况进行预测，它必须以宏观市场预测为前提。

为了研究市场商品供需变化，也需要研究与市场商品供需有关的各种因素的变化。市场预测就是运用科学的方法，对影响市场供求变化的诸因素进行调查研究和分析，然后预测其发展趋势，掌握市场供求变化的规律，为经营决策提供可靠的依据。

一、市场需求预测

市场需求预测是指通过对消费者的购买心理和消费习惯的分析，以及对国民收入水平、收入分配政策的研究，在一定的地理区域和时期内，基于一定的营销环境和方案，推断出社会的市场总消费。

水平市场需求预测是市场研究中最重要的一部分，也是最复杂的一部分。它包括需求量的预测和需求商品的品种、规格、型号、款式、质量、包装、品牌、商标、需要时间等变动趋势的预测。企业的营销主管需要估计的目标值主要有总市场潜量、地区市场潜量、实际销售额和市场份额。

（一）总市场潜量

总市场潜量是在一定时期内，在一定的行业营销努力水平和环境条件下，一个行业全部公司所能获得的最大销量。一个常用的估计方法是：

总市场潜量＝潜在购买者人数×单个购买者平均购买数量×单位商品价格

例如，如果每年有 1 亿人购买图书，平均每人每年买 3 本，平均每本价格为 20 元，那么图书的总市场潜量是 60 亿元（1 亿×3×20）。

其中最难估计的成分是特定产品或市场的潜在购买者人数。我们可以运用排除法，从中国的总人口着手（如为 13 亿人），构成一个总体群，然后排除显然不会购买这种产品的人数。假设文盲、12 岁以下的儿童和视力差的人不买书，并假定他们占人口的 30%，那么只有 70%（9.1 亿人）的人数属于预计总数。我们进一步调查，凡低收入和低教育水平的人不读书，他们占可能的顾客群的 40%以上，进一步排除，我们得到一个中心顾客群，约 5.46 亿购书者。我们可以把这个数字作为潜在购买者人数的估计值，并计算总市场潜量。

排除法的变形是连比法，它由一个基本数（例如总人口数）乘以几个反映影响因素的修正因子组成。

例如，一个啤酒厂需要估计一种新营养淡啤酒的市场潜量，它的估计值可以从下面的计算公式中获得：

对新营养淡啤酒的需求（潜在购买者人数）＝人口×每人可支配的个人收入×可支配收入中用于食品的平均百分比×食品支出中用于饮料的平均百分比×饮料支出中用于含酒精饮料的平均百分比×含酒精饮料支出中用于啤酒的平均百分比×啤酒饮料支出中用于淡啤酒的预计百分比

（二）地区市场潜量

公司常常需要选择最佳的区域并在这些区域最适当地分配它的营销预算，从而提高公司的经营效益，因此，公司需要估计不同省份、地区、城市的市场潜量。

有两种主要的方法可以采用：一种是主要由为企业服务的厂商所采用的市场组合法；另一种是主要由为消费者服务的厂商所采用的多因素指数法。

1. 市场组合法

市场组合法要求厂商辨别在每一个市场上的所有潜在购买者，并且对他们的潜在购买量进行估计。如果公司可以得到一份全部潜在购买者的详细资料清单和他们将购买什么商品的可靠估计，则可直接应用该方法。只是这些条件太理想化，往往不易获得，现实中不容易使用。

例如，显像管是电视机的重要元件，某公司需要估计显像管在广东省的地区市场潜量。预测的第一步是辨别广东地区显像管的全部潜在购买者。这个市场主要由电视机厂商构成，公司应编制一份包括该地区所有电视机制造厂商的清单，根据电视机生产量及其增长率来估计显像管的销售数据。事实上，在预测该地区市场潜量时还要考虑市场的其他信息，如市场饱和度、竞争者的数目、市场成长率等。

2. 多因素指数法

公司在估计地区市场潜量时，一般不可能把所有潜在消费者都列出来，因此在现实中最常用的方法是简单指数法。

例如，一家药品制造商可以假设药品的地区市场潜量直接与人口因素有关，比如河南省的人口大约占中国人口1/13，则该公司就可假设河南省的市场是全中国销售市场的1/13。

然而，一个单一因素很难完全决定销售潜量。一个地区的药品销售量还受到个人收入和每万人中医生数等因素的影响。

因此，需要使用多因素指数法，并且对每个因素赋予一个特定的权数。如果更实用些，还需要考虑一些其他因素来调整市场潜量，如竞争者在该市场上的经营水平、地区促销成本、季节因素和地方市场特征等。

（三）实际销售额和市场份额

除了估计总市场潜量外，公司还需要知道发生在市场上的实际行业销售额，而且公司还必须辨认其竞争对手并估计竞争者的销售额。

行业协会虽然对各公司的销售量并不一一列出，但它经常收集和公布总的行业销售额。每个公司可以利用这个数据来估算自己在本行业中的绩效。

假如一个公司在一年中增加了5%的销售额，而行业销售额的年增长率为10%，那么这个公司实际上正在丧失行业中的相应地位。

对实际销售额估计的另一种方法是向审计总销量和品牌销售量的营销调研公司购买报告，这样可以得到总产品品种的销售额和品牌销售额，同时，还能把自身绩效同整个行业或特定的竞争者进行比较，以考察本企业在市场份额上的得失。

市场占有率概念直接反映了企业在本行业中的竞争地位。根据市场占有率不同，可将行业中各企业分为市场领先者、市场挑战者、市场追随者和市场补缺者四类。市场份额和产品生命周期所处阶段这两个因素，决定了四类企业所采取的不同的营销战略。

二、市场供应预测

市场供应是指在一定时期内可以投放市场以供出售的商品资源。这些商品资源主要来自生产部门，其次是进口，此外还有国家储备、商业机构的商品储存以及社会潜在物资（如废旧物资）。市场供应研究国内外近期和远期的产品供应能力，研究竞争对手的产品发展战略及销售政策对供应量发展趋势的影响。

市场供应预测是对进入市场的商品资源总量及其构成和各种具体商品市场可供量的变化趋势的预测。它同市场需求预测结合起来，可以预见未来市场供求关系的变化趋势。

要预测生产的发展及其变化趋势，可以分为三个步骤：

首先，要收集历史资料，了解有关产品往期的产值、产量、成本、利润、销售等情况。

其次，要了解同类产品现有生产企业的数量、生产能力、原材料供应、生产设备、生产技术和产品质量的现状，各项经济指标在同行业的水平。

最后，要了解生产企业的设备更新、技术引进以及近期挖潜、革新、改造的措施和基建规划情况，并在预测生产结构的基础上，研究各种产品在预测期内可能提供商品资源的企业及其生产能力，已有产品的数量、质量、花色、式样、规格等发展变化，新产品的生产发展趋势，生产技术、原材料和能源消耗、成本和价格等的变化，产品销售的竞争能力及市场需求动向等，进而测算出商品资源量、适应市场需求的程度及其发展趋势。

产品供给的预测要重视关联性产品的相互变化和新产品的销售与需求。比如洗衣机的需求量变化，就涉及洗衣粉的需求变化；洗衣粉的需求量变化，则肥皂的需求量也将变化。又如随身听、MP3、CD 机之间的比例变化，此消彼长，则会导致产品资源构成的变化。

随着科学技术的进步，新技术、新工艺、新材料不断涌现，新产品生产时间变短，产品生命周期也越来越短，适时、适式、流行性产品将会刺激需求，吸引顾客。由于产品更新速度加快，销售周期越来越短，如果不了解市场产品资源和销售变化的形势，还在继续大量生产原来的产品，势必给企业经营带来危机。

只有摸清产品资源，预测出各种产品的发展前景，才能结合市场需求的变化，较精确地预测市场供求关系的发展趋势，从而作出正确的经营决策。

三、产品生命周期的预测

任何事物都有其产生、成长、发展和衰亡的过程。产品也是如此，具体而言，就是产品从实验成功进入市场直至被淘汰退出市场的整个过程。经济学界将这一过程称为产品生命周期。

一种新产品投入市场销售之后，它的生命周期就开始了，直到另一种新产品出现，在价格、功能、效用及流行性、适时性等方面都超过了它，原有产品被淘汰退出市场。接着另一种新产品又代替了前一种产品……如此循环，不断更新，促使产品生产不断发展。如液晶电脑显示器出现后，纯平显示器在市场上逐渐失去经济寿命；又如 Win7、Win8、Win8.1 陆续进入市场，WinXP 的市场份额就直线减少，直至退出历史舞台。

从企业经营管理角度来说，产品生命周期的研究相当重要。

研究产品生命周期，主要是从销售量、获利能力的变化上进行分析，研究产品的需要和利润随时间变化而变化的趋势。这一过程还受价格、国民经济发展水平、科学技术进步、市场竞争、供需平衡等多种因素的影响。

产品生命周期一般分为投入期、成长期、成熟期、衰退期四个阶段，可用一条曲线来表示（见图 3—1）。

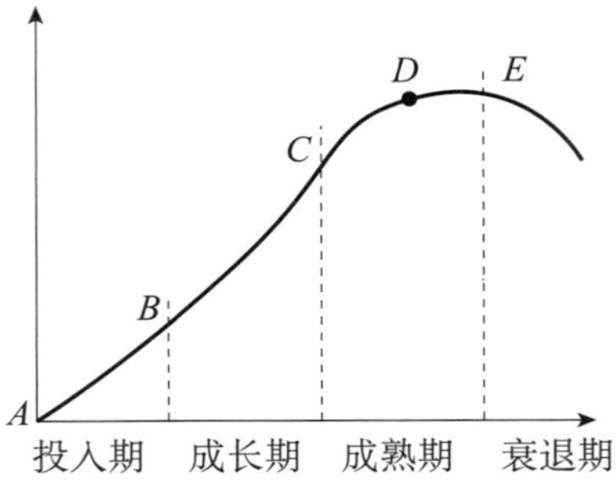

图 3—1　产品生命周期示意图

从图 3—1 可见，作为经营产品的企业，无论是从新产品应用商品化还是从需求预测来说，应着重研究 $B—C—D$，即产品从投入期到成长期再到成熟期的过程，而不应该到成熟期的点 D 时才去研究。点 D 是个转折点，在这一点上产品销售量达到高峰，同时，点 D 也是销售量下降和被淘汰的起点。有的企业看到某些产品正处于畅销高峰，认为有利可图，大批抢购进货，结果很快就走下坡路，造成大量积压，最后只好当廉价品来出售。

西方国家的企业在产品经营中，越来越重视对产品生命周期的分析和研究。经济全球化越来越深入，我国企业为了增强竞争能力、加强经营管理，也必须进行产品生命周期的预测，并对新产品投入市场的发展前景进行预测。

产品生命周期各阶段的特征分析如下：

（1）投入期。这一阶段，产品正在试制和试销，行业内生产这种产品的企业很少，市场竞争者不多。与此同时，产品设计还未定型，质量不够稳定，需要广泛征求消费者的意见，提高产品质量。由于试销，生产量小，成本高，废品率也较高，利润很低，有些甚至发生亏损。

（2）成长期。消费者对产品的性能和特点已经有了普遍的了解，销售量迅速增加，并且上升幅度很大。随着生产量的增加，生产成本相对降低，销售费用相应减少，利润随之迅速增加。由于利润大增，吸引了一些企业竞相仿制这一产品并投入市场，导致市场竞争加剧。

(3) 成熟期。这一阶段的产品供应量基本上达到了市场容量所能接受的程度，市场需求相对减弱，销售量上升缓慢，市场竞争激烈，利润逐步下降，有些企业甚至采取降价措施以增加产品销售。一般来说，这一阶段要比上两个阶段长得多。这个时期内，进货时要慎重考虑，不要大批盲目购进。

(4) 衰退期。产品销售量下降，利润降到最低水平，非名牌商品首先被淘汰，退出市场。随着新产品的出现，许多企业生产的旧产品相继退出市场，直至旧产品的寿命结束。

研究产品生命周期，有利于企业作出正确的经营决策和经营计划，促使产品销路顺畅，减少产品积压；有利于促进新产品的研制和开发，扩大市场。此外，企业还可以根据产品生命周期各阶段特征，重点加强销售措施，促进产品销售。

四、科学技术发展趋向预测

科学技术发展趋向预测的内容一般是指科学技术的未来发展对社会、生产、生活的影响，这里我们指的主要是科学技术发展对企业生产经营活动的影响，主要分析、研究和预测与企业产品有关的科技发展水平、方向、速度和趋势等方面的情况，为企业制定科学技术决策及科研发展规划服务。

(一) 当前世界科学技术迅猛发展的特点

(1) 以微电子为标志的尖端技术发展速度快。

(2) 应用技术的发展速度快。

(3) 重视在民用产品上采用最新科技成果。

(4) 未来科技的研究受到人们的普遍重视。人们已经在能源、制造、通信、交通、生物工程等方面作出了巨大努力，星际旅行指日可待。

科学技术的发展无疑将给人们的需求带来更广阔的天地，企业经营者更是有责任加速并引导这个过程。

(二) 科学技术迅猛发展给企业经营带来的影响

(1) 大部分产品的生命周期有明显缩短的趋势。

(2) 技术贸易的比重增大。

(3) 劳动密集型产业面临的压力加大。

(4) 发展中国家劳动力成本低的优势在国际经济竞争中将被削弱。

(5) 流通方式将向更加现代化发展。

(6) 对企业的领导结构及人员素质提出更高的要求，甚至是全新的观念。

在企业面临的诸多环境因素中，科学技术是一种重要而有长远影响的因素。科学技术本身是强大的动力，其发展速度和水平，能够摧毁旧产品和旧的工艺方法，乃至一个工业部门。科学技术的发展，新技术、新工艺、新材料的推广应用，对企业产品的成本、定价等都有重要影响。这种影响就其本质来讲，是不可避免和难以控制的。企业要想取得经营上的成功，就必须预测科学技术发展可能引起的后果和问题，可能带来的机遇或威胁；必须十分注意本行业产品的技术状况及科技发展趋势；必须透彻地了解与所研究的技术项目有关的历史、当前发展情况和未来趋势，并进行准确的预测。

五、企业生产经营能力预测

（一）企业生产经营能力的组成

任何企业，要从事生产经营活动，完成和实现其经营目标，就必须具备生产经营的基本要素：人力、物力、财力。

这三要素要按一定比例，按照经营的客观要求进行科学的组合，使企业中各要素的能力和水平都得以充分发挥，这就是企业生产经营能力。

生产经营能力是指在一定时期内（通常为一年）和一定生产技术、组织条件下，企业内部各个环节直接参与生产过程的生产设备、劳动手段、人力资源和其他服务条件，能够生产的各类产品产量或加工处理一定原材料的能力。它是企业生产经营活动的基本依据，是企业自身各种条件综合配置和平衡的结果，也是企业技术能力和管理能力的综合。它一般由三个部分组成：一是研究发展能力；二是营运能力；三是销售能力。

1. 研究发展能力

研究发展能力是企业管理人员通过对企业经营与环境变动关系的历史考察、现状分析和发展预测，制定企业经营目标和达到目标手段的能力。

它主要包括：市场调查与研究、预见未来；科技水平发展与趋势研究、新产品开发；企业规模、组织机构的研究；信息接受与判断能力、目标选择能力、管理改革和创新研究能力以及企业发展水平研究等内容。

2. 营运能力

营运是企业运用各种主观条件、力量从事经营活动的全过程，也是企业向决策目标方向发展的实现过程。

企业的营运能力就是通过对经营要素的总体指挥、协调、组织和控制来实现和完成企业从采购到销售、储存与运输、经营与服务、内部管理与对外公共关系等一系列经营活动，目的在于达到最大效益和最高效率的经营能力和水平。

其内容主要包括：对企业经营诸因素的控制与管理等，如设备的利用，营运人员的技术水平、经验，商品流通组织机构，经营成本、质量、资源。在主观条件形成的力量的指挥协调下，对企业的全部运行过程进行系统、整体的分析和预测。

3. 销售能力

销售能力是企业各种促销手段的综合运用所具有的效果和能力。它主要包括商品创新、推销技术、销售服务等内容。

对销售能力的预测也要从这几个方面来进行。对商业企业来讲，销售是企业经营的中心环节，商品销售能力的预测是企业生产经营能力预测的中心内容。要实现商品销售，就需要有一定的商品经营机构、人员和设施。随着商品供需规模的不断扩大，经销网点必然要有相应的发展。新的销售观念要求以消费者的需求为中心来组织商品购销活动，以市场为导向来进行生产经营。为此，企业要根据影响消费者需求诸多因素的预测来正确制定销售策略，通过各种促销手段来提高销售能力。

此外，服务业网点的发展对消费者服务的质量好坏有着重要意义。同时，随着消费结构的变化、国民经济的调整、经济体制的改革、流通渠道的改变、交通条件的改善、销售形式的变化等，企业也应对经销网进行相应的调整。因此，在进行市场预测的同时，对经销网的发展和变化进行研究和预测，对合理地促进商品流通，具有十分重要的意义。

（二）预测企业生产经营能力应注意的问题

企业生产经营能力预测为确定企业目标和战略计划提供基础。它主要包括对有关的人力、财力、物力（设备、材料、外协件、能源和燃料等）的供应来源及渠道情况的调查、预测。

企业的生产经营能力依赖于企业各要素能力的发挥。形成企业能力的主观条件不同，能力高低不同，企业规模大小、经营方式和所处的环境等不同，企业生产经营能力差异很大，因而，调查分析方法也不尽相同。从总体上看，对企业生产经营能力的调查分析和预测总是可以找到一些共同的、带有普遍性和规律性的东西，即对三种基本经营能力，分别从设备、人力、组织与管理四个角度进行系统分析、预测。在预测时，应注意研究以下几个问题。

（1）与一般的企业和最成功的企业相比较，研究本企业是否有可能进一步发挥生产经营能力，找到新的有利机会和发展新业务。

（2）研究企业在经营策略不变的情况下，经营能力是否已经充分发挥。找出提高经营能力的途径，以更好地达到企业目标。

（3）研究如何充分发挥企业自身的经营能力，着重考虑是否需要改变经营策略，是否可以开发新的商品市场与经营领域。

（三）具体的预测方式

（1）在测定企业经营发展状况时，可把本企业发展速度与本行业发展速度相比较，作为相对发展指数来预测企业总体经营能力。其计算公式为：

$$\text{相对发展速度}=\frac{\text{本企业发展速度}}{\text{本行业发展速度}}$$

相对发展速度分析的指标可以是销售额、利润、资产等。

（2）在测定企业今后的经营发展能力时，中心内容是了解市场的潜在能力，可通过企业与市场的差别来分析。通过对市场和商品的各种差别的调查分析，企业就可以利用差值发现机会，抓住机会，使企业得到发展。

（3）企业发展的可能性还可以通过相对销售增长率，即通过将本企业的销售增长率和本行业的销售增长率对比来预测分析。其计算公式为：

$$相对销售增长率=\frac{本企业销售增长率}{本行业销售增长率}$$

六、企业财务及环境意外事件的预测

企业在组织产品实体流动的同时，势必要引起资金的筹集、分配、使用和管理等一系列财务组织活动。以最少的资金消耗取得最大的经济效果，这是每个企业的期望。企业财务预测就是对未来一定时期内企业经营活动所取得的收益和劳动成本进行预测。它为企业经营决策提供财务上的科学依据，对改善企业经营管理、提高经济效益有重要意义。

预测企业财务的主要指标有产品销售额、劳动生产率、资金占用及资金周转率、流通费用及流通费用率、利润及利润率、设备利用率等。例如，进行经营成本额预测分析、成本期预测分析、资金周转率的预测分析、费用水准的预测分析、毛利额和毛利率的预测分析、劳动效率的预测分析等。利润是对企业经营结果的综合反映，也是衡量企业经营管理水平的一个重要指标。

经营环境是对企业经营影响最大的因素。企业面对的经营环境经常处于变动之中，许多变动往往由于其突然性而形成强大的冲击波。意外环境事件的发生，对企业生产经营活动会产生意想不到的影响。例如，“9·11”事件对全球航空业造成了灾难性的影响，引起了航空业的全面衰退。环境的变化，或者给企业带来可以利用的市场机会，或者给企业带来环境威胁。

预测、分析、把握经营环境的变化，善于从中发现并抓住有利于企业发展的机会，即利用环境的有利方面，避开或减轻不利于企业发展的威胁，即避开经营环境的不利方面，是企业经营决策的首要问题。实际上，企业的经营活动是适应环境变化，对不断变化的环境作出积极反应的动态过程，同时，企业的经营活动本身又可以影响环境的变化过程。因此，企业能否有效地发现、分析和预测环境的变化及其趋势，特别是环境意外事件的发生，关系到企业的生存和发展。

环境意外事件有突发性和前兆性，大体包括重大政策措施、新科技成果应用、外贸体制变化等方面的事件。此外，还有自然灾害及社会风尚的改变等。总之，企业要想在激烈的市场竞争中求生存、求发展，必须对环境意外事件进行预测。

第三节 市场预测的基本原则

世界上的事物都处于变化发展的运动过程中，如果能够从已发生的事实中发现某种事物发展变化的规律性，就可以利用这一规律性对事物的发展前景进行预测，并可取得和实际情况大致相符合的结果。

各种市场预测方法就是基于上述观点，在预测实践中不断总结、发展而成的。认识市场发展变化的客观规律，利用规律的必然性选择恰当的预测方法，是进行科学预测应遵循的总原则。在实际进行预测时，总原则通常具体表现为以下基本原则。

一、连续原则

连续原则是指事物的发展都具有一定的延续性，市场发展也不例外。未来的市场规模和状况是由过去发展至现在，又由现在延续和发展。依据连续原则，过去和现在的市场经济活动中存在的某种规律，在将来的一段时期内将继续存在。

连续原则也叫惯性原则，任何事物发展都具有一定惯性，即在一定时间、一定条件下保持原来的趋势和状态，这也是大多数传统预测方法的理论基础。比如线性回归、趋势外推等。

一般来讲，市场经济活动的连续性表现在两个方面：一是预测对象自身在较长时间内所呈现的数量变化特征保持相对稳定；二是预测对象系统的因果关系结构基本上不随时间而变化，而结构模型中各变量及参数则要遵循历史资料分析确定。正是根据这两方面的表现，我们才能依据调查的样本资料，选用时间序列分析预测法建立时序模型进行外推，或选用因果关系分析预测法建立的结构模型进行外推预测。

二、类推原则

类推原则是指许多事物在发展变化规律上常有类似之处，利用预测对象与其他已知事物的发展变化在时间上有先后，在表现形式上相似的特点，将已知事物发展过程类推到预测对象上，对预测对象的前景进行预测。

市场经济活动中，某些商品市场所呈现的发展规律有时是相似的。利用这种相似性的分析判断，可以根据已知的某商品市场发展规律类推另一新商品市场的未来发展。

常见的类推原则主要有：（1）由小见大——从某个现象推知事物发展的大趋势，运用这一思路要防止以点代面、以偏概全；（2）由表及里——从表面现象推实质；（3）由此及彼——引进国外先进的管理和技术也可以由这一思路解释；（4）由过去、现在推以后；（5）自下而上——从典型的局部推知全局；（6）自上而下——从全局细分，以便认识和推知某个局部。

三、相关原则

相关原则是指各种事物之间往往存在着一定的相互联系和相互影响，即市场经济变量之间存在着一定的相关性。相关性有多种表现，其中最重要的是因果关系。因果关系的特点是原因在前，结果在后，原因和结果之间密切的结构关系可以用函数关系式表达。人们通过对市场经济现象分析判断，确定原因和结果后，就可以利用这些原因和结果变量的实际数据资料建立数学模型，进行预测。最典型的相关有正相关和负相关，从思路上来讲，不完全是数据相关，更多的是定性的，即一种事物发展导致另一种事物受到限制或者促进。

四、近似性原则

人们对有些预测对象的过去和现在的情况都不了解，无法掌握其发展的规律性，这时可依据相近事物的发展变化情况和状态，来估计预测对象的未来趋势。

近似性预测成功的关键在于对所预测研究问题的透彻了解，对数据资料的科学归纳和敏锐判断，对各种预测方法的深刻理解和灵活运用。在预测过程中，在遵循连续原则、类推原则、相关原则的基础上，加深理解和运用各种预测方法十分必要。下面几章中将着重分析各种实用预测方法的特点、理论依据、适用条件及实践中注意的问题，以便在实践中灵活运用。

第四节　市场预测的步骤

市场预测过程包括归纳和演绎（推断）两个阶段。归纳阶段，从确定预测目标入手，收集有关资料，经过对资料的分析、处理、提炼和概括，再用恰当的形式描述预测对象的基本规律。演绎（推断）阶段，利用所归纳的基本演变规律，再根据对未来条件的了解和分析，推测出预测对象在未来某段时间可能的水平，并对其进行必要的评价。整个预测过程大致分为以下步骤：明确预测目标；收集资料；分析判断，建立预测模型；作出预测。

一、明确预测目标

明确目的是开展市场预测工作的第一步，因为预测的目的不同，预测的内容和项目、所需要的资料和所运用的方法都会有所不同。明确预测目标，就是根据经营活动存在的问题，拟定预测的项目，制定预测工作计划，编制预算，调配力量，组织实施，以保证市场预测工作有计划、有节奏地进行。预测目标明确，预测工作才能做到有的放矢。

预测目标的确定应根据经营管理的需要，服从决策的要求。确定预测目标包括确定预测范围、目标领域和预测的时间要求。通常要经过预测目标分析来确定。

（1）要了解决策的要求，确定本次预测的空间层次、商品层次、时间层次属于哪一种类；应达到哪些基本要求，如预测结果的精度要求；确定预测结果的最后期限等。

（2）开展目标分析。目标分析是运用系统观点，逐步把握目标和外部环境之间的依存关系。这样有益于辨明预测目标的主要变化特征和影响因素，在基本掌握预测目标变化规律的基础上，收集资料，选择合适的预测方法。许多预测项目涉及的范围和因素是多方面的，因此，将总体目标逐层分解是必要的。在识别分解过程中，预测者和决策者需要反复进行对话，在双方统一认识的基础上，明确预测对象的边界范围和预测目标的主体结构。

当然，开始的分析总是建立在人们先验知识基础上的，在实际预测分析研究过程中，还可不断加以调整。

通过目标分析，明确了预测目标及研究的相关内容，为后面的收集资料、选择预测方法指明了方向。

二、收集资料

进行市场预测，必须占有充分的资料。有了充分的资料，才能为市场预测提供分析、判断的可靠依据。在市场预测计划的指导下，调查和收集与预测有关的资料是进行市场预测的重要一环，也是预测的基础性工作。

预测所需的资料可以分为两类：一类是关于预测对象本身的历史和现实资料，如我国历年家庭私人购买小轿车的统计资料、社会集团消费统计资料；另一类是影响预测对象发展过程的各种因素的历史和现实资料，如影响私人小轿车需求的人均收入水平统计资料、影响出租车需求的旅游业发展速度资料、影响企事业单位小轿车需求的国家干部用车标准政策资料，以及道路条件等资料。

在市场预测中，一般可以利用各种调查方式获取的第一手资料，也可以利用各种渠道获取的二手资料。收集资料一定要注意广泛性、适用性。资料收集得不全面、不系统，会严重影响预测质量，但也不是说资料越多越好，漫无目的地收集资料既会浪费时间、人力和资金，又会因资料过多，缺乏重点，反而给预测工作带来麻烦，降低预测质量。

为此，对于收集到的资料，一定要进行鉴别和整理加工，判别资料的真实性和可用程度，去掉那些不真实、与预测关系不密切、不能说明问题的资料。如果有些必需资料不易取得，还可以通过诸如配额测算、比例测算、适用面测算等方法进行测算而得。

三、分析判断，建立预测模型

分析判断是对收集的资料进行综合分析，并经过判断、推理、概括，由事物的现象深入事物的本质，根据需要选择最适合的预测方法，描述预测对象的基本演变规律。

这种分析判断是根据预测人员现有的知识、经验以及对当前市场的了解，对未来市场性质和程度的一种估计和判断。市场预测的结果基本上也就是依据分析判断，用模型描述的演变规律推断而得出的，因此，分析判断，建立预测模型也就成为关键性步骤。

（一）分析判断

市场预测分析判断的内容主要有以下三方面：

（1）分析观察期内市场影响因素同市场需求量的依存关系。在实际工作中，预测人员往往受时间、能力的限制，难以捕捉和分析太多的因素，而只能选择主要的。如分析市场需求变化与国家政治经济形势和方针政策的依存关系；与社会商品购买力及其构成变化的依存关系；与国家进出口贸易发展的依存关系；与同种或异种商品的适用性、花色、款式、成本、价格、竞争等变化的关系；与子体商品或母体商品市场需求的依存关系。

（2）分析预测期的产供销关系。商品的产供销是一个有机的整体，对预测期产供销关系及其变化的分析主要有：分析市场需求商品的品种、数量、结构以及流通渠道的发展变化；分析社会生产能力是否与市场需求总量相适应；分析各种生产企业生产的商品的结构是否与消费结构相适应；分析原材料供应情况。

（3）分析当前的消费心理、消费倾向及其发展变化趋势。主要分析随收入的增加，广告促销条件下人们的攀比心理、赶时髦心理以及与一定社会集团、阶层相适应的趋同心理、归属心理、表现自我价值的非趋同心理（商品的个性化）等的变化对购买商品的数量、品种、花色、款式的影响关系。如手机厂商摩托罗拉在市场研究的基础上，根据消费者的人口特征及心理特征，把消费者分为传统人士、重视社交生活人士、追求卓越人士、时尚好动人士、追求享乐人士、积极进取人士，并据此展开营销，取得了巨大的成功。

在上述分析基础上，便可对市场商品供求关系本质有所了解，判断各种商品的社会供求差额（包括顺差和逆差）；判断供求基本平衡的商品或有顺（逆）差的商品，它们反映的各种实际情况，以判明其发展趋势。

（二）建立预测模型

在预测者作出上述判断之后，通常为了进行量的估计，要选择预测方法，建立预测模型。预测方法很多，每种预测方法对不同预测对象目标的有效性是不同的。如果预测方法选择不当，将会大大降低预测效果及可靠性。因此，选择最合适的预测方法十分重要。在选择预测方法时，应该从以下三方面考虑：

（1）应服从于预测目标。即方法的选择应该满足经营管理决策对具体信息的要求。企业的战略决策、战术决策、日常业务决策对信息的要求决定了预测对象范围、预测期长短、预测精度不同，因而所选用的预测方法也就不同（见表3—1）。

表3—1　　各种预测方法一览表

	定性分析预测方法				定量分析预测方法				
					时间序列分析法			因果分析法	
	集合意见法	市场调研法	德尔菲法	类比法	移动平均法	指数平滑法	趋势延伸法	回归分析法	经济计量模型
简要介绍	集合企业内部经营管理、销售业务人员、各类人员意见，作出综合预测	有目的、有计划地通过市场调查收集直接信息或间接信息，经分析判断后采用联测或转导方式作出预测	对专家小组成员进行匿名、函询方式调查，经多轮反馈综合整理，对结果进行统计处理分析，作出预测	遵循事物发展相似原则，对类似的产品或市场，以已知的类比对象发展过程规律，对预测目标未来发展过程进行对比分析	在时间序列中随时间推进连续地按一定数量相近观察值计算平均数，消除季节性和不规则性变动，据此建立预测模型	考虑时间序列数据中远、近期作用不同，给予等比递减的权数，移动求加权平均数为指数平滑值，据此建立预测模型	运用一个数学方程拟合时间序列数据发展变化趋势曲线，然后用这个方程外推作出预测	在分析市场现象自变量和因变量之间相关关系的基础上，建立变量之间的回归方程，据此建立预测模型	揭示经济活动中各个因素之间的定量关系，用随机性的数学方程加以描述，据此建立预测模型
适用的预测期范围	近期、中期	短期、近期、中期	长期、中期	中期、长期	短期、近期	短期、近期	近期、中期	近期、中期、长期	近期、中期、长期

续前表

	定性分析预测方法				定量分析预测方法				
					时间序列分析法			因果分析法	
	集合意见法	市场调研法	德尔菲法	类比法	移动平均法	指数平滑法	趋势延伸法	回归分析法	经济计量模型
需要的数据资料	市场的历史销售资料和相关信息	市场历史发展及现实的情况，如发展速度、消费心理、竞争状况等	背景资料，专家的意见及综合分析资料	类比对象发展过程的历史资料及相关信息	预测目标历史资料，数据越多越好，最低要求5～10个	预测目标历史资料，越多越好，最低要求为 $1/\alpha-1$ 个（α 为平滑常数）	预测目标历史资料，越多越好，至少要有5个观察期数据	预测目标历史资料，选取样本数通常要大于30或者至少大于 $3x$（影响因素数+1）	预测目标历史资料，越多越好，选取样本数通常要大于30
精确度	近期极好；中期较好	短期、近期极好；中期较好	较好	尚好	尚好	较好	近期很好；中期较好	很好	近期、中期很好；长期较好

（2）预测对象商品本身的特点。不同的预测对象商品，具有不同的属性和内在的变化特点。如服装、儿童玩具、家用电器类商品，一旦被社会接受，其发展速度相当迅速，但更新淘汰也很快。因此，采用趋势延伸法外推要谨慎，而市场调查、类比法的预测效果则会好些。技术性强、投资大的消费类商品，往往自开发、中间实验直至全面生产进入市场需要经历一定的发展阶段，一旦被社会接受认可，更新淘汰过程较缓慢。它们的市场需求变化过程往往表现为发展期缓慢，成熟期较长而平稳，衰退期来得较迟。在不同发展阶段，可以依据事物发展的连续性原则，采用趋势延伸法外推，或因果关系法外推进行中短期预测。

（3）考虑预测时期现有的条件和基础。预测方法的选择必须建立在切实可行的基础上。各种新的预测方法层出不穷，在实际中还是要受数据资料、经费、人力、设备等条件制约，实施起来也有困难。

面对实际条件，往往建立一个实用的预测模型为好，即在达到预测要求的情况下，预测模型越简单越好，因为预测精度与模型的复杂性并不成正比。再者，简便的模型容易被决策者理解接受，对预测结果可放心使用，真正发挥预测的价值。

总之，预测方法的选择取决于人们对预测对象发展变化过程规律的认识，而这种认识必须建立在系统分析和判断的基础上。对预测对象目标变化规律认识得越深刻，则选择的预测方法越有针对性，越能说明问题，预测质量也就越高。

当然，结合具体情况，发挥各种方法的长处，将各种可行的预测方法和人们的经验结合起来，相互补充，就更能提高预测精度。

四、作出预测

作出预测是预测的最后一个阶段，它是在选择预测方法、建立预测模型的基础上，根据对未来的了解分析，推测（或计算）预测目标的可能水平和发展趋势，进而作出分析与评价，得出最终预测结论。

（一）利用预测模型推测或计算出预测值

预测方法不同，建立的预测模型也不同。总的来看预测模型有两类。

一类是定性判断出现象之间的完全确定的函数关系模型。例如，某公司 2000 年商品库存量为 450 万元，随着营业规模扩大，库存量也随之增大，每年约递增 5%，平均每万元库存量需要面积 14 平方米，到 2003 年该公司所需仓库面积的预测值为 $450\times(1+5\%)^3\times14$，即该公司到 2003 年需要仓库面积约为 7 293 平方米。

另一类则是定性分析判断出现象之间的某种比较稳定但不是完全确定的相关关系。例如，城乡居民收入和消费支出都是变量，但是收入变动与由此引起的消费支出变动之间的比例关系比较稳定，这种比例关系的形式会随时期不同或地域不同而不同，对此只能用数学方法建立现象之间非完全确定的函数关系模型，即数学预测模型。时间序列分析法或回归分析法建立的都是数学预测模型。假设某城市调查 500 户居民的收入与消费支出数据，用回归分析法建立数学模型为：

$$Y=180+0.5X$$

式中，Y 为月消费支出；X 为月收入。

那么，该城市居民月收入为 500 元时的月消费支出额为 430 元。

（二）判断评价预测值的合理性，最后确定预测结论

利用预测模型推算或计算的结果（预测值）只是初步预测结果。由于市场系统的复杂性和随机性，以及调查资料不全，或知识与经验不足等原因，预测值和实际情况总是存在一定的偏差，因此，对预测值应加以分析评价。常用的分析评价方法有下面几种：

（1）根据常识和经验，检查、判断预测结果是否合理。

（2）计算预测误差，看看存在的误差量是否超过预测要求。

（3）分析正在形成的各种征兆、苗头反映的未来条件的变化，判断这些条件、影响因素的影响程度可能出现的变化。比如，有的影响因素影响程度可能由大变小，有的由小变大，还有的可能不再有影响，或有可能产生新的影响因素。所有这些变化，都可能导致预测目标出现新的发展趋势和发展速度，因此，不能认为预测模型的推算或计算结果就是最终预测值。

（4）在条件允许的情况下，采用多种预测方法进行预测，然后综合评价各种预测结果的可信程度来检验预测成果，修正预测值。市场预测只能降低未来市场的不确定性，不可能百分之百地预测到未来情况。由于影响市场的因素不断变化，会对市场的实际情况产生影响，要时刻关注市场各因素的变化。当市场现象和影响因素出现较大变化时，要及时修正预测值，甚至改换预测方法，以使预测结果最大限度地符合市场实际，并为以后的预测积累经验和资料。

以上对整个预测过程四个步骤的介绍，说明预测的质量完全取决于预测者对所预测的对象事物及各种相关条件的熟悉程度，预测者的知识面宽度、观察能力、逻辑推理和分析判断能力、估测能力和处理技巧等方面的差别，往往会使预测结论质量相差很大。

市场预测既是一门科学，又是一门艺术。预测者既要掌握多种预测方法，又要具有灵活运用这些方法的能力。

在预测的组织方式上，可以采取自上而下、自下而上或上下结合的多层次预测方式。此时，就要将各方面的预测结果加以综合、对比、平衡和调整，然后确定一个合理的且可以接受的尽量准确的预测值。

五、评价修正预测

对于每次预测，总期望预测误差必须在允许的合理范围内。评价预测精确度十分必要，有益于了解预测方法的功能良好程度，并探求改善预测方法的可能，以提高预测精确度。

如果预测是反复按一定周期，如每周或每月进行，把过去的预测值与实际结果进行比较，可为评价预测精确度提供依据。如果预测仅进行一次或为第一次，可以用已有的若干期历史数据建立预测模型，将若干期数据与由模型所求得的预测值进行比较，同样可为评价预测精确度提供依据。

评价预测精确度的主要方法有统计测定法和图示方法。

（一）统计测定法

在比较预测模型的优劣和确定置信区间估计时，预测精确度的统计测定法是很有用的。

假设观察期实际值为 Y_1，Y_2，…，Y_n，预测模型计算得到相应预测值为 $\hat{Y}_1$，$\hat{Y}_2$，…，$\hat{Y}_n$，则单个预测误差为 $e_i=Y_i-\hat{Y}_i$（$i=1, 2, \cdots, n$）；单个预测值的绝对误差值为 $|e_i|$。在上述资料基础上统计测定预测精确度的指标如下：

（1）平均误差（ME）。即 n 个预测误差的平均值。

$$ME=\frac{1}{n}\sum_{i=1}^{n}e_i=\frac{1}{n}\sum_{i=1}^{n}(Y_i-\hat{Y}_i)$$

（2）平均绝对误差（MAE）。即 n 个绝对预测误差值的平均值。

$$MAE=\frac{1}{n}\sum_{i=1}^{n}|e_i|=\frac{1}{n}\sum_{i=1}^{n}|Y_i-\hat{Y}_i|$$

（3）平均百分比误差（MPE）。即 n 个预测值的相对误差的平均值。

$$MPE=\frac{1}{n}\sum_{i=1}^{n}PE_i=\frac{1}{n}\sum_{i=1}^{n}\frac{Y_i-\hat{Y}_i}{Y_i}\times 100\%$$

（4）均方误差（MSE）。即 n 个预测值误差的平方和的平均值的开方值，也称均方根误差。

$$MSE=\sqrt{\frac{1}{n}\sum_{i=1}^{n}e_i^{\,2}}=\sqrt{\frac{1}{n}\sum_{i=1}^{n}(Y_i-\hat{Y}_i)^2}$$

上述四个指标中，前三个评价指标常用来比较不同预测方法的平均误差（或 MAE 或 MPE）或不同时期的平均误差（或 MAE 或 MPE）。

例如，平均误差从上年的 0.566 增加到本年的 0.597，表明本年的预测精确度不如上年。它们只能代表精确度，并不具备在进一步的预测中作估计置信区间的统计性质。标准误差指标则广泛地用于预测精确度的统计测定。

因为标准误差计算过程中各个误差被平方，所以大的误差相对来讲要受到更大重视，它能在进一步预测时供计算置信区间使用。

（二）图示方法

图示方法是以预测误差的图示为依据，结合主观分析认识足以使实际结果和预测值相异的可能因素，对尽早发现预测中的问题和改进预测方法中应注意的问题特别有帮助。常用的图示方法是控制图。

运用控制图评价预测精度，通常要计算累计误差。如果预测模型没有偏差，累计误差应当接近 0。无论偏差是正还是负，只要累计误差的形式有规律地偏离 0，那么预测方法也将同时有规律地产生高估或低估的情况。

图 3—2 为某企业近 20 年各年投资利润率预测的累计误差控制图。由图 3—2 可见，从 1990 年起，某种类型的偏差在发展，因此，预测方法应当加以改进。应用控制图，应该明确判断究竟累计误差到什么程度才表明预测方法需要改进。实际中预测者通常用 2 倍或 3 倍的标准误差作为控制界限。这里所用的标准误差为 1989 年以前各时期的预测标准误差值 1.03。由图 3—2 可知，2 倍的标准误差控制界限与 2002 年的累计误差线相交，表明需要对预测模型进行改进。如果改进后的累计误差接近 0，则新的控制过程又开始进行。要改进预测方法，需要对预测模型进行逻辑评价，即结合某些经济理论对模型进行评价。例如，预测的各种假设前提条件改变就会导致很大的预测误差。

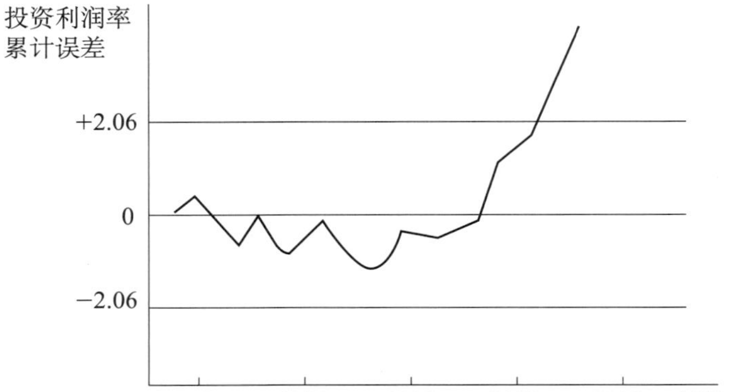

图 3—2　预测误差控制图

六、撰写和提交预测报告

把预测的最终结果编制成文件和报告，向有关部门上报或以一定形式公布，并提供和发布预测信息，供有关部门和企业在决策时参考。

预测报告应概括预测研究的主要活动过程，列出预测目标、预测对象、相关因素分析、主要资料和数据、预测方法的选择和模型建立，以及模型的评价修正等。

第五节　市场预测的方法

随着现代科学技术的发展，预测科学广泛地吸收应用数学、管理科学、数理统计、信息科学等领域的成果，预测方法迅速发展起来。据统计，目前预测方法有300多种，其中多数是在预测实践中演变和改进而来，经常使用的基本预测方法有十几种。为了在预测中有的放矢地选用预测方法，有必要了解各种预测方法的类型以及应用时应遵循的基本原则。

市场预测方法众多，既有质的分析预测方法，又有量的分析预测方法。质的分析预测方法，是从事物的质的规定性方面去分析判断，作出预测。量的分析预测方法，是在认识事物质的规定性基础上，依据数据资料建立数学模型的描述作出预测。其中量的分析预测方法又分为时间序列分析预测法和因果关系分析预测法。

一、质的分析预测方法

质的分析预测方法，也称判断分析预测法，是由预测者根据已有的历史资料和现实资料，依靠个人经验、知识和综合分析能力，对市场质的变化规定性作出判断，再以判断为依据作出量的测算。从质的方面去分析判断事物，容易把握事物的发展方向。再者，市场预测中常常会涉及一些难以量化的因素，如政治因素、心理因素、社会因素等。因此，在预测实践中，这类方法广泛采用。

质的分析预测方法很多，本书介绍的主要有集合意见法、专家意见法、联测法、转导法、类比法、领先滞后指标法、扩散指数法。运用这些方法不需要高深的数学知识，可以充分利用人的经验、判断能力、想象力，能节省时间，节约费用，便于普及推广。这些方法有使预测结果带有主观片面性，或数量不明确的缺点，为此，要将这类方法的运用建立在广泛的市场调查研究基础上，结合量的分析预测方法，使质的分析结果有科学的数量概念。

二、量的分析预测方法

1. 时间序列分析预测法

时间序列分析预测法是以事物的时间序列数据为基础，运用一定的数学方法建立数学模型描述变化规律，以向外延伸来预测市场的发展变化趋势及可能水平。

这类方法的应用是以假设事物过去和现在的发展变化规律会延续到未来为前提，它撇开对事物发展变化过程因果关系的具体分析，直接从时间序列统计数据中寻找事物发展的演变规律，建立模型，据此预测未来。

在量的分析预测方法中，时间序列分析方法涉及的数学知识比较简单，方法较直观，在实际中经常采用。常用的方法有平均数法、移动平均数法、指数平滑法、季节指数法、趋势延伸法等。

2. 因果关系分析预测法

因果关系分析预测法是从事物变化的因果关系出发，寻找市场发展变化的原因，分析原因与结果之间的联系结构，建立数学模型，据以预测市场未来的发展变化趋势及可能水平。

因果关系分析预测法要求数据资料比较完整、系统，建立模型要求研究者具有一定的数理统计知识，这种方法在理论上和计算上都比时间序列分析预测法复杂，其预测精度一般要比时间序列分析预测法的预测精度高。因果分析预测法最常用的有回归分析预测法和经济计量分析法。

三、两类分析预测方法的关系

1. 两种分析预测方法的依据不同

量的分析预测方法的主要依据是：市场未来的发展变化趋势是其过去和现在的延伸。这种方法注重过去和现在的资料及其可靠性。

质的分析预测方法是在没有或有很少市场资料的条件下，依据实践经验和综合分析判断能力，对市场未来的发展变化做出预测。这种方法注重的是预测者的判断分析能力。

2. 两种分析预测方法的结合使用

在市场预测的实践中，经常将两种分析预测方法结合使用，以增加市场预测的灵活性。量的分析预测方法是根据市场的历史资料和影响市场主要因素的历史资料，去推断市场未来的发展趋势，但是市场未来的表现毕竟不会与过去和现在的发展变化规律完全一致，也存在一些难以收集量化的因素，这时我们就需要把质的分析预测方法也融合进来，充分发挥预测的主观能动性，对量的分析预测方法所得到的预测值加以适当的调整或补充，将更有利于提高市场预测的精确度。

对质的分析预测方法和量的分析预测方法可总结如下，如图 3—3 所示。

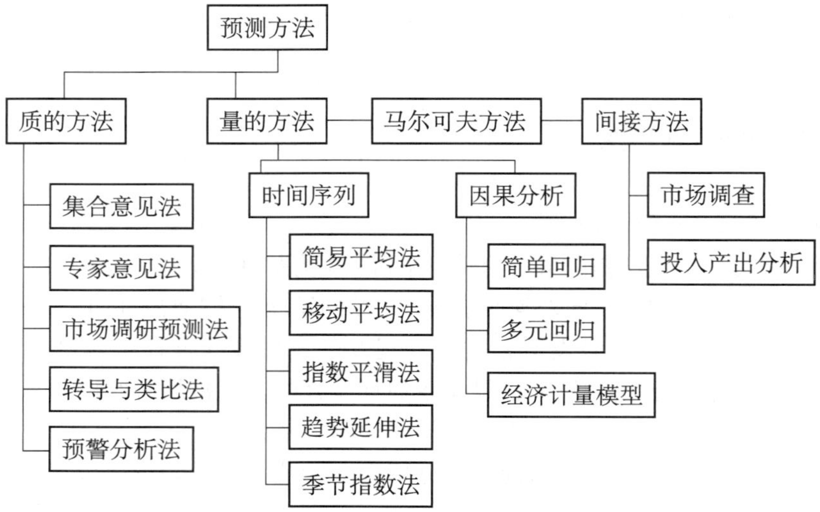

图 3—3 预测方法总结

练习题

1. 试列举进行我国保险行业未来 5 年的保费预测时需要考虑的主要影响因素，这些数据可以通过什么渠道获得?

2. 试从行业和企业两个角度阐述对产品生命周期进行预测的意义。

3. 质的分析预测法与量的分析预测方法的主要区别是什么?

4. 举例说明市场预测按商品层次、空间层次和时间层次怎样分类。

5. 如何测算消费品购买力?

6. 市场需要构成与各种商品需要预测的基本思路是什么?

7. 企业生产经营能力预测的基本内容有哪些?

8. 举例说明在市场预测过程中该怎样开展目标分析?

9. 举例说明在市场预测过程中该怎样进行分析判断?

10. 你认为在市场预测中应该如何选择恰当的预测方法?

11. 市场预测遵循哪些基本原则? 解释市场的发展和变化趋势是可以预测的。

12. 如何评价一项预测结果的合理性? 举例说明评价预测精确度的四种统计指标及计算公式。

13. 解释下列名词：市场需求预测、企业财务预测、质的分析预测法、时间序列分析预测法、因果关系分析预测法。

第4章

判断分析方法

判断分析市场预测法，也称定性市场预测法，是指预测者在以各种方法取得市场资料后，在对这些资料进行整理加工和分析研究的基础上，运用自己的实践经验和分析判断能力，对市场未来的发展变化趋势作出估计，测算预测值。

这种预测方法简单易行，特别适用于那些难以获得全面资料进行统计分析的问题。

第一节　集合意见法

集合意见法就是集合企业内部经营管理人员、业务人员等的意见，根据他们的经验和判断共同讨论市场趋势，然后根据讨论结果进行市场预测的方法。

由于企业内部经营管理人员、业务人员等比较熟悉市场需求及其变化动向，他们的判断往往能反映市场的真实趋向，因此，集合意见法是进行短近期市场预测常用的方法。

这种方法注重发挥集体智慧，在一定程度上克服了个人主观判断的局限性和片面性，有利于提高市场预测的质量。

一、集合意见法预测步骤

第一步，预测组织者根据企业经营管理的要求，向研究问题的有关人员提出预测项目和预测期限的要求，并尽可能提供有关资料。

第二步，有关人员根据预测要求及掌握的资料，凭个人经验和分析判断能力，提出各自的预测方案。在此过程中，有关人员应将质的分析与量的分析相结合，力求既有充分的定性分析，又有较准确的定量化描述。一般来说，定性分析包括如下几项内容：

（1）历史生产和销售趋势，目前市场的状态，消费心理的新变化，顾客流动情况等；

（2）各生产厂的产品适销对路情况，商品资源、流通渠道及供应情况的变化，新产品投入市场的可能性；

（3）流动资金来源和运用情况，商品库存结构以及上级主管部门对任务的要求（如果有上级的话）；

（4）劳动组织状况，改善企业经营管理的措施以及可能取得的效果，等等。

在定性分析基础上，将各自的判断结果作出量化的描述，形成各自的预测方案。具体包括以下几项内容：

（1）确定未来市场的可能状态（两种或两种以上）；

（2）确定各种可能状态出现的概率（主观概率）；

（3）确定每种状态下市场销售可能达到的水平（状态值）。

例如，某企业甲经理参加预测，对企业下半年的销售额在定性分析基础上所作的预测为：下半年市场行情可能出现好与一般两种状态，估计两种状态出现的概率分别为 60%与 40%，两种状态下销售额估计分别能达到 8 000 万元与 6 000 万元。这些整体构成了甲经理的预测方案。

第三步，预测组织者计算有关人员预测方案的方案期望值。方案期望值等于各种可能状态主观概率与估计出来的状态值乘积之和。

如上面甲经理提出的预测方案期望值为市场行情好的概率乘以好的销售额加市场行情差的概率乘以差的销售额之和，即 7 200 万元（0.6×8 000+0.4×6 000）。

第四步，将参与预测的有关人员分类，如厂长（经理）类、管理职能科室类、业务人员类等，计算各类综合期望值。综合方法一般采用平均数、加权平均数统计法或中位数统计法。

第五步，确定最终的预测值。当预测组织者采用统计法得到综合预测值后，还应当参照当时市场上最新的发展趋势，考虑是否需要对综合预测值进行调整，或进一步向有关人员反馈信息，再经酝酿讨论使预测结果更趋合理。

例 4—1 ☞

某零售企业为确定明年化妆品的销售预测值，要求经理和业务科、财会科以及化妆品商品部的销售人员均作出年度销售预测。

（1）三位经理、不同管理单位和五位销售人员经各自的分析判断后作出预测。假设各自的预测率分别如表 4—1 至表 4—3 所示。

表 4—1　经理的预测

经理	估计值				期望值（万元）	权数
	最高值(万元)	概率	最低值(万元)	概率		
甲	5 800	0.9	5 500	0.1	5 770	0.5
乙	6 000	0.7	5 500	0.3	5 850	0.3
丙	5 400	0.8	5 200	0.2	5 360	0.2

表 4—2　　管理单位的预测

单位	估计值						期望值（万元）	权数
	最高值(万元)	概率	中等值(万元)	概率	最低值(万元)	概率		
业务	6 000	0.2	5 500	0.6	5 000	0.2	5 500	0.4
管理	5 800	0.3	5 400	0.5	3 900	0.2	5 220	0.3
财务	6 200	0.1	5 800	0.5	5 000	0.4	5 520	0.3

表 4—3　　销售人员的预测

销售人员	估计值						期望值（万元）	权数
	最高值（万元）	概率	中等值（万元）	概率	最低值（万元）	概率		
甲	5 000	0.3	3 500	0.5	2 000	0.2	3 650	0.2
乙	4 800	0.2	4 000	0.6	3 000	0.2	3 960	0.1
丙	4 500	0.2	4 200	0.5	3 400	0.3	4 020	0.3
丁	4 300	0.3	3 800	0.5	3 300	0.2	3 850	0.2
戊	4 000	0.2	3 800	0.7	2 000	0.1	3 660	0.2

（2）对上面各类人员的预测方案进行综合。这种综合可以考虑同类人员中各人的经验丰富程度和预测准确性与重要程度，对其预测方案期望值给予不同权数，可采用加权平均数进行综合。综合预测值的计算式为：

$$\hat{Y}_j = \sum_{i=1}^{n} Y_i P_i, \quad 0 \leqslant P_i \leqslant 1, \quad \sum_{i=1}^{n} P_i = 1$$

$$\hat{Y} = \frac{\sum_{j=1}^{m} \hat{Y}_j W_j}{\sum_{j=1}^{m} W_j}, \quad W_j \geqslant 0$$

式中，$\hat{Y}_j$ 为 j 类预测人员的综合预测值，在本例中假设 $j=1$，2，3，分别代表经理类、管理单位类和销售人员类；Y_i 为 j 类人员中第 i 位的方案期望值；P_i 为 j 类人员中第 i 位方案期望值的比重或权数；n 为 j 类人员的人数总量；W_j 为根据重要程度赋予不同类型预测者的权重；m 为预测者类型总数。

假设经理、管理单位和销售人员各类预测方案期望值的权数如表 4—1 至表 4—3 中所示，则各类的综合预测值分别为：

经理类，$j=1$。即

$$\hat{Y}_1 = 5\,770 \times 0.5 + 5\,850 \times 0.3 + 5\,360 \times 0.2 = 5\,712 \text{（万元）}$$

管理单位类，$j=2$。即

$$\hat{Y}_2 = 5\,500 \times 0.4 + 5\,220 \times 0.3 + 5\,520 \times 0.3 = 5\,422 \text{（万元）}$$

销售人员类，$j=3$。即

$$\hat{Y}_3 = 3\,650 \times 0.2 + 3\,960 \times 0.1 + 4\,020 \times 0.3 + 3\,850 \times 0.2 + 3\,660 \times 0.2 = 3\,834 \text{（万元）}$$

(3) 对三类综合预测值加以综合。在综合三方面的预测值时，一般应根据其重要程度的不同，给予不同权数。一般来说，经理的预测方案统观全局，既能体现领导部门的要求，又能反映企业经营管理的现状，因而应给予较大的权数；销售人员的预测方案，由于与他们承担的责任有关，一般预测值偏低，所以应给予较小的权数；至于管理单位的预测方案，因其直接从事经营管理活动，其预测值一般能较好反映客观实际，因此其权数应高于销售人员的方案。假设经理方案的权数为 3，管理单位方案的权数为 2，销售人员方案的权数为 1，则企业的预测值为：

$$\frac{5\ 712\times 3+5\ 422\times 2+3\ 834\times 1}{3+2+1}=5\ 302.3\text{（万元）}$$

(4) 对企业综合预测值做适当调整。这个综合预测值是经过对三类人员所作预测值进行加权平均后得到的。这个综合预测值既低于经理层的综合预测值，也低于管理层的综合预测值，显然是受业务层综合预测值偏低的影响，太保守了。

为此，要对其进行调整。对企业综合预测值的调整，可以通过召开会议，互相交换意见，互相启发，互相补充，克服个人主观判断的局限性。在充分发表意见的基础上，由预测组织者果断地确定最终预测值。

二、集合意见法的组织形式

集合意见法是由调查人员召集企业内部或企业外部的相关人员，根据每个人对事件的接触、认识、市场信息、资料及经验，对未来市场作出判断预测，并加以综合分析的一种方法。

集合意见法有多种组织形式，可归纳为四种：一是集合经营与管理人员的判断意见；二是集合企业内外业务人员的判断意见；三是集合企业内业务人员的判断意见；四是集合用户的判断意见。

（一）集合经营与管理人员意见法

集合经营与管理人员意见法，就是集合经理、管理人员和业务人员三方面的预测方案，加以归纳、分析、判断，从而确定企业的预测方案。其过程如下：

(1) 由经理根据经营管理的需要，向下属管理单位和业务人员提出预测项目和预测期限的要求。

(2) 下属单位和业务人员根据经理指示提出各自的预测方案。

(3) 将经理的、管理人员的和业务人员的预测方案进行综合分析、判断，定出企业的市场预测值。

这种预测组织形式既调动了管理人员和业务人员预测的积极性，又可以上下结合制定出反映客观实际的预测方案。它实际上是领导与群众相结合、质的分析与量的分析相结合的方法，比较适合我国商业企业的经营管理状况。

（二）集合业务人员意见法

集合业务人员意见法，就是集合所属经营机构的业务人员、分支机构的业务主管人员、有业务关系的批零企业的业务主管人员以及联合企业的业务主管人员的预测意见而制定企业预测方案。

例如，专业公司或批发企业集中直属经营机构的业务人员、下属分支机构的业务负责人、有供销关系的企业负责人等的预测意见制定销售预测方案，就属于集合业务人员意见法。

这种形式的预测过程和集合经营与管理人员意见法基本相同。其优点是：

（1）业务人员经常接近购买者，对购买者意向有较全面深刻的了解，比其他人有更丰富的知识和敏锐的洞察力，尤其是对受技术发展变化影响较大的产品。

（2）集合业务人员意见法不仅包括了公司、企业内部业务人员的预测意见，而且包括了公司、企业外部有关业务人员的预测意见。

（3）这些业务人员都具有一定的专业知识和业务经验，对市场情况比较熟悉，他们的预测意见在企业短近期预测中较为接近市场需求的客观实际。

（4）这些业务人员都直接从事业务活动，都承担实现预测方案的责任，因此，预测方案的实施有广泛的群众基础。

（5）通过这种方法，也可以获得按产品、区域、顾客或业务人员划分的各种业务预测。

也正是由于提供预测意见者是位于业务第一线，直接从事业务活动，并负有实现预测方案责任的业务人员，因而他们提出的预测值往往偏低，并且容易受最近业务成败的影响。另外，他们一般不是从事市场研究的专职人员，容易忽视宏观经济因素对市场的影响，并且业务人员也可能对这种预测没有足够的知识、能力和兴趣。

因此，在运用集合业务人员意见这种组织形式时，不应仅对预测数值进行简单综合，必须在可能的范围内对影响市场需求的各种因素进行分析、判断，对综合的预测方案进行反复调整，以确定符合市场实际的预测值。

（三）业务人员意见综合法

业务人员意见综合法，就是提供预测方案的人员仅限于企业内部的业务人员，如批发企业的采购员和供应员、零售企业的进货员和售货员等。

这种方法与集合经营与管理人员意见法和集合业务人员意见法基本相同（就方法而言），也具有上述两种方法的某些特点，但由于这种方法仅反映了企业内部业务人员的预测意见，因而有一定的局限性。这种组织形式可以用于企业短期预测，不宜用于中期和长期预测。

在集体意见法中涉及的概率都是主观概率，它不同于由事物客观规律决定的客观概率，它是预测者主观估计的结果，因人而异，且无法核对。它们满足以下基本要求：

$$0 < P < 1;\ \sum P_i = 1;\ i = 1,2,3,\cdots$$

（四）集合用户意见法

集合用户意见法就是预测者通过访问、座谈、电话、信函和现场投票等方式，了解用户的需求情况和意见，掌握顾客的购买意向，分析和预测消费者未来的需求特点和变动趋势，并在此基础上对商品需求或销售做出预测。

收集用户意见的方式有很多种：一是市场调查员对用户进行个别访问、电话询问，询问顾客近期购买商品的计划、购买数量等；二是发放调查表，征集用户意见；三是通过商品展销会、订货会来征询用户意见；四是通过商品零售柜台直接征集用户意见。

这种方法一般适用于高档耐用消费品和主要用户不多的生产资料等商品销售的预测，因为这些商品的购买需要事先计划，而一般消费品的购买不必经过事先安排。

第二节 专家意见法

专家意见法就是根据市场预测的目的和要求，向有关专家提供一定的背景资料，请他们就市场未来的发展变化作出判断，提出量的估计，从而对调查分析得出质和量的结论。

专家意见法一般应用于以下几种情况：没有历史资料；历史资料不完备，难以进行量的分析；需要进行质的分析的预测。

专家意见法是国外广泛运用的一种预测方法。在具体运用中，基本上采用两种形式：一是专家会议法；二是专家小组法（德尔菲法）。

一、专家会议法

（一）专家会议法的特点及分类

专家会议法就是邀请有关方面的专家，通过会议的形式，由训练有素的主持人以非结构化的自然方式对一小群专家进行访谈，让他们对企业的生产经营或某种产品及其发展前景作出评价，并在专家分析判断的基础上，综合专家的意见，对该企业或产品的市场需求及其发展趋势作出量的预测。该方法可以在较短的时间内充分利用专家群体的创造性思维和专业特长，对预测对象进行评估和推算，及时掌握第一手预测信息。

专家分析法主要分为交锋式会议、非交锋式会议和混合式会议。

交锋式会议是指每个与会专家围绕调查事件各抒己见、引发争论，经过会议讨论，最后达成共识，得出较为一致的预测结论。非交锋式会议（头脑风暴法）是指每个与会专家都可以独立任意发表意见，但不互相争论，不批评他人意见，便于充分发挥灵感，鼓励创造性思维。混合式会议是指交锋式会议和非交锋式会议的混合使用，即先实施头脑风暴法，然后进行争论，彼此交换意见，最后取得一致结论。

（二）专家会议法的预测步骤

1. 做好会议前的准备工作

采用专家会议的方式，参加人员较多（一般为6～10人），会议时间有限（一般为1.5～3小时），组织者会前的准备工作显得非常重要。应注意以下几个方面：

（1）确定会议主题，设计详细的访问提纲。会议的主题应简明、集中，这样专家才能始终围绕主题讨论。调查提纲应由企业负责人、主持人共同拟定，同时要注意讨论的话题次序，通常先问一般问题，后问特定问题。

（2）确定会议主持人。主持人对于会议的成功与否起着关键作用，要求其具有丰富的调查经验，掌握与讨论内容相关的知识，并能左右会议的进程和方向。

对主持人的素质要求有：

1）和蔼但坚定。为了产生必要的互动效应，主持人应将适当的超然与热情结合起来。

2）宽容。主持人必须对小组成员采取宽容的态度，但应对将减弱小组热情或不利于达到小组目标的迹象保持警觉。

3）参与。主持人必须鼓励并激起强烈的个人参与行为。

4）不完全理解。主持人必须表现出不完全理解来鼓励调查对象将泛泛的评论具体化。

5）鼓励。主持人应鼓励不响应的成员参加讨论。

6）灵活性。主持人必须能在小组讨论出现偏离主题时修改原提纲，并当即拟定新的提纲。

7）敏感性。主持人必须保持足够的敏感，将小组讨论引导在既具理性又有激情的水平上。

关键是在专家会议上，不要做出任何引导性的发言，不要给予任何暗示，让专家充分、客观地发表自己的意见，做出个人判断。

（3）选择参加会议的专家。有两个主要问题：第一是如何选择专家，包括确定专家的数目。专家选得是否合适，将决定预测结果的可靠性和全面性。专家一般是指在某些专业方面积累了丰富的经验、知识，并具有解决该专业问题的能力的人，他们能在不确定的条件下对问题进行估计和预测，提出建议和看法，因此，选什么专家就同所估计问题的性质有关。例如，要预测企业达到某种目标的重要意义，有经验的高层管理人员就是专家；为了获得科学技术发展方面的重要情报，企业内技术工程师就是专家；为了预测市场行情，有经验的老推销员就是专家。为了能够使问题研究得更全面、更深入，也需要吸收一些“对立面”、“少数派”参加。

确定专家的数目也很重要，对于复杂的问题，需要有多方面的专家参加，专家多一些，可以使问题讨论得更深入，意见也反映得更全面，但参加的人太多，组织工作就比较难做，而且归纳意见也比较费事，因此专家数目应适当。专家的数目还取决于问题的复杂性、现有情报的数量以及专家对企业问题的熟悉程度等。

第二是选择专家不仅要看他的经验、知识和能力，还要看他是否善于表达自己的意见。如何让专家把意见充分发表出来，是组织工作的关键。

与会专家还要正确处理以下三方面的因素：一是感情因素，不能出于感情的考虑而不提出不同意见；二是个性因素，要求与会专家不带任何倾向性地分析他人意见；三是利益因素，与会专家不能见到与自己利益相违背的意见就反对。

（4）选好会议的场所和时间。会议场所对大多数与会者来说应该是舒适和方便的。会场的环境非常重要，应安静，场地布置要营造轻松、非正式的气氛，鼓励大家自由、充分地发表意见。在会议上，应让与会者畅所欲言，各抒己见，自由讨论；召集会议的人员不发表具有倾向性的观点，只是广泛听取意见。在充分讨论的基础上，综合各专家的意见，整理出有关企业生产经营或有关新产品的质量、性能、特点、价格、竞争能力和市场需求的质的分析材料，再结合市场情况及其发展变化趋势，确定市场未来需求量的预测。

（5）确定会议次数。主要取决于预测问题、细分市场的数量、会议产生新想法的数量、会议时间和经费等。

（6）准备好会议所需的演示和记录工具，如录音带、录像带等。

2. 组织和控制好会议的全过程

（1）善于把握会议的主题。为了避免会议的讨论离题太远，主持人应善于把与会者的注意力引向会议主题，或是围绕主题提出新的问题，使会议始终有一个焦点。

（2）主持人提出题目，要求大家充分发表意见，提出各种各样的方案。主持人不要谈自己有什么设想、看法或方案，以免影响与会专家的思路。对专家所提出的各种各样的方案和意见，不应持否定态度，而应表示热情欢迎。强调会议上不要批评别人的方案，大家畅谈自己的方案，敞开思想，各谈各的，方案多多益善。

（3）做好会议记录。会议可由主持人边提问边记录，也可由助手记录，还可通过录音、录像等方式进行记录。

3. 做好会议后的各项工作

（1）及时整理、分析会议记录。检查记录是否正确、完整，有没有差错和遗漏。

（2）回顾和研究会议情况。回想会议进程是否正常，会上反映的情况是否真实可靠，观点是否具有代表性，对调查结果作出评价，发现疑点和存在的问题。

（3）做必要的补充调查。对会上反映的一些关键事实和重要数据做进一步查证核实，对于应当出席而没有出席会议的人，或在会上没有充分发言的人，最好进行补充记录。

（4）分析和解释结果。在报告书中不要简单重复与会者说的话，而要着重研究其含义和作用，再对各种方案进行比较、评价、归类，最后确定预测方案。

具体流程如图 4—1 所示。

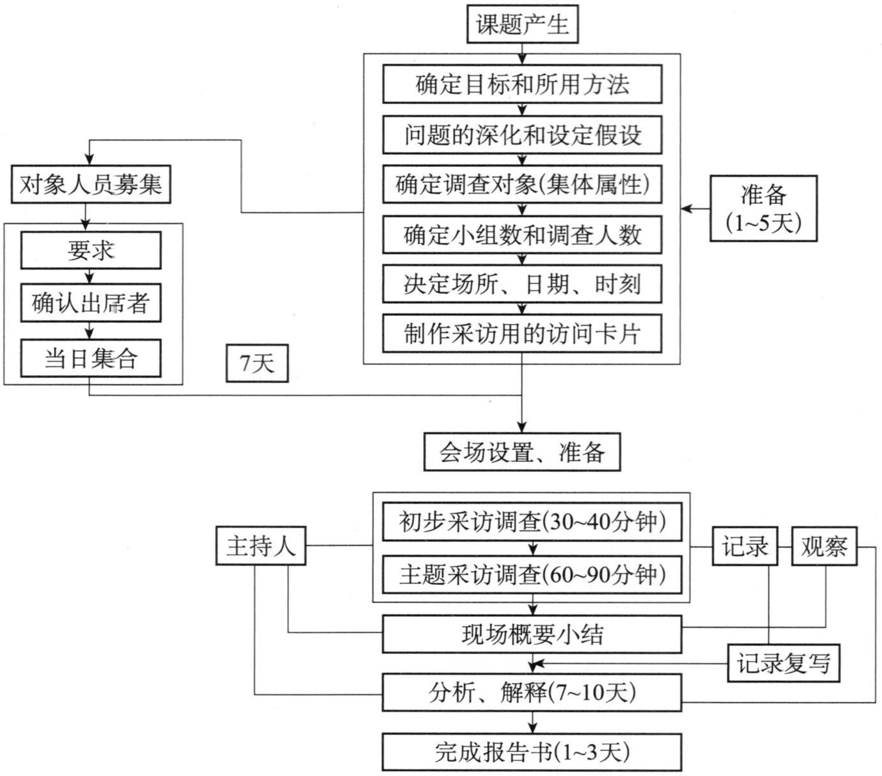

图 4—1 专家会议法操作流程

（三）专家会议法的优缺点

专家会议预测法的最大优点是集思广益，它将一组专家集合起来，由主持人对他们进行访谈，这样将一组人聚在一起比个人单独回答能产生更多的信息和观点。同时，一个人的论点会引起其他人的一系列反应，专家会议会出现连锁反应。通常在简短的介绍后，小组内关于主题讨论的热情逐步高涨，调查对象想表达自己的观点，流露自己的感情，从而准确地表达自己的看法。专家会议可以更加仔细地审视数据收集，因为观察者可以目击会议，并可以利用会议记录进行分析，同时，访谈很多人，数据收集和分析相对较快。

专家会议预测法的最大缺点是容易屈从于权威。如参加会议的专家人数有限（一般不超过 10 人），会影响代表性；易受个别权威专家的左右，形成意见一边倒；由于与会者的个性和心理状态，不愿发表与多数人不同的意见；出于自尊心不愿当场修改原来发表过的、即使是根据不充分的意见等。因此，会议的最后综合意见可能并不完全反映与会专家的全部正确意见。此外，专家会议法的成功与否与主持人的技巧关系很大，主持人不称职很可能导致专家会议法起不到应有的作用。

在难以进行量的分析的情况下，专家会议法不失为很有实用价值的预测方法。

二、专家小组法（德尔菲法）

（一）德尔菲法的特点

专家小组法又称德尔菲法，它是 20 世纪 40 年代由美国的兰德公司（Rand Corporation）首创和使用的，50 年代以后在西方发达国家盛行的一种预测方法。德尔菲是神话传说中古希腊的一个地方，相传是预言家的活动场所，在此他们能准确地预卜未来而享有盛名，因此，后人用德尔菲比喻高超的预见能力，并用它来命名专家小组法。

这种方法是专家会议法的改进和发展，是按规定的程式，先由各个专家针对所预测事物的未来发展趋势独立提出自己的估计和假设，经调查主持者审查、修改、提出意见，再发回到各位专家手中。这时专家根据综合的预测结果，参考他人意见修改自己的预测，开始下一轮估计。如此反复，直到各专家对未来的预测基本一致为止。

一般咨询专家的意见需要反复 3～5 次，每次收到的信息都要做统计处理。德尔菲法和专家会议法相比较的主要区别在于用背对背的判断来代替面对面的判断，专家之间相互匿名。

（二）德尔菲法的预测步骤

1. 拟定意见征询表

预测组织者确定预测目标之后，根据预测要求，明确需要向专家调查了解的问题。

拟定意见征询表应注意以下几个要点：（1）征询的问题要简单明确，使人容易回答；（2）问题数量不宜过多；（3）问题的回答要尽量接近专家熟悉的领域，以便充分利用专家的经验；（4）意见征询表中还要提供比较齐全的背景材料，供专家做判断时参考。

2. 选择专家

专家选择是否合适是该方法预测成败之关键。选择的专家，一般应从事与预测内容有关的专业工作，精通业务，有丰富的工作经验，有预见性和分析能力，并具有一定声望。有时还可适当考虑吸收不同专业领域的专家，以便从不同角度更全面地征询意见。专家人数一般以 10～20 人为宜。调查机构以通信方式与专家联系，专家间不发生联系。

3. 采用匿名方式进行多次反馈函询

预测组织者向各位专家分别邮寄意见征询表，请他们在规定时间内（一周或半个月）按征询表上的要求，填写各自意见并寄回。组织者在每次意见返回之后，将各种不同意见进行综合、分类和整理，经过汇总后形成新的意见征询表，然后再分发给各位专家，再次征询他们的意见。这样，每位专家都可以从新的意见征询表中了解其他专家的不同意见，并作出分析和判断，将自己的意见（修正或不修正）再次寄回。这样，经过几次反馈以后，各位专家对预测的问题的意见会渐趋一致。

4. 运用数理统计方法进行收敛处理，作出预测结论

通常多用中位数法处理。中位数是指将各专家对预测目标的预测数值按大小顺序进行排列，选择居于中间位置的那个数表示数据集中的一种特征数。当整个数列的数目为奇数时，中位数只有一个；当整个数列的数目为偶数时，中位数则应为数列中间位置两个数的算术平均值。数列上下四分位的数值，表明预测值的置信区间。

（三）德尔菲法的优缺点

1. 德尔菲法的优点

（1）匿名性。即每次专家的分析判断是在背靠背情况下进行的，不会出现迷信权威或因慑于权威的威望而不敢发言的现象，也不需要顾全自己的面子而固执己见，从而把影响每个人畅所欲言的引力系数降到最低程度，创造一种平等、自由的气氛，鼓励专家思考，充分发表意见，有效克服了专家会议法的不足之处。

（2）反馈性。即预测结果是在经过几轮征询，专家不断修正其预测意见的基础上得出的。每个专家都可以在掌控全局的情况下，开拓思路，提出独立的新见解。

（3）统计性。即在轮番征询过程中，每次专家意见都经过统计归纳处理，专家意见逐渐趋向一致，预测值趋于收敛。

2. 德尔菲法的主要缺点

（1）预测过程主要是凭专家主观判断，缺乏一定客观标准，轮番函询时间较长。这种方法多用于缺乏数据资料的长期预测。

（2）责任较为分散，估计值的权数相同。

（3）一般仅适用于总额的预测，而用于区域、顾客群、产品大类等的预测时，可靠性较差。轮番问询也要花费较长的时间。

我国有些公司运用德尔菲法时经常存在如下问题：一是没有做来回往返的信息沟通；二是不能根据调查目的来选取相关领域的专家。

为了克服以上局限性，可以采取一些措施：

（1）向专家说明德尔菲法的原理，使他们对该方法的特点有较清楚的了解。

（2）尽可能详尽地提供与调查项目相关的背景材料。

（3）请专家将自己的判断结果分成最高值、一般值、最低值等不同类别，并分别估计其概率，以保证整个判断的可靠性，减少轮回次数。

例 4—2

利用专家小组法预测空调在某一市场的普及时间。假设选择 13 位具有丰富业内经验的专家，将调查表及其他相关资料寄给他们，请他们作出个人判断后寄回。汇总整理寄回的调查表，再反馈寄给各位专家，请他们进一步作出判断，如此反馈三次。第三次分析预测的结果利用中位数法处理的过程如表 4—4 所示，即某市场空调普及年份预计在 2001 年，最早估计在 1999 年，最晚估计在 2003 年，置信区

间范围为 4 年（2001 年±2 年为置信区间上下限值）。

表 4—4 利用中位数法处理过程表

专家编号	1	2	3	4	5	6	7	8	9	10	11	12	13
预测普及年份	1997	1998	1998	1999	2000	2000	2001	2002	2003	2003	2004	2004	2005
预测结果				↑下四分位 Q_1			↑中位数			↑上四分位 Q_2			
置信区间	$Q_2-Q_1=2003-1999=4$（年）												

对专家预测值的收敛处理也可以采用算术平均法和加权平均数法。

究竟选用哪种方法，一般要根据专家预测值分布情况而定。如果数值分布比较分散，一般使用中位数法，以免受个别偏大偏小的判断值的影响；如果数值分布分散程度小，一般使用算术平均法，以便考虑每个判断值的影响；如果数值分布分散程度小，但在轮番征询各位专家阐明其结论的理由充分性、合理性有不同时，则可以采用加权平均数法处理，以便反映每个判断值的不同影响。

美国洛克希德飞机制造公司进行销售预测时，把专家意见法略作改动。一组洛克希德公司的经理人员扮作该公司的主要顾客，认真冷静地评价公司的销售条件，如产品、价格、售后服务以及竞争者的条件。接着每人模拟顾客作出购买什么和从哪里购买的决策。把各“顾客”向本公司购买的数量加起来，并与其他独立的统计预测协调，就是公司的销售预测值。

第三节 市场调研预测法

市场调研预测法，是以市场实地调查获得的资料为基础，经分析判断，推算市场未来需求（或销售）量的预测值。它主要用于市场需求、企业产品销售、新产品开发、消费者行为等方面的分析预测。

常用的推算方法有市场测试法、市场因子推演法、联测法、购买者意向调查法等。

一、市场测试法

市场测试也称试销，是受控实验的一种应用，在有限但精心挑选的市场，即所谓试销市场中进行。市场测试为企业在真实的市场条件下获得对产品销售潜力的合理估计提供了工具，并识别产品和已提出的营销战略的弱点，给经理人提供机会改进这些弱点。在市场测试阶段解决这些问题比产品进入全国性渠道后再解决更容易、成本更低。

进行市场测试包括以下步骤。

（一）确定市场测试是否必要

新产品推出前的市场测试耗资巨大，且可能被竞争者利用，企业进行市场测试前应考虑以下四点：

（1）将直接推出新产品的成本、失败的风险、成功的可能性以及相关利润进行比较。如果估计成本很高，又不能完全确定成功的可能性，那么应该考虑市场测试；反之，如果预期成本很低，而且产品直接推出失败的风险很小，就不用进行市场测试。

（2）竞争者仿制产品并将其推向全国市场的可能性和速度。如果产品能轻易地被仿制，那么最好直接将产品推向市场而不经测试。

（3）生产市场测试产品所需投资与产品投放全国市场所需投资。有时，两者之间的差距可能很小，这种情况下，不进行市场测试直接推向全国市场更有意义。如果两者之间差距很大的话，进行市场测试还是有积极意义的。

（4）新产品上市失败可能严重损害一个公司的实力和声誉。失败可能损害公司分销渠道的其他成员的声誉，并破坏公司以后推出产品获得合作的能力。在需要特殊考虑的情况下，就需要市场测试。

（二）选择市场测试方法

市场测试有三种基本方法。

1. 标准试销市场

在标准试销市场中，试销市场被选择出来，将产品通过常规的分销渠道销售出去。公司自己的销售人员通常负责分销产品。销售人员有规律地进货、补货并清点库存。测试中运用一个或多个营销变量的组合（产品、价格、分销和促销水平）。它是一个在有限基础上进行的真正的市场测试。

设计一个标准试销市场涉及决定用哪些标准选择试销市场、选择多少试销市场以及测试持续多长时间。试销市场的选择标准有：

（1）大到足够产生有意义的产品投放量，应该包括至少2%的潜在实际人口；

（2）在人口分布上有代表性；

（3）关于产品消费行为方面有代表性；

（4）关于媒体利用方面有代表性；

（5）关于竞争方面有代表性；

（6）媒体和地理分布相对分隔；

（7）在产品类别上有正常的历史发展；

（8）能够进行营销研究及审计服务；

（9）没有被过度测试。

2. 受控试销市场

全部的试销计划由一家外部研究公司执行。研究公司保证产品在代表预定市场占有率的零售渠道分销，并处理仓储和现场销售工作，比如上架、售卖和存货控制等问题。受控试销市场包括迷你市场（或强迫分销）测试和更小的控制商店样本组。

3. 模拟试销市场

也称实验室测试和试销市场。模拟根据消费者对新产品的最初反应对市场份额作出数学估计。

其步骤为：通常在人流大的地点，如购物商场拦截被访者，并根据产品使用状况进行筛选；向选中的人介绍新产品概念，并给予一个机会去真实的环境中或实验室环境中购买新产品；研究人员采访那些购买了新产品的人，询问他们对产品的评价以及重复购买的意图；将由此产生的初次和重复购买估计值与所计划的促销和分销水平相关数据相结合，对市场份额作出预测。模拟试销市场可以在 16 周或更短的时间内进行，所产生的信息是秘密的，竞争对手无法得到，成本也相对低廉。模拟试销市场正变得越来越普及。

（三）制定详细的测试程序和执行计划

确定了目标和基本的测试方法之后，需要制定详细的市场测试计划。制造和分销决策的制定必须保证提供适当的产品，而且出售具体产品的方法在大多数店是可行的。另外，用于测试的营销计划细节必须详细地加以规定。应该选出基本的定位方法，制定出保证定位得以实施的商业广告计划、价格策略、媒体计划以及各种促销活动。

有了合适的计划后，下一步就是执行计划。关键是决定测试持续时间。测试的持续时间取决于产品被重新购买的周期、竞争性反应的可能性、成本上的考虑、最初的消费者反应以及公司哲学。为了能观察到再次购买活动，测试应该持续足够长的时间，以显示产品的长期影响。

如果预料到会有对测试的竞争性反应，则持续时间应该短。测试的成本同样是一个重要的因素。测试时间越长，成本就越高，在有些方面附加信息的价值会超过收集它们所花费的成本。近期的证据表明，对新品牌的测试至少应该持续 10 个月。据经验分析发现，最终的试销市场份额在 10 个月内达到测试时间内的 85%，在 12 个月内达到测试时间内的 95%。试销市场对产品的成功推出会非常有用。

（四）分析测试结果

尽管在测试进行过程中也评估所产生的数据，但在测试完成之后，必须进行一次更详细、更彻底的数据分析。这种分析集中在三个方面。

1. 购买数据

这经常是测试产生的最重要的数据。在整个测试过程中，最初的购买水平表明了企业所做的广告和促销工作的效果。重购率（第二次和更多次购买者占试用者的百分比）表明了产品达到由广告和促销产生的预期的程度。当然，试用和重复购买为估计销售情况提供了基础，而且如果产品推向全国市场，这些结果也可以用来反映可能的市场份额。

2. 认知数据

在创造产品认知方面，媒体力度和计划起多大作用？顾客是否了解我们产品的成本？他们知道产品的关键特征吗？

3. 竞争反应

理想的情况是，在市场测试期间监测市场竞争者的反应。例如，竞争者可以通过提供特殊的促销、价格交易、数量折扣等方式来扭曲我们的测试结果。这提供了一些有用信息，反映在进入全国市场时它们可能采取的策略。

例 4—3

某企业试制一种新型洗浴液，选择某城市一典型的区域试销该产品。试销结果表明该消费区域中有 40%的家庭试用过这种洗浴液，而且其中有 28%的家庭重复购买，即试销区顾客对这种产品的重复购买率为 40%×28%=11.2%。试销区每年家庭消费量平均为 1.5 千克。企业准备将这一新产品投放整个城市。该产品在这个城市的年销售量预测值可按以下预测模型推算：

$$\hat{Y}=Q\cdot N\cdot D$$

式中，$\hat{Y}$ 为年销售量预测值；Q 为每单位用户（家庭）年内平均消费量；N 为整个市场的总用户（家庭）；D 为用户中重复购买率。

将典型试销区的试销结果 $Q=1.5$ 千克，$D=11.2\%$和整个城市的家庭总户数 N 代入预测模型，便可得出新洗浴液在这个城市的年销售量。假设 $N=300$ 万户，则

$$\hat{Y}=1.5\times 3\ 000\ 000\times 11.2\%=504\ 000\text{（千克）}$$

这个城市新洗浴液年度销售量为 504 000 千克，预示着一个非常可观的市场前景，该企业应下决心扩大这种产品的生产和销售。

二、市场因子推演法

市场因子是指市场中能引起对某种产品需要的相关因子。市场因子推演法是通过分析市场因子来推算某类产品的市场潜量，即推算某类产品的最大市场总需要量。为此，市场因子通常是指能决定产品的使用者的实际需要的因素。例如，每年的结婚人数是家具、耐用家电产品的需求量的市场因子；人口结构的变化和人口增长速度是日用商品需要量的市场因子；婴儿出生率是婴儿用品需要量的市场因子，等等。

例 4—4

某家用电器公司通过市场调查得知，当地市场中，每 100 对新婚夫妇需要购买的成套家用电器（包括彩电、电冰箱、洗衣机、录像机、微波炉等）为 40 套。通过调查历年当地市场结婚人数资料，推测下一年度结婚人数为 8 000 对。则下年度用市场因子推演法预测新婚市场家用电器的市场潜量可用下式计算：

$$\hat{Y}=Q\cdot N$$

式中，$\hat{Y}$ 为预测期商品市场潜量；Q 为相关的单位市场因子购买商品数量；N 为预测期相关的市场因子总数量。

由上面的调查资料可知，当地市场单位新婚夫妇购买家用电器数量为：40/100＝0.4 套。这样，下年度用市场因子推演法预测的家用电器市场潜量为：

$$\hat{Y}=0.4\times 8\,000=3\,200 \text{（套）}$$

企业再根据成套家用电器的平均价格，就可测算出 3 200 套家用电器市场潜量对应的总销售额。

三、联测法

联测法是以某个企业的普查资料或某个地区的抽样调查资料为基础，进行分析、判断、联测，确定某一行业以至于整个市场的预测值。

市场预测中，对整个市场普查固然可以获得全面系统的资料，更好地反映市场的客观实际，但由于主客观条件的限制，不可能进行普查，只能是局部普查或抽样调查。因此，在许多情况下，运用局部普查资料或抽样调查资料，经过分析、判断，对整个行业或整个市场进行联测，就成为客观需要。运用联测法的关键在于局部普查资料应具有典型性，抽样调查的样本应是母体的缩影，即能反映母体的全貌，否则会出现难以估计的误差。

运用联测法预测其他市场的需求量，是通过将其中一个市场的需求量作为基准来换算出来的，这在预测上会存在一定的误差。不过，在缺乏其他市场的相关资料的情况下，联测法也不失为一种很实用的市场预测方法。

例 4—5

某空调厂家为开拓四个城市的产品市场，拟用联测法预测 2008 年该四个城市居民家庭对空调的需求量。

居民家庭对空调的需求受气候、收入水平、供电状况等因素的影响。假设用 X_1，X_2，X_3，X_4 分别代表企业准备开拓的四个城市，四个城市的居民收入水平、气候条件、供电状况都大致相当，因此，可以用某一城市市场需求抽样调查资料分析判断后联测其他三个城市的市场需求量。预测过程按下列步骤进行：

（1）了解四个城市市场 2007 年的空调销售量及城市居民户数的资料。通过间接调查，收集资料如表 4—5 所示。

表 4—5　四城市 2007 年空调销售量

	X_1	X_2	X_3	X_4
实际销售量（台）	2 000	1 600	2 400	1 200
居民家庭（万户）	5	4.5	6.2	3.2
销售率（台/户）	0.04	0.036	0.039	0.038

（2）根据企业资金条件与市场调查难易程度选择某一市场进行抽样调查，测算该市场 2008 年的市场需求。假设选择 X_1 进行市场抽样调查，经调查得到如下资

料：X_1市场2008年每100户家庭对空调的需求量为8台，即需求率为0.08。那么，$X_1$2008年空调市场需求量为：

$$0.08\times50\ 000=4\ 000\text{（台）}$$

（3）根据$X_1$2008年的市场需求率测算其他三个城市2008年的市场需求率。

由表4—5可知，各城市市场2007年实际销售量的差异较大，除前述影响需求因素之外，城市居民家庭户数也有很大影响。为消除各城市居民家庭户数对销售量的影响，可以用销售率反映各城市的消费水平。即

$$\text{销售率}=\frac{\text{实际销售量}}{\text{居民家庭数}}$$

2007年各城市的空调销售率计算如表4—5所示。各地市场销售率的差异可以近似地反映各市场之间需求水平的差异，这样，两城市销售率之比近似其需求率之比。假设四城市的销售率分别为C_1，C_2，C_3，C_4，需求率分别为D_1，D_2，D_3，D_4。经分析认为，2008年四城市的空调销售情况基本与2007年持平，那么我们可以用2007年四城市的销售资料求出的销售率和2008年X_1调查结果得到的需求率资料来联测X_2，X_3，X_4三城市2008年空调需求率。计算公式为：

$$D_j\approx\frac{C_j\cdot D_1}{C_1},\ j=2,\ 3,\ 4$$

得

$$D_2=\frac{C_2\cdot D_1}{C_1}=\frac{0.036\times0.08}{0.04}=0.072$$

$$D_3=\frac{C_3\cdot D_1}{C_1}=\frac{0.039\times0.08}{0.04}=0.078$$

$$D_4=\frac{C_4\cdot D_1}{C_1}=\frac{0.038\times0.08}{0.04}=0.076$$

由各城市需求率就能推算出各城市市场需求量。即

X_1市场需求量$=0.08\times50\ 000=4\ 000$（台）

X_2市场需求量$=0.072\times45\ 000=3\ 240$（台）

X_3市场需求量$=0.078\times62\ 000=4\ 836$（台）

X_4市场需求量$=0.076\times32\ 000=2\ 432$（台）

以上就是在对四个城市空调需求因素基本分析判断所提出的一些假设的基础上，根据X_1的市场调查资料而联测出其他市场的需求率，进而得出需求预测值。当然，对每个市场空调的规格、型号、档次的预测，则需要进一步调查后作出分析判断。

四、购买者意向调查法

关于销售潜力的一些指标可从顾客那里得到，最简单的方法就是向消费者提出问题，询问其购买意图和购买概率。在满足以下三个条件的情况下，购买者意向调

查法比较有效：

（1）购买者的购买意向是明确清晰的。

（2）这种意向会转化为顾客购买行动。

（3）购买者愿意把其意向告诉调查者。

研究表明，购买意向量表能很好地预示经常性购买产品和耐用消费品的选择情况。这种量表很容易制作，而且只要求应答者对他们购买一件新产品的可能性做一个主观判断。询问工具如表 4—6 和表 4—7 所示。

表 4—6　　购买者意图调查问卷

如果 29 英寸彩色电视机的售价是 1 500 元，而且在你周围可以购买到，你将： ——肯定买一台 ——可能买 ——可能不买 ——肯定不买

表 4—7　　购买者购买概率调查问卷

如果 29 英寸彩色电视机的售价是 1 500 元，而且在你周围可以购买到，你选择买一台的概率： ——肯定会买（99%） ——基本上会买（90%） ——很可能买（80%） ——比较可能买（70%） ——可能购买（60%） ——可能不买（50%） ——有可能买（40%） ——有可能不买（30%） ——也许会买（20%） ——也许不买（10%） ——几乎不可能会买（1%）

两种量表得到的结果可以根据经验互相转化。显然，回答肯定会买的人不一定会这么做。事实上，有少数回答肯定不会买的人反而购买了产品。假设以历史追踪调查为基础，调查者就可以得到几条有关产品的信息：

回答“肯定会买”的人中有 63%在 12 个月内实际购买了产品；

回答“可能会买”的人中有 28%在 12 个月内实际购买了产品；

回答“可能不买”的人中有 12%在 12 个月内实际购买了产品；

回答“肯定不买”的人中有 3%在 12 个月内实际购买了产品。

假设 29 英寸彩色电视机的调查结果如下：

肯定买一台 40%　　可能买 20%　　可能不买 30%　　肯定不买 10%

假设样本在市场尚具有代表性，那么

$$0.4\times63\%+0.2\times28\%+0.3\times12\%+0.1\times3\%=34.7\%$$

如果具有历史资料，上面的等式很容易得出，但通常没有历史资料可以作为依据。存在一些数学模型，根据购买者意图与实际购买率之间的相关关系在已知购买者意图的情况下估计实际购买率。由于模型复杂，这里不作介绍。对购买者意图与实际购买率一个可能且保守的估计是："肯定会买"的人的70%、"可能会买"的人的35%、"可能不买"的人的10%、"肯定不会买"的人的0%。如果该产品是工业品，比例会更高些。

第四节 转导法与类比法

转导法与类比法都是利用间接资料，经过分析、类比、判断，了解市场发展前景，测算预测值的方法。

一、转导法

转导法又称经济指标法，是根据政府公布的或调查所得的经济预测指标，转导推算出预测结果的市场预测方法。如以人口出生率预测婴儿奶粉的销售量。

转导法适用于市场无异常变化的情况下进行预测，简便易行，节约费用，时效性高。

转导法也称连续比率法，以间接调查所得的某项经济指标预测值为基础，依据该指标与预测目标间相关比率的资料，转导出预测值。这种方法在市场预测中广泛采用。转导法预测模型为：

$$\hat{Y}=G\ (1\pm k)\cdot \S 1,\ \S 2,\ \cdots,\ \S n$$

式中，$\hat{Y}$为预测目标下期预测值；G为本期某参考经济指标观察值；k为参考经济指标下期增或减的比率；§1，§2，…，§n为预测目标与参考经济指标间客观存在的相关经济联系的比率系数；n为相关经济联系的层次数。

例4—6

某服装商店经营各类服装，现在要预测商店儿童服装2008年在当地市场的销售额。进行预测时，可按以下步骤进行。

（1）取得有关的间接资料。首先，通过政府公布的资料，收集当地市场2007年的商品零售总额及与2007年比2008年的增长速度。假设当地市场2007年的商品零售总额为85亿元，2008年的增长速度为8%。然后，经过调查，收集当地服装市场占地区零售总额的比重、该商店经营服装在当地服装市场中的市场占有率和该商店的儿童服装占商店服装销售额的比重等资料，假设分别为10%，3%和20%。

（2）将收集的资料代入转导预测模型，便可计算出2008年该商店在当地市场儿童服装的销售额预测值为550.8万元。即

$$\begin{aligned}\hat{Y}&=[8\ 500\ 000\ 000\times(1+8\%)]\times 0.10\times 0.03\times 0.2\\&=550.8\ (\text{万元})\end{aligned}$$

（3）对市场进行分析。550.8万元仅仅是企业在当地市场上儿童服装的销售总

额预计值。为了使销售计划更符合实际，还需要对市场进行分析。首先，要分析当地儿童服装市场上的竞争情况，对自己及主要竞争对手在市场上的竞争实力及企业市场占有率的变化要做到心中有数；其次，要分析儿童服装市场需求变化情况，如服装的式样、规格、面料质量与花色等的需求倾向变化情况，同时还要对80%以上的消费者能够接受的价格水平进行预测；最后，分析企业采取何种促销手段，使消费者更容易接受。根据以上分析，就能对下年度当地市场儿童服装销售总量做一个明确的预测结论。

二、类比法

类比法是遵循类比原则，把预测目标与其同类的或相似的先行事物加以对比分析，来推断预测目标未来发展趋向与可能水平的一种预测方法。类比法应用形式很多，如由点推算面，由局部类推整体，由类似产品类推新产品，由相似国外市场类推国内市场，等等。类比法一般适用于开拓新市场；预测潜在购买力和需求量；预测新商品长期的销售变化规律等。它适合于中长期的预测。

（1）由点到面的类比。这是广泛适用于一般消费品和耐用消费品的需求量预测。比如，通过典型调查或抽样调查，某市彩电年销售率为4%（即销售数与百户居民数之比，也就是每百户居民中有4户购买），以此销售率来推算其他城市。

例4—7 ☞

某市2005—2008年电冰箱的销售率平均为4.5%，用类比法预测某省八个城市180万户家庭2009年电冰箱的销售量。计算如下：

180×4.5%=8.1（万台）

计算结果表明，某省八个城市2009年将向180万户家庭销售电冰箱8.1万台。

许多消费品的需求量可以采用由点到面或由部分到全部的类比推算预测法求得短近期预测值。

（2）以国外同类产品市场发展趋势来预测。

（3）以国外同类产品销售趋势来预测。这种推算方法是把所要预测的产品市场同国外同类产品市场的发展过程或变动趋向相比较，找出某些共同的变化规律，用来推测目标的未来变化趋向。比如，可以参照国外某些产品更新换代过程的时间及条件来分析预测我国同类产品的更新换代时间。

例如，日本吸尘器市场发展过程中，1966年，日本人均国民收入达到1 000美元，1970年吸尘器普及率达到68.3%。我国和日本同属东方国家，生活习惯也相近，在20世纪80年代初步形成了一定的吸尘器市场需求，考虑在20世纪末人均国民收入可以达到1 000美元，为此，以日本1970年的吸尘器普及率为我国2000年吸尘器普及率的预测值，以1982年我国居民吸尘器普及率0.15%为起点，再参照日本吸尘器市场1970年之前普及率发展的不同阶段，我们将1982—2000年发展过程相应地划分为两个不同阶段：1983—1990年和1991—2000年。类推出两个不同阶段的普及率增长量分别为3%和6%。先计算出1983—2000年每年的普及率，再考虑每年的全国居民户数，就可测算出吸尘器市场每年的需求量。

（4）以国内相近产品类推新产品。这种对比类推往往用于新产品开发预测，以相近产品的发展变化情况来类比预测某种新产品的发展方向和变化趋势。可以举几个例子加以说明：有的日用化工厂为了发展新产品，根据市场调查了解到牙膏生产与销售和糖果有类似之处，它们都需要放入口内，因此，都有一个如何选择色香味的问题。过去人们喜欢吃水果糖，日用化工厂生产了果香型牙膏，如留兰香型、橘子香型牙膏等；在国外，男女老幼都喜欢吃各式巧克力，因此，牙膏也制成巧克力香型，取名叫"爱的可乐"，结果销路很好，青年人尤其喜欢使用。

以上实例表明，用相似产品类推新产品往往可以收到意想不到的效果，其应用范围也日益广泛。例如，人参酒是由酒发展到营养酒和药酒的新品种；许多牙膏也开发了药物牙膏以防治牙病。由此可见，把类比法用于新产品的市场预测，是一种常用且有效的预测方法。类比法广泛应用于产品生命周期的分析预测，新产品的分析预测，某些产品中长期销售量预测以及由点到面、由局部到整体的预测，等等。

第五节　预警分析法

进行市场预测，不仅要注意微观经济活动的变化，而且要注意宏观经济形势的变化对市场的影响，特别要注意经济周期变动对市场的影响。经济周期系指经济活动不断经历"低谷—扩张—高峰—收缩—低谷……"的循环周期性波动。

从国民经济整体上考察经济波动周期的特征，需要以对各主要经济变量周期波动特征的描述（称特定经济变量循环分析）为基础，进而考察国民经济整体循环波动的特征（称循环分析）。循环波动是诸多经济变量综合表现出来的循环特征，它反映各经济变量循环特征的共性部分，具有平均的意义。预警分析是以多个经济变量构成预警指标体系，以期预先发出警告信号，了解市场行情波动前景，据以指导宏观管理与微观管理决策。

一、预警指标体系

预警依赖监测，监测离不开指标。指标的经济内容是经济发展过程中变量的数量特征及经济变量之间的数量关系特征。经济过程种类繁多，关系复杂，不可能一一进行观察监测，往往只观察监测有助于人们把握总体经济运行特征，能反映国民经济运行特征的变量指标。这些指标波动与经济循环周期波动在时间上通常有领先、同步和落后三种现象，因此，预警指标体系通常包括反映经济周期循环波动的经济循环变量，有先期指标、同步指标和滞后指标。

（一）先期指标

先期指标是指其循环转折变化出现的时间稳定地领先于经济景气循环相应转折变化的经济指标。这类指标是预警指标体系的主体，它的变动对市场行情变动始终起预报或示警作用。例如，订单、库存变动、建筑合同与许可、原料批发价格指数（不含粮食与饲料）等这些指标与经济景气行情的关系是不难理解的，它们反映了对经济活动提前几个月作出的决策或承诺，而经济决策的效果需要一定时间才出现。可见，先期指标只是由于对周期变动的反应更为敏感，先于反映周期变动的总体经济行为，因此具有预兆意义。

（二）同步指标

同步指标是指其循环转折变化的时间与经济景气循环转折变化几乎同时出现（误差不超过 2 个月）的经济指标。这类指标是总体经济行为的衡量标志，如国民生产总值、工业生产、个人收入、制造业和商业销售等。这些指标的上升和下降，差不多与经济循环景气一致，它显示一般经济的进展情况，在预警分析中可用它们描述当前经济过程所处的景气状态，同时通过这类指标和先期指标在转折点上的时差，可由先期指标的转折点预示出同步指标何时出现相关的转折点。

（三）滞后指标

滞后指标是指其循环转折变动出现的时间稳定地落后于经济景气循环变动的相应转折点（约 3 个月以上，半个周期以内）的经济指标，如单位产品劳动成本、抵押贷款利息率、商业库存、未清偿债务等。这些指标在经济意义上可作为过剩和失衡的标志，在预警分析中，其作用在于检验宏观经济波动过程是否确已超过某个转折点，进入了另一景气状态。

选择哪些指标作为预警分析的指标体系预示市场行情波动，可由理论分析和经验观测两种方式确定。通过对历史资料的分析，可以寻找并发现各种指标对经济周期反映在时间上的先期、同步、滞后的关系，从中选择有代表性的、具有明显规律的指标，按其先期、大体同步或滞后于经济周期转折点而发生变动的重复性和规则性，根据相关关系来预测未来的经济变动。

二、先期指标用于预测

经济景气周期性波动决定了再生产具体发展过程的周期性变化，反映具体发展过程的各类经济指标在周期变化中形成的时间上的关联次序，使一些指标领先。先期指标在景气行情的周期性变化中在时间上领先，显然不能由这种时态现象中的领先滞后关系取代本质的因果关系。市场行情研究很大程度上是直接考察经济景气状态周期规律的时态，因此，将由于周期规律的作用而在再生产具体发展过程中出现的先期指标，用来做短期行情分析和预测以及经济环境的研究是有意义的。在许多情况下，企业也可研究并发现一些经济指标同本企业销售的领先和滞后关系，从而建立一些领先指标预估本企业经营活动。

预警分析旨在为宏观经济管理和微观经济管理提供信息依据。它的特点是以月度或季度统计数据为基础，以短期变动明显的经济变量为分析对象；在足够长的领先时间作出预报，以便有足够的时间酝酿调整措施和组织实施。因而，合理地选定先期指标系列是预警分析的关键。通常人们在认识马克思主义再生产理论所提供的逻辑关系和社会主义市场经济条件下经济变量的关系的前提下，结合现行统计制度，先解决单个先期指标的选择，再解决先期指标系列的合理组合问题。

（一）从企业决策形成角度选择先期指标

社会主义市场经济条件下，企业拥有决策自主权。企业的决策受市场信号的指导，形成决策付诸实施后，会反作用于市场。就企业投资决策而言，企业决策与经济增长波动的逻辑关系表现为：企业根据市场情况、盈利前景和自身存货量来调整投资行为，企业投资的变动导致企业固定资产投资、原材料储备、产成品存货的变动，进而影响市场存货变动、社会投资总量变动、社会总产值变动、资金供求状况变动、瓶颈障碍变动、投资利润率变动，这些变动又影响企业投资决策。在从企业决策到宏观经济波动的相互影响中，必然存在价格的变化、存货的变化以及与利润率相对的成本等的变化。为此，从企业决策角度看先期指标应该包括：

（1）对企业决策有指导性的价格指数。包括生产者价格指数；主要原材料、燃料、动力购进价格指数；消费品零售价格总指数。

（2）反映在价格信号指导下的企业决策进而影响其后阶段产量的存货变动指标。包括工业企业产成品库存额和工业企业原材料、燃料库存额。

（3）影响企业产量的产品单位成本指数。

（二）从企业生产条件角度选择先行指标

生产条件包括劳动力、固定资产和流动资金等。

（1）反映生产中劳动力投入的指标。国外有采用制造业加班加点时间的，有采用制造业生产工人平均工作周数的。在我国，有人提出采用后者，但也有人认为目前尚无实证分析说明我国制造业的劳动投入先行于经济波动，再说，在生产中劳动投入的数量和质量变动同产出水平变动在逻辑关系上基本是同时的。选用劳动力投入指标作为生产条件先期指标要慎重。

（2）反映固定资产投资状况的指标。从我国几十年经济发展的实践看，投资是经济发展的主要推动力，即经济的高速增长主要依靠固定资产和劳动量的投入来维持。经济增长中出现的波动绝大多数来自投资与积累量的变动。固定资产投资来自国家投资和企业自筹投资，其中企业自筹投资的多少又取决于企业经济活动结果和投资环境，显然投资环境先行于经济产量变动，因此，反映固定资产投资状况的先期指标应是国家投资额和资金利润率。

（3）反映工业企业流动资金占用状况的指标。主要有企业流动资金占用，包括劳动报酬、原材料、燃料储备、在制品、半成品库存和产成品库存等方面的占用。严格地讲，应该分别考虑各方面占用与经济波动的逻辑关系，选定先期指标。考虑到这些占用变动中，原材料、燃料储备占用变动幅度大，且在逻辑上先行于经济循环波动，因此，一般仍选用工业企业流动资金占用指标为先期指标。

（三）从企业环境约束角度选择先期指标

企业环境约束来自能源、原材料、货物运输、商业、金融等方面，可以考虑选择的先期指标有：能源方面，一次能源生产量、发电量；主要原材料方面，钢材、线材、水泥、木材等产量；货物运输方面，铁路货运量与货物周转量、水路货运量与货物周转量；商业方面，国内工业品纯采购量、期末库存额、国内纯销售量；金融方面，居民储蓄存款、工业贷款、商业贷款、物资供销款、现金流通量、货币流通量、存款准备金。

综上所述，先期指标选择应该符合经济上的合理性、统计上的充分性和实际运行与经济周期时序关系的确定性等原则。即通过市场调查，按照指标过去与当前情况和经济的重要性，有可能证明它们在预示和识别市场经济周期的复苏和衰退时是有用的。为了提高预测的有用性，无论做什么判断，都必须根据相当数量的先期指标统计数据的情况。为此，在预警分析中，对先期指标系列观察结果要进行剔除与修正，调整季节变动影响，以此反映变量稳定关系，然后利用先期指标系列的变量变化估计下期经济运行状况，对其所属的景气状况作出预报。

用先期指标进行预测也存在某些局限性：

（1）先期指标一般可预示行情的转折点，但至多只能指示未来变动方向，对变化幅度难以揭示。

（2）先期指标只是时态上的领先，它只能成为行情上升或下降的先兆，不一定就是经济周期变动的信号，因为影响行情变化的不仅有周期性因素，还有许多非周期性因素，先期指标的变动往往是两类因素共同作用的结果。

（3）个别先期指标波动频繁，甚至会发生偏离，使观察分析产生困难。用指数将主要先期指标综合化可以减少观察困难，而综合指数是运用数学方法的结果，用何种方法编制指数会有一定的主观分析带来的任意性。

三、扩散指数法

扩散指数法是依据综合性的循环指标扩散指数所提供的预警信号进行经济循环波动的预警。该方法把整个经济循环波动过程区分为景气区与不景气区，依据扩散指数来判断一定时期经济活动所处的循环阶段。该方法预见的时间较短，通常在半年以内，预见的精度也较粗，只能预示市场经济活动何时进入景气区运行，何时走出景气区步入不景气区。

扩散指标（DI）是指一定时间内循环指标呈上升（扩张）的指标占观察全体同类指标的百分数。在预警分析中，通常要分别计算先期指标扩散指数、同步指标扩散指数和滞后指标扩散指数。在实际应用中，先期指标扩散指数为预警信号，依据它来判断未来市场的景气情况；同步指标扩散指数和滞后指标扩散指数是检验所定时间预警信号真伪的依据。

先期指标扩散指数计算要点为：预先选择一批先期指标，记下总数 C；分析这些先期指标在一定时间内的变化趋势，某指标在某个月与前一个月（或前几个月，取决于编制方法）相比，如果增加记一个“＋”号，如果持平记 0.5 个“＋”号，否则不记“＋”号；求出相同时间呈上升和持平变化的“＋”号之总数为 A；用 A 除以 C，并转换成百分数，就是先期指标扩散指数。

扩散指数的数值范围为 0～100％。扩散指数为 50％表示总体经济中扩张和收缩力量均等，无升降变化；扩散指数为 50％～100％为景气区；扩散指数为0～50％为非景气区。扩散指数同经济循环波动的关系如图 4—2 所示。

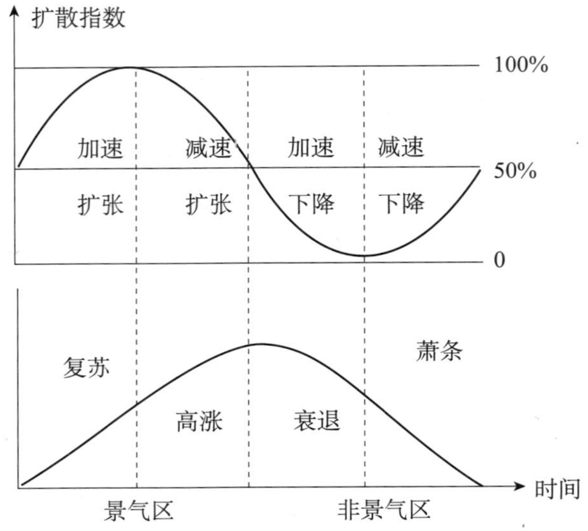

图 4—2　扩散指数与经济循环波动的关系

由图 4—2 可以看出，当持续计算各时期的扩散指数时，就形成一个扩散指数的时间序列。从扩散指数序列中可以看到，扩散指数从上向下变化穿过 50％时，经济循环达到高峰；扩散指数从下向上变化穿过 50％时，经济循环达到谷底。因此，通过扩散指数来判断一定时间内经济活动的发展方向，提供有关行情循环转折的信息是具有一定可行性的。其不足之处是用扩散指数反映总体经济循环波动时，各个指标在总体经济波动中的重要性视为相同，如果此前提不能得到较好满足，会使预示转折点信息产生偏差。此外，它也不能反映循环波动的强度，不便于预测未来市场的繁荣或衰退程度。因此，宏观经济预警分析还可以采用综合指数景气法、景气警告指标法和短期计量经济模型法。

先期指标预测法和扩散指数法的优点是简单易行，缺点是把各种指标看做时间的函数，而没有分析指标之间的相互关系，对经济周期分析并不深入，是凭借经验进行的一种定性预测，可以预测经济周期转折与市场发展转折等，不能用来对经济指标进行定量预测。

第六节　应用案例

在实际中，往往是多种方法一起应用，或对某种方法根据实际情况进行改进，才能取得比较好的效果。

例如，奥伯梅尔公司是美国流行滑雪服市场上的主要供应商。它的产品是由远东、欧洲、加勒比海地区以及美国的一些企业加工的。该公司几乎所有的产品每年都要重新设计，以适应款式、面料和颜色的变化。直到 20 世纪 80 年代中期，该公司的设计和销售周期都是相对简单的，包括设计产品，生产样品，3 月份向零售商展示样品；接受零售商订货后，在 3、4 月份接受供应商订货；10 月份在奥伯梅尔公司的配送中心收货，然后立即向零售商店送货。这种方法有效地运用了 30 多年。加工合同是以确认的订单为依据签订的，而秋季交货又为有效的生产提供了充分的时间。

然而，80 年代中期，这种方法不再有效。首先，随着销售量增加，公司在生产高峰期生产能力受到制约。在夏季关键的几个月中，它无法从高质量的滑雪服加工厂预订到足够的生产能力，以保证加工出满足全部订货要求的产品。结果，它只得根据对零售商订货的预测，在上一年的 11 月份，或者在商品销售之前大约一年，就开始预订加工能力。

其次，降低生产成本和增加产品品种的压力迫切要求公司建立更加复杂的供应链。为了克服供应链变长、供应商能力限制以及零售商要求尽早交货的困难，奥伯梅尔公司采用各种方法来缩短交货期。然而，这些努力并未解决缺货和不断降价的问题。公司生产仍有约一半是根据需求预测安排的，在生产高度复杂多变的时尚产品行业，这是很大的冒险。奥伯梅尔公司依靠一个由其各个职能部门经理组成的专家小组，对公司每一种产品的需求进行一致性预测，但是这项活动并不特别有效。例如，在 1991—1992 年度销售期，有几款女式风雪大衣比原先的预测多销 200%，同时，其他款式的销售量比预计销售量低 15%。

为了改进预测，奥伯梅尔公司责成专人来考察这些问题，提出了“正确响应”（accurate response）的方法。他们认识到，问题在于公司不能预测人们将买什么。生产风雪大衣的决策，实质上是就“风雪大衣会有销路”这一判断在打赌。为了规避这种风险，必须寻求一种方法来确定在“早期订货”之前生产哪些产品是最安全的，哪些产品应该延期到从“早期订货”收集到可资利用的信息后再生产。

同时，他们发现，专家小组的初步预测尽管有些是不符合实际的，但约有一半是相当准确的，与实际销售量的误差不到 10%。为了在获得实际订货之前确定哪些预测可能是准确的，他们考察了专家小组的工作方式。专家小组传统上是对每种款式和颜色都通过广泛的讨论达成一致性预测。于是，该公司对德尔菲法进行改进。公司决定请专家小组的每一位成员对每种款式和颜色作出独立预测。采用这种方法，个人要对自己的预测负责。

这种改革非常有价值。首先，一致性预测往往并非真正意义上的一致。小组中的主要成员，如资深经理，常常过度地影响集体预测的结果，如果每个人都必须提出自己的预测，就可消除这种过度的影响；其次，新方法有利于对预测结果进行统计处理，以得出更精确的预测结果。

通过独立预测过程确实获得了重要发现。例如，虽然对两种款式大衣预测的平均趋势可能是一样的，但个人预测值的离中趋势却截然不同。每个人对 Pandro 大衣的预测值都接近平均值，而对 Entice 宽松大衣的预测值却是分散的，因此，对 Pandro 大衣的预测可能比对 Entice 宽松大衣的预测更可靠。1992—1993 年度销售期末，公司验证了上述假设——当专家小组每位成员所作的预测相类似时，所获得的一致性预测将趋于精确。因此，利用个人预测之间的差异，可以有效地估计预测精度。

对于如何处理需求不可预测的品种，公司也获得了重要发现，即尽管零售商需求是不可预测的，使精确预测成为不可能，但是奥伯梅尔公司零售商的总体购买模式却惊人地相似。例如，只要根据最初 20%的订货来修正专家小组的预测，预测精度就能显著提高。随着订货的增加，预测精度会不断改善。

接着，他们开始着手设计一种能够识别和利用上述信息的生产计划方法。设计这种方法的关键是要认识到，在销售初期，当公司还未接到订货时，所预订的加工能力是“非反应性”的，即生产决策完全是根据预测而不是实际市场需求作出的。以“早期订货程序”为起点，随着订货信息的渗入，所确定的加工能力变得具有“反应性”了，这时公司可以根据市场信息提高预测精度，从而作出生产决策。

最后要重视由于预测失误所造成的机会损失。预测失误将导致库存过少或过多。库存过少导致缺货可能失去潜在的顾客，造成销售额损失；库存过多可能导致不得不降价促销，减少企业的利润。因此，必须估计缺货和降价所造成的损失。我国企业通常缺乏这方面的信息，特别是由于缺货所造成的销售额损失的信息。然而，估计销售额损失是非常重要的，即使粗略的估计也十分有用。美国的狄拉德百货公司提供了一个很好的范例。当顾客在该公司的一家商店没有买到所需的商品时，公司就从另一家商店把商品邮寄给顾客，而且不增加额外的费用。公司起初的目的只是改进顾客服务，从而增加销售额，然而，它却附带得到了一个重要的收获——更好地了解每一家商店的真实需求，从而能更好地估计销售额损失和预测需求。

奥伯梅尔公司属于极为依赖市场预测的公司，其预测实践体现了以目标为导向的预测思路。它的预测过程给我们以下几点启示：

（1）正确认识所面对的预测问题。找对需要预测的问题是预测的关键，错误的预测目的将会带来巨大的机会损失。奥伯梅尔公司的预测目的从预测现有品种的销售量转变为首先预测消费者的品种要求，使其预测与生产过程都更为有的放矢。

（2）根据自身情况对预测方法加以改进。预测方法只是一种思路，体现的是获取预测的一种途径。一种方法只有在与具体预测环境相结合的时候才具有活力，同时，合理地将几种方法联合使用，将产生意想不到的效果。

（3）考虑预测错误产生的机会成本。预测错误是每次预测都要尽力避免的，但对发生预测错误的结果有充足的估计无疑会降低它带来的危害。狄拉德百货公司在这一点上无疑技高一筹，它的预测策略不但弥补了预测失误带来的机会损失，还为下一轮预测提供了翔实有用的资料。

练习题

1. 用课本中介绍的方法，提出一个关于新产品潜在消费量的专家会议计划。具体说明会议的目标、步骤，试着写出主持人的提纲。

2. 你准备以注重营养的大学生为目标受试者，为一种新型快餐食品做市场测试。你将如何选择产品的测试市场？你可能选择什么样的城市？为什么选择这些城市？

3. 试利用转导法原理写出预测某地家电市场销售额时需要考虑的因素。

4. 集合意见法的预测步骤是什么？

5. 某百货商店为预测下年度商店销售额，召开有关人员的预测会议。与会者对下年度的预测意见及相应权数分配如下表所示。试用加权平均法计算综合预测值。

参加人员	最高状态		一般状态		最低状态		权数
	销售额（万元）	概率	销售额（万元）	概率	销售额（万元）	概率	
经理	1 500	0.6			1 250	0.4	3
副经理	1 400	0.3	1 300	0.5	1 200	0.2	2.5
业务科长	1 500	0.2	1 400	0.6	1 300	0.2	1
计划科长	1 600	0.2	1 450	0.6	1 350	0.2	1
财务科长	1 300	0.3	1 200	0.5	1 100	0.2	2.5

6. 若用专家小组法预测某年我国家用空调的普及率水平，请回答以下问题：

(1) 挑选什么样的专家？打算挑选多少？

(2) 设计一份征询意见表。

(3) 准备怎样处理专家意见？

7. 比较专家会议法与专家小组法。

8. 某零售企业拟用转导法预测下年度女式皮鞋销售额，说明你采用的转导法测试公式。

9. 何谓先期指标、同步指标和滞后指标？你能列举出哪些经济指标为先期指标？

10. 先期指标扩散指数如何计算？解释先期指标扩散指数与经济循环波动的关系。

11. 已知几个先期指标的时间序列前后数值的增减变化资料如下表所示。“＋”表示某指标在该单位时间与前一单位时间相比为增加，“－”为减少，“○”为持平。请回答下列问题：

(1) 求出下表 3 个单位时间序列的扩散指数。

(2) 画出扩散指数的图形。

（3）指出相对应经济循环周期的峰点和谷点。

（4）经济循环周期长度是多少个时间单位？

时间序号＼指标	1	2	3	4	5	6	7	8	9	10	11	12
1	+	+	+	−	−	+	+	+	+	−	−	+
2	+	+	−	+	+	−	−	+	+	+	−	−
3	−	+	+	○	○	−	−	+	○	○	−	−
4	−	+	+	+	−	−	−	+	−	−	−	−
5	○	○	+	−	−	+	+	+	+	+	+	+
6	−	−	+	−	−	−	+	+	+	+	−	−

12. 解释下列名词：专家意见法、类比法、预警分析、扩散指数、经济周期、联测法。

第5章

时间序列分析法

第一节　时间序列分析法的特点和步骤

时间序列是指将市场现象的统计指标数值，按时间先后顺序排列而成的数列。时间序列分析法是通过对时间序列的分析和研究，运用科学方法建立预测模型，使市场现象的数量向未来延伸，预测市场现象未来的发展变化趋势，确定市场预测值。因此，时间序列分析法也称历史延伸法或趋势外推法。

运用时间序列法进行预测，必须以准确、完整的时间序列数据为前提。为了让时间序列中的各个数值正确地反映研究预测对象的发展规律，各数值间应具有可比性。编制时间序列时的基本原则有：总体范围一致；代表的时间单位一致；指标的经济意义一致，统计数值的计算方法和计量单位一致。

对时间序列可比性的要求也不能绝对化，有些情况下资料受限，但也要达到大体可比，这样的时间序列才有做预测分析的价值。

时间序列分析法具有以下特点：

一、时间序列分析法是根据市场过去的变化趋势预测未来的发展，它的前提是假定事物的过去会同样延续到未来

事物的现实是历史发展的结果，而事物的未来又是现实的延伸，事物的过去和未来是有联系的。市场预测的时间序列分析法，正是根据客观事物发展的这种连续性，运用过去的历史数据，通过统计分析，进一步推测市场未来的发展趋势。

同时，市场的未来发展变化趋势要受多种因素的影响，而这些影响因素又在不断发展变化，因此市场的未来发展也不可能是历史的简单重复。在时间序列市

场预测中，绝不能机械地按市场现象过去和现在的规律向未来延伸，必须研究分析市场现象变化的新特点，并且将这些新特点充分考虑在预测值内，这样才能对市场现象作出既延续其历史变化规律，又符合其现实表现的可靠的预测结果。

正是由于时间序列分析法的这一特点，一般来说，它比较适用于短期和近期市场预测。应用时间序列法做中长期市场预测，则需要考虑得更周到，只有当肯定市场现象在中长期内发展变化的规律与其过去和现在基本一致，或对预测期现象的新特点能确定的条件下，才能应用，否则有可能会因预测值偏离实际较大而使决策失误。

二、时间序列数据变动存在着规律性与不规律性

市场现象的时间序列观察值是影响市场变化的各种因素共同作用的结果。在诸多影响因素中，有些对事物的发展起着长期的、决定性的作用，使事物的发展呈现某种趋势并且存在一定的规律性；有些则对事物的发展起着短期的、非决定性的作用，使事物的发展呈现某种不规律性。

传统的时间序列分析法把影响市场现象变动的各因素，按其特点和综合影响结果分为四种因素，即长期趋势变动、季节变动、循环变动、不规则变动。

（一）长期趋势变动（T）

长期趋势是时间序列的主要构成要素，它是指现象在较长时期内持续发展变化的一种趋势。它表示时间序列中数据不是由于意外的冲击因素所引起的，而是随着时间的推移逐渐发生的变动。经济现象的长期趋势一旦形成，总能持续相当长的时期。

长期趋势描述了一定时期内经济关系或市场活动中持续的潜在稳定性，即它反映观察目标（预测目标）所存在的基本增长趋向、基本下降趋向或平稳发展趋向的模式。例如，工农业生产的发展、国民生产总值、收入水平、社会商品零售总额等的逐渐增长模式。这种逐渐增长趋势模式，如果其过去的社会经济状况在将来仍继续保持不变的假设成立，那么就可以试着延长这个趋势模式，从而得到未来观察期长期趋势变动的结果。

（二）季节变动（S）

季节变动一般是指市场现象由于受自然因素和生产生活条件的影响，在一年内随着季节的更换而引起的比较有规律的变动。

季节变动中的“季节”一词是广义的，它不仅仅指一年中的四季，而且指任何一种周期性的变化。在现实生活中，季节变动是一种极为普遍的现象，它是诸如气候条件、节假日或人们的风俗习惯等各种因素作用的结果。农业生产、交通运输、建筑业、旅游业、商品销售以及工业生产中都有明显的季节变动规律。

（三）循环变动（C）

循环变动是近乎规律性的周而复始的变动，它表现为整个市场经济活动水平周期性的但非定期的不断变动。

循环变动不同于趋势变动，它不是朝着单一方向的持续运动，而是涨落相间的交替波动，且变化幅度可大可小；它也不同于季节变动，季节变动有比较固定的规律，且变动周期多为 1 年，而循环变动则无固定规律，变动周期多在 1 年以上，且周期长短不一。

（四）不规则变动（I）

不规则变动是指时间序列数据在短期内由于偶然因素而引起的无规律的变动。这种不规则变动的时间序列往往是由一些突发事件引起的，例如，战争、自然灾害、政治的或社会的动乱等偶然因素所导致的不规则变动。对于这些因素的影响，预测者虽然可以辨别，但对其发生的时间和影响程度却难以确定。

上述各类影响因素的作用，带来历史的时间序列数据的变化，有的具有规律性，如长期趋势变动和季节性变动；有的不具有规律性，如不规则变动（偶然变动），以及循环变动（从较长时期来观察也有一定的规律性，但短期内的变动又是不规律的）。把这些影响因素同时间序列的关系用一定的数学关系式表示出来，就构成了时间序列的分解模型。

按四种因素对时间序列的影响方式不同，时间序列可分解为多种模型，如乘法模型、加法模型、混合模型等。其中最常用的是乘法模型，其表现形式为：

$$Y_i = T_i \times S_i \times C_i \times I_i$$

乘法模型的基本假设是，四个因素由不同的原因形成，但相互之间存在一定的关系，因此时间序列中各观察值表现为各种因素的乘积。利用乘法模型可以将四个因素根据实际需要很容易地从时间序列中分离出来，因而乘法模型在时间序列分析中广泛应用。

三、时间序列法撇开市场发展的因果关系去分析市场的过去和未来的联系

市场对象的发展变化是受很多因素影响的，运用时间序列分析法进行预测，实际上是将所有的影响因素归结到时间这一因素上，只承认所有影响因素的综合作用，并认为在未来对预测对象仍然起作用，而未去分析探讨预测对象和影响因素之间的因果关系。

因此，为了求得能反映市场未来发展变化的精确预测值，在运用时间序列分析法进行预测时，必须将定量的分析方法和定性的分析方法结合起来，用定性的方法充分研究各种因素与市场的关系，在充分分析研究影响市场变化的各种因素的基础上确定预测值。

时间序列市场预测法的步骤为：

（1）收集、整理市场现象的历史资料，编制时间序列，并根据时间序列绘制图形。

（2）对时间序列进行初步分析。

（3）选择预测方法，建立预测模型。

（4）测算预测误差，并结合定性分析，最终确定预测值误差为：

$$e_i = Y_i - \hat{Y}_i$$

式中，Y_i 为预测对象的第 i 个实际观察值；$\hat{Y}_i$ 为由预测模型得到的相应的估计值。标准的预测误差的度量主要有绝对度量和相对度量两种类型（见图 5—1）。

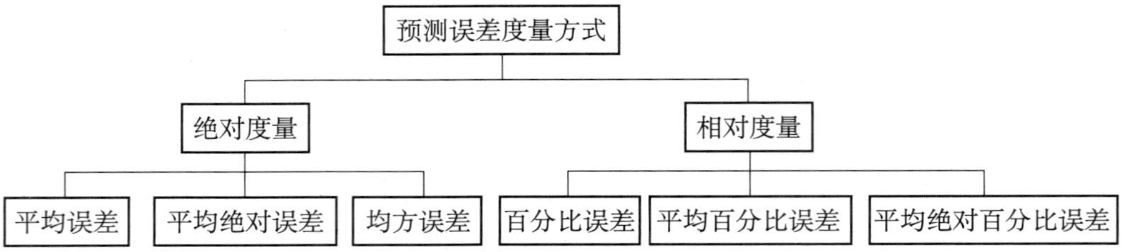

图 5—1　预测误差类型结构

（一）绝对度量

1. 平均误差

$$ME = \frac{1}{n}\sum_{i=1}^{n} e_i \tag{5.1.1}$$

2. 平均绝对误差

$$MAE = \frac{\sum_{i=1}^{n} |e_i|}{n} \tag{5.1.2}$$

3. 均方误差

$$MSE = \frac{\sum_{i=1}^{n} e_i^2}{n} \tag{5.1.3}$$

（二）相对度量

1. 百分比误差

$$PE_i = \frac{Y_i - \hat{Y}_i}{Y_i} \times 100\% \tag{5.1.4}$$

2. 平均百分比误差

$$MPE = \frac{\sum_{i=1}^{n} PE_i}{n} \tag{5.1.5}$$

3. 平均绝对百分比误差

$$MAPE = \frac{\sum_{i=1}^{n} |PE_i|}{n} \tag{5.1.6}$$

第二节　简易平均法

简易平均法是在对时间序列进行分析研究的基础上，计算时间序列观察值的某种平均数，并以此平均数为基础确定预测模型或预测值的市场预测方法。这种方法简便易行，不需要复杂的模型设计和数学运算，是市场预测中最简单的定量预测方法。方法虽然简单，但只要使用得当，也可以取得良好的预测效果。

简易平均法根据所计算的平均数不同，可以具体分为简单算术平均法、加权平均法和几何平均法。

一、简单算术平均法

简单算术平均法的思想是：将观察期内预测目标的时间序列值加总平均，求得算术平均数，并将其作为下期的预测值。用公式表示为：

$$\hat{X}_{n+1}=\overline{X}=\frac{\sum_{i=1}^{n}X_i}{n} \tag{5.2.1}$$

式中，$\hat{X}$ 为预测值；$\overline{X}$ 为观察期内预测目标的算术平均数；X_i 为预测目标在观察期内的实际值；n 为数据个数。

例 5—1

某自行车厂 2008 年 1—12 月自行车销售量分别为 60 万辆、50.4 万辆、55 万辆、49.6 万辆、75 万辆、76.9 万辆、72 万辆、68 万辆、54.5 万辆、44 万辆、43.8 万辆、47 万辆。利用简单算术平均法预测 2009 年 1 月自行车的销售量（分全年、下半年、第四季度预测）。

解：(1) 根据全年的销售量进行预测，则

$$\begin{aligned}\hat{X}&=\frac{\sum_{i=1}^{n}X_i}{n}\\&=\frac{60+50.4+55+49.6+75+76.9+72+68+54.5+44+43.8+47}{12}\\&=58(\text{万辆})\end{aligned}$$

(2) 根据下半年的销售量进行预测，则

$$\hat{X}=\frac{\sum_{i=1}^{n}X_i}{n}=\frac{72+68+54.5+44+43.8+47}{6}=54.9(\text{万辆})$$

(3) 根据第四季度的销售量进行预测，则

$$\hat{X}=\frac{\sum_{i=1}^{n}X_i}{n}=\frac{44+43.8+47}{3}=44.9(\text{万辆})$$

由例 5—1 可以看出，由于观察期长短不同，得到的预测值也随之不同，故观察期长短的选择对预测结果很重要。一般来说，若时间序列数据的变化倾向较小，或呈现有规律的波动，观察期可以短些，所用的数据可以少一些；当时间序列的变化倾向较大时，观察期应长些，所用的数据可以多一些，这样，预测值相对精确些。

简单算术平均法的优点是计算简便。当预测对象无显著长期趋势变动和季节变动时，采用此法的预测结果大致可以令人满意。缺点是所有观察值不论新旧在预测中一律同等对待，这是不符合市场发展的实际情况的。为了克服此缺点，在预测中给每个观察值依其重要性判断赋予不同的权数，这就有了加权平均法。

二、加权平均法

采取时间序列预测法，时间序列中各期市场现象的观察值都会对预测值产生影响，但事实上各观察值对预测值产生的影响程度是不一样的。

一般来说，距预测期远的观察值对预测值的影响小一些，距预测期近的观察值对预测值的影响大一些。基于这种考虑，可以用大小不同的权数，将市场现象观察值对预测值的不同影响程度加以量化。对影响大的近期观察值给予较大的权数，对影响小的远期观察值则给予较小的权数。这种根据观察值的重要性不同，分别给予相应的权数后，再计算加权平均数作为建立预测模型和计算预测值依据的方法，称加权平均预测法。

加权平均法用公式可以表示为：

$$\hat{X}_{n+1}=\overline{X}_W=\frac{\sum_{i=1}^{n}W_iX_i}{\sum_{i=1}^{n}W_i} \qquad (5.2.2)$$

式中，$\hat{X}_{n+1}$ 为预测值；$\overline{X}_W$ 为观察期内预测目标的加权平均数；X_i 为预测目标在观察期内的实际值；W_i 为与 X_i 相对应的权数；n 为数据个数。

加权平均预测法的关键是确定权数，而权数的确定完全是预测者个人根据预测值对时间序列的观察分析而定，尚无科学方法。一般考虑两点：首先考虑距预测期的远近，远期观察值权数小些，近期观察值权数大些；其次考虑时间序列本身的变动幅度大小，对于波动幅度较大的时间序列，给予的权数差异就大些，反之则小些。

在采用这种方法进行预测时，一般要设置集中权数方案，分别计算出预测值，再进行比较分析，最终选择反映实际最好的预测值。

权数的取法：可以取小数，并使 $\sum_{i=1}^{n}W_i=1$；也可以取等差、等比数列的权数。

这种方法是一种考虑问题的思路，它为一些时间序列具体预测方法的建立提供了一定的基础，但在实践中一般不直接应用这种预测方法。这是因为，和简单算术平均法一样，对于无趋势变动的时间序列，可以采用加权平均法进行预测，而对于趋势变动明显的时间序列，无论怎样加大权数，$\overline{X}$ 也跟不上实际值的变动，它小于后期的实际观察值，更不能作为预测值。根据加权平均法的思路，要进行相应的转换，才能建立应用性强的预测方法。

三、几何平均法

几何平均法首先要计算出一定时期内预测目标时间序列的发展速度或逐期增长率，然后在此基础上进行预测。用公式表示为：

$$\hat{X}_{n+1}=G\cdot X_n,\quad G=\sqrt[n]{X_1\cdot X_2\cdot\cdots\cdot X_n} \tag{5.2.3}$$

式中，G 为几何平均数；X_i（$i=1, 2, \cdots, n$）为观察期内各期环比发展速度或逐期增长率；n 为数据的个数。

此公式用观察期内各期实际数据还可表示为：

$$\hat{X}_{n+1}=X_n\sqrt[n]{\frac{a_1}{a_0}\cdot\frac{a_2}{a_1}\cdot\cdots\cdot\frac{a_n}{a_{n-1}}}$$

或

$$G=\sqrt[n]{\frac{a_1}{a_0}\cdot\frac{a_2}{a_1}\cdot\cdots\cdot\frac{a_n}{a_{n-1}}} \tag{5.2.4}$$

式中，a_i（$i=1, 2, \cdots, n$）为第 i 期的观察值。

例 5—2

某商场 1995—2007 年的销售额资料如表 5—1 所示，试用几何平均法预测该商场 2008 年的销售额。

表 5—1　某商场 1995—2007 年销售额及环比发展速度

年份	销售额（万元）	环比发展速度（%）
1995	87	—
1996	92	105.7
1997	96	104.3
1998	100	104.2
1999	95	95
2000	125	131.6
2001	105	84
2002	120	114.3
2003	142	118.3
2004	147	103.5
2005	150	102
2006	149	99.3
2007	156	104.7

解：预测步骤如下：

(1) 首先求出各期环比发展速度（见表 5—1）。

(2) 利用几何平均数预测 2008 年发展速度。

$$G=\sqrt[12]{105.7\%\times104.3\%\times\cdots\times104.7\%}=106.3\%$$

（3）预测 2008 年的销售额。

156×106.3%=165.8（万元）

几何平均法市场预测与之前所说的简单平均预测和加权平均预测不同，它适用于有明显趋势的市场现象时间序列，其趋势变动规律表现为发展速度大致相同。

此预测模型比较适合近期预测，若用于中期预测则必须充分考虑现象在预测期的变化情况，并对预测值加以调整。

第三节 移动平均法

用简易平均法预测时，其平均期数随预测期的增加而加大。移动平均市场预测法是对时间序列观察值由远及近，按一定跨越期，计算平均值的一种预测方法。它保持平均的期数不变。随着观察期向后推移，平均值也跟着向后移动，形成一个由平均值组成的新的时间序列。最后一个移动平均值是预测值计算的依据。

移动平均法在一定程度上消除了时间序列历史数据随时间变化引起的不规则变动的影响，修匀了时间序列。另外，由于它是利用前 T 期的平均值作为下一期预测值的方法，其数据存储量较少。

移动平均法的准确程度主要取决于平均期数或移动步长 T 的选择。一般通过试验加以比较后选定。

移动平均预测法适合于既有趋势变动又有波动的时间序列。移动平均的具体方法有一次移动平均法、二次移动平均法、加权移动平均法。

一、一次移动平均法

一次移动平均法，也称简单移动平均法，它是指由连续移动形成的各组数据，用算术平均法计算各组数据的移动平均值，并将其作为下一期预测值。用公式表示为：

$$\hat{Y}_{t+1}=M_t^{(1)}=\frac{Y_t+Y_{t-1}+\cdots+Y_{t-n+1}}{n} \tag{5.3.1}$$

式中，$\hat{Y}_{t+1}$ 为第 $t+1$ 期预测值；$M_t^{(1)}$ 为第 t 期的一次移动平均值；Y_t 为第 t 期的观察值；n 为数据的个数，也即移动平均期数。

例 5—3

表 5—2 是某商业企业季末库存的资料，试用一次移动平均法对该企业下一季末的库存进行预测。

表 5—2　　某商业企业季末库存资料

观察期季末库存（万元）	n=3		n=5	
	$Y_t^{(1)}$	$\mid e_t \mid$	$Y_t^{(1)}$	$\mid e_t \mid$
10.6	—	—	—	—
10.8	—	—	—	—
11.1	—	—	—	—
10.4	10.83	0.43	—	—
11.2	10.77	0.43	—	—
12	10.9	1.1	10.82	1.18
11.8	11.2	0.6	11.1	0.7
11.5	11.67	0.17	11.3	0.2
11.9	11.77	0.13	11.38	0.52
12	11.73	0.27	11.68	0.32
12.2	11.8	0.4	11.84	0.36
10.7	12.03	1.33	11.88	1.18
10.4	11.63	1.23	11.66	1.26
11.2	11.1	0.1	11.44	0.24

解：由表 5—2 可以看出，季末库存额总的来说无趋势变动，但有些小的波动。为了消除随机因素引起的不规则变动，对观察值作一次移动平均，并以移动平均值为依据预测库存额的未来变化。为了对比不同移动平均期数的预测误差的不同，分别取跨越期 $n=3$，$n=5$ 同时计算。

当 $n=3$ 时：

（1）计算一次移动平均值。

$$Y_4^{(1)}=\frac{Y_3+Y_2+Y_1}{3}=\frac{11.1+10.8+10.6}{3}=10.83\text{（万元）}$$

…………

$$Y_{14}^{(1)}=\frac{Y_{13}+Y_{12}+Y_{11}}{3}=\frac{10.4+10.7+12.2}{3}=11.1\text{（万元）}$$

（2）计算各期移动平均值与实际观察值的离差绝对值，并计算平均绝对误差。

$$MAE=\frac{\sum \mid e_t \mid}{n}=\frac{6.19}{11}=0.563\text{（万元）}$$

当 $n=5$ 时，可同理计算得到预测值和平均绝对误差（见表 5—2），此时

$$MAE=\frac{\sum \mid e_t \mid}{n}=\frac{5.96}{9}=0.662\text{（万元）}$$

因为明显大于 $n=3$ 时的预测误差，所以确定移动平均期数取 3。

（3）对下期库存额进行预测。

第 15 期季末库存额预测值为：

$$Y_{15}^{(1)}=\frac{Y_{14}+Y_{13}+Y_{12}}{3}=\frac{11.2+10.4+10.7}{3}=10.77\text{（万元）}$$

从这个例子可以看出，一次移动平均法可以消除由于偶然因素引起的不规则变动，同时又保留了原时间序列的波动规律，而不是像简易平均法那样，仅用若干观察值的一个平均数作为预测值。另外，每一个移动平均值只需几个观察值就可计算，需要储存的数据很少。

一次移动平均市场预测法也有其局限性：一方面，这种方法只能向未来预测一期；另一方面，对于有明显趋势变动的市场现象时间序列，一次移动平均法是不适合的，因为一次移动平均值大大滞后于实际观察值。一次移动平均法一般适用于水平型变动的时间序列预测。

二、二次移动平均法

运用一次移动平均法求得的移动平均值存在滞后偏差，特别是在时间序列数据呈线性趋势时，移动平均值总是落后于观察值数据的变化。二次移动平均法正是利用这一滞后偏差的演变规律，建立预测目标的线性时间关系数学模型，求得预测值。可见，二次移动平均法适用于时间序列数据呈线性趋势变化的预测。

二次移动平均法是对时间序列的一次移动平均值再进行第二次移动平均，利用一次移动平均值和二次移动平均值构成时间序列的最后一个数据为依据建立线性预测模型进行预测。必须指出，一次移动平均值和二次移动平均值并不直接用于预测，只是用于求出线性预测模型的平滑系数和修正滞后偏差。

二次移动平均值的公式为：

$$M_t^{(1)}=\frac{Y_t+Y_{t-1}+\cdots+Y_{t-n+1}}{n}$$

$$M_t^{(2)}=\frac{M_t^{(1)}+M_{t-1}^{(1)}+\cdots+M_{t-n+1}^{(1)}}{n} \qquad (5.3.2)$$

式中，$M_t^{(1)}$ 为第 t 期的一次移动平均值；$M_t^{(2)}$ 为第 t 期的二次移动平均值；n 为计算移动平均值的跨越期。

二次移动平均预测法的预测模型为：

$$F_{t+T}=a_t+b_tT \qquad (5.3.3)$$

式中，T 为向未来预测的期数；a_t 为截距，即第 t 期现象的基础水平；b_t 为斜率，即第 t 期现象单位时间变化量。

$$a_t=2M_t^{(1)}-M_t^{(2)} \qquad (5.3.4)$$

$$b_t=\frac{2}{n-1}\left(M_t^{(1)}-M_t^{(2)}\right) \qquad (5.3.5)$$

这就是说，二次移动平均预测模型，其截距和斜率的确定是以一次和二次移动平均值为依据的，且各期的截距、斜率是变化的。

例 5—4

对某地区某种商品的销售量进行预测，其资料和计算见表 5—3。

表 5—3　　某地区某种商品的销售量资料

销售量 Y_t（吨）	$n=3$ $M_t^{(1)}$	$n=3$ $M_t^{(2)}$	a_t	b_t	F_{t+1}	Y_t-F_t	$(Y_t-F_t)^2$
10	—	—	—	—	—	—	—
12	—	—	—	—	—	—	—
17	13.00	—	—	—	—	—	—
20	16.33	—	—	—	—	—	—
22	19.66	16.33	22.99	3.33	—	—	—
27	23.00	19.66	26.34	3.34	26.32	0.68	0.46
25	24.67	22.44	26.90	2.23	29.68	−4.68	21.90
29	27.00	24.89	29.11	2.11	29.13	−0.13	0.02
30	28.00	26.56	29.44	1.44	31.22	−1.22	1.49
34	31.00	28.67	33.33	2.33	30.88	3.12	9.73
33	32.33	30.44	34.22	1.89	35.66	−2.66	7.08
37	34.67	32.67	36.67	2.00	36.11	0.89	0.79

解：由于历史数据基本呈线性趋势，且又有波动，为灵敏反映其变动趋势，移动平均的跨越期宜短一些，设 $n=3$（两次移动的 n 应取值一致）。

（1）计算一次和二次移动平均值。

一次移动平均值为：

$$M_3^{(1)}=\frac{Y_3+Y_2+Y_1}{3}=\frac{17+12+10}{3}=13\text{（吨）}$$

…………

$$M_6^{(1)}=\frac{Y_6+Y_5+Y_4}{3}=\frac{27+22+20}{3}=23\text{（吨）}$$

…………

$$M_{12}^{(1)}=\frac{Y_{12}+Y_{11}+Y_{10}}{3}=\frac{37+33+34}{3}=34.67\text{（吨）}$$

二次移动平均值为：

$$M_5^{(2)}=\frac{M_5^{(1)}+M_4^{(1)}+M_3^{(1)}}{3}=\frac{19.66+16.33+13.00}{3}=16.33\text{（吨）}$$

…………

$$M_9^{(2)}=\frac{M_9^{(1)}+M_8^{(1)}+M_7^{(1)}}{3}=\frac{28+27+24.67}{3}=26.56\text{（吨）}$$

…………

$$M_{12}^{(2)}=\frac{M_{12}^{(1)}+M_{11}^{(1)}+M_{10}^{(1)}}{3}=\frac{34.67+32.33+31.00}{3}=32.67\text{（吨）}$$

（2）计算各期 a，b 值。

截距和斜率各值为：

$$a_5=2M_5^{(1)}-M_5^{(2)}=19.66\times2-16.33=22.99\text{（吨）}$$

…………

$$a_{12}=2M_{12}^{(1)}-M_{12}^{(2)}=34.67\times2-32.67=36.67\text{（吨）}$$

$b_5=\frac{2}{n-1}\ (M_5^{(1)}-M_5^{(2)})=19.66-16.33=3.33$

…………

$b_{12}=\frac{2}{n-1}\ (M_{12}^{(1)}-M_{12}^{(2)})=34.67-32.67=2$

（3）计算观察期内估计值。

$F_6=a_5+b_5\times1=22.99+3.33\times1=26.32$（吨）

…………

$F_{12}=a_{11}+b_{11}\times1=34.22+1.89\times1=36.11$（吨）

（4）应用预测模型计算预测值。

$F_{13}=a_{12}+b_{12}\times1=36.67+2\times1=38.67$（吨）

…………

$F_{15}=a_{12}+b_{12}\times2=36.67+2\times3=42.67$（吨）

应该注意的是，观察期内各期估计值的 a，b 值不同，而在预测期各预测值的 a，b 值是一致的，即最后一个观察期的 a，b 值。上例中 $a=36.67$，$b=2$。

对预测误差进行测算：

$$RMSE=\sqrt{\frac{1}{n}\sum(Y_t-F_t)^2}=\sqrt{\frac{41.4722}{7}}=\sqrt{5.9246}=2.434(\text{吨})$$

预测误差为 2.434 吨，$RMSE$ 为 MSE 的平方根，与实际观察值相比较小。预测结果可以采纳。

由二次移动平均的预测过程可以看出，对于具有明显上升趋势的市场现象，二次移动平均预测法同样是很适用的，但它不是用一个固定的 a_t，b_t 值，各期的 a_t，b_t 值是有所变化的，这样就保留了市场现象客观存在的波动。最后一个 a_t，b_t 值是固定的，不但可以用于短期预测，也可以用于近期预测。二次移动平均法比一次移动平均法的适用面更广，在实践中应用较多。

三、加权移动平均法

加权移动平均法是对市场现象观察值按距预测期的远近，给予不同的权数，并将其加权计算出移动平均值，以移动平均值为基础进行预测的方法。

权数的确定与前面所说的加权平均法一样，对距预测期近的观察值给予较大权数，对距预测期远的观察值给予较小的权数，借以调节各观察值对预测值的影响作用，使市场预测值能更好地反映市场现象未来的实际变化。

加权移动平均法的公式为：

$$F_{t+1}=\frac{W_tY_t+W_{t-1}Y_{t-1}+\cdots+W_{t-n+1}Y_{t-n+1}}{\sum_{i=t-n+1}^{t}W_i} \tag{5.3.6}$$

式中，F_{t+1} 为加权移动平均预测值；Y_t 为时间序列中第 t 期观察值；W_t 为移动平均的权数；n 为跨越期。

例 5—5

现仍引用一次移动平均中所举的例子（见例 5—3），令 $n=3$，权数由远到近分别为 0.1，0.2，0.7。计算结果见表 5—4。

表 5—4　某商业企业季末库存资料

观察期季末库存（万元）	F_{t+1}（$n=3$）	$\lvert Y_t-F_{t+1}\rvert$
10.6	—	—
10.8	—	—
11.1	—	—
10.4	10.99	0.59
11.2	10.58	0.62
12	11.03	0.97
11.8	11.68	0.12
11.5	11.78	0.28
11.9	11.61	0.29
12	11.81	0.19
12.2	11.93	0.27
10.7	12.13	1.43
10.4	11.13	0.73
11.2	10.64	0.56

$$\begin{aligned}F_4&=F_{3+1}=\frac{W_3Y_3+W_2Y_2+W_1Y_1}{W_3+W_2+W_1}\\&=\frac{0.7\times11.1+0.2\times10.8+0.1\times10.6}{0.7+0.2+0.1}\\&=10.99\text{（万元）}\end{aligned}$$

…………

$$\begin{aligned}F_{14}&=F_{13+1}=\frac{W_3Y_{13}+W_2Y_{12}+W_1Y_{11}}{W_3+W_2+W_1}\\&=\frac{0.7\times10.4+0.2\times10.7+0.1\times12.2}{0.7+0.2+0.1}\\&=10.64\text{（万元）}\end{aligned}$$

$$\begin{aligned}F_{15}&=F_{14+1}=\frac{W_3Y_{14}+W_2Y_{13}+W_1Y_{12}}{W_3+W_2+W_1}\\&=\frac{0.7\times11.2+0.2\times10.4+0.1\times10.7}{0.7+0.2+0.1}\\&=10.99\text{（万元）}\end{aligned}$$

F_{15} 为下期预测值。

根据表中计算数据，此问题的预测误差为：

$$MAE=\frac{1}{n}\sum\lvert e_t\rvert=\frac{6.05}{11}=0.55\text{（万元）}$$

可见，其误差小于用一次移动平均法计算的结果。这说明对于这个问题，用加权移动平均法预测更符合实际。

加权移动平均法不但可如上例与一次移动平均法结合应用，也可与二次移动平均法结合应用，即计算二次移动平均值时用加权移动平均法。

第四节 指数平滑法

指数平滑法实质上是一种特殊的加权移动平均法，它的特点包括：

第一，对离预测期最近的市场现象观察值给予最大的权数，而对离预测期渐远的观察值给予递减的权数，使市场预测值能够在不完全忽视远期观察值影响的情况下，敏感地反映市场现象的变化，减小了市场预测误差。

第二，对于同一市场现象连续计算其指数平滑值，对较早期的市场现象观察值不是一概不予考虑，而是给予递减的权数。市场现象观察值对预测值的影响，由近及远按等比数列减小，其首项是 α，公比为 $1-\alpha$。这种市场预测法之所以称为指数平滑市场预测法，就是因为这个等比数列若绘成曲线是一条指数曲线，而并不是说这种预测法的预测模型是指数形式。

第三，指数平滑中的 α 值是一个可调节的权数值，它的大小在 0～1 之间。可以通过调整 α 的大小来调节近期观察值和远期观察值对预测值的不同影响程度。因为指数平滑法具有所需资料少、计算方便、短期预测精度高等优点，所以是市场预测中经常使用的一种预测方法。

指数平滑法一般适用于时间序列长期趋势变动和水平变动事物的预测。指数平滑法在实际应用中可分为一次指数平滑法、二次指数平滑法和多次指数平滑法。

一次指数平滑法适用于水平型变动的时间序列预测，二次指数平滑法适用于线性趋势型变动的时间序列预测，多次指数平滑法适用于非线性趋势变动的时间序列预测。

在此只介绍一次指数平滑法和二次指数平滑法。

一、一次指数平滑法

一次指数平滑法是指计算时间序列的一次指数平滑值，以当前观察期的一次指数平滑值为基础，确定下期预测值。

一次指数平滑法中平滑值的计算公式为：

$$S_{t+1}^{(1)}=S_t^{(1)}+\alpha\ (Y_t-S_t^{(1)}) \tag{5.4.1}$$

式中，α 为平滑常数（$0\leqslant\alpha\leqslant1$）；$S_t^{(1)}$ 为第 t 期的一次指数平滑值；Y_t 为第 t 期的实际观察值。语言表述为：

下期预测值＝本期预测值＋平滑系数×（本期实际值－本期预测值）

一次指数平滑值公式的实际意义是，被研究市场现象某一期的预测值等于它前一期的一次指数平滑值加上以平滑系数调整后的市场现象前一期的实际观察值与一次平滑值的离差。

在实际应用一次指数平滑法计算时，为了简化计算过程，常常将一次指数平滑值计算公式变形为一次指数平滑的预测模型。其公式为：

$$\hat{Y}_{t+1}=S_{t+1}^{(1)}=\alpha Y_t+(1-\alpha)\ S_t^{(1)} \tag{5.4.2}$$

一次指数平滑预测模型的实际意义是，某期市场现象预测值即这一期的一次指数平滑值，等于以权数 α 调整的迁移期市场现象实际观察值加上以剩余权数$(1-\alpha)$调整的前一期市场现象一次平滑值。

从一次指数平滑值公式和一次指数预测模型可见，指数平滑法是依次以旧平滑值或预测值为基础，计算新平滑值或预测值的过程。它所需储存的数据只有 Y_t，S_t，这使预测过程得以简化。

可以看出，指数平滑法是对时间序列所有数据给予不同的权数，权数之间按照首项为 α，公比为（$1-\alpha$）的等比级数由近到远减少，因此是一种特殊的加权移动平滑法。同时，指数平滑法考虑时间序列中所有数据对预测对象的影响，因此预测结果更为科学。

（1）初始值的选取。

对于第一个指数平滑值 $S_1^{(1)}$（即初始值），一般采用下面两种方法之一来确定。

一是当时间序列的数据资料较多的时候，初始值对以后预测值的影响甚小，可以直接令 $S_1^{(1)}=Y_1$，即采用市场现象的第一期实际观察值作为第一个指数平滑值；二是当时间序列的数据资料较少，则初始值对以后预测值的影响较大，一般取观察值最初几期的平均值作为初始值。

（2）平滑常数 α 的选择。

$$\begin{aligned}\hat{Y}_{t+1}&=S_{t+1}^{(1)}\\&=\alpha Y_t+(1-\alpha)\ S_t^{(1)}\\&=\alpha Y_t+(1-\alpha)\ [\alpha Y_{t-1}+(1-\alpha)\ S_{t-1}^{(1)}]\\&=\cdots\cdots\\&=\alpha Y_t+\alpha\ (1-\alpha)\ Y_{t-1}+\alpha\ (1-\alpha)^2Y_{t-2}+\cdots+(1-\alpha)^N S_{t-(N-1)}\end{aligned}$$

可见，平滑常数 α 的大小直接影响过去各期数据对预测值的作用。在确定 α 的值时，必须根据市场现象时间序列本身的规律而定。当时间序列变化剧烈时，宜选较大的 α 值，以很快跟上其变化，但要注意，α 取值越大，风险也就越大。α 取值接近于0，则各期数据的作用缓慢减弱，呈比较平稳的状态。当时序的变化较为平缓时，α 值可取得较小。通常对同一市场现象的预测中，同时选择几个 α 值进行测算，并分别测算出各 α 值预测结果的预测误差，选择误差较小时的 α 值。

一般的经验原则是，对于有比较明显趋势变动的时间序列，$\alpha>0.6$，主要是为了突出近期数据对预测值的影响；对水平型的时间序列，$\alpha<0.3$，因为水平型数据变动趋势不明显，随机因素多；对于介于两者之间的时间序列，$0.3\leqslant\alpha\leqslant0.6$。

例 5—6

某企业要进行食盐销售量预测。现在有最近连续30个月的历史资料（见表5—5），试用一次指数平滑法预测以后月份的销售量。

解：由此时间序列数据发现食盐销售量有变化，但基本上在25吨～30吨之间波动，没有长期增长趋势，适合用一次指数平滑法预测。这里选择0.1，0.3，0.5三个α值，从中选择误差最小的α。

不同α值的平滑值、预测值及误差分析如表5—5所示。在比较中我们发现$\alpha=0.3$的平均绝对误差和平均绝对百分比误差都最小，因此，选用$\alpha=0.3$。相应的第31个月的预测值为29.2吨，$MAPE=5.9$，预测精度较高。

表5—5　　食盐销售量

时序（t）	销售量（吨）	指数平滑值		
		$\alpha=0.1$	$\alpha=0.3$	$\alpha=0.5$
1	26.7	26.7	26.7	26.7
2	29.5	26.7	26.7	26.7
3	29.0	27.0	27.5	28.1
4	29.9	27.2	28.0	28.6
5	32.2	27.5	28.6	29.2
6	31.4	27.9	29.6	30.7
7	25.7	28.3	30.2	31.1
8	32.1	28.0	28.8	28.4
9	29.1	28.4	29.8	30.2
10	30.8	28.5	29.6	29.7
11	25.7	28.7	30.0	30.2
12	30.9	28.4	28.7	28.0
13	31.5	28.7	29.3	29.4
14	28.1	29.0	30.0	30.5
15	30.8	28.9	29.4	29.3
16	29.5	29.1	29.8	30.0
17	29.8	29.1	29.7	29.8
18	30.0	29.2	29.8	29.8
19	29.9	29.3	29.8	29.9
20	31.5	29.3	29.9	29.9
21	27.6	29.5	30.3	30.7
22	29.9	29.3	29.5	29.1
23	30.2	29.4	29.6	29.5
24	30.3	29.5	29.8	29.9
25	30.8	29.6	30.0	30.1
26	28.8	29.7	30.2	30.4
27	30.8	29.6	29.8	29.6
28	32.2	29.7	30.1	30.2
29	31.2	30.0	30.7	31.2
30	25.4	30.1	30.9	31.2
预测值		29.6	29.2	28.3
平均绝对误差（MAE）		1.90	1.70	1.74
平均绝对百分比误差（$MAPE$）		6.4	5.9	6.1

当市场现象存在明显趋势时，不论α的值取多大，一次指数平滑法的预测值也会滞后于实际观察值，而且它只能预测未来一期的数据。这些不足，二次指数平滑法就可以克服。

二、二次指数平滑法

二次指数平滑法是指对市场现象实际观察值计算两次平滑值，并在此基础上建立预测模型，对市场现象进行预测的方法。

二次指数平滑法与一次指数平滑法有紧密的联系，二次指数平滑值必须在一次指数平滑值基础上计算。更重要的是，二次指数平滑法解决了一次指数平滑法不能解决的两个问题：一是解决了一次指数平滑不能用于有明显趋势变动的市场现象的预测；二是解决了一次指数平滑只能预测未来一期的不足。

二次指数平滑法的计算公式为：

$$S_t^{(1)}=\alpha Y_t+(1-\alpha)\ S_{t-1}^{(1)}$$
$$S_t^{(2)}=\alpha S_t^{(1)}+(1-\alpha)\ S_{t-1}^{(2)} \qquad (5.4.3)$$

式中，$S_t^{(1)}$ 为第 t 期的一次指数平滑值；$S_t^{(2)}$ 为第 t 期的二次指数平滑值；α 为平滑常数。

二次指数平滑法的预测模型为：

$$F_{t+T}=a_t+b_tT \qquad (5.4.4)$$

式中，F_{t+T}为第 $t+T$ 期预测值；T 为预测未来的期数；a_t，b_t 分别为模型参数。

二次指数平滑法预测模型实际上是近似的线性方程形式，a_t 是截距，b_t 是斜率。a_t，b_t 在这里是用一次、二次指数平滑法确定的，用公式表示为：

$$a_t=2S_t^{(1)}-S_t^{(2)} \qquad (5.4.5)$$

$$b_t=\frac{\alpha}{1-\alpha}\ (S_t^{(1)}-S_t^{(2)}) \qquad (5.4.6)$$

二次指数平滑这种线性平滑模型，在市场现象的观察期内，第 t 期的模型参数 a_t，b_t 是随着观察值 Y_t 和一次、二次指数平滑值的变动而变动的，由此保留了市场现象的一些波动。在预测期内，a_t，b_t 则是固定的，即观察期内最后一期的 a_t，b_t 值。

根据二次指数平滑预测模型，预测者不仅可以预测未来一期，还可根据需要对市场现象预测未来两期和两期以上。显然，二次指数平滑预测模型克服了一次指数平滑法的明显不足，适用于具有明显趋势变动的市场现象的预测，可对市场现象向后预测两期或两期以上，它不但可用于短期市场预测，而且可用于近期或中期市场预测。

应用二次指数平滑公式计算平滑值时，其平滑初始值和平滑常数的确定原则与一次指数平滑值一致。

例 5—7

某公司 1995—2006 年的实际销售额如表 5—6 所示，据此资料预测 2007 年和 2008 年企业销售额。

表 5—6 某企业销售额

年份	实际销售额（亿元）	$S_t^{(1)}$	$S_t^{(2)}$	a_t	b_t	F_{t+T}
1995	33	33.7	33.7	33.7	0	—
1996	36	33.3	33.5	33.1	−0.2	33.7
1997	32	34.9	34.3	35.5	0.9	32.9
1998	34	33.2	33.6	32.8	−0.7	36.3
1999	42	33.7	33.7	33.7	0.0	32.1
2000	40	38.7	36.7	40.7	3.0	33.8
2001	44	39.5	38.4	40.6	1.7	43.7
2002	48	42.2	40.7	43.7	2.3	42.3
2003	46	45.7	43.7	47.7	3.0	46.0
2004	50	45.9	45.0	46.8	1.3	50.7
2005	54	48.4	47.0	49.8	2.0	48.1
2006	58	51.8	49.9	53.7	2.9	51.8

解：由于观察值变动基本呈线性趋势，选用二次指数平滑法。考虑对新旧资料重视程度相近，略偏新资料，取 $\alpha=0.6$。初始值 $S_1^{(1)}$ 和 $S_1^{(2)}$ 取前三期观察值的平均值，其数值为 33.7。预测过程如下：

（1）计算一、二次指数平滑值。由于初始值为 33.7，所以

$$S_t^{(1)}=0.6\times33+0.4\times33.7=33.3$$

$$S_t^{(2)}=0.6\times33.3+0.4\times33.7=33.5$$

余者依此类推。计算结果如表 5—6 所示。

（2）计算 a_t，b_t 的值。具体结果见表 5—6。特别地

$$a_{12}=2\times51.8-49.9=53.7$$

$$b_{12}=\frac{0.6}{1-0.6}\times(51.8-49.9)=2.85$$

因此，预测模型为：

$$F_{12+T}=53.7+2.85T$$

（3）运用预测模型，确定预测值，并计算预测误差。

2007 年及 2008 年的预测值分别为 56.6 亿元和 59.4 亿元。平均绝对百分比误差（*MAPE*）为 8.3，精度较高。

同时，还应当结合定性分析，考虑到影响企业销售额的其他重要因素，根据市场未来需求的发展变化趋势，进行必要的调整。

第五节 趋势延伸法

趋势延伸法，也叫趋势外推法，是在遵循事物连续性原则的基础上，分析预测目标时间序列资料呈现的长期趋势变动轨迹的规律性，用数学方法找出拟合趋势轨

迹的数学模型，据此进行市场预测的方法。

任何事物的变化都存在着过去、现在和未来之间的内在关系，在事物发生质变之前，事物的量总是按照原来的规律渐进变化的。

应用趋势延伸法有两个假设前提：

（1）决定过去预测目标发展的因素，在很大程度上仍将决定其未来的发展；

（2）预测目标发展过程一般是渐进变化，而不是跳跃式变化。

满足上述假设前提后去掌握时间序列长期趋势发展的变化轨迹，最常见的轨迹有直线、二次曲线、指数曲线、生长曲线等，如图 5—2 所示，然后建立对应的函数模型描述，据此进行外推预测。

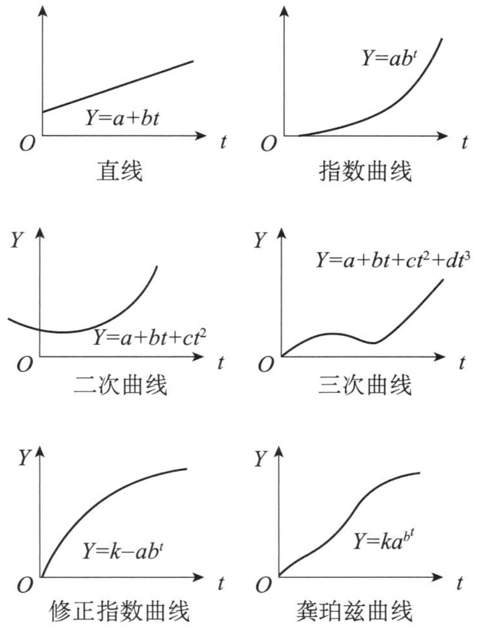

图 5—2　常见的趋势线

正确掌握时间序列长期趋势发展的规律性变化轨迹是正确选择模型的关键。简洁的方法是画时间序列直角坐标的散点图，通过观察判断而定。

此外，从数学分析角度，可利用时间序列的差分变化情况作出判断。判断认识预测目标时间序列趋势线的数学模型后，要设法确定数学模型中的参数，才能进行外推预测。

下面我们介绍常用的直线趋势延伸法、多次曲线趋势延伸法、指数曲线延伸法和龚珀兹曲线趋势延伸法。

一、直线趋势延伸法

预测目标的时间序列资料逐期增（减）量大体相等时，长期趋势基本呈线性趋势，便可选用直线趋势延伸法进行预测。它是预测实践中最常用的方法。

当遇到时间序列大多数数据点变化呈线性，但个别点有异常现象时，经过分析，可以做数据处理（删除或调整）后再找出线性趋势进行预测。

判断时间序列的趋势是不是直线型趋势，可以采用图解法和阶差分析法。

（1）图解法，即散点图法，就是将时间序列的有关数据都描在一个坐标图上，若这些点的分布近似一条直线，那么就可以判断该时间序列数据是直线型变动趋势。

（2）阶差分析法，即计算时间序列有关数据的第一次阶差，如果数据变动量大体相等，则可以判断时间序列属于直线型变动趋势。

直线趋势延伸法的预测模型为：

$$\hat{Y}_t = a + bt \tag{5.5.1}$$

式中，$\hat{Y}_t$ 为第 t 期的趋势值（预测值）；t 为已知时间序列 Y_t 的时间变量；a，b 为待定参数，a 为截距，b 为直线斜率，代表单位时间观察值的增（减）量估计值。

直线趋势延伸法的关键是为已知时间序列找到一条最佳拟合其长期线性发展规律的直线。正确地估计出直线的参数 a 和 b，最常用的是最小二乘法。

最小二乘法的基本原理是：若以 Y_t 表示时间序列中各期实际观察值，以 $\hat{Y}_t$ 表示趋势值（预测值），满足实际观察值与趋势值的离差平方和最小的直线为最佳拟合直线。它的数学表达式为：

$$\sum (Y_t - \hat{Y}_t)^2 = \text{最小}$$

即

$$\sum (Y_t - a - bt)^2 = \text{最小}$$

利用极值定理，最佳拟合条件可以转换为下面的联立方程：

$$\begin{cases} \sum Y = na + b\sum t \\ \sum tY = a\sum t + b\sum t^2 \end{cases} \tag{5.5.2}$$

在这两个方程中，t 为观察期序号；Y 为市场现象实际观察值。将各期数值代入上述方程，就可求出参数 a，b 的值：

$$b = \frac{n\sum tY - \sum t\sum Y}{n\sum t^2 - (\sum t)^2} \tag{5.5.3}$$

$$a = \overline{Y} - b\overline{t} \tag{5.5.4}$$

例 5—8

设某市 1997—2007 年市场鸡蛋销售量如表 5—7 所示。试预测 2008 年该市鸡蛋销售量。

表 5—7 **某市鸡蛋销量**

年份	销售量（万吨）	趋势值
1997	36	31.23
1998	26	33.62
1999	32	36.01
2000	40	38.40
2001	50	40.79

续前表

年份	销售量（万吨）	趋势值
2002	45	43.18
2003	42	45.57
2004	48	47.96
2005	45	50.35
2006	55	52.74
2007	56	55.13

解：(1) 画出 Y 和 t 之间的散点图（见图 5—3）。

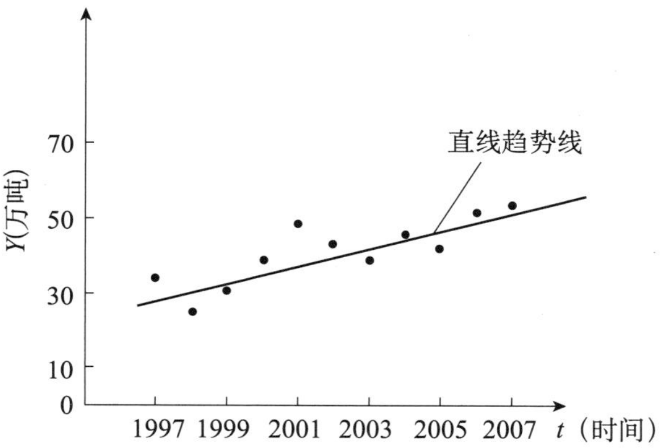

图 5—3　观察值的散点图及趋势线

由图 5—3 可见，观察值的时间序列接近一条直线，因而可以采用直线趋势法进行预测。

(2) 求直线趋势预测模型中的参数。根据式（5.5.3）和式（5.5.4），可计算出 a，b 的值。

$a=28.84$

$b=2.39$

因此，预测模型为：

$Y_t=28.84+2.39t$

(3) 利用已知时间序列 t 变量值，代入预测模型便可得该时间序列各年的预测值（见表 5—7）。预测的平均绝对百分比误差（$MAPE$）为 9.8，精度比较高。

(4) 依据预测模型延伸外推。

2008 年该市鸡蛋销量的预测值为：

$Y_{12}=28.84+2.39\times12=57.52$（万吨）

对运用最小二乘法建立的直线趋势延伸预测模型进行预测，与运用平滑技术（二次移动平均法或二次指数平滑法）建立直线预测模型进行预测比较，它们之间的相同点为：都遵循事物发展连续原则，预测目标时间序列资料呈现有单位时间增（减）量大体相同的长期趋势变动为适用条件。

它们之间的区别为：

（1）预测模型的参数计算方法不同。直线趋势延伸法模型参数来自最小二乘法数学推导；平滑技术主要用经验判断决定 N 或 a。

（2）线性预测模型中的时间变量的取值不同。直线趋势延伸法中时间变量取值决定于未来时间在时间序列中的时序；平滑技术模型中的时间变量取值决定于未来时间相距建模时点的时间周期数。

（3）模型适应市场的灵活性不同。直线趋势延伸法预测模型参数对时间序列资料一律同等看待，在拟合中消除了季节、不规则、循环三类变动因子的影响，反映时间序列资料长期趋势的平均变动水平；平滑技术预测模型参数对时间序列资料则采用重近轻远原则，在拟合中能较灵敏地反映市场变动的总体水平。

（4）随时间推进，建模参数计算的简便性不同。随着时间推进，时间序列资料增加，直线趋势延伸预测模型参数要重新计算，且与前面预测时点的参数计算无关；平滑技术模型参数同样要重新计算，但与前面预测时点的参数计算是有关系的。

正因为上述四点不同，直线趋势延伸模型较适合趋势发展平稳的预测对象的近期、中期预测；平滑技术建立的线性模型更适合趋势发展中有波动的预测目标的短期、近期预测。总之，二者各有特色，在很多场合相互配合使用效果更好。

二、曲线趋势延伸法

市场经济活动必定受多种因素的综合作用，市场经济变量，如商品供应、市场需求、价格水平、商品库存等，其长期趋势变动轨迹有时会呈现不同形式的曲线。

在市场预测中，时间序列资料呈现的曲线形态很多，这里我们主要介绍时间序列资料呈现指数曲线、二次曲线、三次曲线和龚珀兹曲线的预测模型的建立及应用。

（一）指数曲线趋势法

应用指数曲线趋势法的条件是：时间序列反映预测目标的发展趋势变动基本上表现为大体稳定地按一定比例增长的趋势，即呈现指数变动趋势。

经济活动中最典型的指数曲线乃是计算复利用的本利和公式，即

$$本利和=本金\times(1+利率)^{时期}$$

若用 Y_t 表示不同时期的本利和；a 表示本金；k 表示利率；t 表示存入时期数，则本利和公式表示为：

$$Y_t=a(1+k)^t$$

如果用 b 表示 $1+k$，则公式可写成：

$$Y_t=ab^t$$

当我们分析某时间序列，发现长期趋势变动几乎按同一比例增长的趋势发展，便可用下面数学模型拟合长期趋势：

$$\hat{Y}_t=ab^t \tag{5.5.5}$$

式（5.5.5）两边取对数，得

$$\lg\hat{Y}_t=\lg a+t\lg b \tag{5.5.6}$$

令 $\hat{Y}'_t=\lg\hat{Y}_t$，$A=\lg a$，$B=\lg b$，故有

$$\hat{Y}'_t=A+Bt \tag{5.5.7}$$

利用最小二乘法，即解下面联立方程组求得参数 A 和 B。

$$\begin{cases}\sum Y_t'=nA+B\sum t\\ \sum tY_t'=A\sum t+B\sum t^2\end{cases} \tag{5.5.8}$$

然后，对 A 和 B 取反对数就可求得 a 和 b。

例 5—9

某市近 9 年灯具商品销售量资料如表 5—8 所示。试预测 2008 年的销售量。

表 5—8　某市灯具销售量

年份	销售量（万架）	逐期增长率（%）	$Y'=\lg Y$	$\hat{Y}_t$
1999	8.7	—	0.939 5	8.56
2000	10.6	21.84	1.025 3	10.70
2001	13.3	25.47	1.123 9	13.38
2002	16.5	24.06	1.217 5	16.72
2003	20.6	24.85	1.313 9	20.90
2004	26.0	26.21	1.415 0	26.13
2005	33.0	27.00	1.518 8	32.66
2006	40.9	24.00	1.612 2	40.83
2007	50.4	23.00	1.702 1	51.04

解：(1) 画出散点图，如图 5—4 所示，并计算逐期增长率，计算结果见表 5—8。符合指数曲线趋势预测法应用条件，故采用指数曲线预测模型。

(2) 用最小二乘法得到 A，B 的值，并取反对数，求出 $a=6.85$，$b=1.25$。在此基础上求出各期预测值（结果见表 5—8），并进一步算出平均绝对百分比误差（$MAPE$）仅为 1.02，说明预测精度相当高。

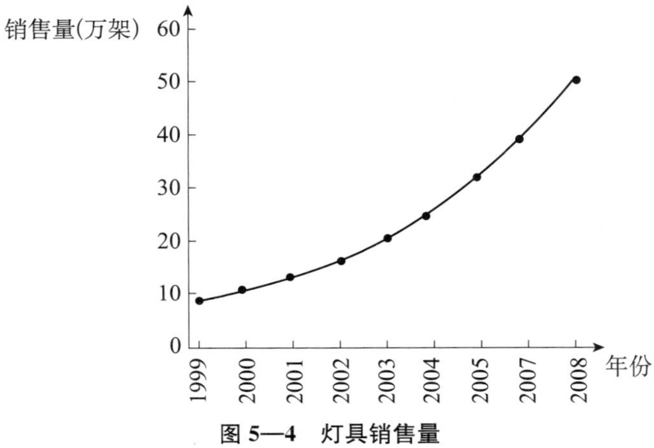

图 5—4　灯具销售量

（3）预测 2008 年灯具销售量，可得

$\hat{Y}_{2008}=6.85\times 1.25^{10}=63.37$（万架）

（二）多次曲线趋势法

由微积分的知识可知，广泛的多次曲线可以用多项式去逼近。如果观察时间 t 和观察值 Y 是非线性关系，多次曲线的预测模型为多项式：

$$\hat{Y}_t=a+b_1t+ct^2+\cdots+Qt^m \tag{5.5.9}$$

实际预测中最常见的是二次和三次曲线。在此仅介绍二次曲线的趋势法。也就是，只要根据已知的观察值资料求出系数 a，b，c，就可以建立二次曲线的预测模型。其他高次曲线的预测模型可以类推。

二次曲线趋势法适用于时间序列资料的变动属于由高而低再升高，或由低而高再降低的趋势形态的预测，即各数据点分布呈抛物线轨迹形态。二次曲线预测模型表述为：

$$\hat{Y}_t=a+bt+ct^2 \tag{5.5.10}$$

当 $a>0$，$b>0$，$c>0$ 时，二次曲线开口向上，有最低点，曲线呈正增长趋势；
当 $a>0$，$b<0$，$c>0$ 时，二次曲线开口向上，有最低点，曲线呈负增长趋势；
当 $a>0$，$b>0$，$c<0$ 时，二次曲线开口向下，有最高点，曲线呈正增长趋势；
当 $a>0$，$b<0$，$c<0$ 时，二次曲线开口向下，有最高点，曲线呈负增长趋势。
上述四种形式的二次曲线轨迹如图 5—5 所示。

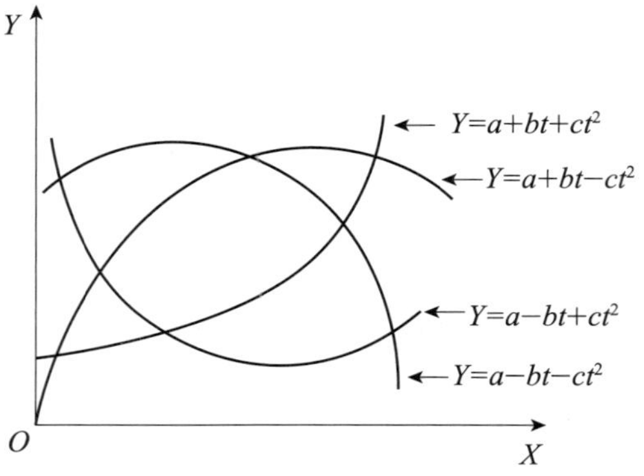

图 5—5　二次曲线图

从理论上说，二次曲线的二阶差分为一个常数。在实际预测中，时间序列数据的二阶差分接近同一常数，或时间序列的移动平均值的二阶差分几乎接近同一常数，即可用二次曲线模型拟合时间序列长期发展趋势。当然也可将时间序列数据绘图，判断其变动形态是否基本接近于上述四种形式中的一种变动形态，答案为肯定时，同样可用二次曲线趋势延伸法预测。

预测模型中参数 a，b，c 通常利用最小二乘法求最佳拟合线得到。利用最小二乘法可以导出计算 a，b，c。三参数的联立方程为：

$$\begin{cases} \sum Y = na + b\sum t + c\sum t^2 \\ \sum tY = a\sum t + b\sum t^2 + c\sum t^3 \\ \sum t^2Y = a\sum t^2 + b\sum t^3 + c\sum t^4 \end{cases} \tag{5.5.11}$$

将市场现象实际观察值 Y 和观察期序号 t 等有关数据代入联立方程求解，即可得到 a，b，c 三个参数的值。由于 t 是一个代替实际年、季、月时间的等差数列，若人为地令 $\sum t=0$，则可使计算过程得到简化。将时间序列正中间一期定为原点，这样就能使得 $\sum t=0$，$\sum t_3=0$，则求参数的方程可简化为：

$$\begin{cases} \sum Y = na + c\sum t^2 \\ \sum tY = b\sum t^2 \\ \sum t^2Y = a\sum t^2 + c\sum t^4 \end{cases} \tag{5.5.12}$$

例 5—10

设某服装企业近 7 年的实际销售额资料如表 5—9 所示。预测 2008 年和 2009 年的市场销售额。

表 5—9　某服装企业销售额

年份	销售额（万元）	t	趋势值
2001	350	−3	334.52
2002	300	−2	303.57
2003	250	−1	300
2004	350	0	323.81
2005	400	1	375
2006	450	2	453.57
2007	550	3	559.52

解：(1) 画出散点图，如图 5—6 所示，观察值的变动趋势比较接近于二次曲线形态，因此考虑运用二次曲线法进行预测。其模型为：

$$\hat{Y}_t = a + bt + ct^2$$

(2) 计算求解参数 a，b，c 的有关数据。根据上列方程组，求解的有关数据是：$\sum t^2, \sum t^4, \sum Y, \sum tY, \sum t^2Y$。

(3) 解联立方程，求得趋势曲线。在这一步骤中，需要进行以下工作。

把表 5—9 所计算的数据代入方程组 (5.5.12)，求 a，b，c 值。即

$$\begin{cases} 7a + 28c = 2\,650 \\ 28b = 1\,050 \\ 28a + 196c = 11\,750 \end{cases}$$

解联立方程，得

$a=323.81$，$b=37.5$，$c=13.69$

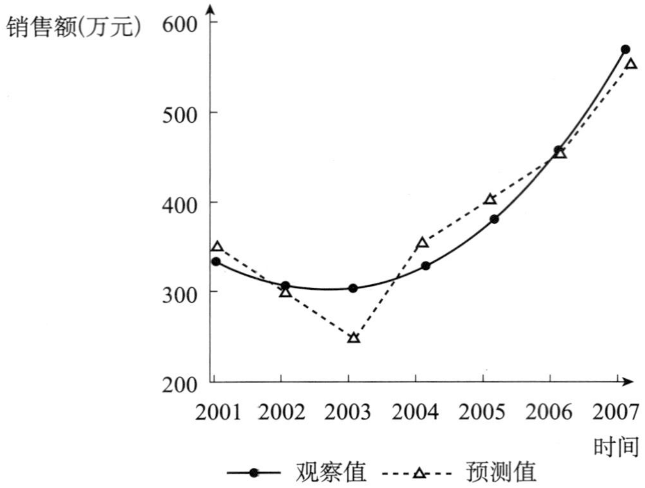

图 5—6 销售额的观察值及预测值

这样，二次曲线拟合方程为：

$$\hat{Y}_t = 323.81 + 37.5t + 13.69t^2$$

将观察期的 t 值代入模型，求得各年的趋势值（见表 5—9），在此基础上计算误差。算得 $MAPE=5.98$，精度较高，对历史数据的拟合程度较好，可以用来做近期预测。

（4）确定预测值。将 2008 年和 2009 年在时间序列中的时间变量 t 值和 t^2 值代入二次曲线拟合方程。

2008 年的 $t=4$，$t^2=16$，其预测值则为：

$$\hat{Y}_{2008} = 323.81 + 37.5 \times 4 + 13.69 \times 16 = 692.85\text{（万元）}$$

2009 年的 $t=5$，$t^2=25$，其预测值则为：

$$\hat{Y}_{2009} = 323.81 + 37.5 \times 5 + 13.69 \times 25 = 853.56\text{（万元）}$$

必须指出，如果分析市场形势会发生变化，则要根据变化情况进行调整，以确定符合市场发展趋势的预测值。

（三）龚珀兹曲线法

商品是作为满足人类需要的多种手段中的一种而存在的。人类的任何一种需要，不同时期都会借助某种技术提供相应商品而获得满足。比如，人类对“计算效率”的需要，最初借助手算，然后是算盘，接着是计算尺、机械计算器，最后是电子计算机。每种新技术都有一个需求—技术寿命周期，而某个需求—技术寿命周期内，又会涌现出一系列产品形式满足某个时期某种特定的需求，这样，每种产品同样存在产品生命周期。企业营销管理常要研究产品生命周期，试图区分产品销售历史上不同的阶段，可通过确定产品所处的阶段或对要进入的阶段制定更好的营销计划。有关产品生命周期的论述大都认为一般产品的销售历史表现为一条 S 形增长曲线（见图 5—7）。该曲线一般分为四个阶段，即投入期、成长期、成熟期和衰退期。

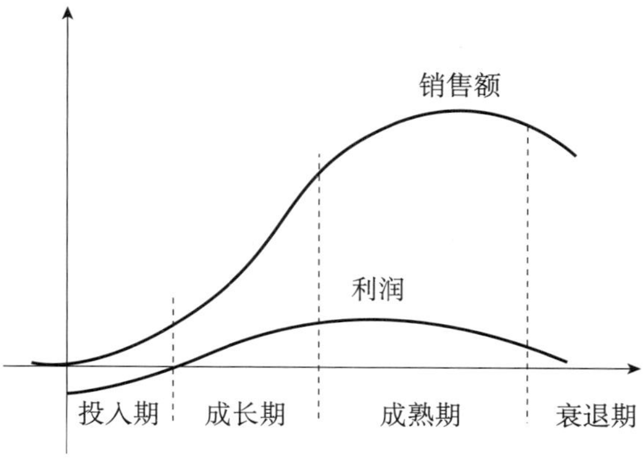

图 5—7　产品生命周期

市场预测中，遇到预测目标销售额历史资料发展趋势变动呈 S 形增长曲线，必须考虑发展过程极限值（市场潜量或最大销售量）的影响时，就要采用反映 S 形曲线的预测模型。常见的有逻辑曲线方程（亦称皮尔模型）和龚珀兹曲线模型。这里我们介绍龚珀兹曲线模型预测法。

龚珀兹曲线模型是以英国统计学家龚珀兹（Gompartz）命名的，其模型为：

$$Y_t=ka^{b^t},\ k>0,\ 0<a<1,\ 0<b<1 \tag{5.5.13}$$

公式两边取对数，模型可写为：

$$\lg Y_t=\lg k+b^t\lg a \tag{5.5.14}$$

式中，Y_t为历史发展 t 时期产品销售额（量）；t 为一观察期的某时间周期；k，a，b 为龚珀兹曲线的参数，k 表示产品发展过程市场的极限值。k，a，b 三参数在掌握产品销售历史资料的情况下，通常利用三和值法计算。

三和值法是将时间序列分成相等的三个间距，分别求出每一间距内各期时序值的和，再利用三个间距时序值的和计算参数的方法。它只能用来对参数进行粗略的估计，常用来确定具有三个参数的模型。

用三和值法估计龚珀兹模型中参数的步骤如下：

（1）对原时间序列数据做对数变换。将所得的新时序数据平均分为三段，每段的间距期为 n，分别求出三段的和。

$$U_1=\sum\nolimits_1 \lg Y_t \qquad U_2=\sum\nolimits_2 \lg Y_t \qquad U_3=\sum\nolimits_3 \lg Y_t \tag{5.5.15}$$

（2）按下面公式计算参数 k，a，b。

$$\lg k=\frac{1}{n}\left[U_1-\frac{b^n-1}{b-1}\lg a\right] \tag{5.5.16}$$

$$\lg a=\frac{b-1}{(b^n-1)^2}(U_2-U_1) \tag{5.5.17}$$

$$b=\sqrt[n]{\frac{U_3-U_2}{U_2-U_1}} \tag{5.5.18}$$

例 5—11

已知某企业一种家具 1996—2007 年各年的销售量如表 5—10 所示。试预测该企业 2008 年的销售量。

表 5—10　　某企业家具销售量

年份	销售量（万套）	$\lg Y_t$	三段对数和
1996	2	0.301 0	
1997	5	0.699 0	$U_1=3.225\ 3$
1998	12	1.079 2	
1999	14	1.146 1	
2000	21	1.322 2	
2001	30	1.477 1	$U_2=6.111\ 1$
2002	41	1.612 8	
2003	50	1.699 0	
2004	60	1.778 2	
2005	62	1.792 4	$U_3=7.209\ 3$
2006	64	1.806 2	
2007	68	1.832 5	

解：(1) 将企业 1996—2007 年 12 年的销售量资料画出散点图（见图 5—8）。分析其发展变化趋势，开始增长速度较缓慢，随后加快，而后又变得缓慢，基本上呈 S 形增长趋势，故可选用龚珀兹曲线预测法。

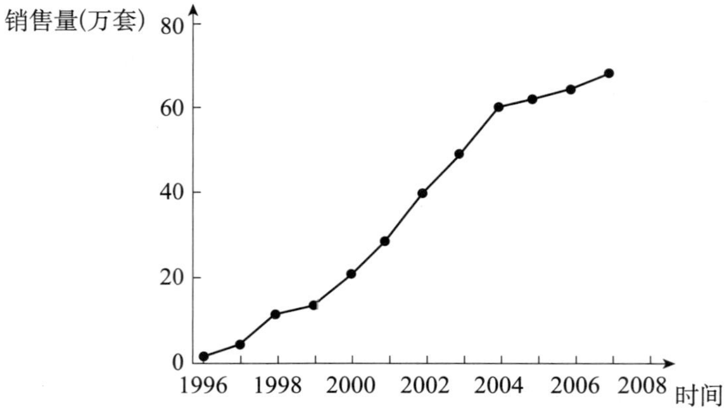

图 5—8　某企业家具销售量

(2) 将时间序列平均分成三组，每组有 4 个数据。对销售量 Y 取对数，分组计算各组的对数和（见表 5—10）。

(3) 计算 k，a，b。

$$\lg a=(6.111\ 1-3.225\ 3)\times\frac{0.785\ 4-1}{(0.785\ 4^4-1)^2}$$

$$=2.885\ 8\times\frac{-0.214\ 6}{0.383\ 7}=-1.614\ 0$$

$$\lg k=\frac{1}{r}\left(U_1-\frac{b^r-1}{b-1}\lg a\right)$$

$$=\frac{1}{4}\left[3.2253-\frac{0.7854^4-1}{0.7854-1}\times(-1.6140)\right]$$

$$=\frac{1}{4}\left(3.2253+\frac{0.6195}{0.2146}\times 1.6140\right)=1.9711$$

(4) 建立预测模型并求出预测值。龚珀兹曲线预测模型为：

$$\lg Y_t=\lg k+b^t\lg a=1.9711-0.7854^t\times 1.6140$$

2008 年，$t=13$。

$$\lg Y_t=1.9711-0.7854^{13}\times 1.6140=1.9013$$

求反对数，得 $Y_{12}=79.66$，即企业这种家具 2008 年的销售量预测值为 79.66 万套。

此外，我们还可依据 $\lg k=1.9711$，求得 $k=93.56$。说明该企业家具按其历史销售量发展过程的 S 形增长曲线来看，市场若无特殊的变化，最高销售量估计为 93.56 万套。目前销售量已占产品最高销售量水平的 85.1%。企业应积极主动地采取提高产品质量、开发新一代产品、开拓新的目标市场、实行多元化经营等营销对策。

必须指出，并非所有产品都显现出 S 形的产品生命周期。因此，应用龚珀兹模型时要立足于市场现象时间序列本身的实际特点，不能机械地套用。分析判断预测对象产品生命周期确实存在 S 形增长趋势时，才能选用龚珀兹曲线法进行预测。

第六节 季节变动预测法

季节变动是市场现象时间序列较普遍存在的一种变动规律。季节变动是指某些市场现象的时间序列，由于受自然气候、生产条件、生活习惯等因素的影响，在若干年中每一年随季节的变化都呈现的周期性变动。例如，某些商品的生产，包括蛋、奶、水果、蔬菜等鲜活商品，受自然气候变化影响，形成该类商品的市场供应量的季节性变动；某些商品的销售，包括汗衫、毛衣、呢绒等，受自然气候变化的影响，形成该类商品需求量的季节性变动；某些商品的需求量，包括节日商品、礼品型商品等，受传统民间节日的影响，其销售量呈现明显的季节变动。

与此同时，市场的商品价格受供求关系的影响也常会呈现季节性变动。对这些市场现象中客观存在的季节变动进行分析研究，可以掌握其季节变动规律，并由此对其预测期内的季节变动值作出预测。

研究市场现象季节变动，所收集的市场现象时间序列资料一般是月度或季度的，而且必须至少有 3 年或 3 年以上的资料。

时间序列的季节变动往往并不单独存在，而是伴随趋势变动存在。对于含有季节变动的时间序列，可以建立季节模型加以预测。本节主要介绍两种季节模型。

一、无趋势变动的季节模型

对于不含趋势变动，只含季节变动的时间序列，一般采取季节水平模型对其进行预测。

季节水平模型为：

$$\hat{Y}_t=\overline{Y}\cdot f_t \tag{5.6.1}$$

式中，$\overline{Y}$ 为时序的平均水平；f_t 为季节指数。

$\overline{Y}$ 可以是预测前一年的月（或季）平均水平，也可以是已知年份所有数据月（或季）的平均水平。f_t 为季节指数，它表示季节变动的数量状态。其计算公式为：

$$f_t=\frac{\text{同月（或季）平均数}}{\text{已知年份月（或季）总平均数}} \tag{5.6.2}$$

例 5—12

某商场家电部 2005—2007 年电风扇的销售量资料如表 5—11 所示。试预测 2008 年各月的销售量。

电风扇这种商品受季节变化的影响较大，从上述 3 年销售量数据可以很清楚地看到这一特点。另外，从图 5—9 可见，基本不存在增长或下降趋势，可以采用季节水平模型。

表 5—11　　某商场电风扇销量　　单位：台

月＼年份	2005	2006	2007	合计	月平均	季节指数（%）
1	5	4	3	12	4	10.8
2	4	5	3	12	4	10.8
3	10	11	6	27	9	24.3
4	22	23	18	63	21	56.8
5	40	51	32	123	41	110.8
6	108	110	100	318	106	286.5
7	94	96	92	282	94	254.1
8	85	80	81	246	82	221.6
9	62	57	58	177	59	159.5
10	20	15	13	48	16	43.2
11	5	4	3	12	4	10.8
12	6	4	2	12	4	10.8
合计	461	460	411	1 332	444	900.0
年平均	38.4	38.3	34.3	111.0	37.0	100.0

解：（1）求各年同月的平均数。

求各年同月的平均数，即将 3 年中各年同一月份的销售量加以平均，采用简单算术平均方法计算。具体计算结果见表 5—11。

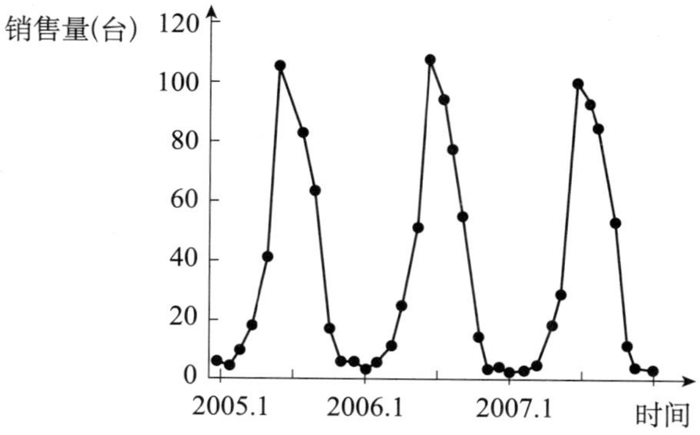

图 5—9　某商场电风扇销量

(2) 求 3 年月度数据的总平均数。

总平均数即算出 3 年共 36 个月的销售量平均数。计算结果见表 5—11，具体数值为 37 台。

(3) 计算各月的季节指数。

根据公式

$$f_t=\frac{\text{同月（或季）平均数}}{\text{已知年份月（或季）总平均数}}$$

可计算出各月的季节指数。结果见表 5—11。

(4) 进行预测。

预测模型为 $\hat{Y}_t=\overline{Y}\cdot f_t$，式中，$\overline{Y}$ 取上一年，即 2007 年的月平均数（34.3）。得到 2008 年各月的销售量的预测值见表 5—12。

表 5—12　2008 年各月电风扇销量预测

月份	销售量（台）	月份	销售量（台）
1	4	7	87
2	4	8	76
3	8	9	55
4	19	10	15
5	38	11	4
6	98	12	4

二、含趋势变动的季节模型

在大量含季节变动的市场现象中，单纯表现为季节变动的只是少数情况，大部分市场现象的季节变动是与长期趋势变动交织在一起的。

研究这些市场现象季节变动的同时，还必须考虑其长期趋势变动，即采用含趋势变动的市场现象季节变动预测模型。根据趋势变动与季节变动之间相互作用方式的不同，在研究时采取不同的方法。

（一）季节型迭加趋势预测模型

若所研究和预测的时间序列既有季节变动又有趋势变动，而且其每年都出现的季节变动的幅度不随市场现象的趋势变动而变化，需要采取季节型迭加趋势模型。

季节型迭加趋势模型为：

$$\hat{Y}_t = a + bt + d_i \tag{5.6.3}$$

式中，$a+bt$ 为现象的趋势值部分；d_i 为季节增量。

模型的建立分为两步：先分离出时序趋势变动，再计算季节增量。

1. 确定趋势直线方程

趋势直线的参数 a，b 可用最小二乘法、目估法和经验公式确定。若采用经验公式，其步骤如下：

求 $\overline{Y}_{(1)}$，$\overline{Y}_{(j)}$。$\overline{Y}_{(1)}$ 和 $\overline{Y}_{(j)}$ 分别为时序数据第一年和最后一年的平均值。

$$b = \frac{\overline{Y}_{(j)} - \overline{Y}_{(1)}}{t-12} \tag{5.6.4}$$

$$a = \overline{Y}_{(1)} - 6.5b \tag{5.6.5}$$

于是，趋势直线建立：

$$F_t = a + bt \tag{5.6.6}$$

由直线方程可以计算出时间序列各期的趋势值 F_t。

2. 确定季节增量 d_i

先利用下式计算已知各月的季节增量 d_t，即

$$d_t = Y_t - F_t \tag{5.6.7}$$

再根据下式计算已知年份同月季节增量 d_i，即

$$d_i = \frac{d_i + d_{i+T} + \cdots + d_{i+(m-1)T}}{m} \tag{5.6.8}$$

式中，$i=1，2，3，\cdots，12$（对于月度数据）或 $i=1，2，3，4$（对于季度数据）；T 为时序数据的季节周期长度；m 为已知时序数据季节周期数。

例 5—13

表 5—13 是某家电连锁销售商 2006—2007 年各月的电视机销售量。预测 2008 年各月的销量。

表 5—13 **电视机销售量** 单位：台

时序（t）	时间	销售量（Y_t）	趋势值（F_t）	季节增量（d_t）
1	2006.1	112	98.06	13.94
2	2	118	97.29	20.71
3	3	115	96.52	18.48
4	4	100	95.75	4.25
5	5	94	94.98	−0.98
6	6	82	94.21	−12.21
7	7	74	93.44	−19.44
8	8	77	92.67	−15.67

续前表

时序 (t)	时间	销售量 (Y_t)	趋势值 (F_t)	季节增量 (d_t)
9	9	80	91.9	−11.9
10	10	79	91.13	−12.13
11	11	88	90.36	−2.36
12	12	97	89.59	7.41
13	2007.1	116	88.82	27.18
14	2	118	88.05	29.95
15	3	99	87.28	11.72
16	4	93	86.51	6.49
17	5	76	85.74	−9.74
18	6	77	84.97	−7.97
19	7	71	84.2	−13.2
20	8	69	83.43	−14.43
21	9	62	82.66	−20.66
22	10	72	81.89	−9.89
23	11	72	81.12	−9.12
24	12	90	80.35	9.65

利用表 5—13 中的数据绘制时序曲线图，如图 5—10 所示。从图中可以看出，电视机销量有下降趋势，且有明显的季节变动，时序的波动幅度变化不大。可以考虑建立季节性迭加趋势模型。

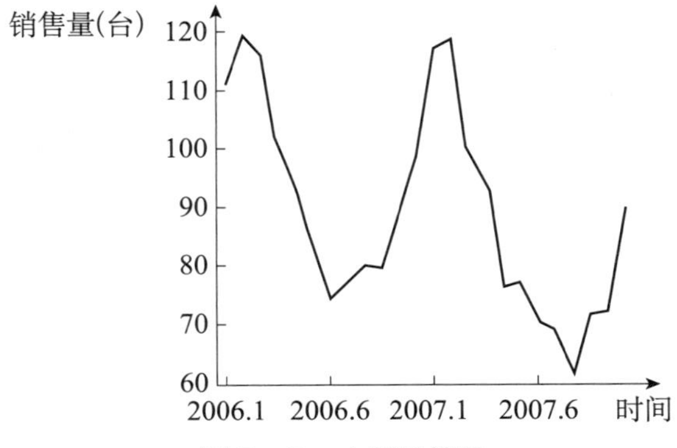

图 5—10 电视机销量

解：(1) 确定趋势直线方程。

这里采用经验公式法，计算 $\overline{Y}_{(1)}$ 和 $\overline{Y}_{(2)}$，得

$$b=\frac{\overline{Y}_{(2)}-\overline{Y}_{(1)}}{24-12}=-0.77$$

$$\overline{Y}_{(1)}=93.83 \qquad \overline{Y}_{(2)}=84.58$$

$$a=\overline{Y}_{(1)}-6.5b=93.83-6.5\times(-0.77)=98.83$$

则时序的趋势直线方程为：

$$F_t=a+bt=98.83-0.77t$$

计算时序各期趋势值 Ft，列入表 5—13 中。

（2）确定季节增量 d_i。

利用 Y_t 及 F_t 数值计算各期季节增量 d_t，结果也列入表中。根据式（5.6.8）可以确定各月季节增量 d_i，结果列入表 5—14。

表 5—14　　各月电视机销量　　单位：台

月份	d_i	月份	d_i
1	25.6	7	−16
2	25.3	8	−15
3	15	9	−16
4	5.4	10	−11
5	−5	11	−6
6	−10	12	8.5

预测模型为：

$$\hat{Y}_t = 98.82 - 0.77t + d_i$$

（3）预测。

根据建立的预测模型预测出 2008 年各月该家电连锁销售商的电视机销量（见表 5—15）。

表 5—15　　2008 年各月销售量预测值　　单位：台

月份	销售量	月份	销售量
1	105	7	58
2	104	8	59
3	93	9	57
4	83	10	62
5	71	11	66
6	66	12	80

从预测结果看，如果销售的条件不改变，销售量将越来越小。要增加销售量，企业就要分析销量减少的原因。如果内部经营管理不足是主要原因，要设法提高经营管理的水平，更好地运用各项影响措施。

（二）季节型交乘趋势模型

有些时间序列，既存在明显的季节变动又含有长期趋势变动，而且时间序列的季节变动幅度随现象的趋势变动而加大。对于这样的市场现象，在预测时要采用季节型交乘趋势模型。

季节型交乘趋势模型为：

$$\hat{Y}_t = (a+bt) \cdot f_i \qquad (5.6.9)$$

式中，$a+bt$ 为时间序列线性趋势变动部分；f_i 为时间序列各月（季）的季节指数。模型的建立分为两步，先分离出时序趋势变动，再求出季节指数。趋势直线的参数

a，b 可用最小二乘法、目估法和经验公式确定。

（1）确定趋势直线方程。

趋势直线的参数 a，b 可用最小二乘法、目估法和经验公式确定。

（2）计算季节指数 f_i。

先用下式计算样本季节指数 S_t：

$$S_t=\frac{Y_t}{F_t} \tag{5.6.10}$$

由于这些季节指数是用样本值直接计算的，所以称为样本季节指数。它只反映季节影响给各期带来的实际波动。反映时间序列季节变动规律的是理论季节指数 f_t，它通过各个周期内相应的样本季节指数平均得到，即

$$f_t=\frac{S_i+S_{i+T}+S_{i+2T}+\cdots+S_{i+(m-1)T}}{m}，i=1，2，\cdots，T \tag{5.6.11}$$

例 5—14

现有某地区某种产品产量近 3 年的分月资料（见表 5—16）。试预测该种产品 2008 年各月的产量。

表 5—16　　某地区某种产品产量　　单位：万件

时序（t）	时间	销售量（Y_t）	趋势值（F_t）	季节指数（S_t）
1	2005.1	6	7.81	0.77
2	2	7	8.32	0.84
3	3	8	8.83	0.91
4	4	8	9.34	0.86
5	5	10	9.84	1.02
6	6	14	10.35	1.35
7	7	16	10.86	1.47
8	8	22	11.37	1.94
9	9	20	11.87	1.68
10	10	10	12.38	0.81
11	11	5	12.89	0.39
12	12	6	13.40	0.45
13	2006.1	9	13.90	0.65
14	2	10	14.41	0.69
15	3	12	14.92	0.80
16	4	13	15.43	0.84
17	5	15	15.93	0.94
18	6	20	16.44	1.22
19	7	24	16.95	1.42
20	8	29	17.46	1.66
21	9	26	17.96	1.45
22	10	15	18.47	0.81
23	11	9	18.98	0.47
24	12	10	19.49	0.51

续前表

时序（t）	时间	销售量（Y_t）	趋势值（F_t）	季节指数（S_t）
25	2007.1	12	19.99	0.60
26	2	15	20.50	0.73
27	3	17	21.01	0.81
28	4	19	21.52	0.88
29	5	21	22.02	0.95
30	6	25	22.53	1.11
31	7	36	23.04	1.56
32	8	42	23.55	1.78
33	9	38	24.05	1.58
34	10	22	24.56	0.90
35	11	16	25.07	0.64
36	12	14	25.58	0.55

解：绘制该时间序列的曲线图（见图5—11），从图中可以看出该现象既有明显的季节变动，也含有明显的趋势变动，而且季节变动的幅度随趋势增加而加大，用季节交乘趋势模型对它进行预测是适合的。

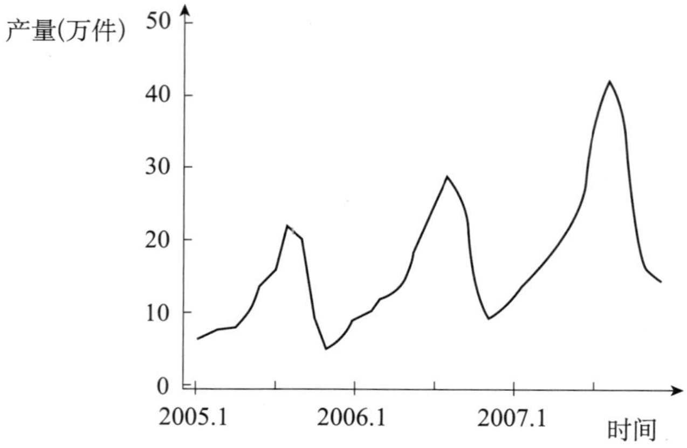

图5—11　产品产量

（1）确定趋势直线方程。

这里采用最小二乘法。估计出参数 $a=7.3063$，$b=0.5075$。趋势方程为：

$$F_t=a+bt=7.3063+0.5075t$$

用上式算出各期的趋势值（见表5—16）。

（2）计算季节指数。

利用公式，计算出各期的样本季节指数（见表5—16）。在此基础上计算各期的理论季节指数（见表5—17）。

表5—17　各期的理论季节指数

月份	f_t	月份	f_t
1	0.67	3	0.84
2	0.75	4	0.86

续前表

月份	f_t	月份	f_t
5	0.97	9	4.57
6	1.22	10	0.83
7	1.49	11	0.5
8	1.79	12	0.5

预测模型为：

$$\hat{Y}_t=(a+bt)\cdot f_i=(7.3063+0.5075t)\cdot f_t$$

(3) 预测。

根据建立的预测模型预测出 2008 年该地区该种产品各月的产量（见表 5—18)。

表 5—18　　2008 年产量预测　　单位：万件

月份	产量	月份	产量
1	17.48	7	43.40
2	19.94	8	53.05
3	22.76	9	47.33
4	23.74	10	25.44
5	21.21	11	15.58
6	34.92	12	15.83

练习题

1. 什么是时间序列分析法？它有哪些特点？说明时间序列分析法在市场预测中运用的基本思路。

2. 时间序列数据变化有哪四种类型？说明综合四类变动时间序列乘法预测模型。

3. 算术平均法、几何平均法和加权平均法的预测计算式是什么？比较它们的适用条件。

4. 什么是移动平均法？它有何用途？跨越期在预测中如何选定？

5. 一次移动平均法进行预测的应用形式有哪几种？各自适用什么情况？

6. 什么是指数平滑法？它有哪些特点？

7. 一项和二项指数平滑法各自适用于什么情况？解释两种指数平滑法预测模型的符号。

8. 什么是趋势延伸法？常见的趋势线与拟合方程有哪几种？它们各适合于预测何种市场现象？

9. 比较二次指数平滑法与直线趋势延伸法。

10. 移动平均趋势法计算季节指数的基本步骤有哪些？

11. 某商店近 10 周的食盐销售量如下表。(1) 试分别以 3 周和 5 周为跨越期，用移动平均数法预测第 11 周的食盐销售量；(2) 比较预测误差后作出预测选择。

周次	1	2	3	4	5	6	7	8	9	10
千克	22	21	23	24	25	24	26	25	24	26

12. 仍用上题资料，(1) 试用一次指数平滑法（α 取 0.3 和 0.7，S_0 取 22）预测第 11 周销售量；(2) 你认为选择哪一个平滑系数更合适，为什么？

13. 某地区最近 13 个月的社会零售额资料如下表。试根据表中资料，用一次移动平均数的变动趋势预测模型测算该地区第 14 个月的社会零售总额（跨越期 N 取 5）。

月序	1	2	3	4	5	6	7	8	9	10	11	12	13
零售总额（亿元）	6.9	4.2	12.6	9.4	13.7	16.8	14.2	13.5	17.8	19.4	15.8	16.9	18.8

14. 根据某市家计调查资料，得知近 4 年居民每户各季平均消费资料如下表。(1) 试用移动平均季节指数法计算各季季节指数；(2) 用最小二乘法建立模型预测下一年每季的平均消费量。

单位：千克

年份＼季度	一	二	三	四
2004	3.05	1.45	1.96	4.54
2005	5.11	3.42	3.89	6.62
2006	7.03	5.51	5.95	8.52
2007	9.14	7.55	7.88	10.56

15. 现有某商店销售额的历史数据资料如下表所示。试用二次指数平滑法预测下一年度的销售额。

年份	销售额（万元）
1998	40.0
1999	45.0
2000	50.3
2001	55.1
2002	60.2
2003	65.7
2004	70.9
2005	75.8
2006	80.9
2007	86.2

16. 某公司 1998—2006 年的产品产量情况如下表所示，作图判断变动趋势，采用适当的趋势模型预测出下一年的产量。

年份	产量（万件）
1998	4.9
1999	6.0
2000	7.2
2001	7.6
2002	8.4
2003	8.5
2004	8.6
2005	9.2
2006	9.0

17. 某旅游风景区 2005—2007 年各月的旅游收入资料如下表：

单位：万元

月份	2005 年	2006 年	2007 年
1	116	145	180
2	154	210	245
3	220	312	325
4	392	520	535
5	642	684	710
6	1 642	1 872	1 923
7	2 810	3 120	3 350
8	1 204	1 382	1 576
9	384	482	625
10	183	248	437
11	125	130	258
12	95	112	166

试判断是否存在季节变动，并对下一年度各月的旅游收入作出预测。

第6章

因果分析法

第一节　市场变量的因果关系

客观世界中许多事物、现象、因素彼此关联而构成关系、过程、系统。市场的发展变化由多种因素决定，同时，市场的发展变化也会不同程度地影响这些因素的发展变化。例如，市场是国民经济的综合反映，国民经济的任何变化，诸如国民经济发展速度、积累和消费比例关系的调整、人口增长和劳动就业状况、居民收入变化、消费者购买心理的变化，都会引起市场商品供求关系变化，而市场商品供求关系变化反过来又会对上述影响因素及其关系产生反作用。又比如，消费者需求的多变性、多样性，促使企业运用新技术开发新产品，满足市场需求，而企业的产品质量、促销方式、定价水平又影响着市场需求。我们把市场研究中的研究目标和影响其变化的各种因素统称为市场变量。市场经济活动中现象与现象间彼此关联而构成的依存关系，称为市场变量因果关系。

市场变量因果关系可以从定性和定量两个方面进行研究分析。

一、定性分析

定性分析是从质的方面说明市场经济现象之间因果关系的规律性，即说明任何现象都有其产生的原因，任何原因都会引出一定的结果。一切市场运动的结构规律通常表现为概念、原理、原则、定义、公理等。在市场预测中定性分析关注的市场变量因果关系形态有两种：一是简单的市场变量因果关系，即关注分析影响预测目标的因素有哪些，哪些是主要的，哪些是次要的，它们各自与预测目标的经济关系的本质是什么；二是复杂的市场变量因果关系，即不仅研究各影响因素与预测目标的经济关系，还要研究各影响因素之间的经济关系，以及预测目标或各影响因素内在的变化动态关系，等等。

二、定量分析

定量分析是从量的方面说明市场经济现象之间因果关系的数量变化关系形态，即市场变量的联系方式与影响程度，通常表现为数学模型。在市场预测中定量分析涉及的市场变量因果关系的数量变化关系形态可以分为两类。

（一）确定性的数学模型

一个保险公司承保汽车 8 万辆，每辆汽车保费收入为 1 500 元，则该保险公司汽车承保总收入为 1.2 亿元。如果把承保总收入记为 y，承保汽车辆数记为 x，则 $y=1\ 500x$。x 与 y 两个变量间完全表现为一种确定性关系，即函数关系。又如，工业企业的原材料消耗总额用 y 表示，生产量用 x_1 表示，单位产量消耗用 x_2 表示，原材料价格用 x_3 表示，则 $y=x_1x_2x_3$。这里的 y 与 x_1，x_2，x_3 仍然是一种确定性的函数关系，但它们显然不是一种线性函数关系了。我们可以将变量 y 与 p 个变量（x_1，x_2，…，x_p）之间存在着的某种函数关系用下面的形式表示：$y=f$（x_1，x_2，…，x_p）。确定性市场变量因果关系的数学模型是人们按照市场经济活动中多种经济现象之间客观存在的质的规定性，用定义方式建立变量间相互依存、相互联系的一种数量变化关系计算式。一个变量（或多个变量）的变化能完全决定另一个变量的变化，它通常不会因时空的变化而改变。

（二）非确定性因果关系的数学模型

某地市场的日用商品的销量与当地人口数量有关，人口越多，产品的销量就越大，但是人口与销量之间的关系并不能用确定的数值关系来描述。这种关联但不确定的关系广泛存在于我们的日常生活当中，例如国民经济发展速度与社会商品零售总额之间、消费品需求量与居民收入水平之间、企业商品销售量与广告支出水平之间、加速资金周转与利润率之间等。这些因素之间都有一定的因果关系，但是它们之间的因果关系（或密切程度）并没有达到由一个变量（或多个变量）完全确定另一个变量的程度。它们是一种非确定性关系，具体变化的数量关系，并不是确定不变的，在不同地区或不同时期都会有所不同，也就会有不同的具体数学模型，这就需要根据具体情况来建立具体的市场变量因果关系数学模型，这类模型就称为非确定性因果关系数学模型。建立这类模型的方法主要有三种。

1. 回归分析法

当预测目标变量（称因变量）由于一种或几种影响因素变量（称自变量）的变化而发生变化，根据某一个自变量或几个自变量的变动，来解释推测因变量变动的方向和程度，常用回归分析法建立的数学模型。回归分析法是在掌握大量观察数据的基础上，利用数理统计方法建立因变量与自变量之间的回归关系函数表达式，来描述它们之间数量上的平均变化关系。这种函数表达式称为回归方程式。回归分析中，当研究的因果关系只涉及因变量和一个自变量时，叫做一元回归分析；当研究的因果关系涉及因变量和两个或两个以上自变量时，叫做多元回归分析。此外，回归分析中，又依据描述自变量与因变量之间因果关系的函数表达式是线性的还是非线性的，分为线性回归分析和非线性回归分析。通常线性回归分析法是最基本的分析方法，遇到非线性回归问题可以借助数学手段转化为线性回归问题处理。

2. 经济计量法

当以系统观点研究复杂的市场变量因果关系，综合分析预测目标与主要的相关先决变量间经济行为结构的动态变化关系，根据先决变量的数据来推测预测目标的变动方向和程度，常用经济计量法建立的数学模型。经济计量法是在以经济理论和事实为依据的定性分析基础上，利用数理统计方法建立一组联立方程式，来描述预测目标与相关先决变量之间经济行为结构的动态变化关系。这组联立方程式称为经济计量模型。采用经济计量法要求我们能客观地揭示市场变量因果关系之间错综复杂的关系的规律，运用该方法建立的经济计量模型一般能较好地描述经济活动包含的经济行为结构，它是比较先进、能取得较好预测结果的一种预测方法。

3. 投入产出法

当预测中分析研究国民经济各部门之间、各部门内部或企业内部各组织之间生产和消费的相互依存关系，根据投入产出综合平衡关系，来推测预测目标的变动方向和程度，常用投入产出关系建立的数学模型。投入产出法就是把一系统内各部门在一定时期内的投入（购买）来源与产出（销售）去向制成一张纵横交叉的投入产出表格，根据此表建立数学模型，计算消耗系数，并据以进行经济分析预测的方法。它为经济管理部门和生产单位从事经济平衡、计划管理、市场预测等提供科学的经济信息。严格地讲，投入产出法是一种特殊的经济计量模型，它广泛应用于研究国民经济两大部类间、积累与消费间的比例关系，预测各部门的投入量和产出量。从应用范围上看，可分为全国性、地方性、专业性、大型企业、一般企业等形式。

综上所述，因果关系分析法的基本思路为：根据决策目的的需要，通过对市场经济现象之间因果关系的定性分析，认识现象之间相互联系的规律所在，选择恰当的数学模型描述因果关系，主要研究变量之间的联系形态，据以预测目标变量的发展前景及其可能水平。

第二节　一元线性回归分析法

一元线性回归分析法是在考虑预测对象发展变化本质的基础上，分析因变量随一个自变量变化而变化的关联形态，借助回归分析建立它们之间因果关系的回归方程式，描述它们之间的平均变化数量关系，据此进行预测或控制。

一、基本原理与预测步骤

（一）基本原理

假设预测目标因变量为Y，影响它变化的一个自变量为X，一元线性回归分析就是要依据一定数量的观察样本（X_i，Y_i）（$i=1$，2，…，n），找出回归直线方程

$$\hat{Y}=a+bX \tag{6.2.1}$$

式中，X为自变量；$\hat{Y}$为回归估计值或拟合值；a为回归直线在纵轴上的截距；b为直线回归方程的斜率，在实际应用中表示自变量X每变动一个单位时因变量Y的平均变动数量。

对应于每一个X_i，根据回归直线方程可以计算出一个因变量估计值$\hat{Y}_i$。实际观察值Y_i与其回归估计值$\hat{Y}_i$之间的离差记作$e_i=Y_i-\hat{Y}_i$。显然，两者的离差越小越好。综合考虑n个离差值，定义离差平方和为：

$$Q(a,b)=\sum_{i=1}^{n}e_i^2=\sum_{i=1}^{n}(Y_i-a-bX_i)^2$$

我们将使用普通最小二乘法估计回归参数a和b的理想估计值，使$Q(a,b)=\sum_{i=1}^{n}e_i^2=\sum_{i=1}^{n}(Y_i-a-bX_i)^2$达到最小。

根据微积分中的极值原理，使Q最小时，a和b必须满足下列方程组（用$\sum$代表$\sum_{i=1}^{n}$）：

$$\begin{cases}\sum Y_i=na+b\sum X_i\\ \sum X_iY_i=a\sum X_i+b\sum X_i{}^2\end{cases} \tag{6.2.2}$$

式中，$\sum Y_i$，$\sum X_i$，$\sum X_iY_i$，$\sum X_i{}^2$依据已知X和Y的观察值计算可得。解上面关于a和b的线性方程组，求得a和b。即

$$a=\frac{\sum Y_i}{n}-b\frac{\sum X_i}{n} \tag{6.2.3}$$

$$b=\frac{n\sum X_iY_i-\sum X_i\sum Y_i}{n\sum X_i{}^2-(\sum X_i)^2} \tag{6.2.4}$$

为了计算方便，以及便于编制计算机应用程序，一般定义：

$$S_{XX}=\sum(X_i-\overline{X})^2=\sum X_i{}^2-n(\overline{X})^2 \tag{6.2.5}$$

$$S_{YY}=\sum(Y_i-\overline{Y})^2=\sum Y_i{}^2-n(\overline{Y})^2 \tag{6.2.6}$$

$$S_{XY}=\sum(X_i-\overline{X})(Y_i-\overline{Y})=\sum X_iY_i-n(\overline{XY}) \tag{6.2.7}$$

$$\overline{X}=\frac{1}{n}\sum X_i \qquad \overline{Y}=\frac{1}{n}\sum Y_i$$

这样，方程组的解亦可写为：

$$\begin{cases} a=\overline{Y}-b\,\overline{X} & (6.2.8) \\ b=\dfrac{S_{XY}}{S_{XX}} & (6.2.9) \end{cases}$$

将求出的 a 和 b 代入式（6.2.1）就可得到回归直线 $\hat{Y}=a+bX$，那么只要给定 X_i 的值，就可以用 $\hat{Y}_i$ 作因变量 Y_i 的预测值。

（二）预测步骤

市场变量因果关系用回归分析法进行预测，其主要步骤如下：

（1）确定预测目标和影响因素。根据决策目的的需要，明确进行预测的具体目标，分析寻找影响预测目标的相关因素，并判断选出主要的影响因素，也就是决定因变量和自变量。

（2）收集整理因变量和自变量观察样本资料。根据预测要求通过市场调查收集纵断面观察样本资料或横断面观察样本资料。纵断面观察样本资料是指因变量、自变量的历史统计数据，它反映因变量、自变量所代表的同一地区或同一组织内经济现象随时间推进发展过程中的因果关系关联形态。横断面观察样本资料是指某一特定时间内不同地区或不同组织的因变量和自变量统计资料，它反映的是预测对象事物特定时期内经济行为中的因果关系关联形态。

（3）建立回归方程预测模型。根据自变量与因变量之间因果关系的关联形态，以及上面收集的资料，按照回归分析基本原理，建立回归方程预测模型。

（4）进行相关分析、方差分析与显著性检验。对于任何给定的一组因变量、自变量观察样本资料，用最小二乘法都可以计算出回归方程参数，建立回归方程式，但是这样建立的回归方程并非一定有实用意义。凭借丰富的专业知识和实践经验能从质的方面判断回归方程式是否符合规律，但无法从量的方面作出判断。相关分析是借用统计方法计算自变量、因变量观察样本资料的相关系数，说明变量之间的线性相关密切程度，并通过 r 显著性检验指出这种线性相关密切程度的显著性水平。方差分析是分析自变量与因变量线性相关关系对因变量的变异的影响程度，并通过 F 显著性检验指出反映自变量与因变量线性相关关系的回归方程式的显著性水平。只有通过 r 显著性检验和 F 显著性检验，才能说明建立的回归线性方程有实际意义。

（5）进行预测。在经过相关分析与显著性检验后，利用达到某一显著水平的回归方程预测模型进行实际预测，包括计算预测值和置信区间。

二、一元线性回归分析应用

例 6—1 ☞

某企业研究企业广告费对销售额的影响，现获得近 10 个季度的统计资料（见表 6—1）。试分析企业广告费对销售额有无显著作用？如果企业下季度准备支出广告费 58 万元，估计企业销售额将为多少？如果希望企业季度销售额达到 800 万～1 000万元，那么应该投入多少广告费？

表 6—1　　**企业广告费支出统计资料**

季度 i	销售额 Y_i（10 万元）	广告费 X_i（万元）	X_iY_i	X_i^2	Y_i^2
1	28	25	700	625	784
2	31	28	868	784	961
3	50	34	1 700	1 156	2 500
4	53	38	2 014	1 444	2 809
5	61	47	2 867	2 209	3 721
6	70	62	4 340	3 844	4 900
7	60	45	2 700	2 025	3 600
8	66	56	3 696	3 136	4 356
9	63	54	3 402	2 916	3 969
10	65	55	3 575	3 025	4 225
$\sum$	547	444	25 862	21 164	31 825

解：1. 设广告费为自变量 X，销售额为因变量 Y。根据 10 组观察资料（X_i，Y_i）作散点图（见图 6—1）。

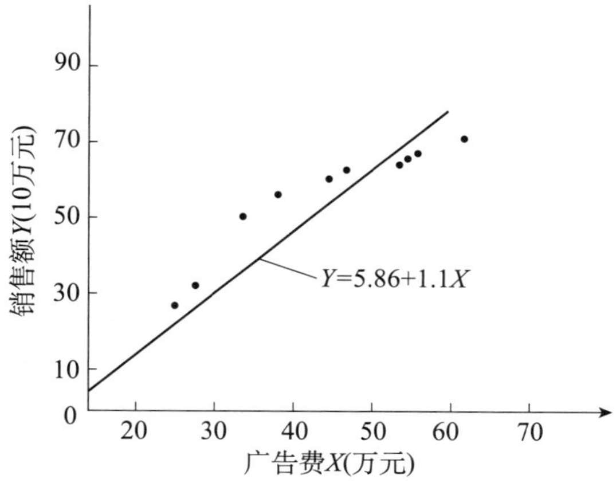

图 6—1　企业广告费与销售额的线性关系

2. 由散点图可知，企业销售额 Y 随企业广告费 X 的增大大致呈线性增长趋势，符合一般规律。故能根据观察资料寻求最佳拟合回归直线方程 $\hat{Y}_i = a + bX_i$。

3. 按回归分析直线方程参数公式计算 a 和 b。为了便于计算，可以列表（见表 6—1），计算 $\sum Y_i$，$\sum X_i$，$\sum X_iY_i$，$\sum X_i^2$ 及平均值 $\overline{X}$ 和 $\overline{Y}$。

由表 6—1 可得：

$$\overline{X} = 44.4,\ \overline{Y} = 54.7,\ \sum X_iY_i = 25\ 862,\ \sum Y_i = 547,$$

$$\sum X_i = 444,\ \sum X_i^2 = 21\ 164$$

代入式（6.2.3）和式（6.2.4），计算 a 和 b 分别为：

$$b=\frac{10\times 25\ 862-547\times 444}{10\times 21\ 164-444\times 444}=1.1$$

$$a=\frac{547-1.1\times 444}{10}=5.86$$

根据式（6.2.5）、式（6.2.6）、式（6.2.7）可得

$$S_{XX}=21\ 164-\frac{444\times 444}{10}=1\ 450.4$$

$$S_{YY}=31\ 825-\frac{547\times 547}{10}=1\ 904.1$$

$$S_{XY}=25\ 862-\frac{547\times 444}{10}=1\ 575.2$$

利用式（6.2.8）、式（6.2.9）可得

$$b=\frac{S_{XY}}{S_{XX}}=\frac{1\ 575.2}{1\ 450.4}=1.1$$

$$a=54.7-1.1\times 44.4=5.86$$

故得一元线性回归方程模型：

$$\hat{Y}=5.86+1.1X$$

4. 进行相关分析、方差分析与显著性检验

（1）相关分析与 r 检验。自变量与因变量之间因果关系线性关联程度，通常用统计学中表明两变量之间线性相关密切程度的相关系数描述。相关系数用 r 表示，计算公式为：

$$r=\frac{\sum(X_i-\overline{X})(Y_i-\overline{Y})}{\sqrt{\sum(X_i-\overline{X})^2\sum(Y_i-\overline{Y})^2}}=\frac{S_{XY}}{\sqrt{S_{XX}S_{YY}}} \qquad (6.2.10)$$

或

$$r=\frac{n\sum X_iY_i-(\sum X_i)(\sum Y_i)}{\sqrt{[n\sum X_i^2-(\sum X_i)^2][n\sum Y_i^2-(\sum Y_i)^2]}} \qquad (6.2.11)$$

相关系数 r 具有以下特性：

1）相关系数取值范围为 $-1\leqslant r\leqslant 1$。

2）相关系数 r 的符号与 b 相同。当 $r>0$ 时，称为正线性相关，这时 Y_i 有随 X_i 增加而线性增加的趋势；当 $r<0$ 时，称为负线性相关，这时 Y_i 有随 X_i 增加而线性减少的趋势。

3）若相关系数 $|r|$ 越接近 1，两个变量之间的线性相关程度就越高；若相关系数 $|r|$ 越接近 0，两个变量之间线性相关程度越低。通常当 $r=0$ 时，回归直线方程中的回归系数 $b=0$，说明因变量 Y 的取值与自变量 X 无关，称 X 与 Y 无线性相关关系，但可能存在其他非线性关系；当 $|r|=1$ 时，即 $Y=\hat{Y}$，观察样本所有的点都落在回归直线上，称 X 与 Y 存在完全确定的线性相关关系；当 $0<|r|<1$ 时，称 X 与 Y 存在一定的线性相关关系，其线性相关的密切程度由 $|r|$ 的大小说明。一般 $|r|>0.7$ 为高度线性相关密切程度；$0.3<|r|\leqslant 0.7$ 为中度线性相关密切程度；$|r|\leqslant 0.3$ 为低度线性相关密切程度。

本例将上面计算的S_{XX}，S_{YY}，S_{XY}代入式（6.2.10），可得企业广告费与销售额的相关系数：

$$r=\frac{S_{XY}}{\sqrt{S_{XX}S_{YY}}}=\frac{1\ 575.2}{\sqrt{1\ 450.4\times1\ 904.1}}=0.948$$

说明企业季度广告费与季度销售额之间存在正线性相关，线性相关关系的密切程度达0.948，为高度线性相关密切程度。

由于相关系数r是用观察样本资料计算得到的，它所说明的线性相关密切程度对总体是具有5%还是10%的显著性，即有95%或90%的可信度（置信度），需要进行相关系数检验。相关系数检验步骤如下：

1）选择显著性水平α，通常经济预测问题α选择5%或10%。

2）根据α值和（$n-k$），k为变量数量，从本书附表五相关系数临界值表中查得临界值r_c。

3）比较r与r_c，当$|r|>r_c$，表明两变量间的线性相关具有显著性，有（$1-\alpha$）的可信度，适合预测；当$|r|\leqslant r_c$时，只能说计算r值纯属偶然，建立的回归方程不宜应用，需要重新选择变量或重新收集数据，重新建立模型。出现$|r|\leqslant r_c$这种情况的原因很多，其中主要有三点：一是定性分析选择的各变量之间并不存在因果关系，原定性分析设想不正确；二是选择的变量间存在因果关系，但还有其他起着更主要作用的变量尚未列入模型之中；三是选择的变量之间因果关系是非线性关系。

本例选择$\alpha=5\%$，$k=2$，$n-2=8$，从附表五查得$r_c=0.631\ 9$，说明$r>r_c$，故$r=0.948$有5%显著水平；回归模型$\hat{Y}=5.86+1.1X$达到95%的置信度，可以应用于预测或控制。

（2）方差分析与F检验。为了使应用回归方程进行预测或控制可靠，了解自变量X对因变量Y的变异的解释程度是否具有显著性，需要对Y的变异进行方差分析。

方差分析是指对因变量Y的变异进行离差平方和分析，目的是了解所拟合的回归线性方程与实际观察值之间的接近程度如何，判别回归效果的好坏。

由统计学原理分析可知，n个因变量Y观察值的变异，其分散程度可以用每个观察值Y_i同全部观察值的平均数$\overline{Y}$的离差平方和表达，称总离差平方和，记作$S_{总}$。计算公式为：

$$S_{总}=\sum(Y_i-\overline{Y})^2=\sum Y_i{}^2-\frac{(\sum Y_i)^2}{n}=S_{YY} \tag{6.2.12}$$

可以证明，n组观察样本X_i和$Y_i(i=1,2,\cdots,n)$，总离差平方和可以分为另外两个离差平方和。

等式中$\sum(Y_i-\hat{Y}_i)^2$称为剩余离差平方和，记作$S_{余}$。它可以认为是除回归方程式中自变量X以外的受随机因素影响产生的离差平方和。它的计算可化简为：

$$\sum(Y_i-\overline{Y})^2=\sum(Y_i-\hat{Y}_i)^2+\sum(\hat{Y}_i-\overline{Y})^2 \tag{6.2.13}$$

$$S_{余}=\sum(Y_i-\hat{Y}_i)^2=S_{YY}-\frac{S_{XY}^2}{S_{XX}} \tag{6.2.14}$$

$\sum(\hat{Y}_i-\overline{Y})^2$ 称为回归离差平方和，记作 $S_{回}$。它反映总离差平方和中由于自变量 X 与因变量 Y 的线性关系而引起的 Y_i 的变化，是能被自变量解释的那部分离差平方和。它的计算可化简为：

$$\begin{aligned} S_{回} &= \sum(\hat{Y}_i-\overline{Y})^2 \\ &= \sum(a+bX-a-b\overline{X})^2 \\ &= \sum(bX-b\overline{X})^2 \\ &= b^2\sum(X-\overline{X})^2 \\ &= \frac{S_{XY}^2}{S_{XX}^2}S_{XX}=\frac{S_{XY}^2}{S_{XX}} \end{aligned} \tag{6.2.15}$$

从统计学观点看，每一个平方和都有一个自由度同它相联系，$S_{总}$ 的自由度为 $n-1$，因为在计算 $\sum(Y_i-\overline{Y})^2$ 时，消失一个自由度。$S_{余}$ 的自由度为 $n-2$，因为在计算 $\sum(Y_i-\hat{Y}_i)^2=\sum(Y_i-a-bX_i)^2$ 时，其中参数 a 和 b 是由观察资料计算的，因而消失了两个自由度。$S_{回}$ 的自由度为 1，因为对一元线性回归分析的回归方程来说

$$\begin{aligned} \sum(\hat{Y}-\overline{Y})^2 &= \sum(a+bX-a-b\overline{X})^2 \\ &= \sum b^2(X-\overline{X})^2 \\ &= b^2\sum(X-\overline{X})^2 \end{aligned}$$

在进行方差分析时，可以将上述分析结果归纳在方差分析表中（见表 6—2）。

表 6—2　　方差分析表

离差来源	离差平方和	自由度
回归（自变量因素）	$S_{回}=\sum(\hat{Y}_i-\overline{Y})^2=S_{XY}^2/S_{XX}$	m①
剩余（随机因素）	$S_{余}=\sum(Y_i-\overline{Y}_i)^2=S_{YY}-\frac{S_{XY}^2}{S_{XX}}$	n②$-m-1$
总计	$S_{总}=\sum(Y_i-\overline{Y})^2=S_{YY}$	$n-1$

① m 为自变量个数。
② n 为观察样本资料量总数。

根据前面计算出的 S_{YY}，S_{XY}，S_{XX}，代入 $S_{总}$，$S_{回}$，$S_{余}$ 计算公式，可得本例企业广告费与销售额回归的方差分析结果及相应自由度，列出方差分析表（见表 6—3）。

表 6—3　　方差分析表

离差来源	离差平方和	自由度
回归（广告费因素）	$S_{回}=1\ 710.74$	1
剩余（随机因素）	$S_{余}=193.36$	8
总计	$S_{总}=1\ 904.1$	9

由表 6—3 可知，企业季度销售额的总离差平方和可以认为绝大部分是由季度广告费与销售额的线性关系引起的，即是受广告费变量的回归影响而致，其他随机

因素产生的剩余离差平方和仅占总离差平方和的10.1%。这种分析结果对总体是否显著以及具有何种置信度，还得借助统计学中的F检验来判断。

统计学中的F检验，是将回归分析的回归离差平方和同剩余离差平方和考虑各自的自由度后求得的平均离差和加以比较，所得比值为F统计量。计算公式为：

$$F=\frac{S_{回}/m}{S_{余}/(n-m-1)} \tag{6.2.16}$$

将计算得到的F值与F分布表值（见附表四）比较后，便可判明方差分析结果，即回归分析建立的回归方程是否具有显著性。F检验步骤为：

• 选择检验的显著性水平α。

• 根据α以及自由度m和自由度$n-m-1$，查F分布表（见附表四）的临界值F_c。

• 将计算的F与F_c作比较判断。若$F>F_c(\alpha, m, n-m-1)$，则认为回归预测模型是显著的，回归预测模型所含自变量的变化足以解释因变量的变化，即在显著性水平α上，从总体看回归预测模型是有效的。若$F\leqslant F_c(\alpha, m, n-m-1)$，则认为回归预测模型达不到显著水平，回归预测模型所含自变量的变化不足以解释因变量的变化，即在显著水平α上，从总体上看回归预测模型无效。显然，只有在选择的一定显著水平α上，回归预测模型有效，才能应用于预测；反之，则不能应用于预测。

本例根据表6—3方差分析的数据，利用公式（6.2.16）计算出。

$$F=\frac{S_{回}/m}{S_{余}/(n-m-1)}=\frac{1\ 710.74/1}{193.36/8}=70.78$$

若选择显著水平$\alpha=5\%$，考虑$m=1$和$n-m-1=8$，从附表四查表得F分布表临界值$F_c=5.32$。因为$F>F_c$，所以可以认为从总体上讲，该企业季度广告费与销售额两变量间线性关系具有5%显著水平，回归分析建立回归方程对总体而言，预测或控制有效性达95%。

r检验和F检验是两种不同形式的统计检验方法，可以证明F和r数量之间具有如下关系：

$$F=\frac{(n-m-1)r^2}{m(1-r^2)} \tag{6.2.17}$$

显然，F是$|r|$的单调递增函数，$|r|$越大，则F也就越大，因而F检验和r检验可以等价，在具体应用中采用哪种检验都行。

必须进行检验，以说明观察资料经回归分析建立模型的显著性水平。只有通过显著性检验，回归分析的模型应用预测与控制才具有科学性；否则，就具有危险性。

5. 进行实际预测或控制。上面我们已分析确认了企业广告费变量X与销售额变量Y之间存在线性关系，显著性检验说明用直线回归方程式能说明它们之间的关系。由于我们在研究销售额变动现象时，并没有把影响其变动的其他多种因素考虑在内，如心理因素、竞争因素等，因此，在利用统计检验达到显著性水平的直线回归方程进行实际应用时，实际值Y与模型估计值$\hat{Y}$之间会产生差异。直线回归方程的精确程度用样本观察值在回归直线周围分布的离散程度量度，称为回归标准误差，即以回归标准误差的大小说明直线回归方程应用的精确程度。回归标准误差通常用 S 表示，计算公式为：

$$S=\sqrt{\frac{\sum(Y_i-\hat{Y}_i)^2}{n-m-1}}=\sqrt{\frac{S_{余}}{n-m-1}} \tag{6.2.18}$$

显然，回归标准误差 S 越大，观察值 Y_i 在回归直线周围分布离散程度越大，直线回归方程应用的精确度越低；反之，S 越小，Y_i 在回归直线周围分布离散程度越小，直线回归方程应用的精确度越高。具有怎样的回归标准误差水平才能认为直线回归方程应用的精确度称得上满意呢？一般在计算回归标准误差之后，按下式进行判断：

$$\frac{S}{\overline{Y}}<15\% \tag{6.2.19}$$

如果不等式成立，则认为直线回归方程应用精确度能令人满意；反之，则认为精确度不令人满意。

本例中，按方差分析表中数值，计算得 $S=4.92$，$S/\overline{Y}=4.92/54.7=0.09<15\%$。我们可以认为回归方程 $Y=5.86+1.1X$ 实际应用精确度令人满意。

考虑到根据观察资料配合的回归方程式实际应用存在回归标准误差，当企业季度广告费观察值为 X_0 时，季度销售额变量为 Y_0，预测值存在某个可能范围，即置信区间。当观察样本资料量 n 较大时（$n\geqslant30$），Y_0 的波动规律呈正态分布：$Y_0\sim N(\hat{Y}_0, S)$。根据正态分布的三个标准差原则，置信区间计算公式为：

$$P\left[\hat{Y}_0-2S\leqslant Y_0\leqslant\hat{Y}_0+2S\right]=95.4\%$$

$$P\left[\hat{Y}_0-3S\leqslant Y_0\leqslant\hat{Y}_0+3S\right]=99.7\%$$

上述公式的意义是：预测值 Y_0 落在 $[\hat{Y}_0\pm2S]$ 区间内的置信度为 95.4%；预测值 Y_0 落在 $[\hat{Y}\pm3S]$ 区间内的置信度为 99.7%。

当观察样本资料量 n 较小时（$n<30$），置信区间要用 t 分布设置。置信区间计算式为：

$$P\left[\hat{Y}_0-t_{\frac{\alpha}{2}}(n-m-1)\cdot\delta\leqslant Y_0\leqslant\hat{Y}_0+t_{\alpha/2}(n-m-1)\cdot\delta\right]=1-\alpha \tag{6.2.20}$$

$$\delta=S\sqrt{1+\frac{1}{n}+\frac{(X_0-\overline{X})^2}{\sum_{i=1}^{n}(X_i-\overline{X})^2}} \tag{6.2.21}$$

$$\hat{Y}_0=a+bX_0$$

式中，$1-\alpha$ 为置信度；α 为显著性水平；$t_{\alpha/2}(n-m-1)$ 是自由度为 $n-m-1$ 的 t 分布临界值；δ 为回归标准误差的调整值。

式（6.2.20）的意义是，预测值落在 $[\hat{Y}\pm t\delta]$ 区间内的置信度为 $(1-\alpha)\times100\%$。

图 6—2 和图 6—3 分别显示了大样本和小样本条件下的因变量置信区间形状，表明给定某个置信度时，因变量预测值置信区间的上下界限。例如，大样本条件下，置信度为 95%时，上下界限为：

$Y_{上}=a+bX+2S$

$Y_{下}=a+bX-2S$

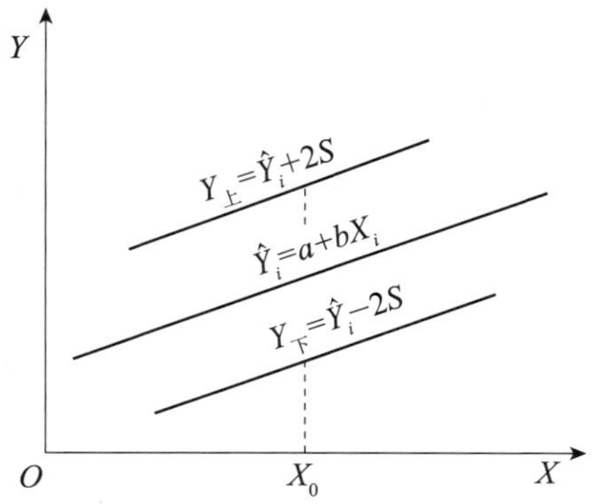

图6—2 大样本置信区间

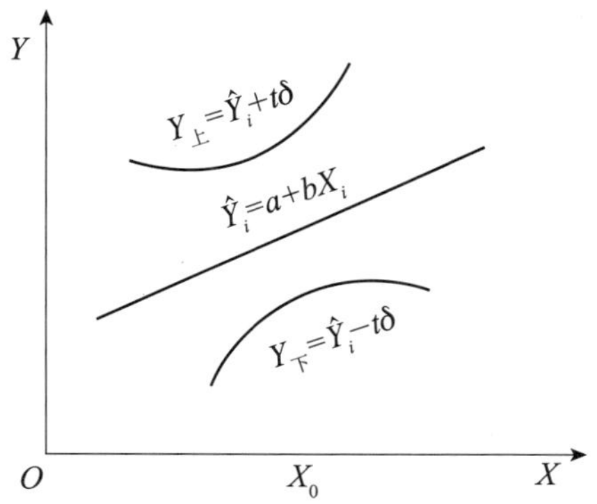

图6—3 小样本置信区间

小样本条件下，置信度为95%时，上下界限为：

$$Y_{上}=a+bX+t\delta=a+bX+2.306\delta \quad (6.2.22)$$

$$Y_{下}=a+bX-t\delta=a+bX-2.306\delta \quad (6.2.23)$$

式中，$t=2.306$，由t分布表（见附表二），$\alpha=5\%$，$n-2=8$。

(1) 预测应用。本例要求预测企业下季度广告费为58万元时的销售额。在此，以$X_0=58$万元代入$Y=5.86+1.1X$回归方程，得$Y_0=69.66$（10万元）。置信度为95%的置信区间用小样本公式计算。其中：

$$\delta=S\sqrt{1+\frac{1}{n}+\frac{(X_0-\overline{X})^2}{\sum_{i=1}^{n}(X_i-\overline{X})^2}}$$

$$=4.92\times\sqrt{1+\frac{1}{10}+\frac{(58-44.4)^2}{1\,450.4}}=5.45$$

故

$$Y_{上}=69.66+2.306\times5.45=82.23\ (\times10\text{ 万元})$$

$$Y_{下}=69.66-2.306\times5.45=57.09\ (\times10\text{ 万元})$$

就是说，下季度广告费支出58万元，销售额估计落在570.9万元～822.3万元间的可能性达95%。

(2) 控制应用。本例希望企业季度销售额控制在800万元～1 000万元间，有95%置信度，即希望$Y_{上}=100$（×10万元），$Y_{下}=80$（×10万元），所需的广告费可利用式(6.2.22)和式(6.2.23)建立联立方程组：

$$100=5.86+1.1X_1+2.306\times5.45$$

$$80=5.86+1.1X_2-2.306\times5.45$$

求解得

$$X_1=74.12\ (\text{万元}) \qquad X_2=78.83\ (\text{万元})$$

企业季度广告费应该控制在74.12万元～78.83万元之间。

第三节　多元线性回归分析法

一元线性回归是回归分析中的基础和经典，然而在现实的市场经济活动中，满足一元线性回归的情形屈指可数，绝大部分的市场变量是由多个而非一个因素决定的。例如，某种产品的销量受到人口数量、居民收入、产品价格、替代产品等多种因素的影响，在这种情况下，如果采用一元线性回归的方法，尝试用其中一个影响因素去预测产品的销量，显然是错误的。因此，我们引入多元回归的方法，多元回归的基础是多元线性回归，许多非线性回归问题都可以转化为线性回归来解决。

多元线性回归分析法是选择说明预测目标的变量为因变量，影响预测目标的多种主要因素为多个自变量，同时探讨两个或两个以上自变量与因变量之间的线性因果关系，建立线性回归预测模型，据此进行预测。

一、基本原理及回归系数计算方法

多元线性回归分析的基本原理同一元线性回归分析一样，也是用最小二乘法使回归预测值与实际值之间的总偏差平方和最小，求出多元线性回归预测模型回归系数，达到多元线性回归方程与实际观察数据点的最佳拟合。

设：经定性分析，影响因素自变量 X_i（$1\leqslant i\leqslant m$）与预测目标因变量之间确实存在线性因果关系，则多元线性回归方程式是：

$$\hat{Y}=b_0+b_1X_1+b_2X_2+\cdots+b_mX_m \tag{6.3.1}$$

式中，b_0 为常数项；b_i（$1\leqslant i\leqslant m$）为斜率回归系数，统称待定回归系数。

在多元回归分析中，Y 对某一自变量的斜率回归系数，表示当其他自变量不变时，该自变量变动一个单位量时 Y 的平均变动量。Y 为因变量回归估计值。

按最小二乘法原理，对于已知的 m 个自变量和因变量 Y 组成的 n 个观察值，可以证明它们间多元线性回归方程的回归系数 b_1，b_2，…，b_m 一定是下列线性方程组的唯一解：

$$\begin{cases} L_{11}b_1+L_{12}b_2+\cdots+L_{1m}b_m=L_{1y} \\ L_{21}b_1+L_{22}b_2+\cdots+L_{2m}b_m=L_{2y} \\ \cdots\cdots\cdots\cdots \\ L_{n1}b_1+L_{n2}b_2+\cdots+L_{nm}b_m=L_{my} \end{cases} \tag{6.3.2}$$

而且

$$b_0=\overline{Y}-\sum_{i=1}^{m}b_i\overline{X}_i \tag{6.3.3}$$

$$\overline{Y}=\frac{1}{n}\sum_{j=1}^{n}Y_j,\overline{X}_i=\frac{1}{n}\sum_{j=1}^{n}X_{ij},1\leqslant i\leqslant m$$

$$L_{iy}=\sum_{j=1}^{n}(X_{ij}-\overline{X}_i)(Y_j-\overline{Y}),1\leqslant i\leqslant m$$

$$L_{ik}=L_{ki}=\sum_{j=1}^{n}(X_{ij}-\overline{X}_i)(X_{kj}-\overline{X}_k),\ i=1,2,\cdots,m;k=1,2,\cdots,m$$

就是说，由收集的自变量、因变量的 n 个观察值，按上式计算，L_{iy}，L_{ik}（i，k=1，2，…，m）均为可知，代入简化线性方程组（6.3.2）便可求得 b_1，b_2，…，b_m 回归系数，再利用式（6.3.3）又可求得 b_0。

通常线性方程组（6.3.2）可以用矩阵表示，设：

$$L=\begin{bmatrix}L_{11} & L_{12} & \cdots & L_{1m}\\ L_{21} & L_{22} & \cdots & L_{2m}\\ \vdots & \vdots & & \vdots\\ L_{m1} & L_{m2} & \cdots & L_{mm}\end{bmatrix}\quad B=\begin{bmatrix}b_1\\ b_2\\ \vdots\\ b_m\end{bmatrix}\quad D=\begin{bmatrix}L_{1y}\\ L_{2y}\\ \vdots\\ L_{my}\end{bmatrix}$$

则矩阵形式为：

$$LB=D \tag{6.3.4}$$

式中，L 为简化方程组（6.3.2）中系数矩阵；B 为斜率回归系数向量；D 为常数项向量。

因此，斜率回归系数向量可依据已知的 L 矩阵和 D 向量，按下式计算：

$$B=L^{-1}D \tag{6.3.5}$$

式中，L^{-1} 为系数矩阵 L 的逆矩阵。

将求得的 b_1，b_2，…，b_m 代入式（6.3.3），求出 b_0，便将多元线性回归方程系数全部求得。

二、分析预测步骤

多元线性回归分析预测步骤与一元线性回归分析预测步骤基本相似，只是扩展了回归分析中的自变量数量，回归系数计算变得复杂，同时也增添了多元线性回归预测模型统计检验的复杂性。在此，我们着重讲解多个自变量的选择和多元线性回归模型统计检验两方面的不同内容。

（一）正确选择多个自变量

市场经济现象往往同时受多种因素的影响。为了提高市场预测的准确度，研究市场问题时要将若干重要因素同时列入考察范围，将其变量导入回归方程式，进行多元回归分析。市场预测中既不能只考虑一个主要影响因素，也不能认为考虑的因素越多越好。事实上，若考虑因素太多，收集资料难度加大，计算量太大，也会影响预测精确度，而且在众多影响因素中，每个影响因素对预测目标起的作用并不相同，起关键作用的主要因素往往只是很少的几个。还有一些自变量因素之间存在着密切的相关关系，只要选择其中一个作为代表即可。一般取 10 个以下自变量。

例如，人们对汽车的需求情况进行考察研究，预测目标选定 t 时期的汽车保有量，其影响因素有同期的汽车价格指数、人均收入、政府消费政策、市场上可得性指数、汽车消费的重要性、市场景气程度等。显然，这些影响因素对汽车保有量的影响作用有大有小。有的因素资料很难得到，有的资料不宜量化，有些因素相关性极密切（如市场上可得性指数与市场景气程度）。为此，正确选择多个自变量，从理论上进行质的分析，确定哪些自变量与预测目标之间确实存在因果相关关系，同时考虑所选用的多个自变量的数据可获取性和预测期数值可定性，同样是多元回归分析选择包含自变量多元性的必要条件。在设计拟定多元线性回归预测模型时，需要从众多自变量因素中认真筛选，挑选出尽可能少的、互不相关的、对因变量起关键作用的主要因素，通常借助经验消元法、相关消元法和逐步回归法。下面简述逐步回归法的分析预测过程。

逐步回归法的基本原理是，按各个自变量对因变量影响作用的大小，由大到小依次逐个引入回归方程。每引入一个自变量，都要对回归方程中每一个自变量的作用进行显著性检验。当发现某个无显著作用的自变量被引入时，即行舍弃。每舍弃一个自变量后，还要对仍留在回归方程式中的自变量进行显著性检验。如果发现方程中还存在无显著作用的自变量时，就应继续进行舍弃，直至没有自变量可以引入，也没有自变量可以从回归方程中舍弃为止。

上述基本原理的实质，是通过判断多元线性回归方程解释因变量总离差平方和的效果，随某个自变量引入是增加还是减少，且是否具有显著性，来决定是否应该将此自变量引入多元线性回归方程。线性回归方程方差分析中，$S_{回}$在$S_{总}$中占的比率为判别系数R^2。即

$$R^2=\frac{S_{回}}{S_{总}} \tag{6.3.6}$$

式中，

$$S_{回}=\sum_{j=1}^{n}(\hat{Y}_j-\overline{Y})^2$$

$$S_{总}=\sum_{j=1}^{n}(Y_j-\overline{Y})^2$$

$$S_{余}=\sum_{j=1}^{n}(Y_j-\hat{Y}_j)^2$$

而且 $S_{总}=S_{回}+S_{余}$

也就是说，判别系数R^2用来度量回归方程式对观察资料的拟合优度。通常R^2在0～1的范围内变动。如果一元或多元线性回归分析建立的线性回归方程，方差分析后计算出$R^2=0.88$，则说明一元或多元线性回归方程能解释因变量观察值变异（对其平均值之总离差平方和）的88%，只有12%是线性回归方程未作出解释的，这部分未作出解释的可归于尚未引入线性回归方程的偶然因素的作用。R^2越大，则回归分析建立的线性回归方程效果越好，即拟合优度越高。

逐步回归法的具体步骤大致如下：

（1）根据收集的n组因变量、多个自变量的观察资料，计算出每个自变量与因变量Y之间的相关系数r_{iy}，以r_{iy}的大小（代表X_i对Y的作用）排序。

（2）以r_{iy}大小排列顺序，依次引入一个自变量，即建立一元线性回归方程，二元线性回归方程，……，m元线性回归方程。

（3）依次建立一元，二元，……，m元线性回归方程的同时，分别计算相应回归方程的复相关系数R，判别系数R^2，及每增加一个自变量引起R^2的变动（记作

ΔR^2），以便了解导入一个新自变量以后，因变量观察值变异得到解释的那部分的比例的变动大小。如果导入的新自变量不能使 R^2 增大，则将其舍弃；反之，则将其保留。

（4）依次针对导入新自变量能带来 R^2 增加现象进行显著性检验，一般选择 F 检验，其公式为：

$$F=\frac{(R_{m_2}^2-R_{m_1}^2)\ /\ (m_2-m_1)}{(1-R_{m_1}^2)\ /\ (n-m_2-1)} \tag{6.3.7}$$

式中，$R_{m_2}^2$ 为导入一个新自变量后，新的回归方程对观察资料的拟合优度；m_2 为新回归方程自变量个数；$R_{m_1}^2$ 为导入一个新自变量之前原先回归方程对观察资料的拟合优度；m_1 为原先回归方程自变量个数；n 为观察资料总量。

F 值计算出来后，与选择的 5%或 10%显著性水平下的临界值 F_c 做如下比较。若 $F>F_c$，则导入新自变量后新回归方程发生的 R^2 增加具有 5%或 10%显著性，新自变量保留于回归方程；若 $F\leqslant F_c$，则导入新自变量后新回归方程发生的 R^2 增加可能是由于偶然原因引起的，不具有 5%或 10%显著水平，此新自变量舍弃。

例 6—2

某公司研究企业员工年薪金水平时，认为该指标与员工的职务级别、应聘任期、学历、功绩评分、年龄、任命年份等因素有关。公司收集了 30 位员工的有关资料后，采用逐步回归法建立预测模型，得到分析结果概要（见表 6—4）。

表 6—4 **计算结果**

自变量	简单相关系数 r	回归方程元素 m	复相关系数 R	R^2	ΔR^2
职务级别 X_1	+0.879 96	1	0.879 96	0.774 33	
应聘任期 X_2	+0.474 68	2	0.902 45	0.814 42	0.040 09
学　　历 X_3	−0.451 93	3	0.903 53	0.816 37	0.001 95
功绩评分 X_4	+0.259 35	4	0.904 89	0.818 83	0.002 46
年　　龄 X_5	+0.465 73	5	0.906 68	0.822 07	0.003 24
任命年份 X_6	+0.368 91	6	0.906 94	0.822 54	0.000 47

由表 6—4 可知，按各自变量与年薪金的简单相关系数（即一元回归分析得到的相关系数）大小顺序依次导入自变量，复相关系数从 $m=1$ 时 X_1 和 Y 的 0.879 96，增加到 $m=6$，6 个自变量和薪金的 0.906 94。随回归方程自变量元素 m 由 1 到 6 的变化，回归方程解释薪金变量 Y 的变异的比例，从大约 0.77 增加到大约 0.82。在导入第二个自变量（应聘任期）后，使原先得到解释的变异增加了大约 4%，但是此后再导入新的自变量，得到解释的那部分比例的增加极其微小，少于 1%。那么，第二个自变量（应聘任期）导入后带来的 ΔR^2 变动是不是显著的呢？按式（6.3.7）计算：

$$R_{m_2}^2=0.814\ 42,\ R_{m_1}^2=0.774\ 33,\ m_2=2,\ m_1=1$$

$$F=\frac{(R_{m_2}^2-R_{m_1}^2)/(m_2-m_1)}{(1-R_{m_1}^2)/(n-m_2-1)}$$

$$=\frac{(0.81442-0.77433)/(2-1)}{(1-0.77433)/(30-2-1)}$$

$$=4.8$$

选择5%显著水平，由 F 计算公式的分子自由度 $m_2-m_1=1$，分母自由度 $n-m_2-1=27$，从附表四查得 $F_c=4.21$。因为 F 大于4.21，所以第二个自变量导入建立的二元线性回归方程具有5%显著水平。X_1 和 X_2 保留在回归方程中。

我们再来看第三个自变量（学历）导入后带来的 ΔR^2 是否具有显著性。按式（6.3.7）计算：

$$R_{m_2}^2=0.81637,\ R_{m_1}^2=0.81442,\ m_2=3,\ m_1=2$$

故

$$F=\frac{(R_{m_2}^2-R_{m_1}^2)/(m_2-m_1)}{(1-R_{m_1}^2)/(n-m_2-1)}$$

$$=\frac{(0.81637-0.81442)/(3-2)}{(1-0.81442)/(30-3-1)}=0.2731$$

我们按 $\alpha=5\%$，分子自由度1，分母自由度26，可从 F 分布表中找到 $F_c=4.23$。显然导入第三个自变量后的三元线性回归方程带来的 $\Delta R^2=0.0195$ 不具有5%显著水平，故将第三个自变量（学历）舍弃。在舍弃第三个自变量（学历）之后，表6—4中所列 $m=4$，5，6的 R^2，ΔR^2 就要重新进行多元回归分析，计算舍弃 X_3 之后的情况。

（二）多元线性回归分析的统计检验

根据多个自变量、因变量观察资料计算出多元回归线性方程的回归系数 b_1，b_2，…，b_m 之后，还要借用数理统计方法进行检验，证明其回归效果，即从总体上确认多元线性回归预测模型的可信程度，然后才能运用于预测。多元线性回归分析统计检验的内容包括：方差分析、F 检验、r 检验、t 检验、DW 检验等。

多元线性回归分析中，回归系数计算及一系列的统计检验，用手工计算是很困难的，实际工作中常利用多元回归分析统计软件，借助计算机进行量的分析，提供分析数据。限于篇幅，此处从略。

三、利用回归分析进行预测的有关事项

（一）回归分析的数据资料问题

因变量和自变量的纵向资料或横向资料是回归分析的定量分析依据。如果观察值个数太少会使回归模型统计检验不具有显著性，或预测的置信区间变宽，因此应尽量多收集数据量，$n>30$ 为好。同时对所收集的数据资料进行分析，如果数据序列含有季节变化，为了得到准确结果，在进行回归分析前必须从数据序列中消除季节因素（如进行季节差分）。

（二）建立合理的回归关系

必须合理建立回归关系，自变量和因变量之间的关系应当有理论的支持，而不能凭空臆断，或者仅仅根据数据判断。举例来说，夏季气温上升，水果的销量增加，同时由于空调使用量增大，会导致城市用电负荷增加。在这种情况下，水果销量和用电负荷可能呈现较强的相关关系，如果建立二者之间的回归，从数据角度来看可以得到拟合效果较好的模型，但这样的模型显然是没有意义的。因此，在建立回归模型时，首先应当考虑是否选择了合适的变量，变量之间是否存在影响关系。

（三）预测期自变量 X 的估计值

回归分析模型要在预测中应用，需要有预测期的自变量 X 的估计值。为此，自变量预测值的估计值的准确程度直接影响因变量的预测精度。回顾一下，置信区间是对一个既定的 X 值而言的。如果预测期自变量 X 是个估计值，且 X 值离开建立回归模型的 X 值范围较远，则置信区间会增宽。

（四）预测期的问题

随着时间的推移，以往存在的关系在未来几年中是否仍成立，是利用回归分析预测模型开展预测之前必须明确的。当预测期变得较长时，就一定要考虑关系的稳定性。随着时间的推移，应该周期性地补充资料检验回归模型，以便判断过去的关系是否成立。

（五）非线性的回归分析问题

回归分析是以观察资料的拟合直线为基础进行的。在市场研究中因果关系往往并不都呈线性关系，如产品生产产量与生产成本的关系就呈曲线关系。在经济预测分析中，因果关系呈现指数曲线、双曲线、二次曲线等非线性的关系较为普遍。如果因果关系为非线性，可以将非线性的函数模型（非线性方程）数学变量转换，变成线性方程，再利用最小二乘法计算回归线性方程的参数及进行有关检验。

例如，地区经济或企业的产出与投入的生产函数，假设在经济技术不变的情况下，总产值 Y 与投入的劳动力 L 和资本 K 有如下关系（即著名的柯布—道格拉斯生产函数）：

$$Y=AK^{\alpha}L^{\beta}$$

式中，A 为生产效率系数；α 为资本弹性系数；β 为劳动力弹性系数。

该函数式两边取对数变为：

$$\lg Y=\lg A+\alpha\lg K+\beta\lg L$$

即可以用二元线性回归分析法求出参数 α，β 和 A。

（六）自相关问题

当回归分析利用纵向资料时，会由众多原因引起回归分析中误差项（$Y-\hat{Y}$）随时间显示出某种规律性形态，此即自相关问题。如果存在自相关问题，回归方程的预测会出现估计过高或估计过低的现象。对此，可以利用统计学中德宾—沃森统计量（DW）对自相关进行检测。

$$DW=\sum_{i=2}^{n}(e_i-e_{i-1})^2/\sum_{i=1}^{n}e_i^2$$

$$e_i=Y_i-\hat{Y}_i$$

然后进行 DW 统计量检验，得出回归模型自相关统计量是否通过检验具有显著性。根据经验，DW 统计量在 1.5～2.5 之间时表示没有显著自相关问题。

对上述情况的讨论，不能误解为降低回归分析方法的有用性。正如注意行车安全不能看做汽车的有用性降低一样，只要回归分析应用适当，它是一种极为有效的预测方法。

综合上述内容，可知回归分析法应用过程要讲究经济学理论知识、实践经验的定性分析与定量分析的结合。定量分析建立模型完全以对客观经济关系、经济活动事实的认识，以及经济发展的规律为前提，否则便不能判断什么是因变量，什么是自变量，无法阐明变量间的因果关系。定量分析作为对经济理论、经验的设想与假设进行严密的数量性测定，进行验证的手段，在预测决策中发挥重要作用：有利于精确、严密地分析经济关系；对经济发展趋势进行预测；对经济政策的效果予以评价等。在多数场合，定性分析和定量分析是能够达到一致的，但有的场合也会出现矛盾，如理论上看应该肯定的结果，在定量分析中却被否定；或从理论上看应予以否定的结果，在定量分析中却得到肯定。出现这种矛盾，大多数情况下，应该从回归分析的技术性处理方法的局限性上找原因，当然，也不能排除个别时候经济理论或经验难以适用于某些特殊情况，此时，定量分析的正确结果有助于帮助我们认识错误的设想。总之，只有在实际应用中将定性分析和定量分析结合起来，才能使回归分析得到理想的效果。

第四节　经济计量分析法

经济计量法是经济分析与数学方法相结合的一种预测方法，它是根据客观的经济规律，利用预测对象有关因素之间存在复杂的相互依存关系，以数学和统计手段将其主要变量归纳在一组联立方程式中，抽象地描述它们之间的相互关系，然后进行演算，以便根据过去和现在的各种变量，推测未来时期的数值的方法。通常将描述预测对象有关主要变量相互关系的一组联立方程式称为经济计量模型。

经济计量法广泛应用于宏观经济分析和微观经济分析中。在实际应用中，既可用单一方程式的经济计量模型来描述企业产品需求函数性质，如已知消费者收入、竞争价格、广告费和企业拟定价格等各估计值的条件下，预测产品的未来销售量；也可以用包含数个或数十个乃至上百个方程式的多方程式经济计量模型来描述整个国民经济发展中的复杂经济关系。这种大型经济计量模型提供的信息，有利于提高宏观经济决策的科学性，并且对企业认清整个国民经济各部门的关系以及经济发展前景也十分有益；同时，根据这些信息能够预测未来消费者的收入和竞争价格趋向与可能水平，进而估计企业产品销售量。

单一方程式经济计量模型是分析单方向因果关系，即由说明变量（自变量）来阐明被说明变量（即预测目标，因变量）的变异的单方向因果关系（见图 6—4（A））。多方程式经济计量模型，也称联立方程经济计量模型或复杂经济计量模型，它是用多个方程式抽象表达预测对象系统内主要变量之间存在的相互依存关系，通常含有互为因果关系（见图 6—4（B））。

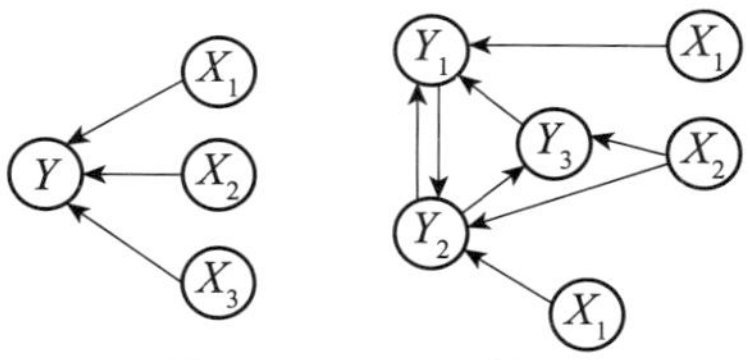

图 6—4 经济计量模型因果关系图

单一方程式经济计量模型，其分析方法直接采用前面所述的回归分析法。在本节，我们主要说明含多个方程式的联立方程经济计量模型。

一、联立方程经济计量模型的构成

（一）联立方程经济计量模型的方程形式

例 6—3

某企业为制定经营计划，进行经济活动分析，发现企业某计划期（年度）的销售额 S_t 与企业前期设备投资额 I_{t-1} 和同期国民生产总值 V_t 有关系；同期设备投资 I_t 的多少，又要视前期销售额 S_{t-1} 和同期经营利润 P_t 的情况而定；同期企业的费用水平 C_t，主要取决于同期设备投资额 I_t 和销售额 S_t 的情况；企业经营利润是销售额与费用之差。上述经济分析涉及的主要变量之间相互依存的因果关系，可用图 6—5 表示。图 6—5 中变量间带箭头的直线表示变量间某一变量对箭头指向变量的制约影响。于是图 6—5 中变量间的经济结构可以抽象为如下四个方程式构成的经济计量模型。

$$\begin{cases} S_t = a_0 + a_1 V_t + a_2 I_{t-1} & (6.4.1) \\ I_t = b_0 + b_1 S_{t-1} + b_2 P_t & (6.4.2) \\ C_t = C_0 + C_1 I_t + C_2 S_t & (6.4.3) \\ P_t = S_t - C_t & (6.4.4) \end{cases}$$

联立方程经济计量模型描述了经济活动中主要变量相互依存的制约关系。在联立方程经济计量模型中，都会含有两种形式的方程式：一是行为方程，亦称结构方程式。它描述研究分析对象的一个或多个经济变量值与另一个经济单位的行为有关，从而说明这些经济变量数值之间如何发生变化关系。如上述企业经营活动联立方程经济模型中式（6.4.1）、式（6.4.2）和式（6.4.3）就是行为方程。二是平衡

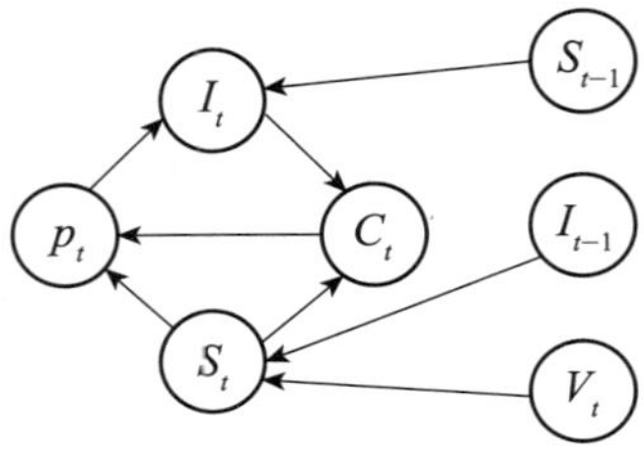

图 6—5　企业经济活动主要变量因果关系图

关系式。它描述经济活动运行客观规律的均衡条件，表现出经济变量之间的某种平衡关系，式（6.4.4）是平衡关系式。此外，有时经济计量模型还根据经济活动分析的需要，依据确定的客观规律对某些变量因子的数量变化关系，由明确的定义方程式作出表达，即还会含有定义关系式。

（二）联立方程经济计量模型的变量类型

通常联立方程经济计量模型所含的变量分为内生变量（同期、前期）、外生变量（同期、前期）、前定变量等。具体分类情况如下：

内生变量 { 同期内生变量；前期内生变量 }

外生变量 { 前期外生变量；同期外生变量 }

内生变量系指表征研究对象运行状态的变量，如例 6—3 中的 S_t，I_t，C_t，P_t，I_{t-1} 和 S_{t-1}。

外生变量系指表征影响研究对象运行状态的外部因素，且在模型之外决定其值的变量，如例 6—3 中的 V_t。

前定变量系指联立方程模型中不受其他变量制约，准备预测时它们的值能被确定的变量，也称先决变量，如例 6—3 中的 I_{t-1}，S_{t-1} 和 V_t。

内生变量和外生变量按变量值统计时期与预测期又区分为同期和前期两类。显然，S_t，I_t，C_t 和 P_t 是同期内生变量，而 I_{t-1} 和 S_{t-1} 是前期内生变量，V_t 则是同期外生变量。

二、联立方程经济计量模型的预测过程

（一）经济分析基础上建立经济计量模型

（1）分析预测对象系统经济运行活动规律，确定预测目标，找出与预测目标有关系的主要影响制约因素，明确经济变量间相互依存的因果关系。简而言之，就是在经济分析基础上，抽象出反映预测目标及影响其变化的主要变量相互间因果关系图，进而用行为方程、平衡方程乃至定义关系式，来描述这些主要变量之间的数量

变化关系。如例 6—3，就是在经济分析之后，得到如图 6—5 所示因果关系图，进而抽象概括为式（6.4.1）至式（6.4.4）的方程式，构成经济计量模型。

（2）判别建立的联立方程模型的合理性。判别模型的合理性，即判定行为方程、平衡关系式或定义关系式构成的联立方程模型中待定系数是否具有唯一性。

判定联立方程模型合理性的标准为：

导入于联立方程模型中，但不在某一方程式的变量数 ⩾联立方程模型的方程式数－1　　(6.4.5)

联立方程模型中的每一方程式，如果都能满足判定标准式（6.4.5），则可判定所建立的联立方程模型是合理的，也就可以肯定，利用收集资料所估算的待定参数估计值，是联立方程中各行为方程唯一的参数值；反之，则联立方程模型不合理。通过判定联立方程模型合理与否，可以从整体上分析经济结构模型中，对主要变量间数量变化关系的抽象概括是否可行。

例如，以例 6—3 建立的经济计量模型中所含的四个方程来讲，式（6.4.1）至式（6.4.4）分别按式（6.4.5）判定标准来看，依次存在以下判定式：

$$4(S_{t-1}，P_t，I_t，C_t)>3-1$$

$$4(S_t，C_t，I_{t-1}，V_t)>3-1$$

$$4(P_t，I_{t-1}，V_t，S_{t-1})>3-1$$

$$4(V_t，I_{t-1}，S_{t-1}，I_t)>3-1$$

因此，例 6—3 建立的四个方程式构成的经济计量联立方程模型具有合理性。式（6.4.1）至式（6.4.4）四个方程式对企业经济活动这几个主要变量的结构关系的抽象概括是可行的。

（二）确定经济计量模型中待定参数

联立方程经济计量模型合理性确定后，通过收集模型中变量的数据资料，运用回归分析法计算确定其中行为方程的待定参数及有效性，再与平衡关系式或定义方程式一起，构成能实际预测的模型。

例 6—4

本例主要变量的资料见表 6—5。运用多元线性回归分析法分别确定式（6.4.1）至式（6.4.3）三个行为方程的待定参数为：

$a_0=16.456\ 4$　　$a_1=0.011\ 2$　　$a_2=2.934\ 5$　　$F=61.315$

$b_0=-4.135\ 4$　　$b_1=0.129\ 5$　　$b_2=3.826\ 3$　　$F=8.190$

$c_1=6.883\ 4$　　$c_2=2.241\ 9$　　$c_3=0.164\ 6$　　$F=103.93$

表 6—5　　各期经济指标

观察期 t	销售额（万元）S_t	设备投资（万元）I_t	费用（万元）C_t	利润（万元）P_t	国民生产总值（亿元）V_t
0	32.0	8.0	30.0	2.0	77.0
1	38.0	8.0	35.7	2.3	85.0
2	50.0	13.0	46.8	3.2	95.0

续前表

观察期 t	销售额（万元）S_t	设备投资（万元）I_t	费用（万元）C_t	利润（万元）P_t	国民生产总值（亿元）V_t
3	60.0	18.0	56.2	3.8	110.0
4	56.0	17.0	53.0	3.0	113.0
5	67.0	19.0	62.3	4.7	127.0
6	87.0	29.0	80.7	6.3	152.0
7	107.0	38.0	99.9	7.1	184.0
8	117.0	41.0	109.6	7.4	208.0
9	137.0	41.0	128.2	8.8	234.0
10	143.0	50.0	153.0	10.0	277.0

这样，联立方程经济计量模型为：

$$\begin{cases} S_t = 16.4564 + 0.0112V_t + 2.9345I_{t-1} & (6.4.6) \\ I_t = -4.1354 + 0.1295S_{t-1} + 3.8263P_t & (6.4.7) \\ C_t = 6.8834 + 2.2419I_t + 0.1646S_t & (6.4.8) \\ P_t = S_t - C_t & (6.4.9) \end{cases}$$

（三）模型的检验

模型参数计算出来后，为了保证模型应用结果的可靠性，应该对模型进行检验。

（1）经济意义的检验。即检验模型参数的估计值是否符合经济意义。它涉及参数估计值的符号与大小。如果参数估计值符号与大小同经济理论以及人们的经验不符合，也就是说所建立的模型不能解释社会经济现象的一般明显的规律，那么就应认为所建立的模型不可靠，应重新构造模型，估计参数。

（2）统计检验。即依据统计理论来检验模型参数估计值的可靠程度。这与前面回归分析检验相同。

（3）实验模型检验。即对模型的预测能力予以检验。它是将收集的观察期数据代入经济计量模型，将计算结果与已经发生的经济结果进行比较，以检验经济计量模型的正确性。

例 6—4 中。我们以观察期 $t=1$ 的前定变量 S_{t-1}，I_{t-1} 和 V_t 的数据 $S_0=32$，$I_0=8.0$，$V_0=77$ 代入式（6.4.5）可得 $S_1=40.7948$ 万元；再将上面数据代入式（6.4.6）、式（6.4.7）和式（6.4.8），便可求得 $I_1=10.8654$ 万元，$C_1=37.9574$ 万元，$P_1=2.8374$ 万元。依此类推，我们可以依据各期的前定变量数据代入联立方程模型求出 S_t，I_t，C_t 和 P_t 的预测值。然后，将求出的有关变量估计值代入联立方程模型的平衡关系式或定义关系式，检查是否满足它们的平衡关系或定义关系，满足则说明模型理论分析和实验结果一致。例如，本例即计算各期 S_t 和 C_t 的差与求解得到的 P_t 相符合。可见，联立方程模型的优点是可以直接模拟检验模型的正确性。

（四）利用已确定的模型对市场的未来作出预测

利用联立方程经济计量模型开展预测，按照前面联立方程模型变量的分类，必须已知模型中的前定变量（先决变量）的数值，才能通过求解联立方程组，得到预测目标的预测值。

无论是上面利用观察期资料来检验模型的正确性，还是利用模型开展对未来预测的实际应用，代数运算的计算工作量较大，同样可以利用矩阵法求解；或者编成计算机运算程序，借助计算机计算求出预测值，也是十分方便的。

经济计量模型法在实际应用中，重要的是就预测问题正确开展经济分析，充分认识和理解预测对象运行机制，善于抓住主要变量及它们之间因果关系类型的特点，较好地运用行为方程、平衡关系式或定义方程式，正确地抽象概括预测对象运行机制，才能有的放矢地开展定量计算分析，并以定量分析结果验证前面经济分析的正确性，据以对预测对象未来状态作出估计。

第五节　投入产出分析法

投入产出分析法是从数量方面考察国民经济或企业内各部门之间生产与分配的数量依存关系，建立投入产出综合平衡模型，据此进行经济分析、预测和计划综合平衡工作的一种方法。这种方法在世界各国广泛采用，在我国也得到广泛重视。投入产出分析法应用中数学运算烦琐，以电子计算机为运算工具十分必要。本节着重介绍企业投入产出综合平衡模型的建立与应用思路。

一、企业投入产出综合平衡模型的结构

在现代化的大型联合企业中，生产过程、经济和技术的联系纵横交错，需要有效、合理地加以组织和管理，才能达到以最少的劳动耗费获得最大的经济效果。企业投入产出模型是研究企业生产经营过程中供、产、销之间综合平衡，以表格形式反映企业内各部门和各种产品之间的生产联系、物资技术供应、设备和人力资源的运用情况。该表格称为企业投入产出综合平衡表，它可以提供生产过程中所存在的基本数量关系、数量界限和有关经济技术指标。

企业投入产出综合平衡表有两种形式，即以价值表现的平衡表和以实物表现的平衡表。前者以价值作为计量单位，后者以实物量为计量单位。为了全面反映企业的生产经营计划，分析和研究产品的费用构成、成本要素等，就必须编制以价值表现的投入产出表。在重点分析企业内各部门的产品运动，做好物资平衡和生产计划工作时，常用实物表现的平衡表。

企业投入产出综合平衡表的结构如表 6—6 所示。以垂直方向考察，表的左半部分表明了纵列各种产品对横行各要素的投入情况，亦即生产消耗构成，包括对本企业内部资源、外购资源、设备折旧和劳动工资的投入（消耗），即工厂成本，再加税金及利润，便是各种产品的生产总值。从水平方向考察，表的上部分表明企业各自产产品按用途的分配（产出）情况，即流向和流量。具体来看，企业投入产出平衡表主要由以下四部分构成。

表 6—6　　企业投入产出综合平衡矩阵表　　单位：产值单位

		本企业内部消耗					最终产品			总产品
		1	2	…	n	合计	外销	储备	合计	
本企业内部资源	1	x_{11}	x_{12}	…	x_{1n}	$\sum_{j=1}^{n} x_{1j}$			y_1	x_1
	2	x_{21}	x_{22}	…	x_{2n}	$\sum_{j=1}^{n} x_{2j}$			y_2	x_2
	⋮	⋮	⋮		⋮	⋮			⋮	⋮
	n	x_{n1}	x_{n2}	…	x_{nn}	$\sum_{j=1}^{n} x_{nj}$			y_n	x_n
	合计	$\sum_{i=1}^{n} x_{i1}$	$\sum_{i=1}^{n} x_{i2}$	…	$\sum_{i=1}^{n} x_{in}$	$\sum_{i=1}^{n}\sum_{j=1}^{n} x_{ij}$			$\sum_{i=1}^{n} y_i$	$\sum_{i=1}^{n} x_i$
外购资源	1	h_{11}	h_{12}	…	h_{1n}	$\sum_{j=1}^{n} h_{1j}$				
	2	h_{21}	h_{22}	…	h_{2n}	$\sum_{j=1}^{n} h_{2j}$				
	⋮	⋮	⋮		⋮	⋮				
	n	h_{n1}	h_{n2}	…	h_{nn}	$\sum_{j=1}^{n} h_{nj}$				
	合计	$\sum_{i=1}^{n} h_{i1}$	$\sum_{i=1}^{n} h_{i2}$	…	$\sum_{i=1}^{n} h_{in}$	$\sum_{i=1}^{n}\sum_{j=1}^{n} h_{ij}$				
企业管理费		s_1	s_2	…	s_n	$\sum_{j=1}^{n} s_j$				
劳动工资 工厂成本		v_1	v_2	…	v_n	$\sum_{j=1}^{n} v_j$				
税金及利润		q_1	q_2	…	q_n	$\sum_{j=1}^{n} q_j$				
总产值		x_1	x_1	…	x_n	$\sum_{j=1}^{n} x_j$				

（1）企业投入产出表的基本部分。表的左上部分，由企业的 n 种自产产品部门组成。一种产品生产的过程同时又是消耗其他产品的过程。这样，由同名称同次序的产品所组成的横行代表 n 种本企业内部产品，纵列代表 n 种本企业内部消耗，纵横交叉就反映了本企业内各生产部门或各种产品之间的关系。x_{ij}（i，$j=1$，2，…，n）表示计划期第 j 种产品消耗第 i 种产品的数量。

（2）表的右上部分，反映本企业所生产的产品的最终使用情况，包括销售量、储备量与库存等。Y_i（$i=1$，2，…，n）表示计划期内 i 产品最终使用合计量，X_i

表示计划期内 i 产品的产出总量。

(3) 表的左中部分，即由横行（外购资源）与竖列（企业内部消耗）交叉组成的那部分，反映企业外购资源的使用情况。h_{ij} ($i=1, 2, \cdots, m$; $j=1, 2, \cdots, n$) 表示计划期内 j 产品消费 i 外购资源的数量。

(4) 表的左下部分，反映固定费用（企业管理费）和所创造价值（劳动工资、税金及利润等）。s_j, v_j, q_j, x_j ($j=1, 2, \cdots, n$) 分别表示计划期内 j 产品部门的企业管理费、劳动工资、税金及利润和总产值。

从横向考察，产品按用途的分配情况可写成企业投入产出模型的分配方程组：

$$\begin{cases} x_{11}+x_{12}+\cdots+x_{1n}+y_1=x_1 \\ x_{21}+x_{22}+\cdots+x_{2n}+y_2=x_2 \\ \cdots\cdots\cdots\cdots \\ x_{n1}+x_{n2}+\cdots+x_{nn}+y_n=x_n \end{cases} \tag{6.5.1}$$

或简写为：

$$\sum_{i=1}^{n} x_{ij}+y_i=x_i, \ i=1,2,\cdots,n$$

从纵列方向考察，企业生产投入情况可写成企业投入产出模型的生产方程组：

$$\begin{cases} x_{11}+x_{21}+\cdots+x_{n1}+h_{11}+h_{21}+\cdots+h_{m1}+w_1=x_1 \\ x_{12}+x_{22}+\cdots+x_{n2}+h_{12}+h_{22}+\cdots+h_{m2}+w_2=x_2 \\ \cdots\cdots\cdots\cdots \\ x_{1n}+x_{2n}+\cdots+x_{nn}+h_{1n}+h_{2n}+\cdots+h_{mn}+w_n=x_n \end{cases} \tag{6.5.2}$$

简写为：

$$\sum_{i=1}^{n} x_{ij}+\sum_{i=1}^{n} h_{ij}+w_j=x_j, \ j=1,2,\cdots,n$$

式中 $w_i=s_i+v_i+q_i$

生产方程组 (6.5.2) 表明纵列各种产品由企业内部资源和外购资源，以及劳动力的消耗构成。从价值角度看，这些方程表明生产资料转移价值（物质消耗、折旧）加上新创造价值（劳动消耗），恰好等于总产品价值。它表达了产品价值的形成过程，即表达了产品价值的转移过程和增值过程。

此外，考察表的左中部分，各自产产品消耗的外购资源的数量等于每种外购资源的总消耗量 h，即

$$\sum_{j=1}^{n} h_{ij}=h_i, \ i=1,2,\cdots,m \tag{6.5.3}$$

式 (6.5.3) 称为外购资源的分配平衡方程组。

综上所述，由企业利用统计资料构成企业投入产出表后，便可得企业投入产出综合平衡数学模型式 (6.5.1)、式 (6.5.2) 和式 (6.5.3)。

二、直接消耗系数和完全消耗系数

任何一种产品在生产过程中都直接或间接消耗一种或多种物料，定量地分析这些物料消耗关系，对于企业搞好计划管理工作十分重要。例如，现在我们提出企业生产安排中常见的两个问题：(1) 假定在下一个计划期中，设备和技术条件都不

变，根据市场需求，需要增加各种自产产品生产部门最终产品，那么各种自产产品部门的总产出应如何安排才能满足需要？（2）如果设备和技术条件都不变，下一计划期各种自产产品的总产出已知，那么可提供的最终产品是多少？这两个问题中，前者是从最终产品求总产出；后者是从总产出求最终产品，似乎问题很简单，而要真正解决问题，必须从数量上确定各种产品之间以及企业自产产品对外购资源的消耗关系。直接消耗系数和完全消耗系数就是反映这种关系的。

（一）直接消耗系数

直接消耗系数是指一种产品对另一种产品的消耗定额，或称单耗。由于它是由生产技术条件所决定的，所以也称为生产技术系数。在所考察分析的计划时期内，只要生产技术状况不发生变化，生产技术系数也就是不变的。直接消耗系数通常是在对企业统计资料和产品的消耗结构进行技术经济分析的基础上取得的，它直接反映了企业各种产品之间的经济联系和消耗构成。与不同时期直接消耗系数进行对比分析，能发现企业技术进步情况；与国内外同类企业消耗系数进行对比分析，可以看出企业生产技术和企业管理水平上存在的差距。

企业直接消耗包括对自产产品和外购资源的消耗，因此，直接消耗系数又分为自产产品直接消耗系数和外购资源直接消耗系数两种。

1. 自产产品直接消耗系数

自产产品直接消耗系数是指本期自产产品第 j 种单位产品所消耗第 i 种自产产品的数额，记为 a_{ij}。其计算公式为：

$$a_{ij}=\frac{x_{ij}}{x_j},\quad i，j=1，2，\cdots，n \tag{6.5.4}$$

即用本期第 j 种自产单位产品的总产出 x_j 去除该产品所消耗第 i 种自产产品数额 x_{ij}。对于企业 n 个自产产品的直接消耗系数 a_{ij} 依次排列可得到一矩阵，记作 A。即

$$A=\begin{bmatrix} a_{11} & a_{12} & \cdots & a_{1n} \\ a_{21} & a_{22} & \cdots & a_{2n} \\ \vdots & \vdots & & \vdots \\ a_{n1} & a_{n2} & \cdots & a_{nn} \end{bmatrix} \tag{6.5.5}$$

我们将 $x_{ij}=a_{ij}x_j$ 代入方程组（6.5.1），便可得分配方程组：

$$\sum_{j=1}^{n}a_{ij}x_i+y_i=x_i,\ i=1,2,\cdots,n$$

写成矩阵形式，同样有：

$$AX+Y=X$$

式中，A 为自产产品直接消耗系数矩阵；X，Y 为列向量。

$$X=\begin{bmatrix} x_1 \\ x_2 \\ \vdots \\ x_n \end{bmatrix}\qquad Y=\begin{bmatrix} y_1 \\ y_2 \\ \vdots \\ y_n \end{bmatrix}$$

移项后可得

$$(I-A)X=Y \tag{6.5.6}$$

式中，I 为 n 阶单位矩阵。求解可得出 X 矩阵。即

$$X=(I-A)^{-1}Y \tag{6.5.7}$$

这样，若企业生产技术状况不发生变化，按本期的自产产品直接消耗系数矩阵和计划期内各种自产产品的最终产品需求列向量 Y，根据式（6.5.6）经矩阵运算便可得出计划期内各自产产品总产出量。

2. 外购资源直接消耗系数

外购资源直接消耗系数是指本期自产产品第 j 单位产品所消耗第 i 种外购资源的数额，记为 d_{ij}。其计算公式为：

$$d_{ij}=\frac{h_{ij}}{x_j},\quad i=1,2,\cdots,m;\ j=1,2,\cdots,n \tag{6.5.8}$$

即用本期第 j 种自产产品总产出 x_j 去除该产品所消耗第 i 种外购资源数额 h_{ij}。所有自产产品对所有外购资源的直接消耗系数 d_{ij}，依次排列同样得一矩阵，记作 D。即

$$D=\begin{bmatrix} d_{11} & d_{12} & \cdots & d_{1n} \\ d_{21} & d_{22} & \cdots & d_{2n} \\ \vdots & \vdots & & \vdots \\ d_{m1} & d_{m2} & \cdots & d_{mn} \end{bmatrix} \tag{6.5.9}$$

将 $h_{ij}=d_{ij}x_j$ 代入式（6.5.3），便可得企业外购资源的分配平衡方程式：

$$\sum_{j=1}^{n} d_{ij}x_j = h_i,\quad i=1,2,\cdots,m$$

写成矩阵形式为：

$$H=DX \tag{6.5.10}$$

式中，

$$H=\begin{bmatrix} h_1 \\ h_2 \\ \vdots \\ h_n \end{bmatrix}\qquad X=\begin{bmatrix} x_1 \\ x_2 \\ \vdots \\ x_n \end{bmatrix}$$

企业全面编制生产计划，需要同时明确各种自产产品和外购资源的数量，因此式（6.5.7）和式（6.5.10）联合构成了一个企业投入产出模型。

（二）完全消耗系数

国民经济各部门之间在产品的生产和分配上存在着复杂的经济联系和生产技术联系，决定了多种产品之间除直接联系外，还有间接联系，相应地就存在直接消耗与间接消耗。我们将多种产品之间的直接消耗加上其间的间接消耗称为完全消耗。完全消耗从数量上全面地反映各产品之间复杂的经济联系和生产技术联系。

企业投入产出中产品完全消耗系数分为自产产品完全消耗系数和外购资源完全消耗系数。

1. 自产产品完全消耗系数

它是指企业自产第 j 种单位产品对第 i 种自产产品的完全消耗数量，记作 b_{ij}。将企业所有自产产品的完全消耗系数依次排列可得矩阵 B，即

$$B=\begin{bmatrix} b_{11} & b_{12} & \cdots & b_{1n} \\ b_{21} & b_{22} & \cdots & b_{2n} \\ \vdots & \vdots & & \vdots \\ b_{n1} & b_{n2} & \cdots & b_{nn} \end{bmatrix}$$

可以证明自产产品完全系数矩阵和自产产品直接消耗矩阵之间存在的关系为：

$$B=(I-A)^{-1}-I \tag{6.5.11}$$

式中，I 为 n 阶单位矩阵。

即由矩阵 A 通过式（6.5.11）经矩阵运算便可得矩阵 B，企业所有自产产品完全消耗系数为可知。

2. 外购资源完全消耗系数

它是指企业本期生产第 j 种单位产品对第 i 种外购资源的完全消耗数量，记作 f_{ij}。企业所有自产产品的外购资源完全消耗系数组成矩阵，记为 F，即

$$F=\begin{bmatrix} f_{11} & f_{12} & \cdots & f_{1n} \\ f_{21} & f_{22} & \cdots & f_{2n} \\ \vdots & \vdots & & \vdots \\ f_{n1} & f_{n2} & \cdots & f_{nn} \end{bmatrix}$$

也可以证明矩阵 F 与企业外购资源直接消耗系数矩阵 D 存在如下关系：

$$F=D(I-A)^{-1} \tag{6.5.12}$$

即根据已知的外购资源直接消耗系数矩阵 D 及 n 阶单位矩阵 I，按式（6.5.12）的矩阵运算，可得矩阵 F。

三、投入产出综合平衡模型在预测中的应用

由上述内容可知，在收集资料确定本期企业投入产出平衡表基础上，可以计算出各种消耗系数。假设企业设备和技术条件不变的条件下，就可以根据投入产出表建立的综合平衡模型进行预测应用，为计划管理、生产安排提供信息依据。常见的有以下两种应用。

（一）已知计划期内各种自产产品总产量列向量 X，求最终产品量列向量 Y，以及为确保计划完成所必须准备的各种外购资源消耗总量的矩阵 H

（1）由本期投入产出平衡表资料计算企业各消耗系数矩阵 A 和 D。

（2）由已知计划期产量矩阵 X，按公式 $Y=(I-A)X$，经矩阵运算计算出计划期的最终产品量列向量 Y，便可知计划期各种产品的最终产品总量 Y_j。

（3）由已知计划期产量列向量 X，按公式 $H=DX$，经矩阵运算计算出计划期的外购资源列向量 H，便可知计划期各种外购资源的总量 h_i。

（二）已知计划期内最终产品计划任务矩阵 Y，计算计划期内各产品的总产量列向量 X，以及确保计划完成所必须提供的各种外购资源 H 矩阵

（1）由本期投入产出平衡表资料计算企业各种消耗系数矩阵 A 和 D。

（2）由已知计划期内最终产品计划任务列向量 Y，按公式 $X=(I-A)^{-1}Y$，经矩阵运算计算出计划期各种产品的总产量列向量 X。

（3）由计算出的计划期各种产品的总产量矩阵，按公式 H＝DX，经矩阵运算计算出计划期各种外购资源的消耗总量列向量 H。

如果生产计划在执行中出现情况变动，打破了原有的平衡关系，计划要根据变化的情况及时调整，投入产出模型可以及时为调整计划提供新的信息。投入产出分析法可以用来进行多种分析、计算和预测。

例 6—5

某企业本期的实物型投入产出表如表 6—7 所示。假设因市场需求变化，企业在下一计划期内产品 C 和产品 D 的外销量由本期的 372 吨和 1 200 吨变为 400 吨和 1 310 吨，A，B 产品情况不变，且假设企业设备和技术条件不变。试问：(1) 计划期全部自产产品的产量各自应达到多大？(2) 全部外购资源总量应为多少？

表 6—7　　某企业实物型投入产出表

	投入＼产出	序号	自产内部消耗 A	B	C	D	合计	最终产品 外销	储备	合计	总产量
			1	2	3	4					
自产产品	A	1		544	173		717		33	33	750
	B	2			644	213	857		13	13	870
	C	3				720	720	372	8	380	1 100
	D	4					0	1 200	10	1 210	1 210
外购物料	原料Ⅰ（吨）	1	903	185	552		1 640				
	原料Ⅱ（吨）	2	455	102		1 393	1 950				
	水（吨）	3	2 666	1 168	9 366	17 500	30 700				
	电（度）	4	9 600	15 200	37 000	138 000	199 800				
	其他（元）	5	840	1 800	9 868	27 358	39 866				

解：(1) 根据表 6—7 提供的投入产出平衡资料计算自产产品直接消耗矩阵：

$$A=\begin{bmatrix}0 & 544/870 & 173/1\,100 & 0\\ 0 & 0 & 644/1\,100 & 213/1\,210\\ 0 & 0 & 0 & 720/1\,210\\ 0 & 0 & 0 & 0\end{bmatrix}$$

由 $B=(I-A)^{-1}-I$ 可求出自产产品完全消耗系数矩阵：

$$B=\begin{bmatrix}0 & 0.625\,3 & 0.523\,4 & 0.421\,5\\ 0 & 0 & 0.585\,5 & 0.524\,4\\ 0 & 0 & 0 & 0.595\,0\\ 0 & 0 & 0 & 0\end{bmatrix}$$

由外购原料直接消耗系数矩阵（6.5.8）和（6.5.9），可得

$$D=\begin{bmatrix} 1.2040 & 0.1216 & 0.5018 & 0 \\ 0.6067 & 0.1172 & 0 & 1.1512 \\ 3.5547 & 1.3425 & 8.5145 & 14.4628 \\ 12.8000 & 17.4713 & 33.6364 & 62.9752 \\ 1.1200 & 2.0690 & 8.9709 & 12.2727 \end{bmatrix}$$

由公式 $F=D(I-A)^{-1}$ 可算出外购物料完全消耗矩阵 F：

$$F=\begin{bmatrix} 1.2040 & 0.9655 & 1.2565 & 0.9175 \\ 0.6067 & 0.4966 & 0.3862 & 1.4684 \\ 3.5547 & 3.5653 & 11.1611 & 21.7312 \\ 12.8000 & 25.4751 & 50.5654 & 97.5460 \\ 1.1200 & 2.7693 & 10.7685 & 19.1674 \end{bmatrix}$$

（2）由计划期各产品最终需求量资料，即 $Y_A=33$ 吨，$Y_B=13$ 吨，$Y_C=400$ 吨，$Y_D=1\,310$ 吨，可列出最终产品列向量 Y：

$$Y=\begin{bmatrix} 3 \\ 13 \\ 400 \\ 1\,310 \end{bmatrix}$$

按 $X=(I-A)^{-1}Y$ 计算计划期企业各种自产产品的列向量 X，即

$$\begin{aligned} X &= (I-A)^{-1}Y \\ &= \begin{bmatrix} 1 & 0.6253 & 0.5234 & 0.4215 \\ 0 & 1 & 0.5855 & 0.5244 \\ 0 & 0 & 1 & 0.595 \\ 0 & 0 & 0 & 1 \end{bmatrix} \begin{bmatrix} 33 \\ 13 \\ 400 \\ 1\,310 \end{bmatrix} \\ &= \begin{bmatrix} 807 \\ 939 \\ 1\,187 \\ 1\,310 \end{bmatrix} \end{aligned}$$

由列向量 X 可知计划期满足市场需求的各自产产品计划产量为：$X_A=807$ 吨，$X_B=939$ 吨，$X_C=1\,187$ 吨，$X_D=1\,310$ 吨。

（3）根据公式 $H=DX$，可以计算计划期各种外购资源计划量：

$$\begin{aligned} H &= DX \\ &= \begin{bmatrix} 1.2040 & 0.2126 & 0.5018 & 0 \\ 0.6067 & 0.1172 & 0 & 1.1512 \\ 3.5547 & 1.3425 & 8.5145 & 14.4628 \\ 12.8000 & 17.4713 & 33.6364 & 62.9752 \\ 1.1200 & 2.0690 & 8.9709 & 12.2727 \end{bmatrix} \begin{bmatrix} 807 \\ 939 \\ 1\,187 \\ 1\,310 \end{bmatrix} \end{aligned}$$

$$=\begin{bmatrix} 1\ 767 \\ 2\ 108 \\ 33\ 182 \\ 149\ 159 \\ 29\ 572 \end{bmatrix}$$

H 列向量说明下一计划期各种外购资源为：原料Ⅰ1 767 吨；原料Ⅱ2 108 吨；水 33 182 吨；电 149 159 度；其他物料 29 572 元。

第六节　我国人均旅游消费的预测案例

一、旅游消费市场发展情况简介

20 世纪 30 年代以来，随着经济增长和居民收入水平的提高，全球旅游业急剧扩张，逐步成为世界上发展前景广阔，产业规模庞大的新兴产业之一。根据世界旅游组织统计，国际旅游业已经成为国际服务贸易中交易额较大的产业之一，同时旅游业也成为世界上较大的产业之一，为全球经济发展做出了不可忽视的贡献。在我国，随着经济的迅速发展和人民生活水平的不断提高，我国旅游产业规模不断增大，出游人数和旅游总收入都不断上升，旅游业呈现蓬勃发展的趋势。从人均旅游消费来看，我国旅游消费市场自 20 世纪 90 年代进入快速发展阶段，人均旅游消费保持着较高增速，在可以预见的未来仍将保持快速的增长。

二、人均旅游花费的预测

人均旅游花费为我国居民人均的年旅游消费额，是我国旅游市场消费情况的直接反映。通过对人均旅游花费的预测，能够预测未来我国旅游产业的市场规模。根据经济规律来看，旅游消费主要和居民的生活水平相关，生活水平越高，人们在旅游上的消费就越多。具体来说，人均旅游花费的主要影响因素有：居民消费水平、人均储蓄存款、人均可支配收入。为此，我们收集了 1990—2011 年的人均旅游花费及上述影响因素的数据（见表 6—8 和图 6—6）

表 6—8　　1990—2011 年我国人均旅游花费及主要影响因素

年份	人均旅游花费 Y（元）	居民消费水平 X_1（元）	城乡居民人均储蓄存款 X_2（元）	城镇居民家庭人均可支配收入 X_3（元）
1990	120.1	833	623	1 510
1991	142.2	932	789	1 701
1992	158.2	1 116	1 003	2 027
1993	170.2	1 393	1 283	2 577

续前表

年份	人均旅游花费 Y（元）	居民消费水平 X_1（元）	城乡居民人均储蓄存款 X_2（元）	城镇居民家庭人均可支配收入 X_3（元）
1994	195.3	1 833	1 794	3 496
1995	218.7	2 355	2 449	4 283
1996	256.2	2 789	3 147	4 839
1997	328.1	3 002	3 744	5 160
1998	345.0	3 159	4 279	5 425
1999	394.0	3 346	4 735	5 854
2000	426.6	3 632	5 076	6 280
2001	449.5	3 887	5 779	6 860
2002	441.8	4 144	6 766	7 703
2003	395.7	4 475	8 018	8 472
2004	427.5	5 032	9 197	9 422
2005	436.1	5 463	10 787	10 493
2006	446.9	6 111	12 293	11 759
2007	482.6	7 255	13 058	13 786
2008	511.0	8 349	16 407	15 781
2009	535.4	9 283	19 541	17 175
2010	598.2	10 522	22 619	19 109
2011	731.0	12 272	25 505	21 810

资料来源：《中国统计年鉴（2012）》。

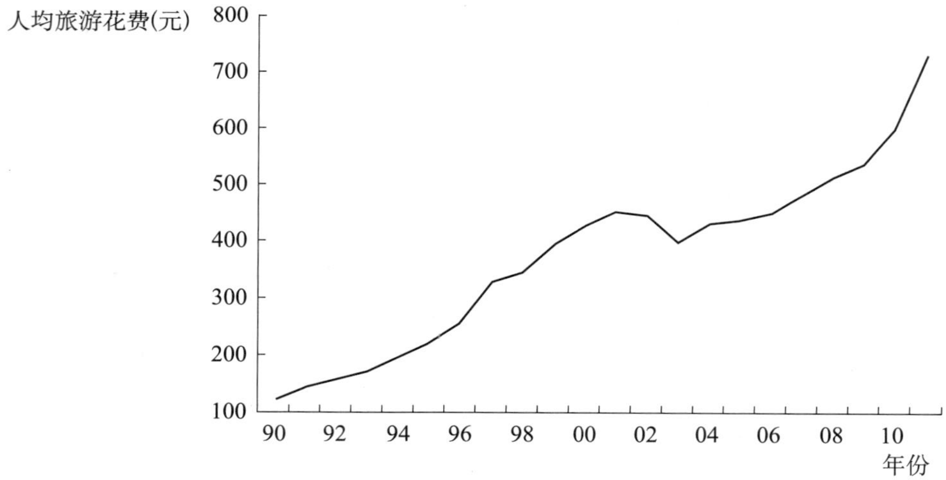

图 6—6　1990—2011 年人均旅游花费变化趋势

利用上述数据资料，我们采用以下三种方法建立预测模型。

（一）多元回归模型

因为人均旅游花费主要受居民消费水平、人均储蓄存款和人均可支配收入的影响，所以将人均旅游花费作为被解释变量，将影响因素作为解释变量，用回归分析的方法构造人均旅游花费的函数（记作模型 A）。模型为非线性模型：

$$\ln Y=\theta+\alpha\ln X_1+\beta\ln X_2+\gamma\ln X_3$$

式中，Y 为人均旅游花费；X_1，X_2，X_3 分别为居民消费水平、城乡居民人均储蓄存款、城镇居民家庭人均可支配收入。根据本章之前介绍的方法，计算出模型中 θ，α，β，γ 的值。得到的结果为：

$$\ln Y=5.135+1.901\ln X_1+0.996\ln X_2-2.661\ln X_3$$

统计检验：$R^2=0.976$，认为拟合效果不错，模型满意。更详细的统计检验和模型参数这里不做赘述。

（二）一阶滞后增长模型

一阶滞后增长模型，即根据人均旅游花费本身的增长规律来预测未来的数据，用前一年的人均旅游花费乘以增长率，就得到当年的人均旅游花费。具体的方法为：以今年的人均旅游花费作为被解释变量，去年的人均旅游花费作为解释变量，建立回归模型（记作模型 B）：

$$Y_{t+1}=1.078\times Y_t$$

式中，1.078 为年平均增长率 7.8%；Y_t 为今年的人均旅游花费；Y_{t+1} 为明年的人均旅游花费。

（三）直线趋势模型

从图 6—6 观察，人均旅游花费的增长趋势大致为直线趋势，因此建立直线趋势模型（记为模型 C），具体的方法是将人均旅游花费作为被解释变量，将时间（年份）作为解释变量，建立一元线性回归模型：

$$Y_t=100.501+23.713t$$

式中，t 为 1990—2011 年 1～22 的时序；100.501 为直线趋势的截距，也是 1989 年的人均旅游花费的估计；23.713 为直线趋势的斜率，即 1990—2011 年人均旅游花费的年平均增长率。该模型的 $R^2=0.923$。

三、不同预测方法的比较

根据建立的三个模型，分别对 1990—2011 年的人均旅游花费进行估计，并和真实的数据进行比较，对比结果见表 6—9。

表 6—9　　1990—2011 年我国人均旅游花费实际值与估计值的对比表　　单位：元

年份	实际花费	模型 A	模型 B	模型 C
1990	120.1	127.73		124.21
1991	142.2	145.73	129.47	147.93
1992	158.2	163.48	153.29	171.64
1993	170.2	168.10	170.54	195.35
1994	195.3	175.69	183.48	219.07
1995	218.7	224.70	210.53	242.78
1996	256.2	287.52	235.76	266.49

续前表

年份	实际花费	模型 A	模型 B	模型 C
1997	328.1	331.39	276.18	290.21
1998	345.0	365.03	353.69	313.92
1999	394.0	367.83	371.91	337.63
2000	426.6	382.18	424.73	361.34
2001	449.5	391.12	459.87	385.06
2002	441.8	379.69	484.56	408.77
2003	395.7	403.96	476.26	432.48
2004	427.5	436.22	426.56	456.20
2005	436.1	448.86	460.85	479.91
2006	446.9	467.25	470.12	503.62
2007	482.6	450.34	481.76	527.34
2008	511.0	515.30	520.24	551.05
2009	535.4	598.96	550.86	574.76
2010	598.2	661.90	577.16	598.47
2011	731.0	703.02	644.86	622.19

预测结果评价可以通过评价不同初选模型对近期变量结构状况的反映程度进行。以上所建立的三种模型反映的均是过去一段时期变量之间数量结构关系的平均状况，而客观事物的发展往往与近期的结构状况关系密切。预测是对未来的一种推断，因而，预测模型更重要的是分析变量间未来可能的结构状况和模型对这种结构状况的表现能力。从以上三种模型对历史数据的拟合效果来看，模型 A 比模型 B 和模型 C 的拟合程度相对要好。

利用三个模型预测 2012—2020 年的人均旅游花费。在利用模型 A 预测之前，我们要先了解此预测期内 X_1，X_2，X_3的数据。在这里我们这样取值：居民消费水平、城乡居民人均储蓄存款和城镇居民家庭人均可支配收入预测期数据按 1990—2011 年间的平均增长率，以上期数据为基础来估计，这样便可利用模型 A 得到 2012—2020 年预测值。模型 B 和模型 C 可利用模型直接预测。三个模型的预测结果见表 6—10。

表 6—10　　三种模型对人均旅游花费的预测值　　单位：元

年份	模型 A	模型 B	模型 C
2012	762.49	695.16	645.90
2013	827.00	749.38	669.61
2014	896.97	807.83	693.33
2015	972.85	870.84	717.04
2016	1 055.15	938.77	740.75
2017	1 144.42	1 011.99	764.47
2018	1 241.24	1 090.93	788.18
2019	1 346.25	1 176.02	811.89
2020	1 460.14	1 267.75	835.60

由表6—10可见，模型A，B，C预测2020年的人均旅游花费分别为1 460.14元、1 267.75元和835.60元。其中模型A和模型B的预测结果相对接近，而模型C的预测结果相对较小。这主要是因为模型的设定不同：模型B中，人均旅游花费是以每年一定的增长率增长的，模型A中的决定因素（居民消费水平、人均储蓄和可支配收入）也是以每年一定的增长率增长的，而模型C中，人均旅游花费仅以每年固定的值增长，因此模型C的预测结果会比其他模型偏小。模型A和模型B这种以一定增长率增长的模式更符合实际。

需要说明的是，由于模型A利用了居民消费水平、人均储蓄和可支配收入等数据资料，因此如果有这些数据的真实值，那么预测结果会更加可信。例如，在已经有2012年的居民消费水平、人均储蓄和可支配收入数据，预测出的2012年的人均旅游花费比其他两个模型更加可靠。同时，由于模型A使用了这些额外的数据资料，因此当依赖的数据产生问题时，预测值也会受到影响，这一点在应用中需要特别注意。

练习题

1. 什么是市场变量因果关系？举例说明定性分析在因果分析法中的意义。

2. 市场变量因果关系中定量分析涉及的数量变化关系形态常见的有哪两类？举例说明。

3. 何谓回归分析法？它有哪几种具体分析方法？

4. 以一元线性回归分析为例说明回归分析法进行预测的基本步骤。为什么要进行统计检验？说明相关系数、方差分析、F检验、回归标准差等统计检验的意义。

5. 已知某市甲商品的需求量同当地居民人均月收入有关，近8年的需求与收入的数据如下表所示。(1) 试建立甲商品需求量与收入的线性回归方程，说明参数B的意义；(2) 计算相关系数和回归标准差，说明方程是否具有5%显著性；(3) 预计当地居民下年度月均收入为7 040元，试估计甲商品当地需求量，并求出它的95%置信区间。

年序	1	2	3	4	5	6	7	8
月均收入（千元）	3.5	4.0	4.5	5.0	5.5	6.0	6.3	6.7
市场需求（亿元）	4.5	4.8	5.1	5.8	6.2	6.5	6.9	7.3

6. 举例说明联立方程经济计量模型中常见的方程式形式有哪些。

7. 利用回归分析法开展预测应该注意哪些有关事项？

8. 说明多元回归分析中逐步回归法的基本原理是什么。

9. 设某公司每周广告费支出和每周的销售额数据如下表所示：

每周广告费支出（元）	4 100	5 400	6 300	5 400	4 800	4 600	6 200	6 100	6 400
每周销售额（万元）	12.5	13.8	14.3	14.3	14.5	13.0	14.0	15.0	15.8

(1) 广告费支出与销售额之间是否存在显著的相关关系?

(2) 计算回归模型参数。

(3) 回归模型能解释销售额变动的比例有多大?

(4) 如果下一周的广告费支出为 6 700 元，试预测下一周的销售额为多少?（取显著性水平 $\alpha=0.05$。）

10. 某公司人事处想利用员工的经验和年龄作自变量来分析预测他们的技术水平。下表所列的数据是来自一个由 15 名员工构成的随机样本。

技术水平（Y）	经验（X_1）	年龄（X_2）
15	0	21
15	0	18
21	0	22
28	1	24
30	1	25
35	1	25
40	1	26
35	2	34
30	2	25
45	2	38
50	3	44
60	3	51
45	4	39
60	4	54
50	5	55

要求：

(1) 写出多元回归方程。

(2) 计算判别系数。

(3) 解释回归模型参数并作统计检验。

(4) 当 $X_1=3$，$X_2=50$ 时，求 Y 的置信度为 95%的置信区间。

11. 某市场研究公司通过对洗衣粉销售情况的研究，得到某品牌洗衣粉每周的市场份额（y）与价格（x_1）、广告次数（x_2）和品牌形象（x_3）的数学模型如下：

$$E(y)=\beta_0+\beta_1 x_1+\beta_2 x_2+\beta_3 x_3$$

式中，x_1=周价格；x_2=周广告次数；$x_3=\begin{cases}1, & \text{品牌形象好}\\0, & \text{品牌形象差}\end{cases}$。

对 7 种品牌的洗衣粉分别收集了 100 周的数据，并用这些数据来拟合模型，结果如下（括号内数据是检验相应 β 系数的显著性水平）：

$$y=0.453+0.000\,407x_1+0.04x_2+0.108x_3$$

$$(0.000)\qquad (0.002)\ (0.000)$$

（1）解释 $\hat{\beta}_1$ 和 $\hat{\beta}_2$。

（2）一种品牌形象良好的洗衣粉某一周的销售价格为30元，该周做广告两次，试预测此品牌该周的市场份额。

12. 企业投入产出综合平衡表有哪两种形式？投入产出综合平衡表由哪四部分构成？由该表可以建立企业哪三种平衡方程组？

13. 解释下列名词：回归分析法、经济计量法、投入产出法、相关系数、回归标准差、方差分析、置信区间、判定系数。

第7章

Eviews 应用实例

第一节 Eviews 软件使用初步

Eviews 软件是应用广泛的预测分析软件，尤其对经济领域中的时间序列数据具有强大的分析处理和预测功能。本书涉及的软件为 Eviews 7.1 版本。本书并不是以软件介绍为主，本章除了让读者了解软件的基本功能以外，具体功能主要结合与本书相关的案例进行介绍，对软件有兴趣的读着可以参考相关书籍进行学习。

一、工作文件的建立

（一）主窗口简介

启动 Eviews 7.1 程序，进入主窗口。主窗口上方排列着按照功能划分的 10 个主菜单选项（见图 7—1）。

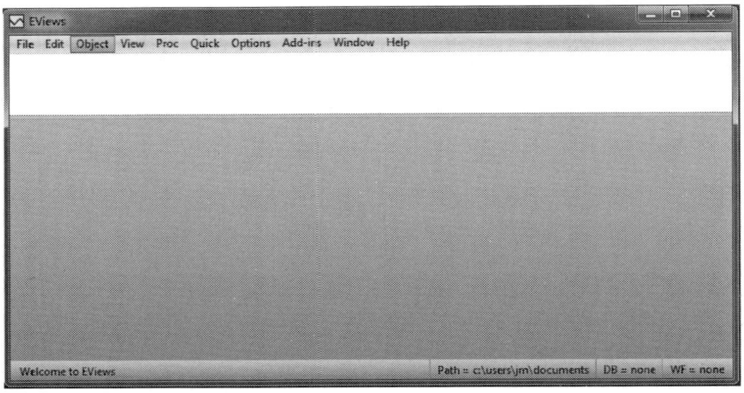

图 7—1 Eviews 7.1 软件主窗口

File　包含一些文件的常用操作命令。如：建立（New）、打开（Open）、保存（Save/Save As）、关闭（Close）、导入（Import）、导出（Export）、打印（Print）、运行程序（Run）、退出 Eviews（Exit）等。

Edit　一般情况下只有复制和指令撤销功能，即拷贝（Copy）、粘贴（Paste）和撤销（Undo）功能。在某些特殊的窗口，该菜单项还包括剪切（Cut）、删除（Delete）、查找（Find）、替换（Replace）等操作。

Object　提供有关对象的基本操作。包括建立新对象（New Objects）、从数据库获取/更新对象（Fetch/Update From DB）、将工作文件中的对象存储到数据库（Store to DB）、复制对象（Copy Selected）、重命名（Rename）、删除（Delete）。

View　其功能随窗口的不同而变化，主要涉及变量的各种查看方式。

Proc　其功能也是随窗口的不同而变化，其主要功能为变量的预算过程。

Quick　提供快速统计分析过程。

Options　系统参数设定选项。

Add-ins　使用和管理 Eviews 加载项，加载项提供了一些集成、自定义的功能供用户使用。加载项可以从 Eviews 官网下载。

Window　在使用 Eviews 的过程中，将会有多个子窗口。该菜单提供子窗口的切换和关闭功能。

Help　帮助功能。提供索引方式和目录方式的帮助功能。

主窗口中，主菜单下面的空白行是命令输入区。用户可以在该区域内键入操作命令，系统每次处理一个操作命令。

（二）创建工作文件

Eviews 要求数据的分析处理过程在特定的工作文档（Workfile）中进行，并且该文档需要在具体数据的录入之前建立。工作文档的作用在于存储分析数据和分析结果。

点击 File→New→Workfile，屏幕上出现一个工作文件定义对话框，要求用户指定序列观测数据的频率和样本大小（见图 7—2）。

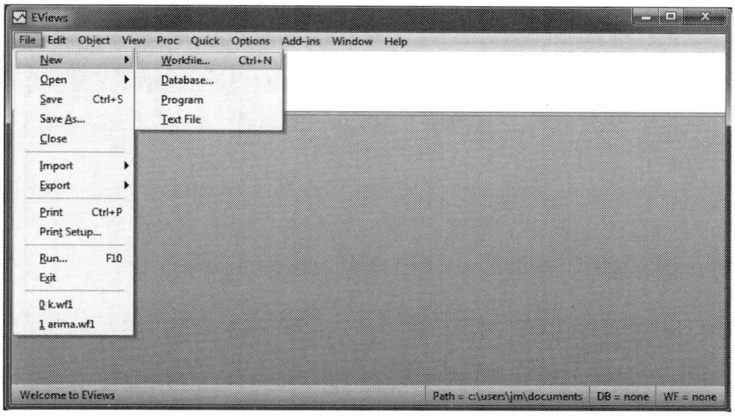

图 7—2　建立工作文档操作

在图 7—3 的对话框中，工作频率项（Date specification 下的 Frequency）可根据具体情况选择年度（Annual）、半年（Semi-annual）、季度（Quarterly）、月度（Monthly）等样式，并在下面的空格输入数据的起止时间。

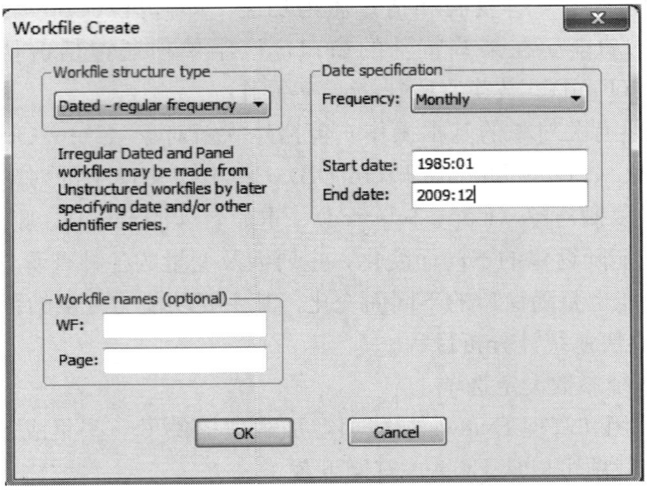

图 7—3　工作文档定义对话框

Annual　用四位数表示年份，如 1950，2000。Start date 后输入开始年份，End date 后输入终止年份。

Semi-annual　输入格式如 1960：1。年份后跟 1 代表上半年；2 代表下半年。

Quarterly　输入格式如 1960：1，年份后面跟 1，2，3，4 四个数字，代表四个季度。

Monthly　输入格式如 1970：03，年份后面是月份。

Weekly 和 **Daily**　格式为"月：日：年"，如 10：31：1980。

Undated or irregular　表示其他数据类型，如非时间序列数据。起止项分别输入 1 和 100，表示一个有 100 个数的序列。

选择和输入完毕后，点击 OK，工作文档创建完毕，工作文件窗口同时打开（见图 7—4）。

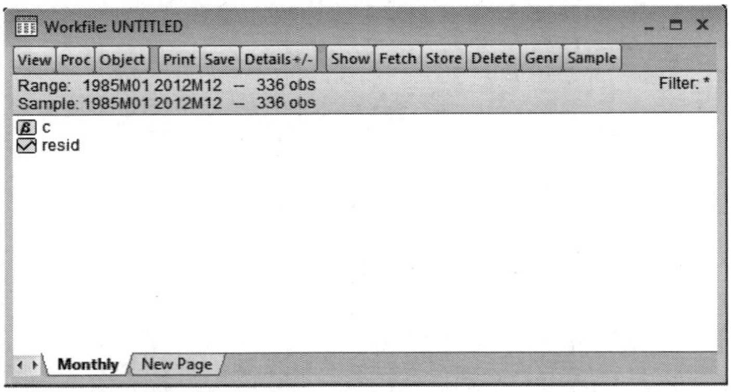

图 7—4　工作文件窗口

（三）工作文件窗口简介

工作文件窗口是各种类型数据的集中显示区域。窗口最上方显示工作文件名称，下面一行是常用工具栏，提供各种运算功能。工具栏下方的长条空白框显示的是有关当前数据的基本情况，如数据区间（Range）、样本期（Sample）等。

通常新建立的工作文件窗口内只有两个对象：系数常量（c）和残差（resid），它们的取值分别为 0 和空值（NA）。对于工作文件窗口中的对象，可以双击打开需要查看的对象以查看其数值。

保存新建工作文件的方法有两种：一种是点击主窗口菜单，File→Save/Save As；另一种是直接点击工作文件窗口工具栏中的 Save 按钮。

打开以前保存的工作文档，要点击主窗口菜单，File→Open→Workfile，并选择路径和文件名。

（四）时间范围的调整

在软件应用过程中，经常需要追加数据或对变量进行预测，而新增的数据或预测的结果将会超过原先设定的起止日期，此时需要对工作文件的时间范围进行调整。

在工作文件窗口的工具栏中，选择 Procs→Structure/Resize Current Page（或直接双击工作文件窗口中的 Range 一行），然后在弹出的对话框中输入新的观测起止时间即可。注意，如果新输入的起止时间未包含以前的设置，Eviews 将会要求用户确认，因为未包括部分的数据会丢失。

二、序列对象基本操作

Eviews 7.1 中共有 17 种功能不同的对象。对象是构成工作文件的基本元素，也是实现所有分析过程的载体。对象的名称包括系数向量（Coefficient Vector）、序列（Series）、方程（Equation）等。最常用的为序列和方程对象。

（一）序列的建立和打开

工作文件建立之后，应创建待分析的数据序列。点击工作文件窗口的工具栏，Object→New Object，屏幕出现对象定义对话框（见图 7—5）。

用户可以在对话框左侧列表中选择新建对象的类型，如序列（Series）。在对话框右上方的空格处，用户可以为新对象命名，缺省为 Untitled。定义了正确的对象类型和输入对象名称之后，点击 OK 确认。

注意，在给对象命名时，不能使用保留字符：

ABS　ACOS　AR　ASIN　C　CON　CNORM

COEF　COS　D　DLOG　DNORM　ELSE

ENDIF　EXP　LOG　LOGIT　LPT1　LPT2　MA

NA　NRND　PDL　REISD　RND　SAR　SIN

SMA　SQR　THEN

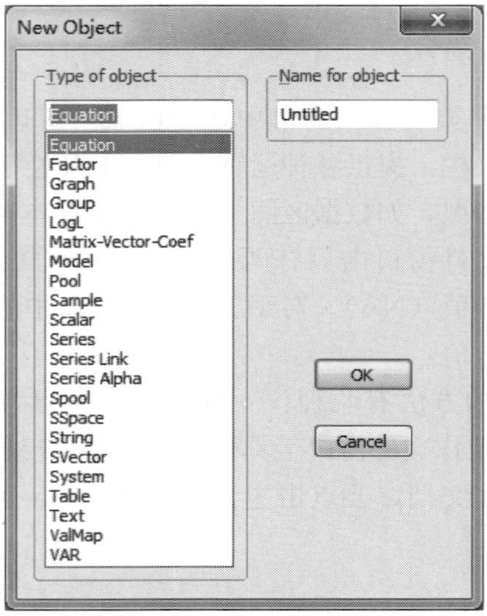

图 7—5　对象定义对话框

同时，在 Eviews 中不区分对象名称的大小写。

打开已有对象的方法很多。直接双击选定的对象打开；在工作文件窗口点击 View→Open Selected→One Window 打开；在工作文件窗口中点击 Show 或在主窗口中点击 Quick→Show 后，输入需要打开的对象的名称打开。

（二）序列对象窗口简介

对象窗口显示对象包含的内容，既可以是数据，也可以是有关计算结果。假设建立了一个名称为 x 的序列，打开该序列后的序列对象窗口如图 7—6 所示。

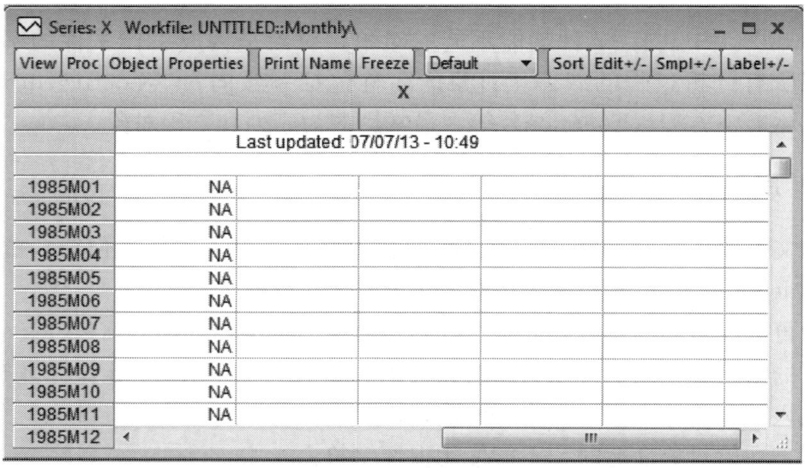

图 7—6　序列对象窗口

序列对象窗口是一个类似 Excel 电子表格形式的窗口。窗口的上方是一排工具栏按钮，它们通常根据对象的不同而变化。限于篇幅，这里不展开介绍，有兴趣的读者可以参考介绍 Eviews 的有关书籍。

（三）序列数据的录入、调用和编辑

在 Eviews 软件中，用户可以选择多种输入数据的方法。

（1）手工输入。打开一个序列对象窗口（见图 7—6）。在工具栏上点击 Edit＋/－进入编辑状态，此时用户可以在相应位置输入或修改序列观测值。

（2）调入已有数据文件。Eviews 7.1 支持三种格式的数据文件：文本格式（ASCII）、Lotus 和 Excel 工作表。调入已有数据时，点击 Files→Import→Read，然后选择目标文件和其文件类型，就能够读入数据文件。

（四）序列的复制与排序

（1）序列复制。复制一个序列有两种情况。当需要复制的序列没有在工作文件中打开或者该对象窗口没有被激活时，可以在主菜单中进行复制，方法是Objects→Copy Selected，系统将弹出如图 7—7 的对话框。用户在源（Source）行中输入需要复制的序列的名称，在目标（Destination）行中输入新序列的名称，然后点击 OK，新产生的序列的取值和结构将与源序列相同。

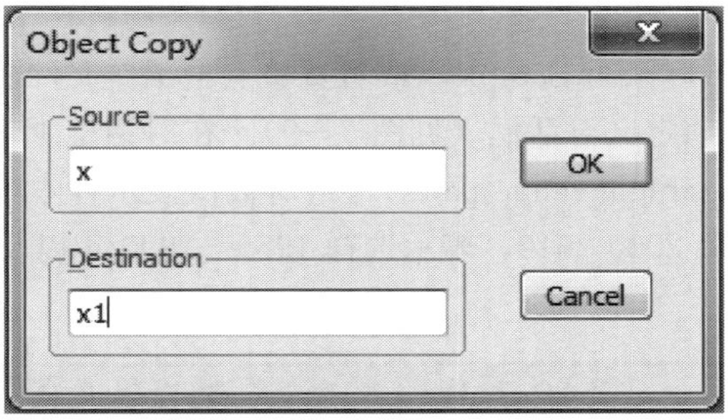

图 7—7　序列复制对话框

当复制源序列窗口打开并被激活时，如图 7—6 所示，直接点击对象窗口工具栏中的 Objects→Copy Objects，系统立即生成一个与源序列数据和结构相同的新序列，并缺省命名为 Untitled。

（2）序列排序。当需要对序列数据进行排序时，可以在工作文件窗口（见图 7—4）中点击 Proc→Sort Current Page，系统弹出序列排序定义对话框（见图 7—8）。

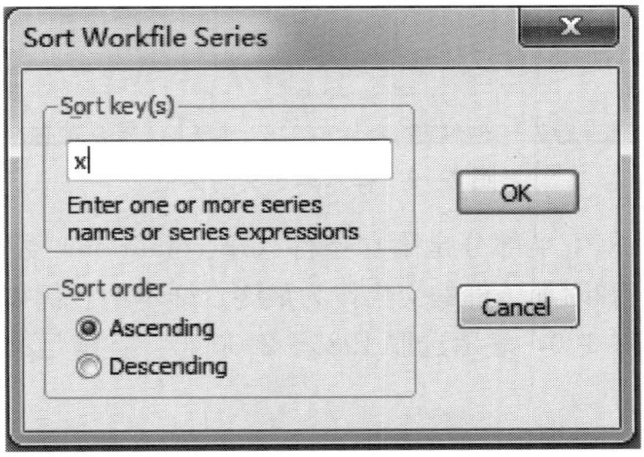

图 7—8　序列排序定义对话框

用户需要在 Sort key（s）下面指定排序关键字，即以哪个或哪几个序列为基础进行排序。对于以多个序列为排序关键字的情况，各个序列之间以空格相隔。需要注意的是，排序操作只能针对无格式的数据文件（Unstructured Workfile），如果工作文档已经按日期排列，那么排序操作通常会破坏观测值与日期的对应关系。

三、序列分析常用操作

（一）样本

样本通常是工作文件观测值的一个子集，是应用 Eviews 进行序列分析的一个重要概念。不同于其他的许多统计软件，Eviews 允许用户根据需要确定样本所包含的数据范围，而不是简单地将序列中的所有值作为分析的基础。

在建立工作文件时，系统默认的样本期为整个观测期，即用户给定的起止日期。当需要对某个时间段或符合某种条件的观测值操作时，就需要更改样本期。

点击主菜单的 Proc→Set Sample，或者直接点击工作文件窗口工具栏的 Sample 按钮，屏幕出现样本期定义对话框（见图 7—9）。在对话框上面一个空白区域，用户输入成对的日期（Sample range pairs），每对数值表示样本期中一个子集的起止点。如输入 1985 1990 2000 2010，表示选择 1985—1990 年以及 2000—2010 年的观测值构成样本。

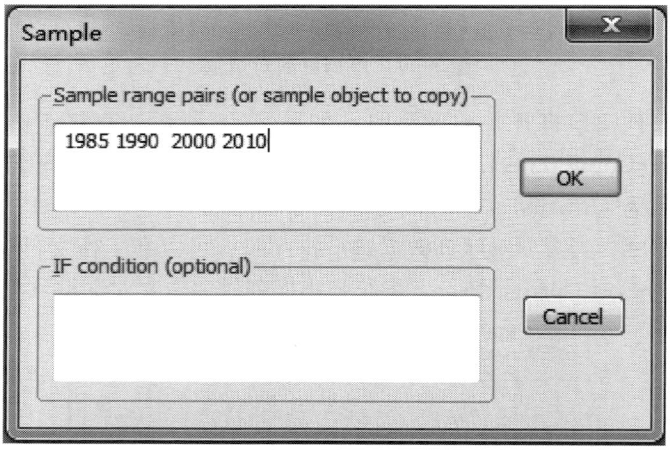

图 7—9 样本期定义对话框

样本期定义对话框下半部分是附加条件（IF condition）数据区域。Eviews 取用户数据的样本区间和附加条件的交集作为最终点样本期。例如样本区间为 1985—2000，附加条件为 $x>100$，表示选取 1985—2000 年，且满足 x 的值大于 100 的观测值。

（二）生成新序列

在数据分析中，利用已知序列生成新序列是经常碰到的操作。新序列一般是工作文件中已有序列的函数，可由已有序列参与特定运算产生。

在主窗口菜单点击 Quick→Generate Series 或点击工作文件窗口工具栏中的 Object→Generate Series，系统弹出建立新序列对话框（见图 7—10）。在这个对话框中，用户需要输入赋值语句（Enter equation），并确定新序列的样本期（Sample）。

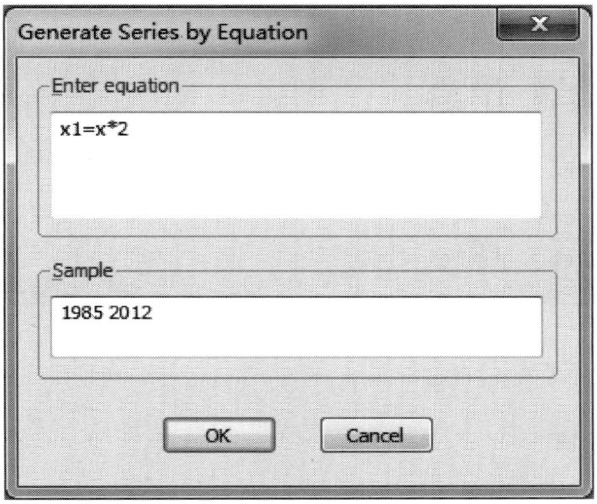

图 7—10　建立新序列对话框

赋值语句的左侧可以是目标函数，也可以是目标函数的某些函数。举例来说，通过已有序列 x，y 生成新序列 z，下面两种表达是等价的。

z=2.5+log（x）−2＊y

z+2＊y−2.5=log（x）

需要注意的是，在上述赋值语句中，新序列的名称，如 z，只能在等式的左边出现一次。

在样本期（Sample）框中，用户可以直接输入样本期，也可以通过条件语句确定样本期。不论是哪种情况，z 在样本期内的数值由赋值语句确定，z 在样本期之外的数值自动被赋为 NA。

（三）绘制图形

在对序列进行分析时，图形是我们认识规律最简便的工具。在 Eviews 中，点击主窗口菜单 Quick→Graph，或者打开需要画图的对象，点击窗口工具栏中的 View→Graph（见图 7—11）。

用户可以根据需要选择希望绘制的图形种类。Eviews 提供的图形类型包括折线图（Line Graph）、条形图（Bar Graph）等，其中有些图形类型需要事先制定两个或两个以上的序列，如 XY line。

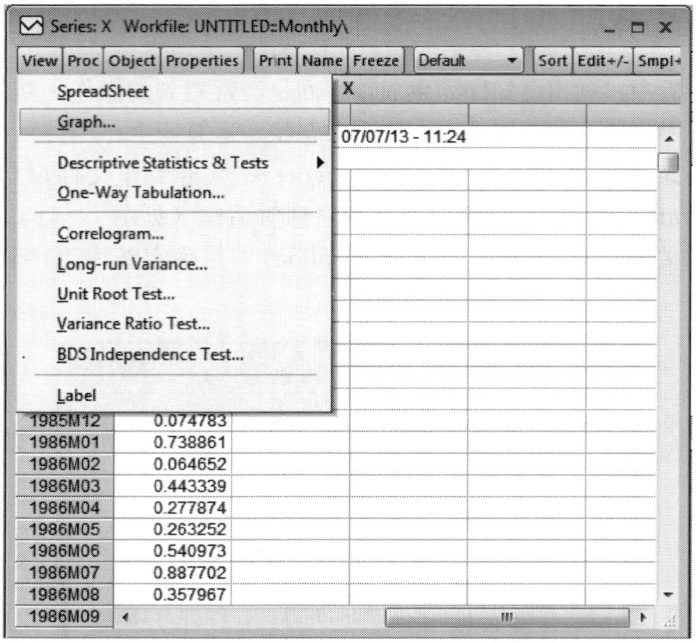

图 7—11　图形定义对话框

四、描述统计分析

除了绘制图形，要了解序列的规律通常需要对序列进行一些描述统计的分析。这些分析包括：描述统计、描述统计检验、绘制统计图形。

（一）描述统计

首先将待分析的序列打开，进入序列对象窗口。序列对象窗口中的 View→Descriptive Statistics & Tests 菜单项的其中前三个子项——直方图和统计量（Histogram and Stats）、统计量表（Stats Table）、分组统计量（Stats by Classification），能够给出数据的基本描述统计量。

选择 Histogram and Stats，系统将会给出当前序列数据的直方图，以及有关的描述统计量：均值（Mean）、中位数（Median）、最大值（Maximum）、最小值（Minimum）、标准差（Std. Dev.）、偏度（Skewness）、峰度（Kurtosis）等。

选择 Stats Table，系统将以表格形式给出序列的基本描述统计量。

序列的分组描述统计分析是将样本期分为若干子集后，对各组观测值分别进行描述统计。选择 Statistics by Classification，屏幕出现分组描述统计定义对话框（见图 7—12）。

对话框左边统计量（Statistics）下面有 11 个选项，用户选择一个或多个输出统计量的种类。在分组序列（Series/Group for classify）下面输入分组变量的名称，此处分组变量的数目可以不止一个。

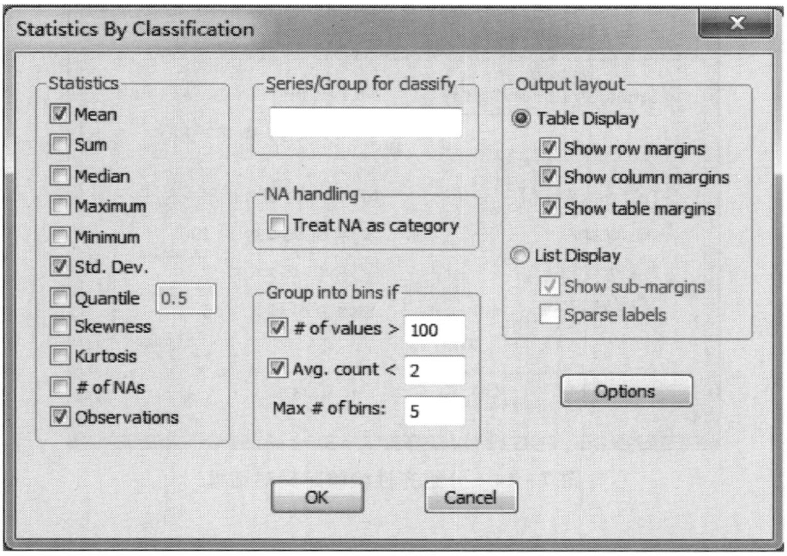

图 7—12　分组描述统计定义对话框

(二) 描述统计检验

在下拉菜单 View→Descriptive Stats & Tests 中，中间两个子项——简单假设检验（Simple Hypothesis Tests）和分组齐性检验（Equality Tests By Classification）能够给出数据的基本描述统计检验。

要对序列进行简单假设检验，选择 Simple Hypothesis Tests。简单假设检验包括序列的均值、方差、中位数检验。检验的零假设为：

$$H_0: \mu = \mu_0 \quad H_0: \sigma^2 = \sigma_0^2 \qquad H_0: m = m_0$$

用户在图 7—13 的对话框中，输入检验值 μ_0（Mean），σ_0^2（Variance），m_0（Median）。

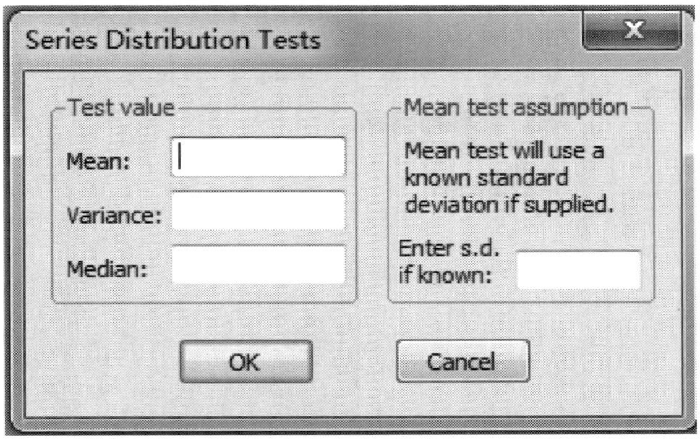

图 7—13　简单假设检验定义对话框

分组齐性检验包括均值检验、方差检验和中位数检验。与分组描述统计过程类似，用户要在图 7—14 给出的对话框中指定分组变量、检验类型和相关参数。

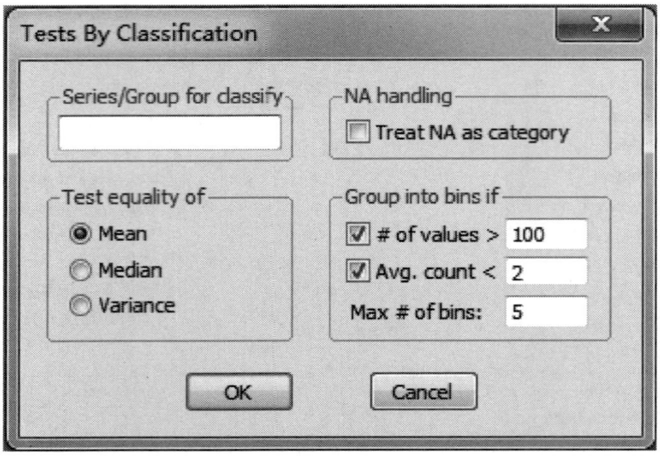

图 7—14 分组齐性检验定义对话框

（三）分布图

Eviews 能够给出多种类型的数据分布图，根据这些图形可以了解数据的分布信息。打开需要分析的序列对象，选择 View→Graphs，屏幕出现如图 7—15 所示的图形选项对话框，图像类型选择 Distribution，具体还能选择不同的子类型，包括：直方图（Histogram）、核密度估计图（Kernel Density Graphs）、经验累计分布函数图（Empirical CDF）、经验生存函数图（Empirical Survivor）、经验分位数图（Empirical Quantile）等。

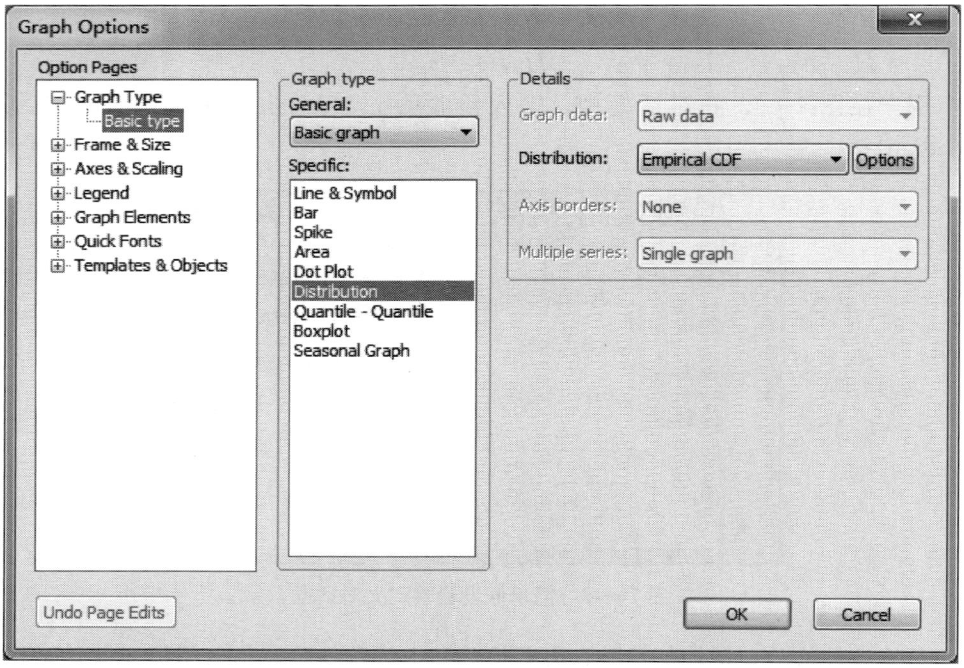

图 7—15 图形选项对话框

在图形选项对话框中还可以选择绘制 Quantile-Quantile 图，即我们所说的分位数图，亦称 QQ 图，这是一种比较两个分布简单而有效的方法。对于各种图形的特性和用途，本书不做过多介绍，有兴趣的读着请参考统计学的专业书籍进行学习。

第二节 时间序列分析实例

时间序列是市场预测中经常涉及的一类数据形式，本书第 5 章对它进行了比较详细的介绍。通过第 5 章的学习，读者了解了什么是时间序列，并接触到有关时间序列分析方法的原理和一些分析实例。本节的主要内容是说明如何使用 Eviews 软件进行分析。

一、指数平滑法实例

指数平滑实际就是对历史数据的加权平均。它可以用于任何一种没有明显函数规律，但确实存在某种前后关联的时间序列的短期预测。由于其他很多分析方法都不具有这种特点，指数平滑法在时间序列预测中仍然占据着相当重要的位置。

（一）一次指数平滑

一次指数平滑又称单指数平滑，它最突出的优点是方法非常简单，甚至只要样本末期的平滑值，就可以得到预测结果。

一次指数平滑的特点是：能够跟踪数据变化。这一特点所有指数都具有。预测过程中添加最新的样本数据后，新数据应取代老数据的地位，老数据会逐渐居于次要的地位，直至被淘汰。这样，预测值总是反映最新的数据结构。

一次指数平滑有局限性：第一，预测值不能反映趋势变动、季节波动等有规律的变动；第二，这种方法多适用于短期预测，而不适合做中长期的预测；第三，由于预测值是历史数据的均值，因此与实际序列的变化相比有滞后现象。

指数平滑预测是否理想，很大程度上取决于平滑系数。Eviews 提供两种确定指数平滑系数的方法：自动给定和人工确定。选择自动给定，系统将按照预测误差平方和最小原则自动确定系数。如果系数接近 1，说明该序列近似纯随机序列，这时最新的观测值就是最理想的预测值。

出于预测的考虑，有时系统给定的系数不是很理想，用户需要自己指定平滑系数值。平滑系数取什么值比较合适呢？一般来说，如果序列变化比较平缓，平滑系数值应该比较小，比如小于 0.1；如果序列变化比较剧烈，平滑系数值可以取得大一些，如 0.3～0.5。若平滑系数值大于 0.5 才能跟上序列的变化，表明序列有很强的趋势，不能采用一次指数平滑进行预测。

例 7—1 ☞

某企业食盐销售量预测。现在拥有最近连续 30 个月的历史资料（见表 7—1），试预测下一月份销售量。

表 7—1 某企业食盐销售量 单位：吨

月份	销售量	月份	销售量	月份	销售量
1	26.7	11	25.7	21	27.6
2	29.5	12	30.9	22	29.9
3	29.0	13	31.5	23	30.2
4	29.9	14	28.1	24	30.3
5	32.2	15	30.8	25	30.8
6	31.4	16	29.5	26	28.8
7	25.7	17	29.8	27	30.8
8	32.1	18	30.0	28	32.2
9	29.1	19	29.9	29	31.2
10	30.8	20	31.5	30	25.4

解：使用 Eviews 对数据进行分析。第一步是建立工作文件和录入数据。有关操作在本章第一节中已经阐明，这里不再赘述。假设已经建立工作文件，并生成了一个样本期为 1～30 的序列，命名为 SALES。序列 SALES 中包含例 7—1 中需要分析的数据。

第二步，绘制序列图形。在序列对象窗口中，点击 View→Graph，图形类型选择 Line & Symbol。屏幕显示如图 7—16 所示图形。

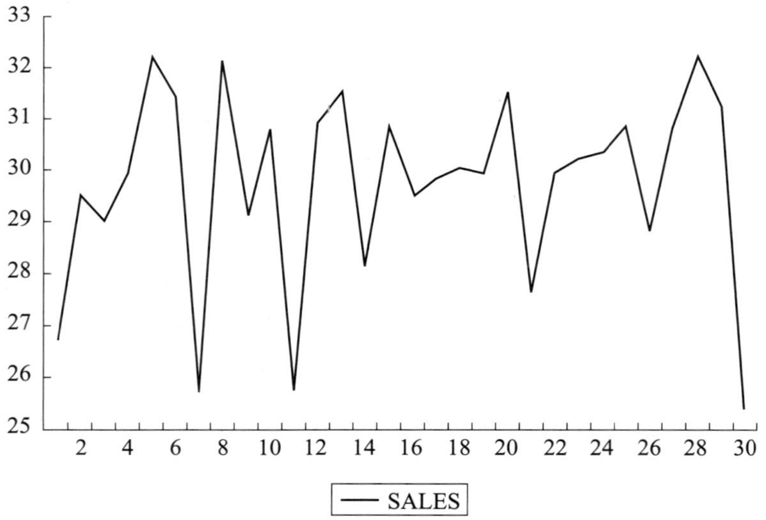

图 7—16 某企业近 30 个月的销售量动态图

图形属性对话框中的选项很多。用户在这里可以方便地更改图形的类型（Graph Type）、图形边框和尺寸（Frame & Size）、图例格式（Legend）、图形元素格式（Graph Elements）等。

从图 7—16 中可以看出，这个企业近 30 个月的销售量并不存在明显的趋势，并且没有明显的季节趋势。因此，从直观上判断可以采用一次指数平滑法对企业下个月的销售量进行预测。

第三步，扩大样本期。本例要求对下个月的销售量进行预测，而工作文件的样本期是 1～30，在 Eviews 中要求先更改样本期。更改样本期的操作在本章第一节已经讲过，这里将样本期改为 1～31。

第四步，进行指数平滑。指数平滑的菜单操作方法有两种：一是在主工作文件窗口打开的情况下，点击主窗口的 Quick→Series Statistics→Exponential Smoothing；二是在序列对象窗口中点击 Proc→Exponential Smoothing。点击后屏幕出现如图 7—17 所示的指数平滑对话框。

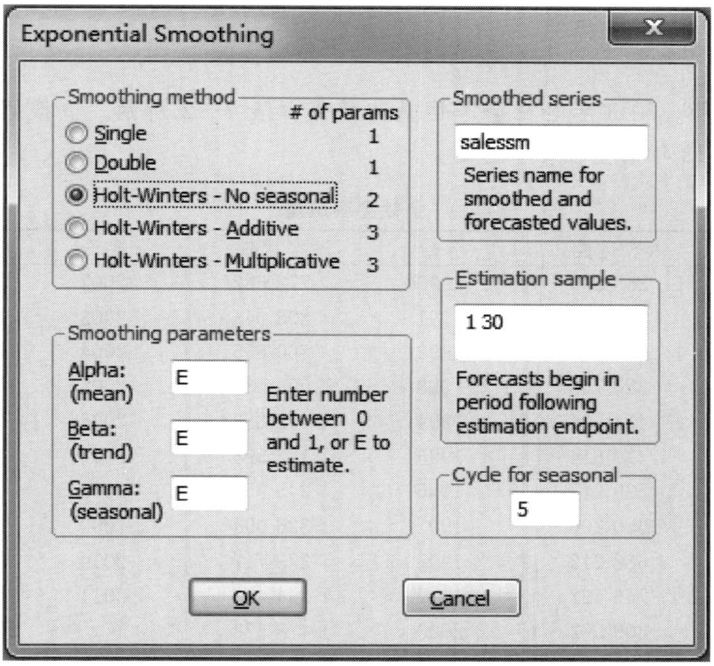

图 7—17　指数平滑对话框

指数平滑对话框中包含五个部分的选项：平滑方法（Smoothing method）、平滑系数（Smoothing parameters）、平滑后生成序列的名称（Smoothed series）、预测样本范围（Estimation sample）和季节变动周期（Cycle for seasonal）。

对话框左上部分的平滑方法（Smoothing method）包括：

Single	一次指数平滑
Double	二次指数平滑
Holt-Winters-No seasonal	无季节模型
Holt-Winters-Additive	季节迭加模型
Holt-Winters-Multiplicative	季节乘积模型

平滑系数（Smoothing parameters）包括 Alpha，Beta，Gamma。平滑系数可由系统自动给定，也可以由用户指定。缺省状态是由系统自动给定。如果用户需要指定，只需在对应参数的位置填入指定的数值。

本例中，分别指定 Alpha 值为 0.3 和 0.5。当指定平滑系数为 0.3 时，预测的残差平方和为 137.297 8；当平滑系数为 0.5 时，预测的残差平方和为165.068 5。

因此，这里选择平滑系数为 0.3 时的预测结果。根据一次指数平滑方法的预测，该企业下个月的销售量应为 29.2 吨。

（二）二次指数平滑

二次指数平滑又称双重指数平滑。相对于一次指数平滑，二次指数平滑可以预测有一定线性趋势的序列，其预测期也长一些。

例 7—2

我国 1978—2011 年全社会客运量的数据如表 7—2 所示。试根据该数据预测 2012 年和 2013 年的全社会客运量。

表 7—2　　全社会客运量　　单位：万人

年份	客运量	年份	客运量	年份	客运量
1978	253 993	1990	772 682	2002	1 608 150
1979	289 665	1991	806 048	2003	1 587 497
1980	341 785	1992	860 855	2004	1 767 453
1981	384 763	1993	996 634	2005	1 847 018
1982	428 964	1994	1 092 883	2006	2 024 158
1983	470 614	1995	1 172 596	2007	2 227 761
1984	530 217	1996	1 245 356	2008	2 867 892
1985	620 206	1997	1 326 094	2009	2 976 892
1986	688 212	1998	1 378 717	2010	3 269 508
1987	746 422	1999	1 394 413	2011	3 526 319
1988	809 592	2000	1 478 573		
1989	791 376	2001	1 534 122		

解：第一步，建立工作文件，样本期为 1978—2011 年度数据。在新建立的工作文件中，生成名为 X 的新序列。打开 X 序列对话框，将表 7—2 的数据录入。

第二步，绘制序列图形。从图 7—18 中可以看到，全社会客运总量存在明显的增长趋势。序列的波动不明显。因此判断，使用二次指数平滑化进行预测比较合适。

第三步，扩大样本期。根据预测的区间，将工作文件的样本期更改为 1978—2013 年。

第四步，指数平滑。根据前例中的方法，用户可以进入如图 7—17 的指数平滑对话框。本例中，选择二次指数平滑方法（Double），并让系统自动选择系数。结果如表 7—3 所示。

原序列 X 中共有 34 个观测值，即 1978—2011 年的客运总量。在进行二次指数平滑时，系统根据这 34 个观测数值自动确定了最优的平滑指数 $\alpha=0.608$。此时，对序列进行二次指数平滑预测的残差平方和为 3.49×10^{11}，均方根误差为 101 368.5。

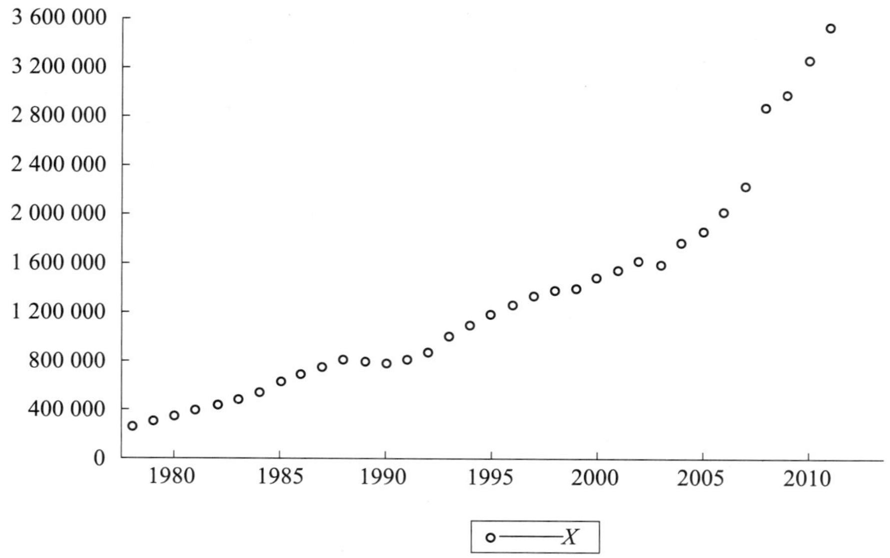

图 7—18　1978—2011 年全社会客运总量情况

在 Eviews 给出指数平滑结果统计表（见表 7—3）时，并没有直接给出对 2012 年和 2013 年的客运总量的预测值。这两个数值保存在系统生成的平滑序列 XSM 中，用户只需打开该序列就可以看到二次指数平滑方法预测的结果。结果显示，2012 年和 2013 年的全国客运总量分别为 3 799 372 和 4 068 785。

表 7—3　二次指数平滑结果

Date：06/06/13 Time：18：46
Sample：1978 2011
Included Observations：34
Method：Double Exponential
Original Series：X
Forecast Series：XSM
Parameters：Alpha0. 6080
Sum of Squared Residuals3. 49E+11
Root Mean Squared Error101368. 5
End of Period Levels：Mean3529958
Trend269413. 3

如果将二次指数平滑的预测结果和原观测值共同显示在同一张图上，可以使用户看起来更清楚。首先在工作文件菜单中同时选中两个序列 X 和 XSM，方法是先点击一个序列，之后按住键盘上的 Ctrl 键再点击另外一个序列。然后点鼠标右键选 open→ as Group。此时，系统将弹出一个类似序列对象窗口的群窗口（见图 7—19），窗口中以表格的形式同时显示出 X 和 XSM。最后点击该窗口上方的 View→Graph→Line & Symbol（见图 7—20）。

本书修订时 2012 年和 2013 年的全国客运总量尚未公布，有兴趣的读着可以从《中国统计年鉴》等来源寻找真实的客运总量数据，对比真实值和预测值之间的差距。

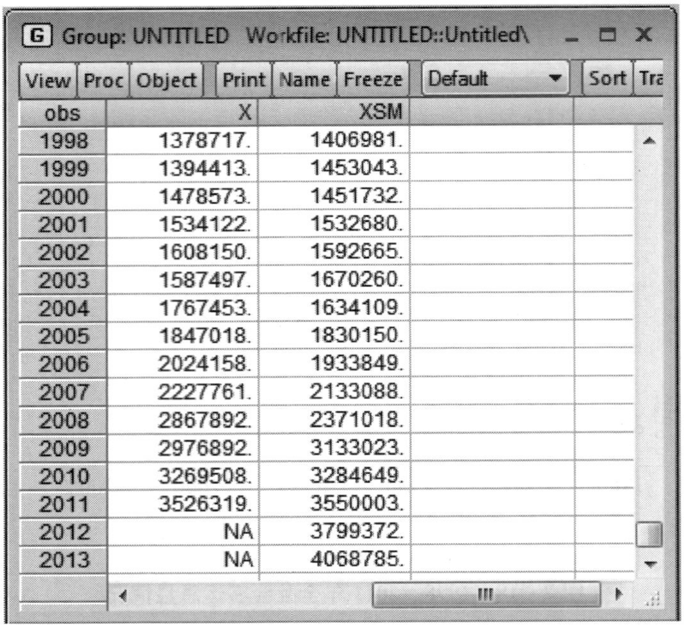

Group: UNTITLED Workfile: UNTITLED::Untitled\

obs	X	XSM
1998	1378717.	1406981.
1999	1394413.	1453043.
2000	1478573.	1451732.
2001	1534122.	1532680.
2002	1608150.	1592665.
2003	1587497.	1670260.
2004	1767453.	1634109.
2005	1847018.	1830150.
2006	2024158.	1933849.
2007	2227761.	2133088.
2008	2867892.	2371018.
2009	2976892.	3133023.
2010	3269508.	3284649.
2011	3526319.	3550003.
2012	NA	3799372.
2013	NA	4068785.

图 7—19　群对象窗口

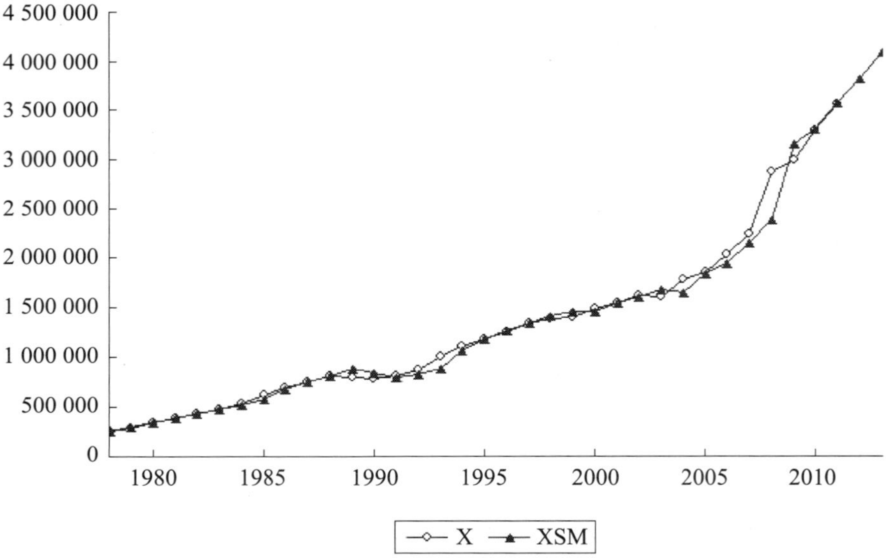

图 7—20　实际客运量与平滑值序列对比图

二、趋势延伸法实例

时间序列的趋势即序列随时间变化的基本规律和特点。对于存在趋势的序列，通常可以选取适当的模型进行分析和预测。

(一) 直线趋势

直线趋势模型是一种最常用、最成熟的方法。模型的基本结构为：

$$\hat{Y}_t=a+bt$$

式中，a，b 是模型的参数。这种模型的结构比较简单，估计方法非常成熟，是很多其他趋势模型估计的基础。下面结合实例说明如何使用该软件进行直线趋势模型的预测。

例 7—3

设某市 2000—2010 年市场鸡蛋销售量如表 7—4 所示。试预测 2011 年该市鸡蛋销售量。

表 7—4　　某市鸡蛋销售量　　单位：万千克

年份	销售量	年份	销售量
2000	36	2006	42
2001	26	2007	48
2002	32	2008	45
2003	40	2009	55
2004	50	2010	56
2005	45		

解：第一步，建立一个新的工作文档，文档的样本期为 2000—2010 年。生成序列 SALES，录入表 7—4 中的销售量观测值。

第二步，打开 SALES 序列对象窗口，点击 View→Graph→Dot plot，绘制序列散点图（见图 7—21）。

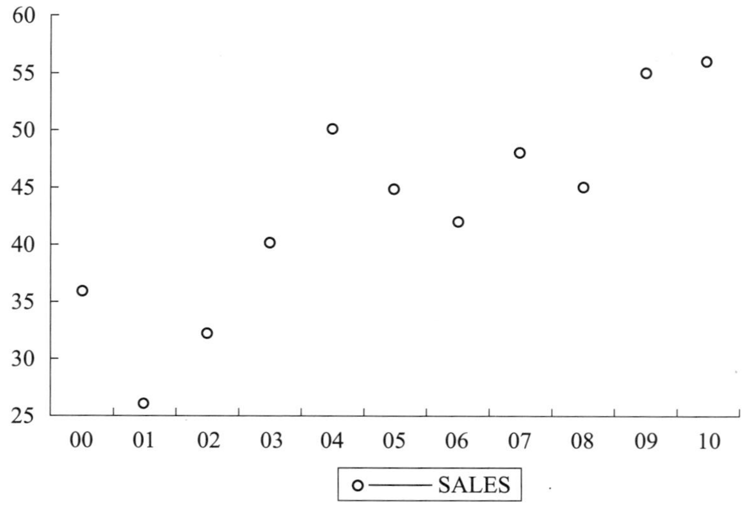

图 7—21　序列散点图

从散点图上可以看出，除去一些波动，该序列基本呈现一种直线增长的趋势，因而宜采用直线趋势延伸的方法进行预测。

第三步，生成时间变量 T。在进行模型参数的估计时通常要用到最小二乘法，其中，观测值就是因变量，序列 T 就是自变量。

生成一个新序列的方法有很多，可以通过菜单操作，也可以直接在主窗口中输入命令行实现。有关菜单操作的方法在本章第一节中已经说明，这里采用命令行的形式生成序列 T。

Eviews 生成序列的命令为 data，用户只需在主窗口中输入命令：data T。

对于序列 T，用户可以在打开的对象窗口中为它赋值，比如赋值 1，2，3，…。

如果用户需要直接生成含有值的序列 T，也可以利用函数生成序列，在主窗口中输入命令行（见图 7—22）。

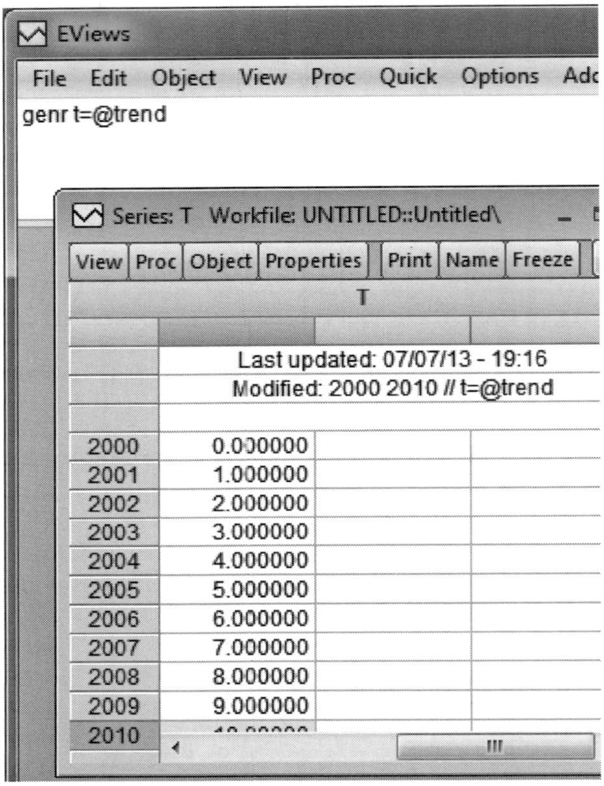

图 7—22　T 序列生成命令和取值情况截图

genr T=@trend

系统自动生成序列 T，并从 0 开始计数，它的取值依次为 0，1，2，3，…。

第四步，模型估计。在 Eviews 中最小二乘回归的命令是 LS（即 Least Squares 的简称），它的基本书写格式为：

LS　因变量　c　自变量

其中，c 代表模型中的常数项，对于没有常数项的模型可以不写。

本例中，使用下面的命令进行回归：LS　SALES　c　T（见表 7—5）。

表 7—5 最小二乘回归结果

Dependent Variable：SALES（因变量）
Method：Least Squares（回归方法）
Date：06/06/13 Time：19：19（时间）
Sample：2000 2010（样本期）
Included observations：11（观测值个数）

Variable	Coefficient	Std. Error	t-Statistic	Prob.
C	31.227 27	2.881 315	10.837 86	0.000 0
T	2.390 909	0.487 031	4.909 151	0.000 8
R-squated	0.728 095	Mean dependent var		43.181 82
Adjusted R-squared	0.697 883	S. D. dependent var		9.293 204
S. E. of regression	5.108 025	Akaike info criterion		6.262 466
Sum squared resid	234.827 3	Schwarz criterion		6.334 813
Log likelihood	−32.443 58	Hannan-Quinn Criter		6.216 865
F-statistic	24.099 76	Durbin—Watson stat		1.880 225
Prob（F-statistic）	0.000 837			

根据表 7—5 的结果，得到如下模型：

$$\hat{Sale}=31.227+2.391\times T$$

第五步，进行预测。根据上述模型结果，可以很容易地给出 2011 年鸡蛋销售量的预测结果。将 T=11 代入上述模型，计算结果表明该企业 2011 年的鸡蛋销售量为 57.5 万千克。

（二）曲线趋势

经济序列中有很多呈现曲线变化的趋势。直线趋势的估计比较简单，曲线趋势的估计则更为常用。指数曲线、二次曲线、三次曲线和龚珀兹曲线是在市场经济序列中常见的模型，它们的估计也大同小异，这里就以指数曲线为例介绍如何使用 Eviews 进行模型的估计。

例 7—4 ☞

某市近 9 年灯具商品销售量资料如表 7—6 所示。试预测 2007 年的销售量。

解：第一步，建立一个新的工作文档，文档的样本期为 1998—2006 年。生成序列 SALES，录入表中的销售量观测值。

表 7—6 某市灯具销售量 单位：万件

年份	销售量	年份	销售量
1998	8.7	2003	26.0
1999	10.6	2004	33.0
2000	13.3	2005	40.9
2001	16.5	2006	50.4
2002	20.6		

第二步，打开 SALES 序列对象窗口，点击 View→Line Graph，绘制序列散点图（见图 7—23）。

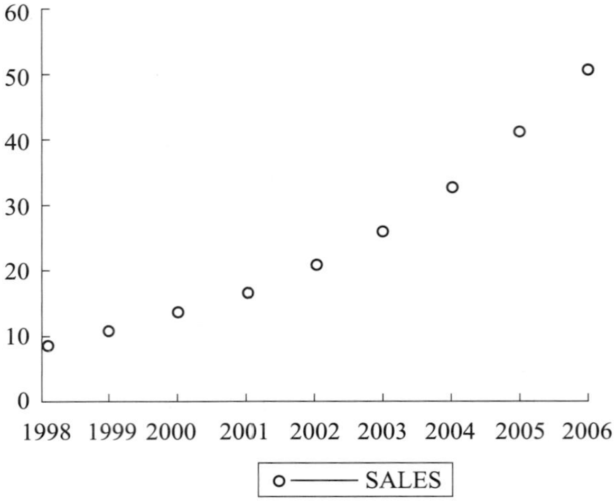

图 7—23 销售量散点图

从绘制出的散点图可以看出，该企业的灯具销售变动呈现规律的加速增长。根据经验判断，要预测该企业下一年度的销售数据，可以使用指数趋势模型。如果计算出销售数据的环比增长率，可以更加确信地选择指数模型。本章内容以各类方法的软件实现为主要阐述内容，对模型选择有兴趣的读者可以参阅本书前面的相关章节。

第三步，生成时间变量 T。这里采用系统自动生成的方法，即输入命令：genr T=@trend

第四步，对因变量序列进行变换。在变化因变量序列之前，首先要弄清楚为什么变换。指数模型的基本形式如下：

$$\hat{Y}_t=ab^t$$

从统计学的角度考虑，传统的估计方法无法直接估计这种模型的参数，因此需要对模型的形式进行变换，从而使参数可以被估计出来。指数趋势模型通过变换可以变成一个线性模型，因此指数模型称为可线性化的模型。指数模型变换后的结果为：

$$\log(\hat{Y}_t)=\log(a)+\log(b)\times t$$

细心的读者会发现，这时模型的形式与前面介绍的直线趋势模型非常相似，只是模型左边的因变量作了一个对数变换。对因变量进行变换的原因实际上源自对模型的变换，变换的目的是能够使用传统的估计方法估计出模型的参数。

对于指数模型，通常要将因变量作对数变换。在 Eviews 中就是要生成一个新的序列，新序列的数值恰好等于原观测序列的值取对数的结果。

使用命令的方式进行操作，在主窗口中输入如下命令：

genr lsales=log（sales）

lsales 是新生成序列的名称。如果作出 lsales 的散点图，会发现变换后的序列基本呈一条直线。这里留给有兴趣的读者自己去试一试。

第五步，模型估计。在主窗口中输入下面的命令：

LS lsales c t

注意，这里实际上是用变换后的序列和时间变量 T 进行线性回归，估计的结果为参数 log（a）和 log（b）的值（见表 7—7）。

表 7—7 线性回归结果

Dependent Variable：LSALES
Method：Least Squares
Date：12/29/08 Time：22:32
Sample：1998 2006
Included observations：9

Variable	Coefficient	Std. Error	t-Statistic	Prob.
C	2.146 276	0.007 050	304.448 3	0.000 0
T	0.222 495	0.001 481	150.259 8	0.000 0
R-squated	0.999 690	Mean dependent var		3.036 258
Adjusted R-squared	0.999 646	S. D. dependent var		0.609 423
S. E. of regression	0.011 470	Akaike info criterion		−5.905 078
Sum squared resid	0.000 921	Schwarz criterion		−5.861 250
Log likelihood	28.572 85	F-statistic		22 578.01
Durbin-Watson stat	1.409 630	Prob（F-statistic）		0.000 000

第六步，进行预测。根据表 7—7 的结果，可以得到如下模型：

$$\log(\widehat{sales})=2.146\,3+0.222\,5\times T$$

将 T=9 代入上述模型，求得 log（$\widehat{sales}$）=4.148 8，从而可以预测出该企业在2007 年的销售量为 63.36 万件。

三、季节指数法实例

（一）季节模型的类型

季节模型是反映具有季节变动规律的时间序列模型。季节变动通常是指以年为一个周期的变化。引起季节变动的首要因素是四季更迭。季节变动在很多产品市场上都是一种常见现象，最为典型的季节性产品市场如冷饮、服装、空调等。

传统的时间序列分析把时间序列的波动归结为四大因素：趋势变动（T）、季节变动（S）、循环变动（C）和不规则变动（I）。其中循环变动指周期为数年的变动，这种变动不一定存在固定变化周期和确定性变化规律，通常指经济周期。不规则变动即随机变动。四种变动因素对序列的影响可以概括为两个经典模型：

乘法模型 $Y=TSCI$

加法模型　$Y=T+S+C+I$

乘法模型通常适用于因素 T，S，C 相关的情形，比如季节因素的作用随着趋势的变化而改变；加法模型通常适用于因素 T，S，C 相互独立的情况。需要注意的是，季节模型一般需要 3 年以上的季度或月度数据。

（二）季节调整

对序列进行季节调整，就是将季节变动从序列中去除。基本思路是：

$$\frac{Y}{S}=\frac{TSI}{S}=TI$$

或　$$Y-SI=TI$$

序列里存在季节波动常常会妨碍市场人员对某些问题的认识。比如，3 月份的饮料销售比 2 月份好吗？如果单单从数据的表面看，3 月份的销量应该比 2 月份好，但这种所谓的“好”并没有考虑季节变动引起的市场规模的扩大，也就是说，如果剔除季节因素的影响，3 月份的销售效果未必比 2 月份好。季节调整的目的就是剔除季节因素的作用，使序列本身的趋势特征更加准确地显现出来。

在 Eviews 序列对象窗口中点击工具栏按钮 Proc→Seasonal Adjustment。Eviews 中的季节调整方法包括：Census X12 法、X11（Historical）法、Tramo/Seats 法和移动平均法（Moving Average Methods）（见图 7—24）。

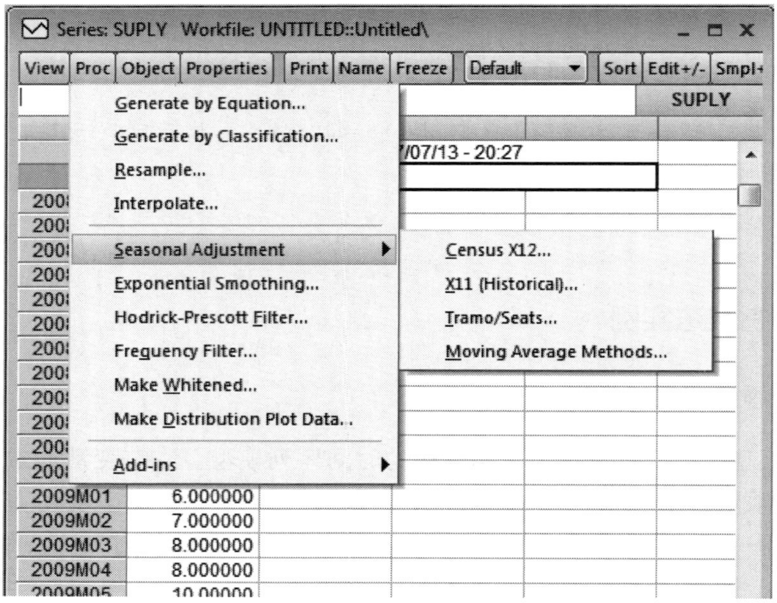

图 7—24　季节调整对话框

例 7—5

现有某地区某种产品产量近 4 年的分月资料（见表 7—8），试预测该种产品 2012 年各月的产量。

表 7—8　　某地区某产品产量　　单位：万件

月份	产量	月份	产量	月份	产量	月份	产量
2008.1	4	2009.1	6	2010.1	9	2011.1	12
2	5	2	7	2	10	2	15
3	6	3	8	3	12	3	17
4	6	4	8	4	13	4	19
5	8	5	10	5	15	5	21
6	12	6	14	6	20	6	25
7	15	7	16	7	24	7	36
8	18	8	22	8	29	8	42
9	19	9	20	9	26	9	38
10	8	10	10	10	15	10	22
11	4	11	5	11	9	11	16
12	5	12	6	12	10	12	14

解：第一步，建立一个新的工作文档，文档的样本期为 2008 年 1 月至 2011 年 12 月。生成序列 SUPLY，录入表中的产量数据。

第二步，打开 SUPLY 序列对象窗口，点击 View→Graph，选择 Line & Symbol 图形，绘制折线图（见图 7—25）。

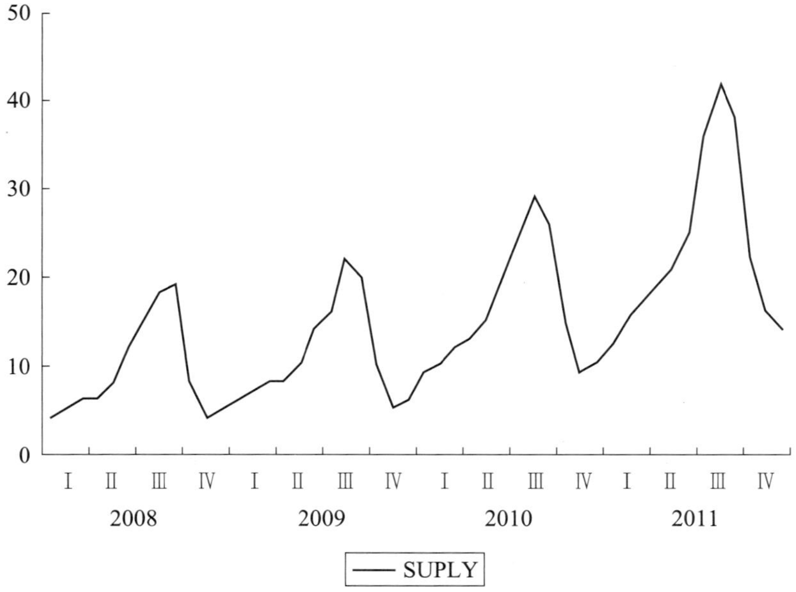

图 7—25　产量变化图

从图形的形状很容易看到，该种产品的产量确实存在非常明显的季节变动。

第三步，生成调整后序列。根据前面的方法，生成调整后序列 SUPLYSA 和季节因子序列 JIJIE。这里使用的模型是乘法模型，因此在如图 7—24 所示的对话框中选择的季节调整方法是移动平均季节乘法（Ratio to moving average-Multiplicative）。季节调整后产量变化情况和月度季节因子见图 7—26 和表 7—9。

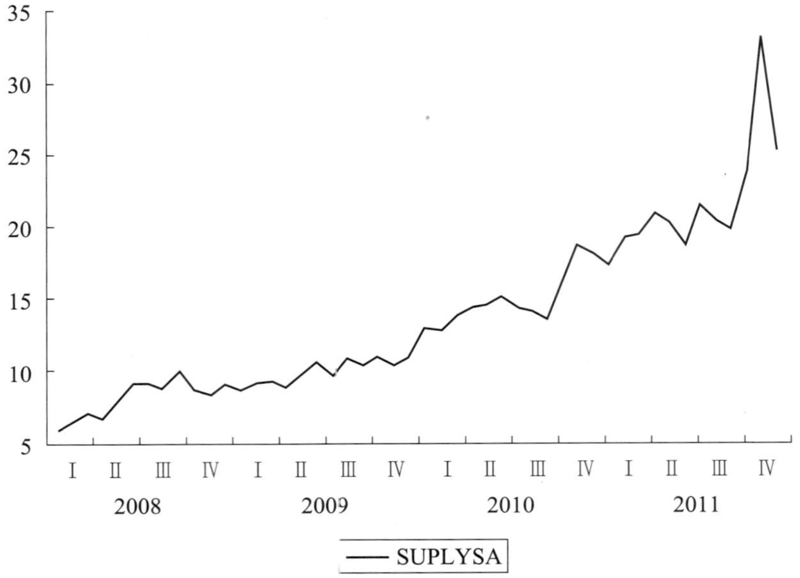

图 7—26　季节调整后产量变化情况

表 7—9　　月度季节因子

月份	季节因子	月份	季节因子
1	0.695	7	1.675
2	0.784	8	2.065
3	0.876	9	1.929
4	0.911	10	0.927
5	1.040	11	0.482
6	1.338	12	0.555

第四步，进行预测。按照乘法模型的理论，当剔除序列的季节波动之后，序列中主要存在的变动因素是趋势。对于趋势，当然可以采用移动平均或者指数平滑的方法确定，但由于本例中要求预测 2012 年度 12 个月份的产量，预测期较长，因此采用建立趋势模型，进行外推预测是比较合适的。

建立趋势模型的具体步骤这里不再赘述。这里仍然采用指数模型，通过参数估计得到模型的具体形态如下：

$$\log(\widehat{suplysa}) = 1.855\,7 + 0.028\,4 \times T$$

其中，T 使用命令 Genr T=@Trend 得到。根据趋势模型可以推算出 2012 年 1—12 月的趋势值（见表 7—10）。将对应月份的趋势值乘以相应的季节因子得到预测值（见表 7—11）。

表 7—10　　趋势预测值　　单位：万件

月份	趋势预测	月份	趋势预测
2012.1	25.02	4	27.24
2	25.74	5	28.03
3	26.48	6	28.83

续前表

月份	趋势预测	月份	趋势预测
2012.7	29.67	10	32.31
8	30.52	11	33.24
9	31.40	12	34.19

表 7—11 **预计产量** 单位：万件

月份	预计产量	月份	预计产量
2012.1	17.39	2012.7	49.69
2	20.18	8	63.03
3	23.20	9	60.57
4	24.82	10	29.95
5	29.15	11	16.02
6	38.58	12	18.98

第三节 回归分析实例

回归分析方法是确定变量间解释与被解释关系的建模方法。它是一种非常重要的数据分析方法，在经济现象研究中经常用来确定各种变量之间相互作用和影响的关系。

回归分析的基本思想是建立一种被解释变量（因变量）和解释变量（自变量）之间的统计关系。在复杂的经济问题中，这种关系经常体现为一个因变量和多个自变量之间的关系。例如，公司的管理员希望能够预测公司未来几年的销售额，经过研究发现销售额与宣传费用、个人可支配收入、产品价格、研究与开发费用、各类投资以及销售费用等各种因素都存在或多或少的决定关系。管理人员想进一步研究究竟是哪些自变量对因变量起作用，这些自变量又是如何对因变量产生影响的，以便建立一个最能反映实际的模型，从而达到预测销售额的目的。多元回归分析是一种考虑一个因变量和多个自变量关系的回归模型，实际分析中，人们通常采用该模型来解决类似的问题。

例 7—6

见本书第 6 章第六节的人均旅游花费预测案例和数据表 6—8。对表 6—8 中的因变量“人均旅游花费”和自变量“居民消费水平”、“城乡居民人均储蓄存款”、“城镇居民家庭人均可支配收入”，使用 Eviews 软件建立多元回归模型。

解：第一步，建立一个新的工作文档，样本期为 1990—2011 年的年度数据。生成四个序列 Y，X_1，X_2，X_3，分别录入表 6—8 中“人均旅游花费”、“居民消费水平”、“城乡居民人均储蓄存款”、“城镇居民家庭人均可支配收入”的数据。

第二步，变量转换。根据经验分析，本例中将建立如下模型：

$$\ln\hat{Y} = d + a\times\ln X_1 + b\times\ln X_2 + c\times\ln X_3$$

在对模型参数进行拟合之前，显然需要将变量进行对数变换。生成四个新的序列：LY，LX_1，LX_2，LX_3，它们是原有四个序列进行对数变换后的结果。Eviews中的命令为（后三个序列的命令省略）：

genr LY=LOG（Y）

第三步，绘制散点图。为了观察因变量和各个自变量之间的关系，可以绘制它们的散点图（见图7—27）。这里以（LY，LX_1）为例，使用Eviews绘制散点图的命令是：

scat LY LX_1

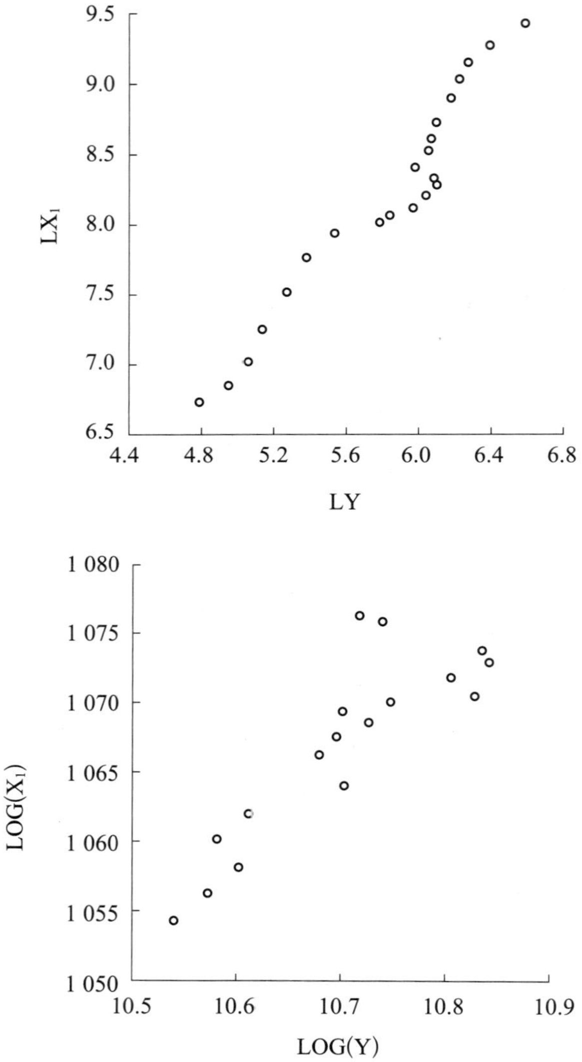

图7—27 散点图

从散点图的结果可以看到，LY与LX_1之间确实存在比较明显的线性关系。

第四步，估计参数。本例中，使用Eviews进行参数估计的命令是：

LS C LY LX_1 LX_2 LX_3

其中，LS 的含义是最小二乘（Leastsquare）。回车后，屏幕出现回归的结果（见表 7—12）。

表 7—12　　线性回归结果

Dependent Variable：LY
Method：Least Squares
Date：06/07/13 Time：22：32
Sample：1990 2011
Included observations：22

Variable	Coefficient	Std. Error	t-Statistic	Prob.
C	5.172 960	0.929 187	5.567 191	0.000 0
LX_1	1.892 436	0.510 528	3.706 822	0.001 6
LX_2	1.003 770	0.237 834	4.220 465	0.000 5
LX_3	—2.664 725	0.550 046	—4.844 550	0.000 1

R-squated	0.976 297	Mean dependent var	5.814 926
Adjusted R-squared	0.972 347	S. D. dependent var	0.503 236
S. E. of regression	0.083 684	Akaike info criterion	−1.960 561
Sum squared resid	0.126 056	Schwarz criterion	−1.762 189
Log likelihood	25.566 17	Hannan-Quinn criter	−1.913 830
F-statistic	247.134 3	Durbin-Watson stat	1.186 534
Prob（F-statistic）	0.000 000		

表 7—12 的结果显示，上述模型的各个参数都通过了统计 t 检验，各个参数的 t 检验显著概率（Prob.）都远远小于 0.01。模型的拟合优度（R-squared）为 0.976 297，调整后拟合优度（Adjusted R-Squared）为 0.972 347，都非常接近 1，说明模型整体上具有很好的拟合效果。

根据表 7—12 的结果，得到模型的形式如下：

$$\ln\hat{Y}=-5.173\,0+1.892\,4\ln X_1+1.003\,8\ln X_2-2.664\,7\ln X_3$$

第五步，进行预测。本例建立的是人均旅游花费与其他三个自变量的回归模型，虽然模型的形式已知，但进行预测仍需要做进一步的准备工作。

首先，需要对三个自变量未来的结果进行预测。这里采用平均增长率的方法进行，即计算出每个自变量的平均年增长率，然后以每年的值为基础，乘以增长率作为下一年的估计。举例来说，居民消费水平的平均年增长率为 1.136 7，2011 年的居民消费水平为 12 272 元，则预测 2012 年的乡村劳动力人数为 1.136 7×731＝13 949.14元。使用同样的方法预测出 2012—2020 年的“居民消费水平”、“城乡居民人均储蓄存款”、“城镇居民家庭人均可支配收入”，结果见表 7—13。

表 7—13　　回归预测值（2014 年后略）

年份	人均旅游花费（元）	居民消费水平（元）	城乡居民人均储蓄存款（元）	城镇居民家庭人均可支配收入（元）
2012	761.74	13 949.135	30 436.43	24 767.29
2013	826.03	15 855.473	36 321.37	28 125.57
2014	895.74	18 022.337	43 344.17	31 939.2

预测出各个自变量的值之后，根据前面得到的模型，很容易就可以预测出相应的人均旅游花费（见表7—13）。

练习题

1. 使用Eviews建立工作文档，生成一个名称为GDP的序列，录入1985—2012年的中国GDP数据（有关数据可以查阅《中国统计年鉴（2012）》）。

2. 对练习题1中建立的工作文档，练习序列分析的常用操作：选择样本、生成新序列、绘制图形、进行描述统计。

3. 通过互联网收集最近30天的上证或深证指数，使用指数平滑的方法预测下一天的指数。试比较一次指数平滑和二次指数平滑的不同，哪种方法的预测结果更准确？为什么？

4. 对于练习题1中的数据，使用趋势延伸法预测2011—2012年的中国GDP，比较一下预测值与真实值，试解释两者为什么不同。

5. 季节指数方法用于预测有哪些优点？试想一下这种方法可以用于解决哪些实际问题？寻找一些数据来验证你的想法。

6. 在Eviews中LS命令的含义是什么？在趋势外推法和回归分析中都用到了这个命令，这两种方法是相同的吗？为什么？

第8章

管理决策介绍

第一节　管理决策的结构与分类

管理决策解决的众多问题，其性质、内容和特点存在差异。在实践中，那些在企业内处于不同管理位置，执行不同管理任务的人，他们面临的决策会迥然不同，但是具有共同的决策结构。

一、管理决策的结构

管理决策的结构是贯穿于管理决策过程中若干基本要素及其相互间的内在联系形式，它是管理决策行为赖以发生的基础，也是决策活动共性或规律性的体现。对于管理决策的要素结构，可以从不同角度考察，形成不同的管理决策结构形式。

（一）管理决策的系统结构

从系统角度考察，管理决策是由决策主体、决策客体、决策方法手段三个基本要素相互结合构成的有机系统。系统结构体现管理决策总体架构运行的共性。由于各要素本身又是由若干细分要素组成的子系统，因此，管理决策的结构形式如图8—1所示。决策主体系统借助决策手段系统（又称决策支持系统）认识决策环境的有利与不利条件，决定如何有效控制决策对象，以实际执行实现决策目标，保证决策科学性。

（二）管理决策的动态结构

从管理决策过程确定决策方案和组织实施角度考察管理决策，任何一项管理决

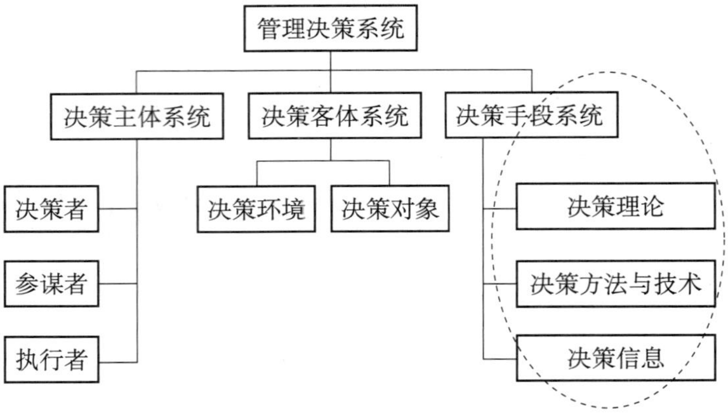

图 8—1　决策系统结构

策都是由目标、方案、任务、措施和反馈五个基本环节要素互为条件、相互作用，共同推动决策活动的运行和实现的动态结构。它体现管理决策确保运行效果方面的规律性。动态结构的形式如图 8—2 所示。其中，目标是指一项决策活动预期实现的目标；方案是实现决策目标的经营策略及资源保证的具体化；任务和措施是实施决策方案的组织保证；反馈是对决策方案实际效果的监督和控制，据此对目标、方案、任务、措施作出修订或调整。大量决策实践说明，决策过程中能做到目标、方案、任务、措施、反馈五要素的紧密联系，互相协调，就可保证管理决策成功。

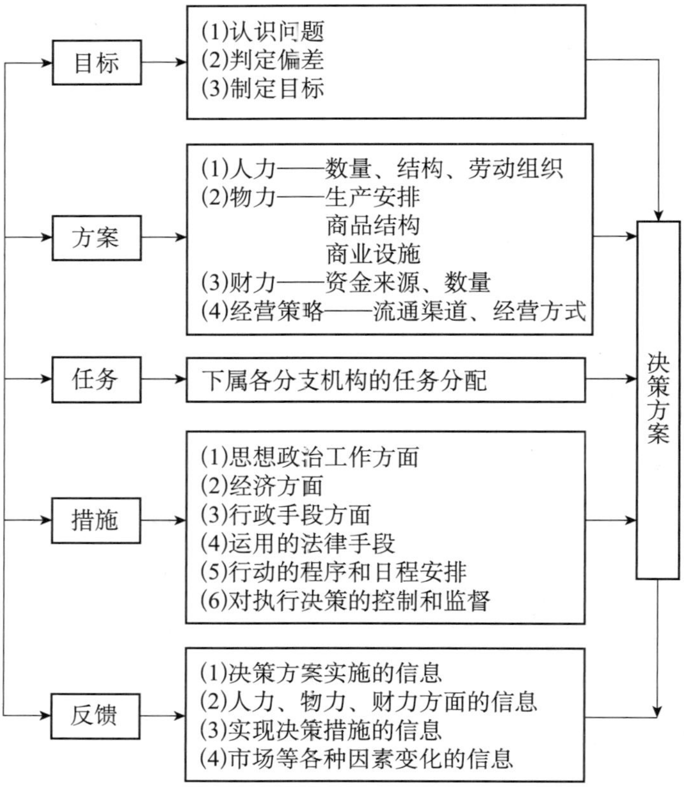

图 8—2　管理决策的动态结构

（三）管理决策的模型结构

模型是一种清楚表达对客观现实的主观认识的方式。管理决策模型是决策主体对所关心决策问题认识后的一种抽象表达。决策主体将模型结合进决策过程，决策模型无论是用语言文字表达，还是用图解符号或数学符号表达，都必须把决策环境的真实情况及环境对决策对象的具体制约条件，乃至决策者行为特点等能掌握的信息都包括进去。具体地讲，建立一个好的管理决策模型，首先要理解决策中的关键变量，其次要了解各变量之间相互影响的因果关系，再次要懂得怎样用文字或数学符号等建立有效的模型。从构造管理决策模型角度考察，管理决策模型是由目标变量、决策变量、约束条件变量和相关参量四个关键变量基本要素相互结合构成的，决策主体借助决策模型寻求解决决策问题的最优方案或满意方案。

（1）目标变量，指衡量管理决策效果的变量，代表决策方案对目标之贡献，如库存管理决策中追求库存总成本最小、缺货的可能性最低。企业决策的目标变量多数是利润最大化或成本最小化，但有时还需要兼顾其他某项目标（如社会的、政治的）而做某种退让。因此，决策目标会是单一的或多个的，会有定量的目标或定性的目标之分。

（2）决策变量，指决策中企业能够控制的某个决策对象要素，代表决策备选方案的变量，如库存管理决策中可控制的商品订购量、再订货水平。

（3）约束条件变量，指决策中企业不能够控制的某种决策环境要素，也称不可控制变量，如库存管理决策中不可控制要素有需求速度、供货方式、买者替代的程度等。

（4）相关参量，指在决策整个研究期间或在考虑的选择范围内具有固定不变的数值之变量，如库存管理决策中的需求速度，假定它在管理周期内是一常量，或供货方式为瞬时送达供货方式，或每次订货费用和单位商品计划期保管费为常量。可见，相关参量是实际运行操作中为简化模型将某些具有特性的约束条件变量假定为常量。

对任何一个管理决策，只有在决策主体认清决策问题中上述四种关键变量要素的基础上，才能用模型描述出它们相互之间的内在关系。

管理决策模型结构的形式随着决策问题的性质、特点不同而不同，如离散型决策变量模型与连续型决策变量模型，单目标决策模型与多目标决策模型。不同形式的模型有相应的分析方法：资源分配中易于量化、拥有无限多个备选方案、单一目标的决策问题，构造连续型决策变量数学模型分析效果最好；方案数不多、目标单一的决策问题，构造离散型决策变量的表格模型或图解模型分析效果好，且简明易懂；对于方案数不多、目标多，且要考虑决策者风格的定性判断决策问题，模型的基本要素结构较分散、富有弹性时，一般在直觉判断基础上采用排序法分析更适宜。

二、管理决策的分类

现代经营管理活动的复杂性和多样性，决定了现代管理决策有着多种不同的类型，可从不同的角度做如下划分。

（一）根据决策主体的构成不同，可以分为个人决策和集体决策

个人决策是由决策者凭借个人的智慧、经验及掌握的信息作出决定，决策速度快、效率高是其特点，适用于常规事务及紧迫性问题决策，对全局性重大问题则不宜采用。

集体决策有领导机构决策和上下相结合决策两种。机构决策是通过股东大会、董事会、经理办公会等机构成员共同作出的决策；上下相结合决策则指领导机构与下属相关机构结合，领导与群众相结合形成的决策。集体决策的优点是能充分发挥集体智慧，集思广益，决策慎重，可信度较高，从而保证决策的正确性、有效性；缺点是决策过程较复杂，耗费时间较多。它适合于制定长远规划及全局性的政策。

（二）根据决策问题的性质和重要程度不同，可以分为战略决策、战术决策和业务决策

战略决策是对涉及经济活动系统全局性、长远性、方向性问题的重大决策。通常由高层领导集体作出，体现企业全局工作长远的指导思想与经营发展规划的总体设想。它具有影响时间长、涉及范围广、作用程度深的特点，是战术决策和业务决策的依据和中心目标。它的正确与否，直接决定经济活动系统的发展方向和总体效果。

战术决策是根据战略目标的要求，对某一战略阶段的企业经营要素优化组合的重大问题作出的决策，也称策略决策。它是战略决策的重要组成部分，是针对战略阶段经济活动内容进行总体部署，是实现战略决策的重大步骤，将战略总目标具体化和细分化，为业务决策的制定提供依据和指明方向，因此战术决策是连接战略决策与业务决策的桥梁和纽带，它常由高层管理者和中层管理者密切结合作出。

业务决策是围绕实现阶段战略目标的具体业务问题的决策，如企业的经营计划编制、人员调配、物资设备管理等。业务决策为战术决策服务，是战术决策的延续和具体化，具有深、细和量化的特点，并具有局部性和短期性的特点。它属于低层次决策，由经济活动系统的中基层管理人员来完成。其正确与否，运行效率如何，对战略目标实现的程度和效果有重要影响。

（三）根据决策过程信息的完备程度不同，可以分为确定型决策、风险型决策和未确定型决策

确定型决策是指在各备选方案完全确知的决策环境客观条件下，每个方案只有一种结果，比较其结果优劣作出最优选择的决策。完全确知的决策环境客观条件指环境只有一种可能的自然状态，或者说，环境任何可能的变化不会影响对某特定方案选择所带来的结果。简而言之，备选方案将决策判断为它对任何不可控制因素都是不敏感的。通常这类决策问题的实际约束条件、决策参量、决策变量和决策目标关系清楚明确，能准确预测确定的约束条件及每种方案的结果，因此，方案制定有固定的程式和选择准则，容易做到最优化选择。这类决策一般可用数学模型，借助

计算机程序进行模拟。

风险型决策是指决策过程事先能预知各备选方案在几种可能约束状态（即自然状态）下产生的几种不同结果以及出现概率情况下作出的决策。许多管理决策的影响因素较为复杂且多变，因而决策面临的自然状态约束条件就带有较大的随机性，备选方案的结果也就存在随机性。这类决策必须在调查研究的基础上搞好预测，对各种因素进行质和量相结合的详细分析，在认识这种随机性规律的基础上，估计出不同可能的自然状态条件下方案的结果以及出现概率，借助统计方法作出方案选择，就可使不确定性程度减小，尽可能减小决策风险度。

未确定型决策也称不确定型决策，是指决策过程事先仅能预知各备选方案在几种可能的自然状态下产生的几种不同结果，在自然状态出现概率不明确的情况下作出的决策。由于人们对在几种可能客观状态下出现的随机性规律认识不足，就增大了这类决策的不确定性程度，其风险较大。未确定型决策一般难以进行精确量化分析，主要依据决策者的经验和对风险的态度作出判断。

（四）根据经营管理活动的特点不同，可分为程式化决策和非程式化决策

程式化决策又称结构化决策，是指针对经营管理活动中反复出现、有明确稳定解决问题程式的例行业务活动进行的决策。如日常生产作业安排、物资调运路线选择、商品采购与销售任务指派等经营管理中例行活动的决策。这类决策通常表现为决策者知晓决策的范围，有明确的备选方案，也无什么新奇之处，评估标准清楚明白，决策者只要遵循容易理解和得到认同的程式作出选择。

非程式化决策又称非结构化决策，是指针对经营管理活动中随市场和社会经济环境变化，企业面临新奇性，难以用固定思维模式处理解决的经营管理活动问题所进行的决策。例如，企业的扩展、破产或兼并，新市场开发，新的经营管理制度建立，流通渠道或经营环节的调整与革新等经营管理中非例行活动的决策。这类决策通常表现为决策问题不易理解，模棱两可，备选方案不能马上很清楚地提出，是以前从未以同样方式或在同样环境下遇到过的决策。由于决策方式的新奇性，决策主体对如何处理难有明确认识，就决策本身和如何对待，也是不同管理者有不同看法，很难达成一致的最佳决策。

除上述分类之外，管理决策按决策目标多少的不同，可以分为单目标决策和多目标决策；按决策过程、决策问题划分阶段多少的不同，可以分为单阶段决策（静态决策）和多阶段决策（动态决策）；按决策过程方案选择条件不同，可以分为最优化决策和满意决策，等等。从决策过程认识决策类型，有益于决策分析方法的选用。

第二节　管理决策的原则

管理决策涉及的问题多种多样，决策过程又是复杂的认识与实践过程，要取得理想效果，除遵循科学的决策程序外，遵循管理决策的基本原则同样十分重要。管理决策的原则概括了决策过程的基本要求，遵循这些原则在决策工作中就能少走弯

路，减少决策失误，提高决策效果。

一、系统原则

管理决策应坚持系统分析观点，从整体出发，全面地对问题进行分析比较，确定目标和找出对策。既要把决策活动看成是决策要素组成的决策系统，又要把决策方案的基本构成视为相互联系、互相依存的有机整体，发挥其整体优势，力求避免浪费和损失。运用现代方法和手段，通过分析系统内各个要素和局部环节间的相关性、层次性和动态性，寻求最优或满意的方案，使决策问题在各种约束条件下达到合理、经济、有效。贯彻系统原则具体地说必须考虑三点：

（1）内部条件与外部条件相结合；

（2）局部利益与整体利益相结合；

（3）当前利益与长远利益相结合。

二、经济原则

决策本身要讲求效果和代价的关系，也就是要研究决策的收益和所花的代价问题。如果决策所花的代价很大，而取得的效益甚微，则应该考虑进行该项决策有无必要。贯彻管理决策的经济原则应该从两个方面考虑：

（一）决策的必要性

决策来自问题，无论是解决现实与要求之差距，还是利用新的市场机会问题，只有决策者认为值得付出代价去解决的才有必要进行决策。认识问题的本质是决策必要性的前提，同时还要认识组织决策付出人、财、物和时间的代价与其可能的经济成果之间的关系，即研究决策效果与代价的关系。当决策者确认其必要性后，再考虑决策的形式、方法和手段。

（二）决策的形式、方法和手段

决策的形式、方法和手段要根据决策的重要性、量化程度、计算与逻辑过程的复杂性，以及时间等来选择。如果只是在生产经营中发生例行问题或小问题，只要能在一定管理层次或个人职权范围内解决的，就采用个人决策；反之，则需要采用集体决策。一般来说，个人判断作出决策所花费代价较小，而进行集体决策或需要试点后再作决定的，所花的时间要长一些，代价也较高。在运用定量分析数学方法进行决策时，应尽量采用简便的数学模型和简单的运算方法。总之，管理决策贯彻经济原则，就是以最少的人、财、物及时间耗费取得最大的效益或争取最少的损失。

三、科学性原则

决策科学化是科学技术和社会生产力高度发展的产物，也是现代企业经济活动取得预期效果的重要条件。只有坚持科学决策，才能在错综复杂的市场环境中避免或减少决策失误。决策过程中贯彻科学性原则，要做到：确定决策目标具有科学依据和客观可能性，重视信息，切忌脱离实际；遵循科学的程序，开展决策活动，服从决策组织，避免决策过程的混乱；充分运用科学的决策方法，既不能只做质的分析而不做量的分析，也不能单纯依赖数学模型，应重视质的分析和量的分析两种方法的密切结合运用，坚持实事求是的态度，在决策实施执行中根据客观情况的变化适时调整和修改决策目标和方案，使决策方案符合生产经营的客观实际。

四、民主化原则

现代企业决策问题涉及范围广泛，具有高度复杂性，单凭决策者个人知识和能力很难作出有效决策。决策者必须充分发扬民主，善于集中和依靠集体智慧和力量进行决策，以弥补决策者知识、能力方面的不足，避免主观武断、独断专行可能造成的失误，保证决策的正确性、有效性。贯彻决策的民主化原则要做到以下几点：

（1）要合理划分企业各管理层次的决策权限和决策范围，调动各级决策者和各类人员参与决策的积极性和主动性；

（2）要充分尊重每一个决策者的地位和权利，尽力做到协同合作；

（3）要悉心听取广大群众的意见和建议，在群众的参与或监督下完成决策工作；

（4）要重视发挥智囊参谋人员的作用，借助他们做好调查研究，咨询论证，尤其是重大问题决策，要吸收各有关方面专家参加；

（5）加强企业决策领导机构的建设，健全决策工作的民主化程序，对重大问题要坚持集体讨论，集体决策。

五、创新原则

企业经营管理活动处于不断运动和发展变化之中，管理决策作为对未来经营目标、行动方案的抉择活动，其形式和内容多种多样，随着企业系统的发展及环境变化也在不断发展变化，否则企业决策将不能起到导向作用。决策遵循创新原则的基本要求有两点：（1）管理决策的制定要立足现实，更要着眼于未来，要在市场调查和预测基础上把握经济活动内在变化过程的规律，认识并系统地阐述问题，提出具有方向性和发展性的决策目标及可供选择方案，使之成为企业积极开拓进取的努力方向和推动力。（2）管理决策机制不能停留在现有水平上，要不断发展进化，积极吸取当代科学技术发展的最新成果，不断更新决策观念，充实决策理论；要积极和有选择地利用有创意的决策方法和技术手段，来帮助解决问题；同时调整决策组织，提高决策者的自身素质，完善决策信息系统，鼓励决策者向更具创造性行为的方向迈进，让决策机制在发展中不断适应社会经济发展而趋于完善。

第三节 管理决策的影响因素

一个正确有效的决策需要深入分析的因素很多，其中决策者、组织、社会经济、信息四个方面的因素对决策正确性、有效性尤为重要。

一、决策者因素

决策者拥有决策权，他在决策过程中有对众多备选方案的选择决定权，负责整个决策过程的领导工作，尽量解决决策过程中的疑难问题。由于管理决策具有层次性，决策者包括企业内拥有不同经营管理权的经营者、管理者，但就企业内拥有不同权力的经营者、管理者在决策活动中的地位而言，那些能引导和指挥别人按照某种方式行动，促使别人去完成工作任务的领导者，尤其是企业最高层的领导者，往往居于决策活动的核心地位，也称决策领导者。

决策者在决策过程中的职责可概括为决定、组织及检查与控制。

（1）决定。任何一个决策者在决策过程中首先要确定决策目标。比如，是解决经营战略，还是解决产品结构、员工培训，或投资方向、资金筹措。然后为实现决策目标作出“拍板定案”的决定，选择最佳方案。

（2）组织。首先是决策组织的建立，决定参与决策的人员范围，然后指挥和协调决策过程中各类人员的关系，为实现决策目标提供组织保证、人才保证和措施保证。

（3）检查与控制。即在决策目标和方案的实施过程中，决策者通过检查、总结，及时、准确地发现问题，采取措施加以解决，不断地完善和修正决策方案。可见，决策者在企业决策过程中处于举足轻重的领导地位，其素质的高低直接影响企业决策的正确性和有效性。决策者应该具备哪些素质呢？对此，许多专家和企业家都有自己的看法，我们认为对决策者的素质要求可归纳为知识结构、能力结构和心理结构三个方面。当然作为企业不同层次的决策者，其知识结构、能力结构两个方面在要求程度上是有所不同的。例如，知识结构方面，愈是高层决策者愈是要求知识广而博，愈是基层决策者愈要求专而精；能力结构上，不同层次决策者要有与其职务权限相应的能力水平。在这里，我们着重谈谈决策者心理状态对决策的影响。

决策者在决策过程中能保持心理平衡是保证企业决策机制正常运转的重要条件。企业内不同决策者处在企业不同层次、不同部门的领导岗位上，在采取决策的过程中，决策者的认识、情绪和意志是决策者与下属执行者之间关系的一种心理平衡体现。如果一个企业内决策者的认识、情绪与自己的理性认识发生矛盾，不能做到认识、情绪、意志三者的平衡，势必会发生用感情替代理智的现象。此时，即使决策者知识结构、能力结构完善，也很难保证不出现决策失误，如目标选择错误或方案选择错误或决策执行错误。决策者心理状态在决策过程中的影响主要体现在决策者的认知、潜意识、直觉、风险态度、压力态度等方面，由此形成决策者的不同决策风格。

（一）认知

认知是决策者对周围相关信息的选择、综合和解释，包括决策者凭经验和习惯有选择地接受信息，进行汇总，并运用经验与直觉解释信息。认知本质上是决策者个人大脑对外界各种信息的处理过程，既需要不停地接收信息，更需要正确地解释所收到的信息。大量事实表明，在决策过程中决策者受到特定决策需求、背景和经历的影响，对接收到的信息存在选择性认知，会出现大相径庭的解释，这样就直接影响决策者正确地发现问题和认识问题，以及评估解决问题办法的正确性，影响方案的选择与执行。可见，在决策过程中，决策者要注意并承认自己的有限理性一面，获取更多信息，努力让自己的认知朝着正确引导决策方向发展，参与决策过程的参谋者必须在与决策者共事之中做好实事求是地改变决策者偏见的准备。

（二）潜意识

从弗洛伊德的观点来讲，潜意识是个人以自我为中心对事物的一种反应，如恐惧与担心，热情与鼓舞等。在决策过程中决策者的潜意识表现为他从个人角度对需要解决的决策问题产生的某种敏感反应。这是一种决策者对决策问题的直接反应，影响着决策者对解决决策问题支持与否的态度。

（三）直觉

直觉是对问题的一种超越逻辑的思维结果。这种思维结果往往是决策者凭借其洞察力、理解力、想象力和判断力等能力，在对一个复杂问题认知后产生的一种灵感和理解，这种灵感和理解能给解决问题带来创造性的突破方式。有这样一种说法，正确的决策靠 90%的情报信息加上 10%的直觉。在决策实践中要尽量避免采取重视和不重视两种极端态度。正确的态度是要恰如其分地利用决策者的直觉，弥补信息依据的不足，将决策者直觉反应的智慧与决策风格体现于决策方案之中。这种态度也是用系统分析方法解决非规范化决策的基本要求。

（四）风险态度

风险态度是指决策者对待决策中不确定性的态度，总体上分为谨慎类、冒险类和循规蹈矩类。影响决策者接受风险的态度的因素主要有：决策者的智力；决策者的期望；决策者能得到的信息量；允许决策者作出选择的时间和作出选择本身的复杂性。这些因素相互之间也是有联系的：（1）决策者对信息要求的多寡与决策者成功的期望高低成正比。（2）决策者的理解领悟程度高说明其智力高，在决策时一般对信息量要求也更多。一般地讲，决策者智力越高，越是倾向于反复论证，选择有适度成就、失败可能小的方案；智力弱些的决策者，往往更愿意为报酬大的机会冒大的风险。（3）决策复杂程度增高，对信息量和时间的需求会随之增加，但复杂程度达到足够高之后，反而会因为对得到好办法的希望减少而仓促地凭直觉作出决策。在不确定性条件下选择方案过程中，一般决策者既要对某特定结果价值与效用进行评价，又要对该结果发生的可能性进行判断。决策者准确判断的概率和判断价值效用的能力是一项非常重要的因素。

（五）压力态度

压力态度是指决策者面临困难的心态。常见的心态有两种：一是怕决策失误使企业蒙受经济的和社会的损失；二是怕由此丧失决策者应有的权威。两种心态程度不同，相互影响结果，使决策者对待决策问题出现五种不同处置态度：

（1）因循守旧。决策者一如既往，看重经验，无视条件变化有变革的必要。

（2）见风使舵。决策者无主见，人云亦云，轻易采取行动。

（3）敷衍推诿。决策者借故避免作出决策，把责任推诿给别人或者用文饰来拖延。

（4）惊慌失措。决策者盲目地向各个方面寻找解决办法，以解燃眉之急。

（5）保持警觉。决策者清醒地分析困难，有条不紊地寻找解决方法。

显然，最后一种处置压力的态度最有利于保证决策的效果。

综上所述，决策者个人心理结构在认知、潜意识、直觉、风险态度和压力态度等方面的表现对在决策程序每一阶段上能否作出合理决策，直至保证整个决策过程正确、有效都有直接影响，这种影响远比选择定量决策技术复杂得多。决策过程参谋分析人员了解决策者在这些方面的表现，并使之趋向合理是一项细致的工作。

二、组织因素

企业作为经营活动组织形式，其本身的目的、目标以及它所从事的业务，构成了决策的背景，组织既提供决策资源，也对决策进行限制。组织因素是指企业决策背景对管理者决策行为可能产生影响的因素，主要影响因素为集体决策、决策气候和组织的平衡与惯性。

（一）集体决策

现代企业的决策由于多层次、多因素及其动态变化，往往需要不同类别和职责的多个人或一批人来完成。集体决策就是不同决策者、参谋者、执行者和信息处理人员等，为实现企业目标而研究、设计和选择方案协同工作的过程。集体决策常有两种形式，即固定的和临时的决策。

固定的集体决策的组织是企业组织体制的组成部分，即企业有常设的决策机构、参谋机构、信息机构和实施执行机构。这些机构往往和企业设置的各种组织浑然一体，能在整个经营管理过程中起长期作用。固定的集体决策是直接与企业权力机构相关的决策，决策的可靠性和有效程度高，如高级管理人员的选聘，战略计划制定等。

临时的决策组织是为了解决某个问题而成立的一种松散的临时性机构，它通常是就专项决策的方案设计，选择实现决策目标的最优方案，由决策领导者根据需要选定有关人员组成的机构。如为了确定推出一种新产品的可行性，成立一个专门的项目小组。这种临时的决策组织在决策方案形成后就逐步消失，而不会在整个经营中起长期作用。决策的可靠性取决于临时决策组织内人员构成及决策领导者的组织能力，决策的有效性则视审批决策方案的权力机构的权威性而定。

现代企业决策由个人决策向集体决策发展。决策过程由一言堂向群言堂发展，有利于实现决策民主化、科学化。为此，要求决策领导者能热情地聆听各种意见，给予各种想法公开表达的机会，且平等对待，做到集思广益，同时在参谋人员协助下，能与决策集体中每个成员相互沟通，了解他们各自对集体决策任务和目标的理解及观点，尤其要处理好成员间存在的分歧，不能无原则地调和、迁就与妥协，要对集体决策运作了然于胸，确保运作正常，善于论证自己的观点并进行总结，比较客观地提出合理方案。当决策在大多数成员之间达成一致后，确保全体成员都同意执行最终制定的方案。这样，集体决策就能发挥决策成员间沟通机会多、协调水平高、执行决策承诺力度强的内在优势。加上通过对集体决策方式的良好培训与提供实践机会，就会制定出范围更广的备选方案，提供更多信息并增加创新性，确保决策的高质量与可信度。当然，集体决策过程比较复杂，耗费时间较多，利用不当会影响决策速度。

（二）决策气候

正如我们对生活环境有怡人与不怡人的印象之分，员工们对所处部门或企业的工作环境也有内部组织气候鼓舞人心与压抑的印象之分。从管理决策角度而言，与管理者决策行为相关的组织气候就是决策气候。通常用自主权、决策行为制度、报酬定位和决策者得到的重视与支持度四个尺度衡量与判断，确定决策气候是否有益于决策者实现其决策行为。

（1）自主权，指决策选择的独立性。即决策者能自由选择如何建立决策，以及如何解决该决策并承担相应的责任。

（2）决策行为制度，是指给予决策者一个自主行事的框架，表示决策者的决策行为在多大程度上要受他人限制。显然，决策行为制度化程度高，决策者受到的限制就大，对创造性地作出有效决策的阻力也会增强。

（3）报酬定位。报酬制度本身要影响员工的行为，企业可以用多种报酬定位方式影响管理者决策行为。如采用效果定位，会使管理者对失败的担心超过对报酬的渴望，容易出现逃避或推诿决策困难的现象；如采用方法定位，将给予强调完成任务并能积极提出解决问题想法的管理者提供奖励机制的支持，有益于决策过程创造力的发挥。

（4）对决策者的尊重和支持度，是指管理者体察他的决策行为得到充分尊重和支持的程度。决策气候让管理者感受到对其尊重和支持程度高，他在制定决策过程中会更具有创造积极性和灵活性。这种个人尊重和支持程度既来自上级，也来自其同僚和下属，且需要互惠行动。一个人给予他人的尊重和支持越多，他得到的尊重与支持也越多。

（三）组织的平衡与惯性

企业组织是一个复杂的实体，对企业组织的总目标大家都会认可，也能放到桌面上议论，但往往某些组织行为会有一些“隐藏”的目的。比如说，为了减少管理层次和环节，决策方案要进行机构调整，该撤的撤，该并的并，那么撤和并就涉及原有机构领导人如何安置，有些人会下岗，有些人会调动。组织的平衡与惯性是指决策过程中决策方案形成需要考虑企业组织承受机构变动和人员流动在组织内产生扰动的能力。一个企业组织的平衡与惯性，往往表现在企业组织的政策、规范和先例三个方面，而这三者又往往是决策者逃避或拖延组织改革可找的借口。例如，某地区一个批发公司进行研究分析，若采用计算机管理，会使发货时间缩短40%。显然，这样的变动要打破原来的操作规范，有些管理部门或人员不同意这一建议，认为这样做破坏了原管理标准的决策制度。面对机构与人员调整、业务范围变化等涉及组织平衡与惯性的问题，还得从观念更新、知识更新上做工作，在方案设计中要考虑应对旧的组织平衡到新的组织平衡之间可能出现扰动的对策。

三、社会经济因素

决策者和决策组织的决策态度要受到社会经济各种因素的影响，其中社会规范、经济体制、法律限制等都影响决策的制定与执行。

（一）社会规范

社会规范是指社会成员的行为活动可允许的范围，也可以说是社会对每个成员行为的一种评价标准。企业决策过程中如何处理好社会规范对决策的作用十分重要。

首先，要认识到社会规范是一个社会历史发展而成的一种行为评价标准。对企业来讲，管理决策是一种创新活动，社会规范有时也就成为一种约束力。这种约束力的大小与企业决策当时所处条件有关：若企业管理决策所处环境条件是含糊和不肯定的，社会规范影响作用就小；决策过程信息交换得越保密，受社会规范影响的可能越小；与外界舆论越一致，受社会规范的影响越大；决策者越有信心和魄力，越不易受影响；决策集体成员越团结，意见越接近，影响也就越小。

其次，社会规范决定企业的伦理行为取向。从企业是经济组织的本质而言，企业决策追求利润最优化绝对不会错，但从社会的伦理行为来讲，把利润最优化作为唯一经营目标，企业就会在社会上失云公众的信任。我们许多企业的经理，过去不敢提追求利润，而现在又有一种只强调金钱的倾向，这些都是片面的。企业决策应该充分认识到决策问题的多维性，尤其是有深远影响的重大问题决策，应该有多方面目标，把追求利润最优化和社会责任灵活地结合起来。

（二）经济体制

新中国成立以来，我国经济体制经历了高度集中的计划经济、社会主义有计划的商品经济两个阶段，目前又进入了社会主义市场经济阶段。不同的经济体制影响着企业决策行为。

高度集中的计划经济体制下，企业受到过多的行政干预和行政保护，计划由上级下达，原材料由国家供应，产品统销，盈利上缴国家，亏损由国家补贴，国家对企业业绩考核只注重产值等规模指标。企业决策行为完全是对上负责，即依靠上级的战略规划，致力于企业如何完成上级计划，追求产值数量最大化。

改革开放特别是确立了社会主义市场经济体制的改革目标以来，我国企业改革经过多年的探索和实践证明，既坚持企业国有资本国家所有，又能实现政企分开，企业成为独立法人实体的关键是建立与社会主义市场经济体制要求相符的现代企业制度。在社会主义市场经济体制下国有企业的决策行为就需要有根本性变革。总的来看，随着社会主义市场经济体制的建立和完善，企业决策环境有所改善（如现代企业制度的健全；决策者权威、能力和对下属信任程度；下属执行者要求独立的程度、参与决策的愿望与兴趣、对目标理解的程度、具备的知识与经验等），企业决策行为主要取向是企业家型和下约束型两种。

企业家型决策行为，指企业的厂长经理是企业决策的最后决断者，在企业具有极高权威，能对企业的经营大事、战略实施的推进创造性地作出判断决定。

下约束型决策行为，指企业的中层决策者拥有较大的决策自主权，企业长期经营形成的企业价值观和行为规范是其决策行为的制约力。

（三）法律限制

社会的法律限制、文化特点也会影响企业决策行为。比如，市场经济条件下国家各种法律的建立与完善，一方面使市场行为规范化，代表着机会；另一方面使企业决策灵活性受到限制，代表着障碍，这样企业决策就不仅仅是照章办事，而更需要深思熟虑地分析决策。

四、信息因素

信息是决策主体在决策过程中作出正确决策的依据，表现为支持决策的资料、信息和以某种方式加工分析得出的某些结论。准确的信息是正确决策的基础和前提。影响管理决策质量的信息因素主要有以下四个：

（一）信息的可靠性

信息的可靠性是指信息符合实际情况的真实程度。信息越真实，可靠性就越高，只有真实可靠的信息才会有益于决策主体作出正确决策。为了保证信息的可靠性，对信息的收集、加工处理过程进行管理控制十分必要，同时，要尽量借助统计分析技术来测定调查研究分析结果在统计意义上代表总体的精确程度。

（二）信息的数量

信息的数量是指决策过程中决策主体所占有的与决策有关的信息的数量。当决策主体就某一决策问题进行方案设计之前应估计一下所掌握的有关信息的数量是否足够，如果不够，应当继续收集补充，直到认为满意为止。必须指出，这里讲的信息的数量，不能简单地理解为资料、消息的多少，重要的是所拥有的资料、消息的信息含量，即资料、消息有益于决策主体减少对所关心事物认识上的不肯定程度。减少所关心事物认识上的不肯定程度越高，信息含量大的消息、资料就越能起到事半功倍的效果。

（三）信息的及时性

信息的及时性是决策主体获得信息后能够迅速作出决策，使企业获得效益的及时程度。如果信息到达决策者的时间可保证决策者不失时机地作出决策，获得某种效益，则信息为及时；反之，信息到达的时间过晚，决策者不能据以获得某种效益，则信息为不及时。

（四）信息的适用性

信息的适用性是指提供给决策者的信息与其面临决策的信息需要之间的一致程度，决策者面临决策的信息需要随决策者所在管理层次的决策类型不同而不同。表8—1列出了企业战略决策、战术决策、作业决策三类不同决策的信息需要特征，凡是提供的信息与决策有关，符合信息需要特征的，为适用信息；反之，与决策无关，不符合信息需要特征的为不适用信息。只有信息的适用性增加，其价值才能增加。

表8—1　　不同决策类型的信息需要特征

信息特征	作业决策	战术决策	战略决策
时间性	历史的、现实的	现实的	未来的
来源	主要是内部的	内部和外部	外部的
综合性	具体、详细	集中	综合、概括
范围	明确、狭窄	较广泛	广泛
精确度	高	中	低
使用频率	高	中	低
数量性	量化信息为主	定量和定性	定性信息为主

第四节　管理决策的程序

管理决策是一个复杂的动态系统，运行有序与否直接影响决策质量。管理决策的程序是决策系统有序运行包含的一系列相关阶段，以其特定的内容和要求及相互之间的内在联系，使决策过程中的问题、目标、设计方案、评估、选择、反馈、信息等，在严格规范基础上紧密地衔接起来，为决策的高效率、高质量提供有力保证。要提高管理决策的准确性和可靠性，必须遵循科学的决策程序。一般而言，科学的决策程序应当包括以下五个相关阶段。

一、发现问题，确定目标

（一）发现问题

问题是决策的起点。经营管理活动问题来自两个方面：一是计划期应该做的事（目标）和实际做成的事（成果）之间出现的差距，称为问题；二是环境条件变化出现新情况，给企业带来新机遇和风险。此外，有时领导者的某种有价值的创意也是问题。企业遇到问题，只有经过逻辑分析和综合判断，说明问题症状，寻找症结，才算真正发现了问题。举例来说，企业某种产品销售不见增长，如果不加以分析，就会由这一现象简单地得出“如何使该产品销售增长”的决策问题，由此想到的解决办法也就是促销手段，如增加灵活的广告宣传、强化人员推销、扩大销售网点等。这样做能否从本质上解决问题呢？很难说。因为企业某产品销售水平从根本上讲取决于该产品整体市场容量大小和企业的市场占有率，这两个变量随时间变化的不同状况会构成三种组合，均能使企业产品销售不见增长，但其本质是有区别的（见表 8—2）。

表 8—2　　发现问题分析思维过程举例

问题现象	决定性变量		变量组合状态	原　因	研究设定
	市场容量	企业市场占有率			
企业产品销售不见增长	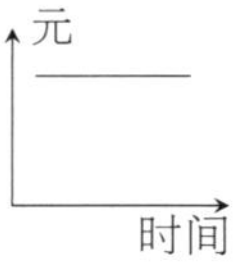	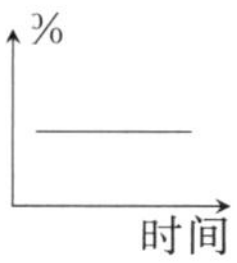	A	1. 该产品进入成熟期，整体市场已无法扩大； 2. 企业已竭尽全力，市场占有率无法提高； 3. 企业不求上进，市场占有率无增长。	提高企业市场占有率
	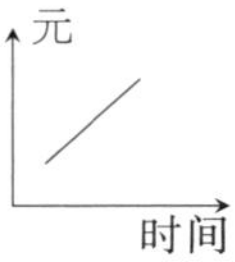	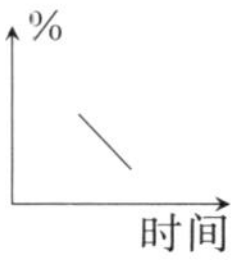	B	1. 企业市场占有率开始下降； 2. 产品选择的目标市场在整体市场中比重下降。	提高企业市场占有率
	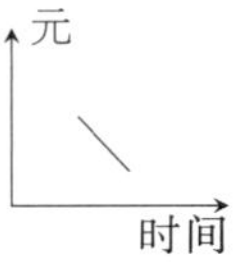	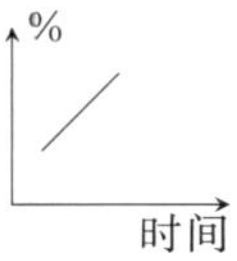	C	1. 产品已进入衰退期； 2. 已出现替代产品； 3. 同行业中竞争企业已采取撤退策略。	降低市场占有率

显然，如果企业不经分析就贸然以“完善促销手段增加产品销售”这一设定进行决策，那么会因企业产品销售不见增长的本质处于不同状态而得到不同效果。若为 A 状态，只会有有限的改善；若为 B 状态，能使企业获得利润的增加；若为 C 状态，则适得其反，使企业利润趋向恶化。如果经过分析能确认市场组合状态为 B，以“提高企业市场占有率”为问题设定进行决策，就能切中要害，正确制定解

决问题的决策。可见，发现问题在于从现象入手，经过理性的定性分析陈述原因，定量分析了解其严重程度，经归纳综合找出症结，提出切中要害的决策问题。管理者只有最终把握需要作出决策的时机，才能为以后制定决策解决问题的各阶段指明正确方向。

从问题现象到明确决策问题，自身也是一次决策，因为在此逻辑分析和综合判断过程中要从时间、空间、程度、影响面等方面考察现象本身的特点，同时，从问题产生的偶然性和必然性以及全局性或局部性考察问题的性质。只有通过对大量信息资料进行系统分析，才能发现问题的关键所在。

为保证决策目标的正确性，还要对产生问题的原因进行深入分析，包括横向分析和纵向分析。横向分析是从许多错综复杂的原因中找到主要原因。纵向分析是从各层次的原因中找到根本原因。例如，某企业的经济效益较差，而影响经济效益的原因是多方面的，既有物质技术设施问题，也有产品成本、质量、价格问题，还有职工的劳动态度和生产效率问题。经调查发现，导致该企业经济效益差的症结在于职工的劳动效率低下，这就抓住了问题所在。仅仅找到问题是不够的，还必须进一步分析职工劳动效率不高的原因。如果经过横向分析得知主要原因是职工的业务技术水平普遍较低，再进行深入的纵向分析，发现造成职工业务技术水平低的根本原因在于缺乏系统的业务培训，由此就可以确定决策目标，即加强对职工的系统培训，迅速提高他们的业务水平。总之，只有对决策问题进行深入细致的横向和纵向分析，找到根本原因，才能正确地确定决策目标，为拟定决策的备选方案指明方向。

（二）确定目标

目标是在一定条件下，制定决策解决问题以达到人们希望的效果与建立评价方案的标准。没有目标就无所谓决策，目标错了决策就会失误。为使决策目标明确合理，确定目标时必须注意以下问题：

1. 目标必须是客观可行的

企业任何一项管理决策都需要确定其目标如何为实现全局目标和提高企业竞争优势作出贡献。在做某项管理决策时一定要考虑如何使之与高层次目标相适应，使决策目标最有可能达到扶持企业战略目标的实现，同时，在经营中，能使企业内各相关部分的目标大致指向同一方向，同层次目标之间能相互协调，不相冲突，并在时间上具有连贯性，否则，决策就会失去组织意义上的客观可行性，得不到支持，随之引发整个决策过程的无效。

2. 目标必须明确具体

在决策过程中目标是研究对策备选方案的标准和尺度。目标含糊不清，方案设计与评价选择就会无所适从。决策目标必须做到具体化、定量化，在时间、地点、数量上加以确定。

第一，目标必须是单一的，即只能有一种理解，不能模棱两可，在语言词句上避免多义性。为此，目标应尽可能数量化。

第二，目标必须落实。通过建立分层目标结构，使某个部门在某个决策问题上的决策目标正好是本部门本问题上的具体目标，实现该目标就是实现更高层次目标的手段。通过对某项决策的分层目标结构的分析，找到下一级目标就可以在允许范围内对决策问题进行分解，使决策做得更具体、更有效；找到上一级目标可以使决策者看问题更开阔一些，理解问题更透彻一些，从而把决策做得更准确，也更有效。

第三，确定衡量目标达到程度的明确标准。对目标预定达到的要求，应当作出具体的标准规定，以便规定目标的内容、性质，其衡量标准应尽量用数量指标表示，以利于监督、控制和检测、评价。对于确实难以用数量指标表示的标准，则应在质的分析的基础上采用间接测定的方法来反映，如用统计上的结构指标（如百分比）来反映质量性质的问题；用单位时间内某种情况出现的次数来反映该种情况的发展程度，如平均出勤天数等；运用评分法，将决策目标分为等级组合，然后赋予每级一定的分数，如产品或服务质量评比。

第四，要明确决策目标是否附加约束条件。决策目标分为有条件目标和无条件目标。有条件目标带有附加的约束条件，如决策目标定为经营品种增加 20%，同时要求保持原有的品种结构，并不得降低资金周转速度和减少利润。如果决策执行结果虽然在增加品种方面达到了目标，但不符合附加条件的要求，仍不能视为完整地实现了预定目标。无条件目标是不附加任何条件的。因此，在确定目标时，必须根据客观需要规定约束条件。

3. 要区分目标的重要程度和主次顺序

由于经济活动范围的扩大和影响因素的增多，现代管理决策经常面临多目标并存的情况，尤其是在全局性、战略性决策中，所提问题经常需要考虑两个或两个以上的目标，问题的解决亦有赖于同时满足这些目标的要求。例如，零售企业的店址选择，既要有优越的地理位置和便利的交通条件，又要使所在地区保持合理的市场份额，同时还要符合城市商业网点的统一规划和布局。在某些情况下，由于约束条件的限制，多个决策目标的作用、方向可能不尽一致，甚至出现矛盾和对立，这就给决策方案的确定增加了难度。为解决多目标决策带来的困难，可采取以下方法。

首先，在满足决策需要的前提下，对多个目标按照其相互关系加以取舍，通过削减重复目标，合并类似目标，综合同度量目标，把决策目标的个数减少到最低限度。取舍决策目标的原则是：

（1）两个具有对立关系而无法协调的目标，应当舍弃一个。

（2）两个具有主从关系的目标，可以保留主要目标，舍弃从属目标。

（3）具有并列关系而又内容相近的目标，可以合并为一个综合目标。

（4）对整体决策影响不大，可有可无的目标，则可以完全舍弃。

其次，要把保留下来的最低限度的目标，根据其重要程度分为必须达到的目标和希望达到的目标。必须达到的目标具有一定的刚性和强制性，是要无条件确保实现的目标。希望达到的目标则带有弹性和相对性，是在条件具备的前提下要尽可能实现的目标。

最后，在对目标取舍和区分重要程度的基础上，还应按照主次顺序把决策目标分为主要目标和次要目标，将主要目标作为关键的、首先应当达到的目标，其他目标则按顺序依次排列。

通过对决策目标加以区分，可以迅速抓住主要矛盾和核心问题，确立精练完整、主次分明的决策目标体系，从而使制定和抉择最佳决策方案成为可能。

二、拟定备选方案

确定决策目标后，在取得有关信息资料的基础上，就要拟定各种备选方案，提出解决问题的对策。备选方案是实现决策目标可供代替的行动方案，它处于决策的中心地位。只有存在一个以上的方案，才能进行方案选择，否则也就无所谓决策了。为了确保选中方案的最优性，理论上讲，应该拟定全部可能实现决策目标的可替代行动方案。实践中，我们在给定的资源条件下，为确保决策质量应设法得到尽可能大的选择余地。为此，既要运用不同方法制定多种可供选择的方案，更要鼓励发挥创造性。

实际拟定备选方案的过程，大体可分为方案构思和精心设计两个步骤。

（一）方案构思

方案构思是针对决策目标寻找实现目标的行动方案架构。遇到程式化决策，可以依据经验构思；遇到非程式化决策，可以从以往接触过的有相似或可比之处的决策中得到启迪，进行构思创新。方案构思既要发挥经验和知识的作用，也要充分发挥决策主体的想象力和创造力，对拥有的各种不同信息，按照新观点进行排列组合形成备选方案架构。

（二）精心设计

精心设计是在方案构思的基础上，对方案的措施、方法、后果的研究与论证，形成有实践意义的行动方案过程。具体工作有：

（1）对多种方案构思的筛选整理。即经严格论证和仔细推敲形成相对合理的几种方案构思，并确定其具体的各种措施细节，如资源条件、组织协调、实施方案可能遇到的不测及应急处置措施等，形成几种备选方案。

（2）对方案执行预期目标结果作出估计。即预测客观环境条件的可能变化和在各种客观条件下方案的预期效果。

精心设计提供的备选方案应满足两个基本要求：

1）每个备选方案的可行性。即备选方案应该提供资源保证措施、时间保证措施、组织保证措施、应急措施、决策目标可能达到的水平等详尽信息。

2）备选方案之间的互斥性。即各备选方案在总体设计、主要措施和预期效果上必须有明显的区别，既不能把 A 方案的措施包括在 B 方案中，也不能使 A 方案和 B 方案成为实现 C 方案的途径。只有备选方案间互斥，才能保证各方案备选、比较的意义。

拟定可行的备选方案，既不能凭借个人的主观臆断，也不应照搬已有的现成方案，而是要坚持集思广益、大胆探索、精心设计、因地制宜的原则。企业应该为决策主体提供市场信息自由流动的基本条件，同时为他们发现、使用和分享相关信息及接受与承担创新风险创造良好的组织氛围。

三、评价选择方案

在拟定备选方案的基础上，需要评价各备选方案的可能结果，进而全面比较，从中选择出最有利于实现决策目标的决策方案。

（一）评价备选方案

一般评价备选方案考虑的标准是方案的可行性、可接受性和可靠性。

1. 评价方案的可行性

是说明执行各方案可能需要的各种资源如何与企业能得到的资源相互配合。首先，从技术、运营能力和资金三方面评估方案的可行性。具体来说就是了解方案执行需要哪些技术或技能；说明企业现有技术或技能有何不足，如何填补；从数量上针对方案执行中涉及的人、设备、材料、空间、时间等方面，对所需资料作出详细分析与叙述，与企业现有资源能力相比较后说明何时需要补充新的运营能力；计算执行方案的资金需求量，如一次性成本或净现金需求，说明如何满足资金需求。只要技术、运营能力和资金之中有一个不能满足，方案就为不可行方案。其次，经过上述评估认为方案可行时，应该考虑方案给企业全部资源状态的变化程度带来的影响，并考虑可行方案如果被选为决策方案，它的执行与组织现有其他活动的配合程度。不单单考虑资源需求的绝对水平，而且要考虑资源需求的增长率变化带来的压力，企业能承受这一压力时才为可行，否则为不可行；方案能与现有其他活动和谐配合，并不损害反而加强现有其他活动，才是可行方案。例如，与市场营销配合很好的方案将能填补企业产品或服务系列上的缺口，可以利用现有分销渠道或要求与现有产品相似的促销政策；反之，与市场营销配合差的方案会以一种破坏现有营销成果的方式与现有活动相区别，甚至相脱离。比如，一个专门经营名优品牌的服装店，遇到一个从财务上讲非常具有吸引力的销售一批廉价进口服装的机会，不论这笔生意在财务上如何具有吸引力，企业也不会销售这批服装，因为那样做企业整体的高品质营销形象会受到损害，将会失去现有的顾客。

2. 评价方案的可接受性

是从企业竞争力和财务两个方面判断方案的优劣。从企业竞争力角度看，就是要从方案执行的技术、质量、反应速度、可靠性、灵活性等方面分析方案运营目标如何提高企业竞争力。例如，方案运营能使企业产品质量由经常接近主要竞争者变为经常优于多数竞争者；交货灵活性上由与大多数竞争者相同上升为能持续明显地优于实力相当的竞争者；技术上由与大多数竞争者相同提升为明显优于最相当的竞争者；批量灵活性上仍能保持与大多数竞争者大致相同，等等。显然，总体上能提升竞争力即为可接受方案。从财务角度看，就是预测和分析方案的财务成本，以及决策可能带来财务收益的增长。常用分析方法有方案资金净现值法，即计算方案整个决策期间的总成本和费用与收益的时间价值。一般而言，如果净现值大于零，为可接受方案。也用回收方案全部最初投资所需时间，即投资回收期来判断可接受性。投资回收期越短，方案越具有吸引力。

3. 评价方案的可靠性

是评价方案执行的内在风险程度。方案执行中的风险来自：决策者在制定决策过程中不能预测和估计到其他决策主体对决策认可上的不一致性；决策执行后环境态势出现了变化；方案在组织内部造成某种不和谐，等等。对方案执行中风险程度的评价方法，最简便的是仅仅评价方案可能造成的最坏结果，比如甲方案的可能最坏结果比乙方案的可能最坏结果好，甲方案风险小于乙方案。最常用的方法是计算方案决策变量概率分布的统计量：期望值（即决策变量概率分布的平均数，它是把每个结果乘以相应的概率，然后把乘积相加）；标准差（用来衡量结果在期望值周围的离散程度）；变异系数（为标准差与期望值的比率，用来衡量期望值的变动程度）。标准差是估计和评价风险的绝对量，变异系数则是考虑方案期望回报的相对风险水平。此外，就是对选中方案进行敏感度分析，揭示方案如何随约束变量变化而变化，找到解决对策。

（二）选择方案

选择方案是对评价方案的结果进行总体权衡和最终抉择，即所谓拍板定案，这是决策过程的核心环节。“拍板”方案的可行性及优化程度，直接影响决策方案的实施与结果，是决定决策成败的关键。它的全部内容是决策过程承担责任的行为，决策方案的选择也成为决策制定过程中参谋者将责任留给决策者本人的过程。

首先，是选择方案的遵循原则。经济活动中选择方案理想的原则是最优化原则。最优化原则在实践中完全实现，必须满足以下条件：

（1）决策目标可以量化；

（2）可以找到全部的可行备选方案；

（3）每个方案的执行结果可以预先确知；

（4）具有绝对的择优量化标准；

（5）决策时间不受限制。

然而，实际决策过程同时满足上述条件往往是不可能的，因为：

（1）有些目标根本无法量化；

（2）决策信息不完全，再加上决策者认识的局限性，不可能看到所有的可行方案；

（3）决策对象的整体与局部、各局部之间往往存在一些矛盾；

（4）经济活动的决策往往是多目标决策，而这些目标之间又往往有矛盾；

（5）由于人、财、物和时间的限制，不可能找到所有可行方案。

因此，在决策中更多应用的是满意原则，即只要求达到决策者满意的目标。满意原则的实质是决策者的价值标准，即决策者按对方案的作用、利益、有效性等的综合评价，作出选择。该原则能方便、灵活地表达决策者的偏好和魄力。一般将按最优原则抉择而定的方案称为最佳方案，按满意原则抉择而定的方案称为满意方案，它们统称为决策方案。

其次，是选择方案的过程。在许多情况下，各种备选方案利弊兼具，各有短长，很难简单地区分孰优孰劣，这就需要决策者具有丰富的经验、卓越的洞察力和决断力，同时对决策问题内外影响因素及其相互关系有透彻的了解，善于透过现象抓住本质，从众多方案中发现最有利于实现预定目标的方案，既审慎细心又能果断地作出决策。在选择方案过程中有两个因素影响着如何选择方案：一是决策者对备选方案后果的自信心。决策者对将要发生的事情认识得越清楚，则自信心越高，反之则自信心越低。二是决策成员对追求决策目标的一致程度。由于决策成员价值观的差异，特别是当他们各自代表不同利益的关键群体时，对目标达成高度共识是很难的，因而有一致与不一致两种状态。受上述两个因素影响就构成四种方案选择状态，分别采用不同方法和途径作出方案抉择。

第一选择状态，即对决策结果自信心高，决策成员对决策目标形成共识。常采用数学分析法构造决策模型，将可供选择方案的特性及价值评价数据化，输入模型进行计算。再对计算结果加以比较，从中选择与决策目标要求最接近的方案为中选方案，本书第 9 章介绍这类方法。

第二选择状态，即对决策结果自信心低，决策成员对决策目标形成共识。一般采用经验判断法，依据以往经验对备选方案进行比较并作出选择。经常采用的方法有：

(1) 淘汰法。即根据选择方案的决策标准、历史标准（将过去业绩水平结合当时组织形势得出的标准）、外部标准（将与自己类似的组织的业绩水平结合自己的形势得出的标准）或绝对标准（指方案理想状态），对备选方案进行筛选、淘汰，逐步缩小备选方案的选择范围。当余下的备选方案具有同等价值而难以进一步抉择时，则可以补充评选标准，以便区分优劣。例如，各方案执行结果所获利润额相近，则可用资金利润率和费用率作为补充标准，选择资金利润率高、费用率低的方案作为较优方案。

(2) 排队法。经过综合判断，初步选定备选方案，对备选方案两两对比，优者记 1 分，劣者记 0 分，通过比较排队，选择积分多的方案为优选方案。

(3) 归类法。当备选方案太多时，先将雷同方案归为一类，从而把备选方案分成几大类，然后利用先类内后类间淘汰或先类间后类内淘汰两种办法作出选择。

第三选择状态，即对决策结果自信心高，决策成员对决策目标没形成共识。如企业内部每年资金预算分配方案决策。这种状态通常要求各决策成员着眼于长期利益，通过协商谈判作出方案抉择。

第四选择状态，即对决策结果自信心低，决策成员对决策目标没形成共识。此种状态下有时决策者会采取消极逃避态度。可以寻找一位责任心强，充分理解各决策成员的观点、利益和价值，得到全体决策成员信任的领导者；或通过决策过程循环往复，找到一个能让决策集体容易达成共识或具有更大信心的替代方案来解决。

此外，实验法也是一种选择方案的方法。实验法是对每个备选方案进行模拟实验，从中选出效果最好的方案。在管理中遇到没有经验的非例行问题，又无合适的数学方法对问题进行分析时，以恰当少数几个典型单位为试点，通过实验验证方案优劣，然后总结经验作出决策。实验法会耗费较多资源，因而必须慎重使用。随着计算机应用软件的发展，可以利用计算机进行人机模拟仿真，实验法选择方案也将被广泛采用，如排队模拟、库存模拟、财务模拟、博弈模拟等。

方案选择十分关键，选择过程中应该注意到，理想的选择应该是最优化，但影响企业经营管理的因素很多，难以完全预计到，因此，选择方案一般只能是在目前条件下权衡利弊之后选择比较满意的可行方案，而不是最优方案。同时，方案选择时要注意各方案的差异，有无不良的后果或潜在问题，以便采取预防措施或制定应变计划。如果得不到令人满意的方案，则必须按照决策程序重新审定目标或修正补充方案，直到满意为止。

四、方案实施与控制

选择出满意方案或最优方案只能说解决了决策问题的一半，另一半是如何组织实施决策方案。要使决策方案付诸实际行动，达到预期目标，还须拟定强有力的实施计划并付诸实施。方案实施不是被动、机械地执行决策方案，而是一个自动的自为过程。在实施方案时，需要根据变化的情况对决策方案进行修正或调整，灵活性、创造性地加以实施与控制。方案的实施与控制离不开信息的收集与反馈，以便随时发现执行过程中出现的新情况、新问题，并及时采取调整措施或针对新问题作出新的决策。

五、信息收集与反馈

信息是决策基础，必要的信息是决策的前提条件。决策过程以上四个阶段的主要任务是设法将企业资源在时空上科学合理地组织起来，通过实际行动使其充分发挥作用，实现企业的预期目标，而且上述四个阶段并非必然从某一阶段依次进入到下一个阶段，而无须回溯或循环反复。从决策任务的提出到目标实现，都离不开信息与反馈，即进行大量的调查研究，了解企业的外部环境和内部条件、竞争状况，预测企业经营发展的趋势与动向，通过信息收集、处理、传递与反馈将决策过程上述四个步骤有机地联系起来。因此，信息收集与反馈也成为科学决策程序必不可少的重要阶段之一，且贯穿决策程序的始终。

上述五个基本阶段有机结合构成的科学决策程序如图 8—3 所示。

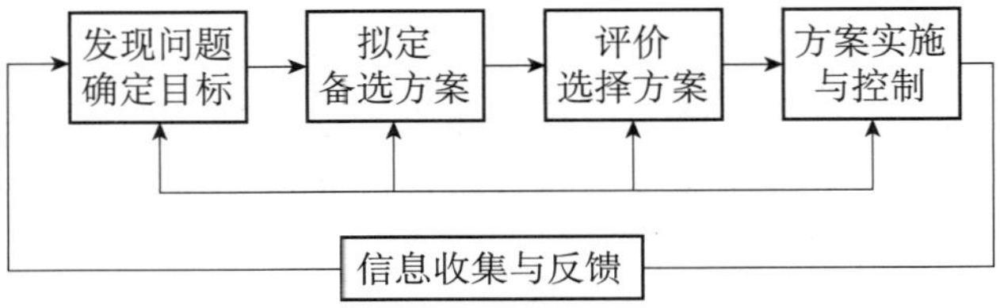

图 8—3 决策程序图

第五节 管理决策的技术

一、管理决策技术的发展

决策从本质上讲是人的创造性思维劳动，是人们对客观事物全面而本质的认识以及驾驭其发展的主观能力的体现。决策过程面临干什么、为什么、怎么干、谁来干、什么时间、什么地点、效果如何等问题。这些问题表明，要决策正确，除掌握信息之外，还必须掌握决策实践方法，即决策技术，做到方法对头，技高一筹。忽视决策技术，就好比作战中不重视武器和技术。一个管理者必须不断学习，掌握各种决策技术，才能在决策过程中更好地发挥和体现自己的决策水平。

决策技术又称决策分析方法。决策技术经历了经验决策、科学决策、定性与定量分析的发展过程。随着现代管理科学的发展，决策技术的研究越来越受到重视，决策技术也出现了质的飞跃。

18世纪以前，谈不上对决策技术的系统研究，人们只是凭个人的经验、直觉作出决策。随着商品经济的发展，简单的经验决策已远远不能适应复杂的经济活动的需要，特别是19世纪末，资本主义进入垄断阶段，管理者从管理实践中积累了大量经验，找到了一些规律，开始从制度化、规范化和组织保证方面改进和提高决策技术。20世纪以来，出现了将数学与其他自然科学，乃至社会人文科学的成果逐步应用于管理决策之中的现象，如在50年代和60年代，出现了决策技术数学化、模型化和计算机化的热潮。当时有一部分专家、学者认为所有的决策问题都可以用数学模型描述，轻视管理决策的组织行为和人的创造性思维。到了70年代，人们逐渐认识到，盲目地追求决策技术的数学化是一种危险，连著名运筹学家艾柯夫（R. L. Ackoff）也批评那些把经济决策问题完全淹没在烦琐的数学模型里的做法，认为那样最终将使管理学走向死亡。于是，在决策技术发展中又出现了一个新的突破，即人们逐渐认识到不能仅仅依靠数学化、模型化、计算机化这些决策“硬”技术（量的分析），还要充分考虑管理决策的组织行为和社会心理因素，即必须重视决策“软”技术（质的分析）的研究、推广和应用。现代决策既不能只强调量的分析而忽视质的分析，也不能只搞定性分析而不重视定量分析，必须是二者结合，“软硬”兼施，取长补短。正如美国管理学者斯塔尔（M. K. Starr）所说，有了决策软技术之后，决策理论才越来越像一门社会科学了，即管理决策从纯粹凭个人经验和能力的一门艺术，变为建立在严格论证和实施基础上的一门艺术与科学相融合的学科。

二、决策硬技术与决策软技术

从管理决策技术发展过程可以看到，决策技术科学化的内容应当把软、硬两方面技术都包括在内。有了决策软技术和硬技术的支持，管理决策就好像插上了双翅，决策水平就会有长足进步。

（一）决策硬技术

决策硬技术是指建立在严格逻辑论证和实验检查基础上的数学化、模型化、计算机化的系统决策方法，简称数学化、模型化、计算机化。

数学化主要是运筹学的发展及其在企业管理决策中的应用。现代管理决策不仅要求定性分析，而且要求定量描述，要求从各种方案中选择最优方案，于是以运筹学为基础的管理科学从20世纪60年代以后得到迅速的发展，创造出许多有实用价值的决策手段，每一种数学手段都包括有许多解决管理决策问题的具体数学模型。

模型化主要是把决策的变量与变量之间的关系以及变量与目标之间的关系用数学关系式表达出来，即建立数学模型。不同的模型都会对制定管理决策有潜在的帮助，但决策过程仍需要考虑是否值得模型化。首先，要了解构建模型花费多少成本和多少时间，显然，若建模成本很大，以致超出其所增加的利润，则不宜模型化。同样，建模时间很长，而决策时间较短，模型有价值也枉然。其次，要考虑决策自身环境条件是否适合建立决策模型，考虑条件包括资料的充分性、决策复杂程度和重要程度，即所需资料是否充分，决策的复杂程度是否高到有必要建模，决策的重要程度是否大到有必要建模。

模型化是决策硬技术“三化”的中心。为确保决策过程模型化的效用，要重视模型化过程的组织环境；高层管理者的支持；建模参谋者参与决策过程，且在组织内有信誉与一定地位，能与决策者相互沟通谅解。一般来讲，模型简单经得起考验，易于管理者控制，且对新情况有适应性，用户易于交流，那么该数学模型是正确有效用的。通常的程式化决策最适宜模型化。

电子计算机的出现和发展，为决策中采用数学方法和运用数学模型创造了可能条件，即建立数学模型后，利用计算机模拟和计算得到数量的结果。数学化和模型化都依赖于计算机化。只有把各式各样的数学模型同电子计算机这一现代手段结合起来，才能真正成为强有力的决策工具。

（二）决策软技术

决策软技术是指应用心理学、社会学、信息学、行为科学以及思维科学的成就，结合系统分析方法，充分发挥各方面专门人才才智的决策技术。

决策软技术强调的是发挥人的经验、智慧和创造力。主要是借助经验、智慧，经过对事物的分析与判断、逻辑推理进行创造性思维，从而提出方案设想，作出决策。决策软技术的基本思维方法有三类：经验思维、逻辑思维和直觉思维。

经验思维类决策技术，是以实践积累经验为依据，经联想和类推两种方式开展的决策。简单、实用是其优点，但在决策中容易忽略新的变动因素。

逻辑思维类决策技术，是以经验与信息为依据，经过人们的抽象思维和辩证思维两种方式开展的决策。比较分析、综合分析、抽象归类以及善于利用定量分析技术是这类决策技术运用的特点。

直觉思维类决策技术，是指人们利用超越他人的感知、悟性而直接认识事物本质的直觉判断开展的决策。直接性、突发性和随机性是其特点，它是人们凭借经验、常识、信息加上灵感而迅速作出决策。在实践中以想象力的运用、意识的组合与置换、集体创造思考等形式产生直觉。

显然，决策软技术能立足现实，将决策对象本质及其规律作理性思考；能处理决策涉及的诸多因素，如组织内的集体与分权因素、组织的平衡与惯性因素，以及社会经济因素和决策者个人个性特征因素等，使决策过程中目标与目标、方案与方案、目标与方案之间的矛盾关系，以及现实情况与变动情况、现有条件与需要条件等矛盾得到妥善处理。

决策硬技术与软技术各有其长处和短处，在实际管理决策中我们应该根据决策问题的性质和决策过程中各阶段的特点，灵活地加以运用，扬长避短，配合使用，形成多种具体可行方案，并从这些方案中选择最优方案或满意方案，这就要求我们必须掌握具体的模型化决策分析方法。下一章我们将就目前在经营管理中主要运用的方法，如确定型决策分析方法、风险型决策分析方法、未确定型决策分析方法和动态决策分析方法的基本原理及其应用，分别作简要介绍。

练习题

1. 管理决策有哪三种结构形式？它们各自说明管理决策活动怎样的规律性？构成要素是什么？
2. 管理决策有哪些类型？说明战略决策、战术决策和业务决策的特点与关系。
3. 解释决策过程最优方案与满意方案的区别。
4. 管理决策的基本程序包括哪些阶段？说明每个阶段在决策过程中的意义。
5. 管理决策过程中如何正确确定目标？评价选择方案的基本思路是什么？
6. 如何评价备选方案的可行性、可接受性和可靠性？
7. 如何理解决策者心理状态在决策过程中的影响？举例说明。
8. 管理决策应遵循哪些基本原则？你怎样理解管理决策的科学性原则与民主性原则？
9. 解释下列名词：管理决策结构、程式化决策、风险型决策、确定型决策、未确定型决策。

案例练习

罗彻姆有限公司

约翰·罗德兹博士发火了，“这应该是一项非常简单的决策，因为只有两种选择，我实在不明白它怎么会变成这么大的一个问题。我只是让你们去挑选一台机器而已。”管理委员们都面有愧色。

问题已经存在好几个星期了。虽然约翰·罗德兹已经预感到它会发生，但他还是非常生气。当他还是一名年轻的化学家时，他创建了这家公司，至今已有 13 年了。公司一直避免政策方面的激烈争论，目前就这个小问题发生争论，令他感到困惑和不安，特别是这发生在公司的制度已经非常完善的情况下。

罗彻姆有限公司是最大的独立公司之一，主要向食品加工业供货。它在20世纪60年代末首次获得成功，这归功于一种食品防腐剂——主要用于肉制品的保鲜，当时是用利兰太（Lerentyl）的名字出售的。此后公司又开发了食品染色与食品包装方面的产品。目前，利兰太在公司销售总额中只占25%。

决策

争论的发生与替换用于生产利兰太的一台加工机器有关。一共只有两台机器，它们都是由当地的切迈克斯公司生产的，其中较旧的一台机器发生了故障，频繁停机，再加上质量的不稳定，使产出水平只能勉强达到要求。现在的问题是，应当用新的切迈克斯机器替换旧的，还是购买市场上仅有的符合加工要求的德国产AFU机器？首席化学家对两种机器进行了比较，如下表所示：

	切迈克斯	AFU
资本成本	590 000英镑	880 000英镑
按生产能力加工的单位成本	185英镑	183英镑
计划的生产能力	2 200千克/月	2 800千克/月
质量	98%±0.7%纯度，手工测试	99.5%±0.2%纯度，自动测试
保养	很充分，但需经常进行	不清楚，可能不错
售后服务	很好	不清楚，可能不太好
送货	三个月	立即

问题由新成立的管理委员会主持解决。约翰·罗德兹最近宣布，公司已经初具规模，从前所采用的专制的（尽管比较友好）决策方式应该改变了。委员会由四名高级经理组成，包括：首席化学家和营销经理，他们从公司创立起就在公司工作；生产部经理和会计师，他们加入公司只有6个月。这是委员会的第二次会议，罗德兹已经开始对当初的决定后悔了。

下面列出的就是委员会各位成员提交的信息以及他们对决策的表态。

营销经理

今年对这种防腐剂的市场需求已经达到了2 000万英镑的规模，其中罗彻姆公司占大约48%的份额。市场已经发生了明显的变化，特别是很多防腐剂用户现在能够买到与利兰太相似的产品，竞争的结果是市场对价格的反应敏感多了。

将来的市场走向有些不确定。很明显市场不会萎缩（从需求量看），最乐观的估计是4年后市场规模将达到2 400万英镑（按当前价格计算）。然而，有些业内人士认为，如果考虑到食品防腐的潜力，当前的市场只不过是冰山的一角，特别是考虑到几乎未被打开的出口市场。

利兰太是根据顾客的专门要求以固体、粉末或液体形式出售的。尽管比较复杂，价格仍与所使用的化学品的重量相关。比如，今年的平均市场价格大约是200英镑/千克。当然，根据订货量的不同价格也会有所变动。

目前，我主要关心的是确保每个月利兰太的质量和数量，虽然生产部门

从未让我失望过，但我担心除非我们迅速买到可靠的新机器，否则这样的事很快就会发生。德国的机器几周后就可正式投产，而且产品的质量会更好。如果需求增加，我不是说需求一定增加，德国 AFU 机器可以提供额外的生产能力。我承认现在我们还没有扩大防腐剂市场份额的打算，我们应该优先考虑开发其他产品，但当这一目标完成后，我们会再回过头来关注防腐剂的问题。

首席化学家

首席化学家是罗德兹的一个老朋友，每种新产品的研制，大体上都由他和罗德兹共同负责。目前，他的主要预算用于改进基本的利兰太——主要用于酸性丰富的食品，譬如水果。这并不容易，至今仍未有什么结果，但这位首席化学家仍保持乐观。

如果我们成功改进了利兰太，市场需求一夜之间就会翻番，我们就会需要额外的生产能力。我知道，如果选用德国机器就要承担风险，但公司就是在把筹码押在了我们的研究成果之后才成长起来的，我们必须继续表现出信心。

生产经理

利兰太部是一个独立的生产部门，实际上，它与实体是分离的，位于离工厂其他部门不远处的一幢建筑内。利兰太部有自己的原材料仓库和包装部门，只是产成品放在主楼的主仓库里。利兰太的生产需求目前稳定在每月 4 150 千克。为机器配备的四名技工是罗彻姆公司仅有的技术人员，他们主要负责机器的日常维修和质量控制，这主要是由于历史原因造成的，因为企业刚开始运营时，产品是试验性的，需要合格的技工来维持工厂运营，这四名技工几乎是从一开始就在企业中工作了。

营销经理和首席化学家认为利兰太销售的大规模扩张没有什么不对，如果扩张没有发生，他们无须处理所有相关的问题。德国机器所需催化剂的成本几乎是切迈克斯公司机器的三倍。考虑一下，如果产量很低，这对预算的影响会有多大。根据我的了解，根本没有证据表明利兰太的需求会有大幅上升，不行，使用 AFU 机器的想法太冒险了。

不仅仅是因为存在风险，我认为大家并未全面了解使用 AFU 机器的后果。为了开动它，我们所需要的条件是原来的两倍，但真正使我担心的是工作人员的反应。作为非常合格的技术人员，他们视自己为企业的精英，如果我们使用 AFU 机器，所有他们感兴趣的工作，像检测和保养机器，会消失或大大减少，他们将不再是领取高薪的加工工人。

会计师

公司最近的资本投资几乎全部来自本身的留存收益，但今年将要申请短期贷款，这是几年来的第一次。

我认为进行我们负担不起的投资是不明智的，它带来的额外生产能力目前并不需要。今年将是公司财务比较紧张的一年，为了改进其他产品和增加企业其他部门的投资，我们早已承诺增加大量的支出，罗德兹博士并不主张从企业外部过度融资。我同意对利兰太的需求可能会大幅增加的观点，但是，如果需求真的增加了，也不可能是今年，而且增加的幅度之大也不是AFU就能应付得了的，我们最好到那时再购买三台切迈克斯机器。

约翰·罗德兹对争论的调停：

好吧！我知道我们的讨论还有些盲目性，但这个世界本来就不完美，我们永远也不会获得全部所需的信息，况且我认为在现阶段采取任何决策都比放任自流要好。

问题

1. 在本案例中管理决策动态结构的基本要素具体指什么？
2. 请说明本案例管理决策的类型。为什么？
3. 依据案例资料，你认为公司应购买哪种机器？为什么？

第 9 章

管理决策分析方法

管理决策分析方法，是在决策问题定性分析的基础上，借助数学分析构建模型辅助决策者选取最优（或满意）方案的方法。本章首先介绍确定型、风险型、未确定型三类管理决策常见的分析方法，然后介绍多阶段决策分析方法和效用曲线分析法。

第一节　确定型决策分析方法

确定型决策是在明确决策目标的情况下，依据通过预测确知未来一种自然状态下多种方案对目标贡献结果作出的决策。这里所说的“一种自然状态下多种方案对目标贡献结果”，是指制约方案的约束条件决策者能预先知道，或作出规定，且对方案中涉及的可控制决策变量与决策目标内在因果关系的认识也是明确无疑的，能度量方案执行可能得到的后果。可见，确定型决策具有以下特征：决策目标明确；约束条件和相关参量预先可知晓；变量间因果关系明确无疑；每一个方案执行结果唯一可知；以最优化原则（收益最大或费用最小）选择方案。在一定生产关系与资源供给条件下，企业经营管理中涉及的原料供应、调度安排、产品组合、产品开发和设备购置等有固定结构的程式化决策，大多是确定型决策。这类决策分析方法多种多样，我们这里介绍线性规划分析法、确定型库存管理决策分析法和盈亏平衡分析法。

一、线性规划分析法

线性规划（linear programming，LP）是一种重要的解决有约束条件最优化问题的定量分析方法。常用来处理将资源分配给一项或多项活动的两类决策问题：一类是对一定数量的人力、物力、财力、时间等资源，通过合理计划安排使其在生产中得到充分利用，以求得最大经济效益；另一类是对一定的生产经营任务，通过科学的安排和处理，使完成任务耗费的资源量最小。线性规划在企业经营管理中不仅用于与生产有关的问题，也用于经营组合、筹资方式、运输路线、人员配备等。

（一）线性规划模型的构建及其经济假设

我们以下例来说明线性规划决策问题如何构建模型，然后解释其特点与经济假设。

例 9—1

某企业计划生产 A，B 两种产品，每吨产品所需甲、乙两种原料和每吨产品售价的资料，以及每月甲、乙两种原料可用定额资料如表 9—1 所示。请确定产值最大时 A，B 两种产品的月产量。

表 9—1　某企业产品及其原料资料

产品		每吨产品需要原料		每月可利用原料的最大数量
		A	B	
原料	甲（吨）	4	2	80
	乙（吨）	2	4	100
产品售价（万元/吨）		10	8	

解：根据上述资料建立线性规划模型：

（1）确定决策变量。设每月生产 A 和 B 产品的产量为 x_1 和 x_2。

（2）将两种产品的销售收入相加（假设产品有足够的市场需求能售出）就是两种产品的月产值 Z，故目标函数为：

$$\max Z=10x_1+8x_2 \tag{9.1.1}$$

（3）列出约束条件。本例中 A，B 产品生产的资源约束条件有甲、乙两种原料的最大可利用数量，以及负产量不可能的决策变量为非负值限制条件，故约束条件（记作 s. t.）为：

$$\text{s. t.}\begin{cases}4x_1+2x_2\leqslant 80 & \text{（甲原料的限制）} \quad (9.1.2)\\ 2x_1+4x_2\leqslant 100 & \text{（乙原料的限制）} \quad (9.1.3)\\ x_1\geqslant 0,\ x_2\geqslant 0 & \text{（非负值限制）} \quad (9.1.4)\end{cases}$$

要注意，在线性规划的数学模型里不写具体单位，建模时必须仔细检查隐含的单位，使表达式中两边单位相匹配。

从式（9.1.2）到式（9.1.4）构成了这个最大化月产值生产问题的线性规划模型。

从该例线性规划问题可知，线性规划决策问题中所有的重要关系都必须是线性的，决策变量在约束条件和目标函数中都以一次幂形式出现。可见，线性规划模型的特点是将决策问题概括为在一组线性约束条件下，求解线性目标函数的最优解（或求最大值，或求最小值）。在企业实际管理问题中，约束条件可以是劳动力、材料、设备、能源、资金等资源和生产经营能力、市场需求等的限制，目标函数可以是求利润最大或成本最低，决策变量可以是产品产量、销售量、物资调运量或工作任务分配量等。

线性规划模型特点强调了所研究问题的不同方案存在一系列涉及决策变量的线性关系。这就意味着企业生产经营活动存在下列经济假设：（1）假设规模收益不变，即在生产经营过程中，对于任何水平的资源，使用数量扩大一倍，就会使产量扩大一倍；（2）假设投入资源要素的价格不变，即资源要素价格不考虑数量折扣，与规模收益不变结合意味着单位成本不变；（3）假设产品销售价格不变，即产品销售价格不受产量多少影响，与单位成本不变结合意味着产品单位利润是个常数。上述经济假设在有限的产量范围内还是适当的，实际管理决策中应用线性规划仍不失为一种解决有约束条件下最优化问题的工具。下面以几类决策问题说明线性规划模型的应用。

例 9—2

进货计划问题。某企业了解甲、乙两种产品都为市场畅销商品。组织甲产品货源每单位量需用资金 900 元、劳动力 3 人、仓储面积 4 平方米；组织乙产品货源每单位量需用资金 400 元、劳动力 6 人、仓储面积 5 平方米。每单位甲、乙产品的盈利分别是 700 元和 1 200 元。该企业现有资金 36 000 元、劳动力 200 人、仓储面积 300 平方米。试问在此条件下，如何安排进货计划可获最大利润？

解：产品甲、乙的进货量是本决策问题的控制变量，在线性规划中称之为决策变量，用 x_1，x_2 表示。显然，在确定进货量时，要考虑组织货源时需用资金、劳动力和仓储面积对甲、乙产品进货量的限制条件，称之为约束条件。可用不等式表示为：

资金：　　$900x_1+400x_2\leqslant 36\,000$

劳动力：　$3x_1+6x_2\leqslant 200$

仓储面积：$4x_1+5x_2\leqslant 300$

此外，决策变量通常不会是负值，即 $x_1\geqslant 0$，$x_2\geqslant 0$。

决策目标是最大总利润。用 Z 表示利润，即 $Z=700x_1+1\,200x_2$。则该企业最大利润进货计划问题，用线性规划数学模型表述如下：

求决策变量 x_1，x_2，满足约束条件：

$$\text{s. t.}\begin{cases}900x_1+400x_2\leqslant 36\,000\\3x_1+6x_2\leqslant 200\\4x_1+5x_2\leqslant 300\\x_1\geqslant 0,\ x_2\geqslant 0\end{cases}$$

$$\max Z=700x_1+1\,200x_2$$

例 9—3

运输问题。即研究某类商品从某些生产地或储存地调运到需要地，使总运输费用或总运输力最小，且不能在同一路线上有同类商品往返运输和舍近求远现象的决策问题。如某种商品要从产地 A_1，A_2，A_3 调运到销售地 B_1，B_2，B_3，B_4 四处，各产地的发货量和各销地的收货量（单位均为吨）、单位运价（元/吨）见表 9—2。试编制出总运输费用最小的调运方案。

表 9—2 运输问题决策数据表

单位运价 收货地 / 发货地	B_1	B_2	B_3	B_4	供应量（发量）（百吨）b_j
A_1	3	11	3	12	7
A_2	1	9	2	8	4
A_3	7	4	10	5	9
需求量（收量）（百吨）a_j	3	6	5	6	20

解：这是一个确定型决策问题。决策目标是运输费最少，约束条件是可提供的供应量和必须满足的需求量，决策变量是某一发货地运至某一收货地的调运商品数量。设：

发货地 A_1 运到收货地 B_1，B_2，B_3，B_4 的调运量分别为 x_{11}，x_{12}，x_{13}，x_{14}；

发货地 A_2 运到收货地 B_1，B_2，B_3，B_4 的调运量分别为 x_{21}，x_{22}，x_{23}，x_{24}；

发货地 A_3 运到收货地 B_1，B_2，B_3，B_4 的调运量分别为 x_{31}，x_{32}，x_{33}，x_{34}。

则该运输问题的线性规划数学模型，即决策变量 x_{ij}（$i=1，2，3$；$j=1，2，3，4$）满足需求约束条件 s. t. Ⅰ和供应约束条件 s. t. Ⅱ以及 $x_{ij}\geqslant 0$。即

$$
\text{s. t. I}\begin{cases}x_{11}+x_{21}+x_{31}=3\\x_{12}+x_{22}+x_{32}=6\\x_{13}+x_{23}+x_{33}=5\\x_{14}+x_{24}+x_{34}=6\end{cases}
$$

$$
\text{s. t. II}\begin{cases}x_{11}+x_{12}+x_{13}+x_{14}=7\\x_{21}+x_{22}+x_{23}+x_{24}=4\\x_{31}+x_{32}+x_{33}+x_{34}=9\end{cases}
$$

$$x_{ij}\geqslant 0，i=1，2，3；j=1，2，3，4$$

使目标运费总额 P 最小，即目标函数

$$
\begin{aligned}\min P=&3x_{11}+11x_{12}+3x_{13}+12x_{14}\\&+1x_{21}+9x_{22}+2x_{23}+8x_{24}\\&+7x_{31}+4x_{32}+10x_{33}+5x_{34}\end{aligned}
$$

例 9—4

经营布局问题。某公司计划在甲、乙、丙三处设立 A_1，A_2，A_3 三大类商品的零售点。经过市场调研了解到三处地点的可利用面积和三大类商品在各处销售的单位面积收益值，以及企业为满足三大类市场需求的各类商品计划总经营面积等资料（见表 9—3）。试问如何考虑三类商品在三处经营面积的布局，使公司总收益最高？

表 9—3　　经营布局问题决策数据表

地点 / 单位面积收益 / 商品类	甲	乙	丙	计划经营面积（米^2）
A_1	700	500	480	100
A_2	850	700	600	400
A_3	400	300	500	400
经营面积（米^2）	300	200	400	900

解：这是一个确定型经营布局问题。决策目标是充分利用营业面积，满足市场对三类商品的需求，使企业获得最大收益。约束条件是三处地点各自提供的经营面积和满足市场需求的三类商品的计划经营面积，决策变量是三大类商品在三处的经营面积。设：

A_1 商品在甲、乙、丙三处的经营面积分别为 x_{11}，x_{12}，x_{13}；

A_2 商品在甲、乙、丙三处的经营面积分别为 x_{21}，x_{22}，x_{23}；

A_3 商品在甲、乙、丙三处的经营面积分别为 x_{31}，x_{32}，x_{33}。

则该经营布局问题的线性规划数学模型，即决策变量 x_{ij}（i，$j=1$，2，3），满足约束条件：

$$
\text{s.t.}\begin{cases}
x_{11}+x_{12}+x_{13}=100\\
x_{21}+x_{22}+x_{23}=400\\
x_{31}+x_{32}+x_{33}=400\\
x_{11}+x_{21}+x_{31}=300\\
x_{12}+x_{22}+x_{32}=200\\
x_{13}+x_{23}+x_{33}=400\\
x_{ij}\geqslant 0,\ i,\ j=1,\ 2,\ 3
\end{cases}
$$

使决策目标公司收益最大，即目标函数

$$
\begin{aligned}
\max Z=&700x_{11}+500x_{12}+480x_{13}\\
&+850x_{21}+700x_{22}+600x_{23}\\
&+400x_{31}+300x_{32}+500x_{33}
\end{aligned}
$$

此外，线性规划还可以运用于多种经营管理问题中，如投资决策问题、人员指派问题等。线性规划在决策分析过程中，虽然解决的问题不同，但有相同的思路。这些实际问题的共同特征是：

（1）通过质的分析，都存在一组人们要考虑和控制的变量，称为决策变量，通常为非负值。这组决策变量就构成一个具体方案。

（2）解决问题都存在对决策变量加以限制的一些条件，这些约束条件能用线性等式或不等式表示。

（3）决策问题都有一个明确的决策目标最优要求，即极大值或极小值。目标可以由决策变量的线性函数表示，称为决策目标函数。

（二）线性规划模型的求解

一个实际决策问题，经过质的分析具有上述特征，便可建立问题的线性规划模型。建立模型只是决策过程的一个步骤，还必须通过求解线性规划模型，才能最后得到最优决策方案。求解线性规划模型的方法很多，有作图法、单纯形法、表上作业法等，这里我们以作图法为例说明。

例 9—1 的问题建立的线性规划模型，说明要求 x_1，x_2值满足约束条件，使目标函数（9.1.1）取得极大值。用图解法来求解最优决策变量，一般分两步进行。

第一步，找出满足约束条件的可行解区。凡满足约束条件的解，称之为可行解，可行解区就是全部可行解所分布的区域。作图方法的思路为用平面坐标的图像来表述约束条件的函数式。用横坐标代表 A 产品 x_1产量，纵坐标代表 B 产品 x_2产量，由非负值约束条件决定了可行解在第一象限内。

另外两个约束条件，即式（9.1.2）和式（9.1.3）是有两个变量的不等式，表明满足它的解都在一条边界线的一侧。只要把约束条件不等号先用等号代替，就可得到边界线方程，也就找到了对应资源约束条件的边界直线。比如，根据约束条件（9.1.2），取等号后为：

$$4x_1+2x_2=80$$

移项后得 $x_2=40-2x_1$，它代表斜率为 2，经过 x_1轴上截点 A（20，0）和经 x_2轴上截点 B（0，40）的一条直线（见图 9—1）。显然，直线 AB 左下部满足约束条件式（9.1.2），将约束条件式（9.1.2）和式（9.1.4）结合在一起，$\triangle ABO$ 是满足约束条件式（9.1.2）和式（9.1.4）的可行解区。

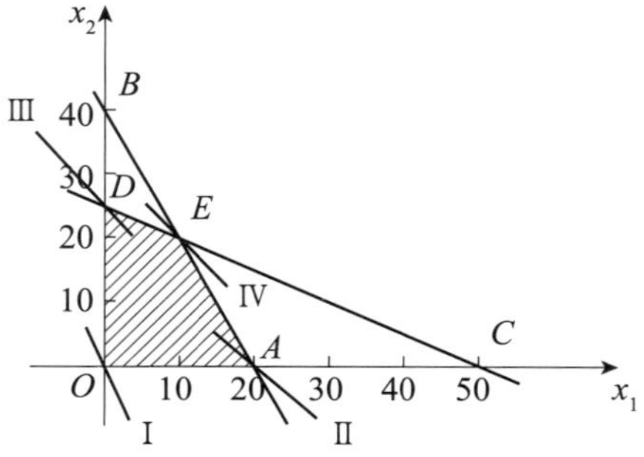

图 9—1 最大目标线性规划图解法

同理，可以找到满足约束条件式（9.1.3）和式（9.1.4）的可行解区是$\triangle CDO$，其中点 C（50，0）和点 D（0，25）是约束条件式（9.1.3）的边界直线。

综合考虑约束条件式（9.1.2）、式（9.1.3）、式（9.1.4），即同时满足全部约束条件的只有△ABO和△CDO两个区域相互重叠的那部分区域，即图上标有阴影的部分 $ODEA$，才是线性规划模型满足约束条件的可行解区，称凸集或可行域。其中 E 点（10，20）为直线 AB 和 CD 的交点。

第二步，从可行解区内找满足目标函数的最优解。线性规划的一条定理说，如果线性规划有最优解，则最优解就只可能位于可行解区的极点（或顶角）上。由第一步找到可行解区，可行解区的诸极点为 O，D，E 和 A，它们各自的坐标为已知，故将这些点的坐标代入目标函数式（9.1.1），便可求得对应的目标函数值（见表 9—4）。比较之后就能找到最优解为：每月生产 A 产品 10 吨，B 产品 20 吨，工厂的每月最大产值达 260 万元。

表 9—4　　目标函数值表

可行解区极点		O	D	E	A
坐标	x_1	0	0	10	20
	x_2	0	25	20	0
目标函数值		0	200	260	200

其实，在满足约束条件的可行解区找到后，加上已知的目标函数

$$\max Z = 10x_1 + 8x_2$$

意味着基本可行解是经过可行解区各极点的相同斜率的一组平行直线（目标函数直线），如图 9—1 中的四条直线Ⅰ，Ⅱ，Ⅲ，Ⅳ所示。它们之中距原点 O 最远的那条目标函数直线为最优目标值，故 E 点的 x_1，x_2 坐标是本例线性规划模型的最优解。也就是依据现在甲、乙两种原料供应定额和 A，B 产品的售价，每月 A 产品生产 10 吨，B 产品生产 20 吨，企业每月最大产值为 260 万元。

（三）优化后分析

从资源管理来讲，应用线性规划能获得最优资源利用方案，但实际经营中应该考虑由于经济形势、环境条件、供应条件等的变化，使建立的线性规划模型的参数发生变化，或者由于建模时原始数据估计偏差，目标函数中的系数、约束条件等式或不等式右侧的常数项数值和其左侧生产经营过程参量的变化会对所求最优解产生影响。为此，就要分析这些变化对最优解产生多大影响，是否会改变最优解属性。这种推测模型最优解对模型系数变化适应范围的分析称为优化后分析，或敏感性分析（见第 10 章第一节）。

通常可以应用线性规划计算机软件完成求解和优化后分析的结果（请参阅相关参考书）。

二、确定型库存管理决策分析法

工商企业为了保证生产经营活动能连续地进行，需要保持一定的库存，但库存

过多将增加管理费用，使生产经营成本增高；库存不足又将使生产经营中断。库存管理中决策者关心的是如何恰当地控制存货水平，在保证生产经营活动顺利进行的前提下，尽可能地降低存货水平，节约成本，加速资金周转。也就是说，库存管理决策分析是确定一个合理订购量和再订购量，使商品库存量既能保证生产经营活动连续稳定地进行，又使库存费用最小。

影响库存管理决策的约束条件有：计划期的商品需求量、商品购进单价、每次采购费用、单位商品全年保管费用或商品保管费用率、单位商品单位时间缺货费用等变量。通常这些决策约束条件是经调查研究后可预先确定的。决策者可控制的决策变量有：每次采购数量或订购周期、订货点库存量、安全库存量等。库存管理决策分析就是要确定经济采购批量、合适的订货点库存量、安全库存量等来保证企业经营活动正常进行，且又使总库存费用最小，提出有效管理控制的方法。

确定型库存管理分析是假定库存管理的供需约束条件能够确定，即计划期内约束条件可以确定，且订购提前期能确定并独立于需求，能保证供货条件下寻求使总库存费用最小的商品订购数量、订购周期。图 9—2 说明了确定型库存管理影响费用的变量因果关系。

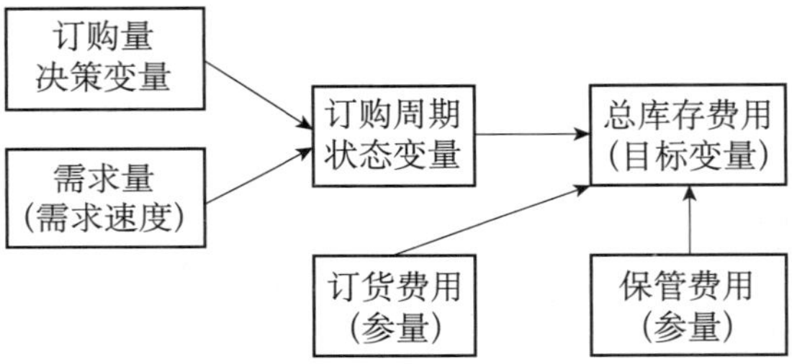

图 9—2 确定型库存管理影响费用的变量因果关系

下面介绍一种最简单的确定型库存管理决策的基本模型——不允许缺货的瞬时供货模型。

（一）不允许缺货的瞬时供货模型存货管理供需约束条件的特征

（1）计划期存货的商品需求量 A 和需求速率 R 是已知常数；

（2）从订货到货物到达的提前期 $L=0$，每批订货商品立即一次到达；

（3）商品每次订货费用 P 和单位商品计划期保管费 C 或保管费用率 C_i 可以确知。

基于上述前两个特征，计划期内整个订购周期是固定的，也不会出现缺货。假设每次订购批量为 Q，这种存货形式的库存量随时间变化曲线（简称库存曲线）如图 9—3 所示。

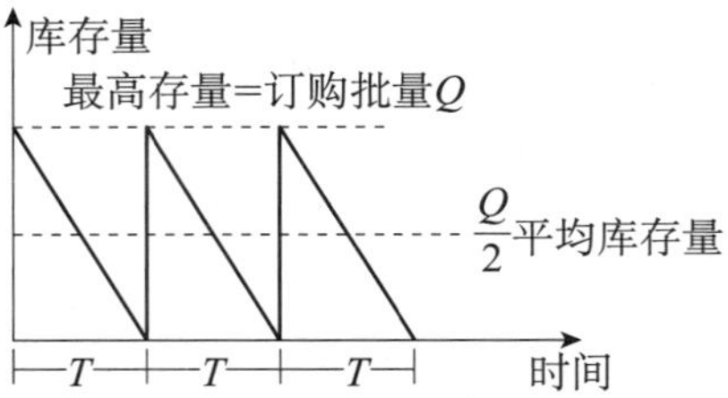

图 9—3 确定型库存模型

（二）经济订购批量和有关参数的分析计算

（1）存货管理决策目标分析。这一模型中，总存货费用在不考虑供方的数量价格折扣情况下，采购成本为无关存货费用，因此总存货费用包括计划期（通常为年度）的订购费用 C_o 和保管费用 C_s。根据前面基本因素分析，该模型的决策目标为：

$$\min TC = C_o + C_s = \frac{A}{Q}P + \frac{1}{2}QC \tag{9.1.5}$$

即在 A，P，C 已知的条件下，全年的存货管理决策目标为确定一个合适的订购批量，使 C_o 和 C_s 的合计数最低。

（2）经济订购批量的计算。使式（9.1.5）中 TC 最小的 Q，即为求 TC 函数对 Q 的一阶导数并令其为零（$\frac{dTC}{dQ}=0$），经换算后得经济订购批量 Q_0 的计算公式为：

$$Q_0 = \sqrt{\frac{2AP}{C}} \tag{9.1.6}$$

式（9.1.6）变换后可得：

$$\frac{Q}{2}C = \frac{A}{Q}P$$

其中，$\frac{Q}{2}C$ 是计划期保管费用；$\frac{A}{Q}P$ 是计划期订购费用。可以得出结论：能使计划期内保管费用和订购费用相等的订购批量就是经济订购批量。或者说，当计划期保管费用和订购费用相等时，计划期内总存货费用最小。

将式（9.1.6）代入计划期存货总费用计算公式，即可求得计划期内最小的存货费用为：

$$TC = \sqrt{2APC} \tag{9.1.7}$$

若已知的是商品需求速率，则只要将单位商品计划期保管费用换算为单位商品单位时间保管费用，经济订购批量可按下式计算：

$$Q_0 = \sqrt{\frac{2RP}{C}} \tag{9.1.8}$$

单位时间的最小存货费用为：

$$TC = \sqrt{2RPC} \tag{9.1.9}$$

图 9—3 中有关参数则分别按以下公式计算：

$$Q_{\max} = Q_0 = \sqrt{\frac{2AP}{C}} = \sqrt{\frac{2RP}{C}}$$

$$\overline{Q} = \frac{Q_0}{2} = \sqrt{\frac{AP}{2C}}$$

$$T = \frac{Q_0}{R} = \sqrt{\frac{2P}{CR}}$$

例 9—5

设某盐业批发公司全年食盐需求量为 3 600 吨，销售均匀稳定，公司每次向盐厂订购费为 100 元，每吨盐的年保管费为 2 元。假设盐厂能保证做到瞬时到货。试求公司的食盐经济订购批量及全年最低存货费用。

解：由题意可知该问题为不允许缺货的瞬时供货库存管理决策。已知 $A=3\ 600$

吨/年，$P=100$ 元/次，$C=2$ 元/吨·年，利用式（9.1.6）可计算经济订购批量为：

$$Q_0=\sqrt{\frac{2AP}{C}}=\sqrt{\frac{2\times 3\ 600\times 100}{2}}=600\text{（吨）}$$

全年最低存货费用为：

$$TC=\sqrt{2APC}=\sqrt{2\times 3\ 600\times 100\times 2}=1\ 200\text{（元）}$$

根据经济订购批量还可以计算出全年最佳订购次数为：

$$\frac{A}{Q_0}=\frac{3\ 600}{600}=6\text{（次）}$$

批发公司销售业务均匀稳定，假设全年营业日为 360 天，则食盐的需求速率为 10 吨/天。再将每吨商品全年保管费用换算为每吨商品每天保管费用，即

$$C=2\text{ 元/ 吨·年}=2\div 360\text{ 元/ 吨·天}$$

利用式（9.1.8）和式（9.1.9）便可求得

$$Q_0=\sqrt{\frac{2RP}{C}}=\sqrt{\frac{2\times 10\times 100}{2\div 360}}=600\text{（吨）}$$

每天最低存货费用为：

$$TC=\sqrt{2RPC}=\sqrt{2\times 10\times 100\times \frac{2}{360}}=3.33\text{（元）}$$

全年存货费用最低则为：

$$TC=3.33\times 360=1\ 200\text{（元）}$$

由以上两种解法可见，当利用计划期商品需求量 A 或需求速率来计算经济订购批量和最低存货费用时，只要将保管费用的单位换算一致，计算结果是完全相同的。

（三）有数量价格折扣时的经济订购量分析

上面讨论确定型存货模型时，我们没有考虑供方的数量价格折扣问题，即以商品采购价格不随订购批量大小变动而变动为前提分析的，因此与存货决策有关的只有订购费用和保管费用两项。实际采购中常常会碰到数量价格折扣问题。数量价格折扣是指供应商对于一次购买其商品数量达到或超过规定限度的客户，在价格上给予的优惠。即当订购批量大于或等于某一个较大的数量 Q 时，价格降低的百分比，简称价格折扣率，记作 δ。若原价为 W，则折扣后单价为 $(1-\delta)W$。

如果供应商实行数量价格折扣，那么存货决策分析除了订购费用和保管费用之外，采购费用也成了相关费用。这时，这三种费用计划期合计最低的方案才是最优方案。在有价格折扣条件下确定经济订购批量的决策方法最简单的是采用成本比较法，即比较享受价格折扣条件与不享受价格折扣条件时的计划期总费用，择其低者。

例 9—6

某商品单价为 4 元/件，供应商提出若一次订购批量大于 900 件可享受的价格折扣率为 2%。有一客户年需求该商品 3 600 件，一次订购费为 10 元，保管费用率为 20%。试问该客户是否应该接受供应商的价格折扣方案？

解：首先要计算出不享受数量价格折扣时的经济订购批量，然后就不接受和接受价格折扣两种情况分别计算全年三种费用的总和，并加以比较，从中选择较优方案。

（1）根据已知条件计算不享受价格折扣条件时的 Q_0。

$$Q_0=\sqrt{\frac{2QP}{WC_i}}=\sqrt{\frac{2\times 3\ 600\times 10}{4\times 0.2}}=300\text{（件）}$$

式中，$C=W\cdot C_i$。

（2）计算不享受价格折扣时全年各项费用，即依据 Q_0 计算各项费用。

采购费用 $=A\cdot W=3\ 600\times 4=14\ 400$（元/年）

订购费用 $=\frac{A}{Q_0}P=\frac{3\ 600}{300}\times 10=120$（元/年）

保管费用 $=\frac{1}{2}Q_0C=\frac{300}{2}\times 4\times 0.2=120$（元/年）

全年总费用 $TC=14\ 400+120+120=14\ 640$（元/年）

（3）计算享受价格折扣时的全年各项费用，即依据 $Q'=900$ 件计算各项费用。

采购费用 $=A\cdot W\ (1-\delta)=3\ 600\times 4\times\ (1-0.02)$

$=14\ 112$（元/年）

订购费用 $=\frac{A}{Q'}\cdot P=\frac{3\ 600}{900}\times 10=40$（元/年）

保管费用 $=\frac{Q'}{2}W\ (1-\delta)\ C_i=\frac{900}{2}\times 4\times\ (1-0.02)\times 0.2$

$=352.8$（元/年）

全年总费用 $TC'=14\ 112+40+352.8=14\ 504.8$（元/年）

比较两种方案的全年总费用可知，享受价格折扣条件可使年总费用节省 135.2 元，选择供应商数量价格折扣方案订购批量 900 件是合算的。

（四）有计划缺货时的库存模型

一般情况下，人们尽最大可能避免缺货发生，但是有些情况下，缺货是人们所希望的，（从经济学的角度来看）人们计划并允许缺货。在实际中，当单位库存价值很高使持有成本很高时，后述情况会经常发生。例如，一家新开业的汽车零售商的库存。通常客户想要的某种车型不一定有库存，但如果客户愿意等待几个星期，汽车零售商一般都可以履行订单。

下面要讨论的模型要考虑到一种缺货现象，称为延迟订货。在延迟订货的情况下，我们假设当一位顾客下订单时，如果发现供应商缺货，则等待，直到新货到来时才履行订单的交付。通常延迟订货时，顾客等待的时间相对比较短。因此，在向顾客保证优先权并且在可以供货时立即发货的前提下，公司也可以说服顾客，让他们等待新货的到来。在这些情况下，延迟订货的假设是有效的。

延迟订货模型的所有的货物的需求速率 R 是已知常数，并且货物在同一时间存入仓库。如果我们用 S 表示在每批订购批量 Q 运到时所积累的延迟订购的数量，则延迟订货的库存模型特点可表述如下：

（1）如果当 Q 单位商品到达时，有 S 单位延迟订货，则将 S 单位延迟订货送到相应的顾客手中，剩下的 $Q-S$ 单位商品转成库存，因此 $Q-S$ 就是最大库存量。

（2）库存周期 T 天被分成两个不同的阶段：有现货且一有订单就能交付时的 t_1 期间；缺货则所有新的订单均以延迟订货来处理时的 t_1 期间。

允许存在延迟订货的库存模型的库存模式如图 9—4 所示，其中负库存代表延迟订货的数量。

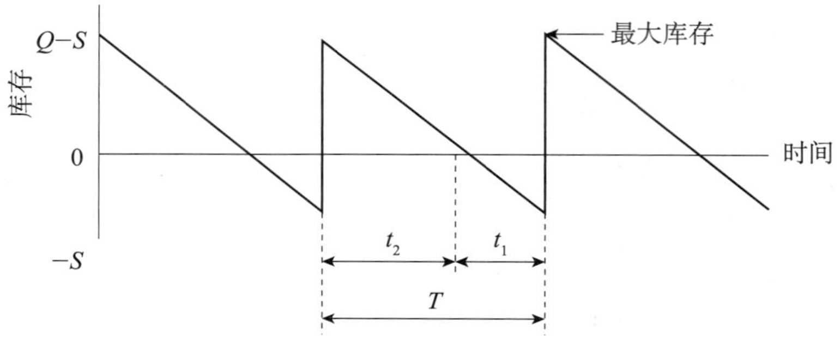

图 9—4　存在延迟订货的库存模型的库存模式

现在库存模式已经确定，可以按照整体库存模型的基本步骤（即总成本模型的推导过程）继续进行。为了完成延迟订货的库存模型，仍然使用保管费用和订购费用，同时还用到了延迟订购费用。

在最大库存量为 $Q-S$ 的情况下，在 t_1 期间库存中有现货，并且平均库存为 $(Q-S)/2$；在 t_2 期间处于缺货状态，持有延迟订单。如此一来，在总周期 $T=t_1+t_2$ 天中，可以按下述公式计算平均库存量：

$$\text{平均库存量}=\frac{\frac{1}{2}(Q-S)t_1-0t_2}{t_1+t_2}=\frac{\frac{1}{2}(Q-S)t_1}{T}$$

也可以用其他方式来表示 t_1 和 T，由于已知最大库存量为 $Q-S$ 以及日固定需求量 d，则有：

$$t_1=\frac{Q-S}{d}\text{（天）}$$

也就是说，最大库存量 $Q-S$ 单位的产品会在 $(Q-S)/d$ 内用完。每个周期都会有 Q 单位的订单，因此周期的长度应为：

$$T=\frac{Q}{d}\text{（天）}$$

结合上面的式子，可以计算平均库存如下：

$$平均库存量=\frac{\frac{1}{2}(Q-S)[(Q-S)/d]}{Q/d}=\frac{(Q-S)^2}{2Q} \tag{9.1.10}$$

这样就可以用两个库存决策变量来表达了：订购批量（Q）和最大延迟订购数量（S）。用 A 表示计划期存货商品需求量，有

$$计划期订单数量=\frac{A}{Q}$$

下一步就是要求出平均延迟订购水平的表达式。由于已知延迟订购的最大数量为 S，因此，可以使用在确定平均库存时计算平均延迟订货所用到的逻辑。在 t_2 期间，平均延迟订购数量为最大延迟订购数量的一半，也即 $\frac{1}{2}S$。在 t_1 期间库存有存货，没有延迟订货，因此可以使用与上面相似的计算办法来计算平均延迟订购数量。利用该办法，有

$$平均延迟订购数量=\frac{0t_1+(S/2)t_2}{T}=\frac{(S/2)t_2}{T}$$

在日需求量为 d 的情况下，设最大延迟订购量为 S，则库存周期中延迟订货期间的长度为：

$t_2=S/d$（天）

结合上面两个式子，有

$$平均延迟订购数量=\frac{(S/2)\ (\frac{S}{d})}{Q/d}=\frac{S^2}{2Q} \tag{9.1.11}$$

设：

C——单位商品计划期保管费；

P——商品每次订货费用；

C_b——延迟订购中单位产品的保管费用。

存在延迟订货的库存模型的总成本（TC）为：

$$TC=\frac{(Q-S)^2}{2Q}C+\frac{A}{Q}P+\frac{S^2}{2Q}C_b \tag{9.1.12}$$

给定 C，P 和 C_b 以及需求 A，可以利用微积分方法来计算最小成本时的订购数量（Q^*）和计划延迟订购数量（S^*）的值：

$$Q^*=\sqrt{\frac{2AP}{C}\left(\frac{C+C_b}{C_b}\right)}$$

$$S^*=Q^*\left(\frac{C}{C+C_b}\right)$$

三、盈亏平衡分析法

盈亏平衡分析法是依据与管理决策方案相关的业务量（产量或销售量）、成本、利润三者之间的相互关系建立模型，分析评价决策方案优劣的一种重要方法，简称量本利分析法。它广泛应用于企业选择合理的业务量、目标利润、成本控制、生产

方案、制定价格等决策。

依据微观经济理论，收益—产量函数和成本—产量函数都为非线性，如图 9—5 所示。

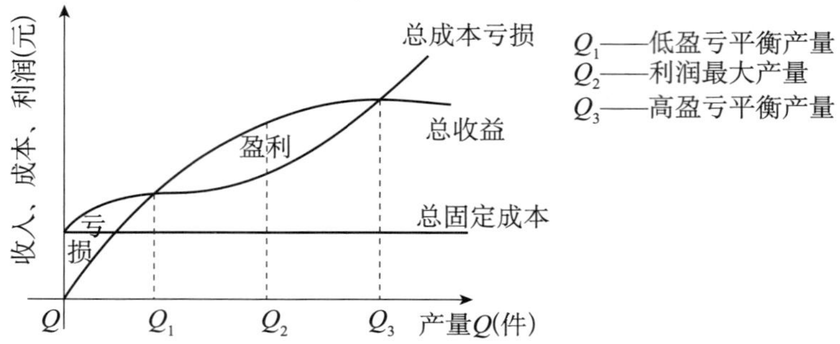

图 9—5 通用盈亏平衡关系图

将盈亏平衡分析法应用于实际的决策问题时，通常假定在某一产量的相关范围内产品销售单价不变，单位变动成本不变，这样就形成总收益和总成本与产量的函数为线性关系，称为确定型盈亏平衡分析。确定型盈亏平衡分析既可采用作图法也可采用代数计算法。

（一）盈亏平衡分析作图法

1. 基本变量及其关系

首先是业务量 Q。为了决策分析方便，假设计划期（或一定时期）内企业生产量与销售量一致，且能预先确定，故 Q 可视为产量或销售量。如果以货币为计量单位，业务量即指销售收入 S，S 为产量 Q 与销售单价 P 的乘积。其次是成本。成本指一定时期内生产经营总成本 C，按性质分为固定成本 F 和变动成本 V。固定成本为总成本中在一定产量范围内不受产量增减变动影响而固定不变的那部分成本，如固定资产的折旧费、管理费等。变动成本为总成本中随产量的变动而变动的那部分成本，如直接消耗的原料、燃料、生产工人的工资、运杂费等。再次是利润。利润 Z 指一定时期内商品销售收入扣除总成本后的余额，它是扣除利息和税收之前的盈利。为了便于掌握企业盈利能力，在盈亏分析中常用边际贡献（边际利润）变量 M，它是指销售收入减去变动成本后的余额，即毛利额。显然，盈亏的发生需视其所获得的边际利润能否收回或超过固定成本而定。边际利润首先要用来补偿固定成本，补偿后若还有余额，才能为企业提供最终的利润，否则就会发生亏损。当边际利润恰好等于固定成本时，企业处于不盈不亏状态，这就意味着企业的经营达到了盈亏临界点。

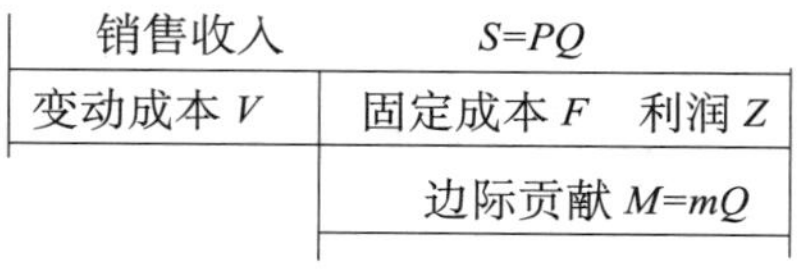

图 9—6 盈亏分析基本变量关系图

图 9—6 为盈亏分析中销售量、销售收入、固定成本、变动成本、边际贡献、利润等变量之间的基本关系。从图 9—6 可知，销售收入与销售量直接相关；边际贡献由销售收入、变动成本两项的多少决定；利润高低又是由边际贡献与固定成本两项的大小决定。变量间关系的数学表达

式为：

$$S=PQ \qquad M=S-V=mQ$$

$$C=F+V \qquad Z=M-F$$

式中，P 为商品单价；m 为单位产品边际贡献。

2. 盈亏平衡分析图

它是借助直角坐标图反映盈亏分析中销售量、成本、利润之间的数量变化关系，揭示不同销售量情况下企业的盈利、亏损、平衡状态的一种手段。制作方法为，在直角坐标系中，横轴表示销售量，纵轴表示成本、利润、销售收入。根据具体资料画出固定成本、变动成本、总成本和销售收入随销售量变化的曲线，销售收入线与总成本线的交点为盈亏平衡点，也称保本点，对应的销售量称保本销售量（Q_0），如图 9—7 所示。

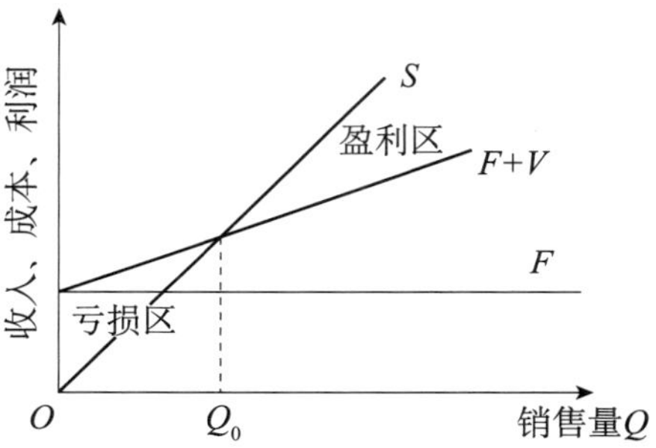

图 9—7　盈亏平衡分析图

从盈亏平衡分析图能认识以下几点变量间的变化关系，有助于决策者采取相应对策实现扭亏增盈。

（1）如果盈亏平衡点不变，则根据实际销售量 Q 与保本销售量 Q_0 的大小关系，判定现时经营在盈利区还是在亏损区。即 $Q>Q_0$ 处在盈利区；$Q<Q_0$ 处在亏损区；$Q=Q_0$ 为保本状态。

（2）如果现时销售量没有变化，由于成本或销售收入的变化，盈亏平衡点会出现变化，其位置向左偏移变得越低，盈利区变大，亏损区变小，能实现的利润越多或亏损越少；其位置向右偏移变得越高，盈利区变小，亏损区变大，能实现的利润越少，或亏损越多。

（3）在销售收入既定条件下，盈亏平衡点的高低取决于固定成本和单位变动成本的多少（总成本的斜率）。固定成本越高，或单位变动成本越高，盈亏平衡点亦越高；反之，盈亏平衡点越低。

（二）盈亏平衡点分析代数计算法

它是通过建立总销售收入等于总成本的函数式，求解出盈亏平衡点产量的方法。

使总销售收入和总成本相等的函数式中的产量为盈亏平衡（保本）点产量，用 Q_0 表示。总销售收入和总成本相等的函数式为：

$$P\cdot Q_0=F+\upsilon\cdot Q_0 \tag{9.1.13}$$

式中，P 为单位产量销售价格；F 为固定成本；υ 为单位产量变动成本。

求解式（9.1.13），得盈亏平衡点产量 Q_0 为：

$$Q_0=\frac{F}{P-\upsilon} \tag{9.1.14}$$

盈亏平衡分析也可用销售额，而不是用产量单位数量来完成，此时盈亏平衡点

销售额用 S_0 代替 S，S_0 由下式计算确定：

$$S_0=\frac{F}{1-V'} \tag{9.1.15}$$

式中，V' 为变动成本率，它是变动成本占销售收入的百分比或单位变动成本占销售单价的百分比，即一元销售额的变动成本。

通常我们将单位产量销售价与单位产量变动成本之差 $P-v$ 称为单位边际贡献（或单位毛利贡献）m，即每一单位产量对于固定成本和利润作出贡献的大小。因此，盈亏平衡点产量 Q_0 又可表示为：

$$Q_0=\frac{F}{m} \tag{9.1.16}$$

（三）盈亏利润分析代数计算法

它是确定补偿固定成本和实现目标利润所必需的产量的方法。在单位产量的销售价 P 和变动成本 v 不变条件下，目标利润 Z 的代数计算式为：

$$Z=P\cdot Q-(F+vQ)=(P-v)Q-F=mQ-F$$

解上式，得出实现目标利润所必需的产量为：

$$Q=\frac{F+Z}{P-v} \tag{9.1.17}$$

或

$$Q=\frac{F+Z}{m} \tag{9.1.18}$$

例 9—7

某工厂产销某种产品，单位产品变动成本为 50 元/件，单价为 100 元/件，年固定成本 900 000 元，年销售量为 24 000 件。为改善业务状况，提出两个备选方案。

A 方案：购买一台半自动化设备，每年增加固定成本 20 万元，但每件产品可节省人工费 10 元；

B 方案：采取低价销售，单价降低 10%，则产品年销售量可望增加 20%。

试问该厂应选择何种决策？

解：首先，我们对原方案和两个改造业务方案进行盈亏分析。表 9—5 列出了三个方案的已知条件和利用盈亏分析之代数计算法计算出相关变量。

表 9—5　三个方案盈亏分析比较

方案	已知条件				计算结果		
	单价 P（元）	销售量 Q（件）	单位变动成本 V（元）	固定成本 F（万元）	单位边际贡献（元）	平衡点销售量（件）	利润（万元）
原方案	100	24 000	50	90	50	18 000	30
A 方案	100	24 000	40	110	60	18 333	34.02
B 方案	90	28 800	50	90	40	22 500	25.2
符号计算式	P	Q	V	F	$m=1-v$	$Q_0=\frac{F}{m}$	$Z=(Q-Q_0)m$

其次，用作图法分析三个方案的盈亏情况，如图 9—8 所示。

然后，比较两种盈亏分析方法的结果。

从单位边际贡献来看，A 方案最高，原方案次之，B 方案最低；从盈亏平衡点位置来看，原方案（D_1）最低，B 方案（D_3）最高；从利润来看，A 方案（C_1B_2）最多，原方案（C_1B_1）次之，B 方案（C_1B_3）最小，显然工厂应该选择 A 方案，购置半自动化设备改善业务状况。选择 A 方案固然使盈亏平衡点比原方案高了，属于不利因素，但向右偏移不多，特别是如果年销售量 2.4 万件是可靠的，那么就更没什么问题了。

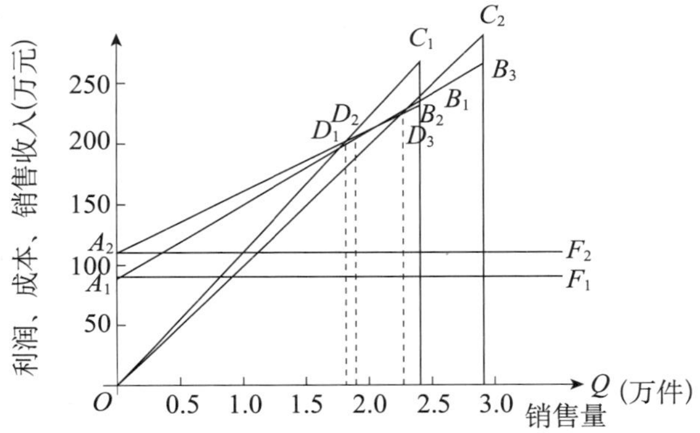

图 9—8　三个方案盈亏分析图

说明：OC_1——原方案、A 方案销售收入线；

OC_2——B 方案销售收入线；

$A_1B_1B_3$——原方案、B 方案总成本线；

A_2B_2——A 方案总成本线；

A_1F_1——原方案、B 方案固定成本线；

A_2F_2——A 方案固定成本线。

（四）经营安全状态判断和风险评估

1. 经营安全状态判断

企业究竟在何种情况下能说经营安全是企业经理关心的大事？由于盈亏平衡点是衡量企业盈利与亏损的基点，可根据实际销售额相距平衡点的远近来判断企业经营安全状态。通常用经营安全率来反映企业对市场变化适应能力的强弱，说明经营风险程度的高低和经营状态的安全性。经营安全率是安全销售额对实际销售额的比率。安全销售额是实际销售额超过盈亏平衡点销售额的余额。因此，经营安全率 η 计算式为：

$$\eta=\frac{Q-Q_0}{Q} \text{ 或 } \eta=\frac{S-S_0}{S} \tag{9.1.19}$$

一般根据经营安全率数值来判断企业经营安全状态，判断标准如表 9—6 所示。经营安全率越大，说明企业经营对不景气抵抗能力越强，经营状态的安全性越好。

表 9—6　　企业经营安全状态判断标准

经营安全率 η	40%以上	40%～31%	30%～21%	20%～11%	10%以下
经营安全状态	安全	较安全	不太安全	要警惕	危险

提高经营安全率的思路，一是保本点不变增加销量；二是采取适当措施降低保本点。比如提高售价 P，降低单位变动成本 v，降低固定成本 F 和调整生产经营产品结构，着力经营毛利率高的产品。

例 9—8

某企业本期财务资料的盈亏分析资料如下：

销售额	54 900 万元
变动成本（变动成本率）	43 600 万元（79.42%）
固定成本	10 000 万元
利润	1 300 万元

下期目标利润为 1 500 万元，固定成本因增加新设备而增加 7%，变动成本率不变。试问：实现下期目标利润的必要销售额应为多少？如何实现销售额计划？

解：第一问是指下期固定成本增加 7%，达到 10 700 万元，利润达到 1 500 万元，变动成本率维持不变时企业必要的销售额，而利润是边际贡献补偿固定成本后的余额。故

$$Z=M-F=(1-V')S-F$$

下期实现目标利润的必要销售额 S 为：

$$S=\frac{F+Z}{1-V'}$$

假设下期经营条件与本期经营条件相似，则将本例资料代入上式，便可得必要销售额：

$$S=\frac{10\ 700+1\ 500}{1-0.794\ 2}=59\ 280\text{（万元）}$$

为了完成下期必要销售额，实现目标利润，应了解下期的企业经营状态。为此先计算盈亏平衡点销售额 S_0：

$$S_0=\frac{F}{1-V'}=\frac{10\ 700}{1-0.794\ 2}==51\ 992\text{（万元）}$$

然后利用式（9.1.19）计算完成必要销售额企业经营安全率 η：

$$\eta=\frac{S-S_0}{S}=\frac{59\ 280-51\ 992}{59\ 280}=12.3\%$$

显然，$\eta=12.3\%$，预示下期经营处于警惕状态，一旦销售额下降 12%左右，目标利润 1 500 万元即无法实现。因此，决策者必须想方设法考虑如何更好地完成 59 280 万元的必要销售额。

2. 风险评估

从确定型盈亏平衡分析得到的信息，我们可以评估在未来某个时期的销售量分

布为正态分布的情况下，企业经营销售产品数量低于盈亏平衡点水平的亏损概率和销售数量高于盈亏平衡点水平的获得盈利的概率。

假设未来预期产品销售量正态分布的平均销售量为 $\overline{Q}$ 单位，销售量分布标准差为 δ_Q，而产品盈亏平衡点销售量为 Q_0 单位，那么可用下列公式计算出标准正态分布值 Z：

$$Z=\frac{Q_0-\overline{Q}}{\delta_Q} \tag{9.1.20}$$

然后，查附表一得到发生经营亏损的概率（即 $Q<Q_0$ 单位可能性）。经营盈利的概率（即 $Q>Q_0$ 单位可能性）等于 1 减去经营亏损的概率。

例 9—9

某企业生产一种产品，以每件 10 元出售，变动成本为每件 5 元，企业的固定成本为 30 000 元。试问：(1) 该产品盈亏平衡点产量水平；(2) 如果该产品预期销售量呈正态分布，平均销售量为 6 000 件，标准差为 1 600 件，该产品的经营安全率为多少？(3) 该产品经营获利的概率有多大？

解：由已知条件，$P=10$ 元/件，$v=5$ 元/件，$F=30\ 000$ 元。代入式（9.1.14）可得该产品的盈亏平衡点销售量为：

$$Q_0=\frac{30\ 000}{10-5}=6\ 000\text{（件）}$$

以平均销售量 8 000 件代入式（9.1.19），可得该产品经营安全率为：

$$\eta=\frac{8\ 000-6\ 000}{8\ 000}=25\%$$

将 $\overline{Q}=8\ 000$ 件、$\delta_Q=1\ 600$ 件和 $Q_0=6\ 000$ 件代入式（9.1.20），得

$$Z=\frac{6\ 000-8\ 000}{1\ 600}=-1.25$$

$Z=-1.25$ 意味着盈亏平衡点销售量低于销售量平均数 1.25 个标准差，从附表一可查到与 -1.25 个标准差相联系的概率为 0.115 6（即 11.56%），即企业生产该产品亏损概率为 11.56%，盈利概率为 88.44%。

（五）多品种组合的盈亏分析

多品种组合是以销售金额而不是以销售实物量为核算单位的。在进行盈亏分析时，应逐一计算每种产品的边际利润率和每种产品对每元销售额的边际利润，从而得出产品组合对每元销售额的边际利润。具体计算方法如下：

(1) 计算每种产品的边际利润率 m_i' 和边际利润 $\overline{M}_i$。设产品组合由 n 种产品 A_1，A_2，…，A_n 组成。A_i 种产品的单价为 P_i，单位产品边际利润为 M_i，销售金额百分比为 k_i（$i=1, 2, \cdots, n$）。则 A_i 产品的边际利润率为：

$$m_i'=\frac{M_i}{P_i} \tag{9.1.21}$$

其意义是 A_i 产品每销售 1 元时的边际利润。

A_i产品对每元销售额的边际利润是：

$$\overline{M_i}=m_i' \tag{9.1.22}$$

其意义是产品组合每销售 1 元时，A_i产品的边际利润。

（2）计算产品组合每元销售额的边际利润。计算式为：

$$\overline{M}=\sum_{i=1}^{n}\overline{M_i} \tag{9.1.23}$$

其意义是产品组合后每销售 1 元，产品组合的边际贡献。

（3）计算产品组合的盈亏平衡点销售额 S_0 和利润 Z。计算公式分别为：

$$S_0=\frac{F}{\overline{M}} \tag{9.1.24}$$

$$Z=(S-S_0)\overline{M}=S\overline{M}-F \tag{9.1.25}$$

式中，S 为产品组合的总销售额；F 为固定成本；$\overline{M}$ 为产品组合每元销售额的边际利润。

例 9—10

某企业原经销 A，B，C 三种产品，产品成本资料以及过去 3 年的平均销售资料如下（见表 9—7）。

表 9—7　企业产品成本及销售资料

产　品	单位产品直接成本（元）	年固定成本（元）	单价（元）	平均年销售金额（元）	销售金额百分比(%)
A	20	50 000	25	50 000	20
B	7		10	125 000	50
C	31		40	75 000	30
合计				250 000	

为了改善经营业务，企业管理人员提出了如下新的产销方案：增加 D 产品销售，并对原有产品进行改进，从而提高产品销售价格。新产品组合的成本资料以及配合广告宣传后，新产品组合估计销售情况见表 9—8。试分析新产品组合方案是否有利可图。

表 9—8　企业新产品组合成本及销售资料

产　品	单位产品直接成本（元）	年固定成本（元）	单价（元）	平均年销售金额（元）	销售金额百分比(%)
A	21	70 000	30	80 000	23
B	8		12.5	110 000	31
C	31.2		40	90 000	26
D	30		50	70 000	20
合计				350 000	

解：首先对原产品组合方案进行盈亏分析。根据表 9—7 的数据，计算 m_i，m_i'，k_i和$\overline{M_i}$，如表 9—9 所示。

表 9—9　　企业产品盈亏分析表

产品 i	单价 P_i（元）	单位产品直接成本 V_i（元）	单位产品的边际利润 m_i（元）	边际利润比值 m_i'	销售额百分比 k_i（%）	产品对每元销售额的边际利润 $\overline{M_i}$（元）
	(1)	(2)	(3)=(1)−(2)	(4)=(3)/(1)	(5)	(6)=(4)×(5)
A	25	20	5	0.200	20	0.040
B	10	7	3	0.300	50	0.150
C	40	31	9	0.255	30	0.068

因而原产品组合对每元销售额的边际利润为：

$$\overline{M}=0.040+0.150+0.068=0.258\text{（元）}$$

从表 9—7 中已知年销售总额 $S=250\ 000$ 元，年固定成本 $F=50\ 000$ 元，因此，原产品组合方案的年盈亏平衡销售额和年利润分别为：

$$S_0=\frac{F}{\overline{M}}=\frac{50\ 000}{0.258}=193\ 798\text{（元）}$$

$$Z=S\overline{M}-F=250\ 000\times 0.258-50\ 000$$

$$=14\ 500\text{（元）}$$

然后，对新方案进行相同的分析，根据表 9—8 得表 9—10。因此

$$\overline{M}=0.069+0.112+0.057+0.080=0.318\text{（元）}$$

表 9—10　　企业新产品组合盈亏分析表

产品 i	单价 P_i（元）	单位产品直接成本 V_i（元）	单位产品的边际利润 m_i（元）	边际利润比值 m_i'	销售额百分比 k_i（%）	产品对每元销售额的边际利润 $\overline{M_i}$（元）
A	30	21	9	0.300	23	0.069
B	12.5	8	4.5	0.360	31	0.112
C	40	31.2	8.8	0.220	26	0.057
D	50	30	20	0.400	20	0.080

由表 9—8，$S=350\ 000$ 元，$F=70\ 000$ 元。计算新产品组合方案的盈亏平衡销售额和利润分别为：

$$S_0=\frac{F}{\overline{M}}=220\ 126\text{（元）}$$

$$Z=S\overline{M}-F=41\ 300\text{（元）}$$

对比两个方案，新方案的盈亏平衡销售额比原方案提高了 13.6%，但年利润却可以增加 185%，因此若市场景气，销售额可稳步上升，亦即对新方案的年销售额预测是可靠的，新方案有利可图，应付诸实施。

（六）应用盈亏平衡分析法须注意的问题

（1）应该拥有完整可靠的计划与财务的数据资料和切实可行的生产经营方案。

（2）盈亏平衡分析的基础是成本的划分，企业应该根据成本性态加以规定，哪

些是固定成本，哪些归属变动成本。一经规定不要轻易变动，以便口径一致，保证分析顺利开展。

（3）盈亏平衡分析有一个构建模型的假设，即销售价格和单位变动成本不变构成总收益函数和总成本函数的线性关系，这一假设在产量水平某些相关范围内是有效的。为此，一定要注意其有效范围和时限。通常在一定时期内产品销售量可以预先确知，且与当期经营条件相适应时基本能符合构建模型假设，否则出现新的情况，就应另作新的分析，如风险评估。

第二节 风险型决策分析方法

在确定型决策中，未来一种自然状态处于完全确定（即100%的肯定），其决策方案只有一种确定的效益结果，但大多数实际决策问题是，未来自然状态更多的是不确定的，这样每个可行方案在执行中会出现几种可能的结果，所对应的效益就是不确定的。如果我们能已知各种自然状态出现的可能性大小，也就是已知各种自然状态出现的概率大小，那么不确定程度就会减小。风险型决策分析就是根据几种不同自然状态下可能发生的概率和某种决策准则进行方案选择。它的分析对象是风险型决策。由于决策分析中引入了概率的概念，人们可以依据统计学的观点来进行决策，客观上要承担一定的风险，也称随机决策分析。不同自然状态的出现概率值，多半又是通过对历史资料或大量观察试验进行统计分析求得的，因此又称统计决策分析。

一、风险型决策的基本结构

风险型决策具有以下五个特征：

（1）有明确的决策目标，如收益、成本、市场数额、效用等。记作 V。

（2）实现决策目标有两个或两个以上行动方案。记作 A_i（$i=1, 2, \cdots, m$）。

（3）行动方案未来面临的可能自然状态在两种或两种以上。记作 S_j（$j=1, 2, \cdots, n$）。

（4）每个行动方案在不同自然状态下的可能目标贡献结果可以预先计算。记作 W_{ij}（$i=1, 2, \cdots, m$；$j=1, 2, \cdots, n$），称方案条件收益（或损失）值。

（5）未来面临的可能自然状态出现的概率可以经调查研究预先估计得知。记作 P_j（$j=1, 2, \cdots, n$），且 $\sum P_j = 1$。

根据以上风险型决策的四个特征，我们可以构造出风险型决策的基本结构矩阵表（见表9—11）。

表 9—11　　风险型决策基本结构矩阵表

方案 \ 目标贡献 \ 状态	S_1	S_2	…	S_j	…	S_n
A_1	W_{11}	W_{12}	…	W_{1j}	…	W_{1n}
⋮	⋮	⋮		⋮		⋮
A_i	W_{i1}	W_{i2}	…	W_{ij}	…	W_{in}
⋮	⋮	⋮		⋮		⋮
A_m	W_{m1}	W_{m2}	…	W_{mj}	…	W_{mn}
出现概率	P_1	P_2	…	P_j	…	P_n

在风险型决策中，由于存在着不同自然状态下的不可控因素，所以同一决策方案在执行中会出现几种可能的结果。例如，商贸企业购进某种商品，如恰逢市场畅销，是抢手货，则可以快速销售，加快资金周转，降低仓储费用和损耗，减少信贷利息，从而增加收益；反之，如果出现市场疲软，商品滞销，则会延缓商品周转速度，增加流通费用，甚至发生商品残损，以致减少收益或发生亏损。然而，这种客观自然状态又是不确定的，只能大致估计各种自然状态的概率及其损益。因此，风险型决策便有一个选择决策方案的准则问题。

风险型决策的决策准则主要有：期望值准则、边际概率准则和效用准则。

二、期望值准则及其分析方法

期望值准则就是根据不同方案的损益期望值，选取具有最大收益期望值或最小损失期望值的方案作为决策方案。方案损益期望值是指每个方案在各种状态下的损益值以状态概率为权数的加权损益值，若决策结构中 W_{ij} 代表收益，即得收益期望值；若决策结构中 W_{ij} 代表损失，即得损失期望值。

假设风险型决策已知其决策结构表各元素，则每一方案的损益期望值记作 $EMV(A_i)$，为：

$$EMV(A_i)=\sum_{j=1}^{n} P_jW_{ij}\text{，}1\leqslant i\leqslant m \tag{9.2.1}$$

显然，决策目标为最大收益值时，决策方案为选择 $EMV(A_i)$ 最大者，即

$$EMV=\max EMV(A_i)\text{，}1\leqslant i\leqslant m \tag{9.2.2}$$

决策目标为最小损失值时，决策方案为选择 $EMV(A_i)$ 最小者，即

$$EMV=\min EMV(A_i)\text{，}1\leqslant i\leqslant m \tag{9.2.3}$$

为了便于分析计算和比较优选方案，按期望值准则进行决策分析过程常借助决策表法或决策树法。

（一）决策表法

决策表是用风险型决策基本结构矩阵表来表述各种可供选择方案，并计算出各方案损益期望值，经比较后择优。它简单、清晰，一目了然，十分方便。

例 9—11

某鲜鱼商店销售鲜鱼，平均销售价为 20 元/千克，平均成本 10 元/千克。销售宗旨是当天进货当天销售。如果当天卖不出去，折价处理平均损失 3 元/千克。商店以往每天鲜鱼的市场需求（销售）量状态及其概率资料如表 9—12 所示。试问该鱼店领导应如何决策每天进货量?

表 9—12 某商店鲜鱼销售量及概率资料

市场需求（千克/天）	0	100	200	300	400
概率 P_j	0.1	0.2	0.4	0.2	0.1

解：由题意可知，该商店每天的销售订购计划有 5 个可供选择方案，记为 A_i（$1\leqslant i\leqslant 5$）。无论选择哪一个方案，都可能遇到市场需求的 5 种自然状态，记为 S_j（$1\leqslant j\leqslant m$）。现在根据 S_j 的出现概率可以得决策结构矩阵表（见表 9—13）。表中 W_{ij}（$1\leqslant i\leqslant 5, 1\leqslant j\leqslant 5$）为条件收益值。由题意按下式计算：

$$W_{ij}\begin{cases}10A_i, & A_i\leqslant S_j\\ 10S_j-3\ (A_i-S_j), & A_i>S_j\end{cases}$$

表 9—13 决策结构矩阵表 单位：元

方案 A_i \ W_{ij} \ 状态 S_j		市场需求（千克/天）					收益期望值
		0	100	200	300	400	
进货量（千克/天）	0	0	0	0	0	0	0
	100	−300	1 000	1 000	1 000	1 000	870
	200	−600	700	2 000	2 000	2 000	1 480
	300	−900	400	1 700	3 000	3 000	1 570
	400	−1 200	100	1 400	2 700	4 000	1 400
概率 P_j		0.1	0.2	0.4	0.2	0.1	

比较 5 个进货量方案的销售收益期望值，从中选择大者，即

$$\max\ \{EMV\ (A_i)\}\ =EMV\ (A_4)\ =1\ 570\ (\text{元})$$

因此，按最大收益期望值准则应选择每天进货量 300 千克的方案。

如果本题以追求销售损失最小为决策目标，则应以销售损失期望值最小决策准则选择方案。必须注意，这里的销售损失不仅指进货量高于市场需求量时所发生的滞销折价处理损失，还要考虑进货量低于市场需求量时因缺货而失去销售机会所蒙受的利润损失（脱销损失）。依题意，此时决策结构表（见表 9—14）中的 W_{ij} 则为条件损失值，由下列计算式计算：

$$W_{ij}\begin{cases}-3\ (A_i-S_j)_i, & A_i>S_j,\ \text{滞销损失}\\ 0, & A_i=S_j\\ -10\ (S_j-A_i), & A_i<S_j,\ \text{脱销损失}\end{cases}$$

根据表 9—14 中 5 个进货方案的损失期望值，选择最小者 $\min\ \{EMV\ (A_i)\}\ = EMV\ (A_4)\ =-430$ 元，与按最大收益期望值标准选择的方案相同，进货量为 300 千克/天。

表 9—14　　决策结构矩阵表　　单位：元

条件损失 W_{ij} / 方案 A_i / 状态 S_j		市场需求（千克/天） 0	100	200	300	400	损失期望值
进货量（千克/天）	0	0	−1 000	−2 000	−3 000	−4 000	−2 000
	100	−300	0	−1 000	−2 000	−3 000	−1 130
	200	−600	−300	0	−1 000	−2 000	−520
	300	−900	−600	−300	0	−1 000	−430
	400	−1 200	−900	−600	−300	0	−600
概率 P_j		0.1	0.2	0.4	0.2	0.1	

（二）决策树法

现实中许多管理决策是由一系列相互联系的决策组成的，在某一阶段或时点上作出的选择能改变决策发生的概率或者改变决策的结果。人们在作出决断和采取行动之前要慎重考虑和权衡各种可能发生的情况。决策树是将决策分析过程以图解方式表达整个决策的层次、阶段以及相应决策依据。

决策树所用的图解符号有五个，其构成如图 9—9 所示。其中：

□——决策点，由它画出的直线称方案枝，表示可能方案；

○——机会点，或称自然状态节点，由它引出的直线称概率枝，每一概率枝代表一自然状态，各状态的可能概率写于概率枝上；

△——结果点，它的上方标出某方案某一状态下的条件损益值；

◇——附加条件点，它与方案枝相连，在菱形框内标出方案的相关资源条件；

//——表示剪枝号，它标在淘汰方案的方案枝上。

利用决策树进行决策，其步骤如下：

（1）根据题意，以初始决策点为树根出发，从左至右分别选择决策点、方案枝、机会点、概率枝、结果点等符号表达清楚思路，画出决策树。

（2）从右至左逐步计算各个状态点和决策点的期望值（或效用值），并将其数值标在各点上方。

（3）从右至左在每一层次或阶段的决策点上对各种可行方案进行优选，保留这一层次或阶段上的最佳方案，对其他方案进行“剪枝”，直至最初决策点为止，就形成了最佳决策方案。

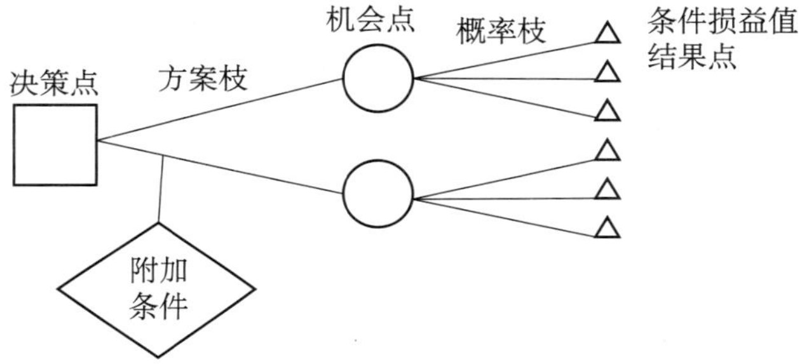

图 9—9　决策树基本结构

例 9—12

某服装商店经过市场调研，预测未来服装市场需求量有大、中、小三种状态，出现概率分别为 0.2，0.6，0.2。企业经分析认为通过自身服装加工工厂扩建、合同转包和从其他服装厂进货三个方案来扩大商品资源。三个方案各自在三种需求状态下的收益值，经核算由表 9—15 列出，且估计企业自身加工工厂扩建需要投资 50 万元。

表 9—15　　三个进货方案的条件收益值表　　单位：万元

W_{ij} 自然状态 Q_j / P_j / 方案 A_i	大需求 Q_1	中需求 Q_2	小需求 Q_3
	0.2	0.6	0.2
企业加工厂扩建 A_1	350	300	180
合同转包 A_2	360	280	200
从其他服装厂进货 A_3	300	250	210

利用决策树分析法进行决策的具体步骤是：

第一步，问题的决策目标是，选择什么方案增加服装资源，保障货源供应，满足市场需求，以使企业服装经营收益值最大。由于此问题属于风险型问题，所以取最大收益期望值标准为决策准则。

第二步，本问题只有一个决策点，是一个单级决策问题。由于有三个备选方案，所以有三条方案枝，每个方案枝末端对应一个机会点。同时，由于每个方案都面临三种自然状态，故每个机会点就要引出三条概率枝，各概率枝末端也就对应有条件损益值之结果，画上△。根据上面的分析及有关资料就可以从左至右绘制出本问题的决策树分析图（见图 9—10）。

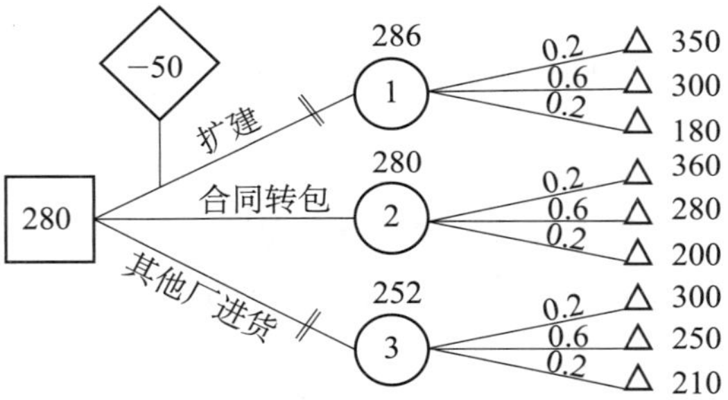

图 9—10　扩大资源策略决策树分析

第三步，自右至左进行分析计算。首先根据已知条件计算各备选方案每种自然状态下的条件损益值（本例为已知），并填到三角号上方；其次，计算各机会点上的方案损益期望值，即

机会点①收益期望值 $= EMV(A_1)$

$= 0.2\times350+0.6\times300+0.2\times180=286$（万元）

机会点②收益期望值 $= EMV(A_2)$

$= 0.2\times360+0.6\times280+0.2\times200=280$（万元）

机会点③收益期望值 $= EMV(A_3)$

$= 0.2\times300+0.6\times250+0.2\times210=252$（万元）

将上述计算结果标到决策树分析图对应机会点的上方，然后对三个方案进行分

析比较，作出决策。由于扩建方案还需要增加 50 万元投资，所以最终收益期望值为 236 万元。其他两方案无约束条件，保持原方案收益期望值。显然，按最大收益期望值标准应选择合同转包方案，故剪去其他两方案，即在扩建方案和其他服装厂进货方案对应方案枝上划“//”的剪枝符号；最后将合同转包方案收益期望值 280 万元标到决策点方框内（见图 9—10）。

从该例可知，运用决策树分析法进行决策，可以使决策者对风险决策问题一目了然，形象地了解事态发展中可能出现的自然状态及其可能性大小，各种自然状态的风险与条件损益值以及几种备选方案的损益期望值，有助于决策者权衡利弊作出决策，尤其是用它来解决需要分几个阶段进行决策才能得到最后决策的多阶段风险型决策，决策树分析法更显其优越性（见后面多阶段决策分析法）。

三、边际概率准则及其分析方法

边际概率准则分析是运用边际分析原理，分析计算风险型决策问题的边际概率，以此为标准选择决策的最佳方案。

边际分析的基本思想是：在某一产量水准时，分析提高此水准后的利弊关系。当利大于弊，自然应当提高产量水准；反之，则应降低产量水准；当提高产量水准利弊相当时，此产量水准即是最佳产量水准。

运用边际概率准则解决风险型决策问题，要弄清边际收入、边际损失和边际概率三个概念。

边际收入是指每多生产一个单位产品能售出而新增加的收入，即某产量水平上增加一个单位产品，该产品带来的收入。用 MP 表示。

边际损失是指每多生产一个单位产品不能售出而造成的损失，即某产量水平上增加一个单位产品，该产品造成的损失。用 ML 表示。

企业产品的生产水平或订购水平，一般都是按市场需求而定的，因此，在这一水平上增加的单位产品，都有售出和售不出的可能性。我们将某产量水平上增加一单位产品售出概率定为 P，则其不能售出的概率就是 $1-P$。这样，在分析风险型决策问题的边际收入和边际损失时，就必须考虑该增加单位产品的售出概率和售不出概率，即计算边际收入期望值和边际损失期望值。

边际收入期望值是边际收入与增加的单位产品售出概率的乘积，为 $MP \cdot P$。边际损失期望值是边际损失与增加的单位产品售不出概率的乘积，为 $ML \cdot (1-P)$。

显然，当边际收入期望值大于边际损失期望值时，有利可图，应增加该单位产品；反之，当边际收入期望值小于边际损失期望值时，无利可图，不应增加该单位产品；当边际收入期望值与边际损失期望值相当时，增加单位产品对企业经营利弊相当，我们把这种情况时的产量水准称为最佳产量生产水平或最佳订货水平，此时的单位产品售出概率记为 P_0，于是有公式：

$$MP \cdot P_0 = ML \cdot (1-P_0)$$

得边际概率的计算公式为：

$$P_0=\frac{ML}{MP+ML} \tag{9.2.4}$$

边际概率是使产品边际收入期望值与边际损失期望值相等的单位产品售出的概率，它表示产品能够售出的最低概率，又称临界概率或转折概率。

风险型决策中，按边际概率准则选择方案的步骤为：

（1）根据风险型决策的已知条件，明确该决策的边际收入和边际损失，按式（9.2.4）计算边际概率 P_0。

（2）根据已知市场需求条件和拟定满足需求的生产或订购备选方案 A_i 的有关信息，计算出各方案能售出的概率 P_i，它表示某个方案在各种自然状态可能出现情况下商品售出的整体可能性。

（3）将各方案能售出概率 P_i 与边际概率 P_0 比较，显然，各备选方案中 A_i 的能够售出概率 $P_i=P_0$，该 A_i 为最佳方案。若无备选方案的售出概率 P_i 与 P_0 相等，则 $P_i>P_0$，且最接近 P_0 的 A_i 方案为最佳方案。

例 9—13

用边际概率准则求解例 9—11。

解：根据题意，明确决策问题的边际收入，即进货增加 100 千克鲜鱼，若能按正常价售出，净收入（盈利）为 1 000 元，MP=1 000 元；边际损失，即进货增加 100 千克鲜鱼，若不能按正常价售出损失 300 元，ML=300 元。这样便可计算该风险型决策边际概率 P_0 为：

$$P_0=\frac{ML}{MP+ML}=\frac{300}{1\ 300}=0.23$$

根据已知条件计算出各备选可行方案进货量当天全部售出的概率 P_i。由题所给条件，鲜鱼每天最小需求量为 0 千克，最大需求量为 400 千克。这样，每天不进货，产品售出概率为 1。每天进货 100 千克，则只有当市场需求量分别为 100 千克、200 千克、300 千克、400 千克时，此 100 千克鲜鱼能全部售出，故进货 100 千克/天方案的售出概率 P_i 就是市场需求量为 100 千克、200 千克、300 千克、400 千克出现概率之和，为 0.9。依此类推，其他进货量方案产品售出概率均可计算，如表 9—16 所示。

表 9—16　　其他进货量方案产品售出概率表

市场需求量（千克/天）S_j	出现概率 P_j	进货量 A_i	售出概率 P_i
0	0.1	0	1
100	0.2	100	0.9
200	0.4	200	0.7
300	0.2	300	$0.3>P_0$
400	0.1	400	0.1

以 P_0 为标准，选择最接近 $P_0=0.23$，且大于 P_0 的 $P_i=0.3$。故该鱼店每天鲜鱼进货量为 300 千克的方案为最佳方案。这与前面用期望值准则决策结果相同。

可以证明，以边际概率准则决策结果与以期望值准则决策结果相同，但边际概率准则决策可以避免计算条件损益值，大大减少了计算工作，便于学习和应用。

四、效用准则及其分析方法

效用准则指决策者选择方案时着重考虑的不仅仅是某种方案决策后果将给他带来多大经济效益，同时还要考虑这种决策后果将给他带来什么样的心理满足程度。具体方法是效用曲线法，详见本章第五节。

五、马尔可夫决策分析法

风险型决策方案择优与决策面临自然状态出现概率有着密切关系。实际经营管理中企业为了对产品种类或经营方向作出决策，需要分析市场竞争因素之间的相互影响，引起不同自然状态之间出现概率的转移。比如市场上出售的同类商品，由于质量不同、价格不同、包装不同而有不同的品牌和规格，而消费者由于受多种因素的影响也会发生购买兴趣的转变，因而就会出现同类商品中不同品牌、不同规格商品市场占有率的相互转移。当风险型决策问题比较复杂，考虑状态概率转移情况时，一般采用马尔可夫决策。

马尔可夫决策分析法是应用俄国数学家马尔可夫于20世纪初发现的运用系统状态转移规律的数学方程，分析随机事件未来发展变化趋势及其可能结果，为决策者提供决策信息的一种分析方法。近年来，这种分析方法广泛应用于市场问题、设备维修、广告策略等决策问题。

（一）状态和状态概率

运用马尔可夫决策分析时，将研究对象视为系统。系统发展要经历多个阶段，系统研究变量所涉及的多个因子在不同阶段会有不同的结果，称为研究变量的状态，不同结果的可能性称状态概率。例如，企业某种商品每季度的销售情况可以分为“畅销”和“滞销”两种状态，在不同季度商品出现“畅销”和“滞销”的可能性即为状态概率。又如，一个800户居民社区内有A，B，C三个商店，从产品结构与服务质量等方面展开竞争，各自原有稳定的居民购买者开始出现变化。研究这样一个企业间竞争问题，研究变量为企业的市场占有率，A，B，C三个商店不同月份内的市场占有率水平，即为变量的状态概率。假设经过市场调查获得上月与本月三家商店的居民购买者资料如表9—17所示。如果按社区每户平均购买额推算，显然，上月A，B，C商店的市场占有率分别为0.312，0.313，0.375。本月的市场占有率则为0.288，0.306，0.406。我们将三个商店在此居民区的竞争视为系统，三个商店不同时期的市场状态即各自的市场占有率 X_A，X_B，X_C 记作向量 $X=(X_A，X_B，X_C)$。于是记上月三个商店市场占有率向量为 $X_0=$（0.312，0.313，0.375)，本月市场占有率向量为 $X_1=$（0.288，0.306，0.406)。

表 9—17 三个商店居民购买者资料

商店	居民户数		净变化
	上月	本月	
A	250	230	−20
B	250	245	−5
C	300	325	+25

（二）状态转移矩阵

前述社区内三个商店市场占有率的变化是因三个商店在前后两个月中都失去一些顾客，同时也都赢得了一些顾客。顾客流动资料如表 9—18 所示。我们据此能写出上月至本月 800 户居民购买倾向所显示的转移频数矩阵为：

$$
\begin{array}{c@{}c}
 & \begin{array}{ccc} \mathrm{A} & \mathrm{B} & \mathrm{C} \end{array} \quad \text{行和} \\
N=\begin{array}{c} \mathrm{A} \\ \mathrm{B} \\ \mathrm{C} \end{array} & \begin{bmatrix} 180 & 30 & 40 \\ 20 & 200 & 30 \\ 30 & 15 & 255 \end{bmatrix} \begin{array}{c} 250 \\ 250 \\ 300 \end{array}
\end{array}
$$

矩阵 N 的每一行的元素表示各商店保持和失去的消费者户数，矩阵 N 的每一列的元素表示各商店保持和争取到的消费者户数。

表 9—18 三个商店顾客流动资料

数据提供 \ 居民户数 \ 去向	A	B	C
A	180	30	40
B	20	200	30
C	30	15	255

此转移频数矩阵 N 的各行和分别除以各对应的频数，便得到三个商店市场占有率的状态转移矩阵为：

$$
\begin{array}{c@{}c}
 & \begin{array}{ccc} \mathrm{A} & \mathrm{B} & \mathrm{C} \end{array} \\
P=\begin{array}{c} \mathrm{A} \\ \mathrm{B} \\ \mathrm{C} \end{array} & \begin{bmatrix} 0.72 & 0.12 & 0.16 \\ 0.08 & 0.80 & 0.12 \\ 0.10 & 0.05 & 0.85 \end{bmatrix}
\end{array}
$$

由此可见，如果系统每个阶段含有 S_1，S_2，…，S_n个可能状态，相邻两阶段系统由现有状态 S_i变化到S_j，就称为系统的状态转移，其概率为转移概率。由状态转移概率 P_{ij}（$1\leqslant i\leqslant n$，$1\leqslant j\leqslant n$）构成的矩阵 $P=(P_{ij})_{n\times n}$称为状态转移概率矩阵。

$$
\begin{array}{c@{}c}
 & \text{本阶段状态} \\
 & \begin{array}{cccc} S_1 & S_2 & \cdots & S_n \end{array} \\
P=\text{前阶段状态}\begin{array}{c} S_1 \\ S_2 \\ \vdots \\ S_n \end{array} & \begin{bmatrix} P_{11} & P_{12} & \cdots & P_{1n} \\ P_{21} & P_{22} & \cdots & P_{2n} \\ \vdots & \vdots & & \vdots \\ P_{n1} & P_{n2} & \cdots & P_{nn} \end{bmatrix}
\end{array}
$$

状态转移概率矩阵具有下述性质：

(1) $P_{ij}>0$ (i，$j=1$，2，…，n)，即矩阵中每个元素都是非负的；

(2) $\sum_{j=1}^{n} P_{ij}=1$ ($i=1$，2，…，n)，即矩阵中每行的元素之和等于 1。

状态转移概率矩阵通常有两种估算方法：一是统计估算法，如上例，依据调查资料表 9—18 估算而得；二是主观概率法，即在缺乏历史资料或资料不全的情况下，根据人们的经验和知识对事件发生可能性程度作出主观估计。

(三) 马尔可夫过程

它是指系统由某一阶段状态转移到另一阶段状态的转移过程。在这个转移过程中存在着转移概率构成的状态转移矩阵 P。同时具有以下两个重要特征：一是系统发展过程中到达每一阶段的状态仅与现在状态有关，而与过去状态无关。比如，企业第三季度销售状态，仅与第二季度状态有关，而与第一季度状态无关。二是系统发展较长时间条件下，系统会趋于稳定状态。

马尔可夫过程上述特征的数学模型表述如下：

(1) 设系统的初始阶段状态为向量 X_0，设系统第 k 阶段的状态为向量 X_k，系统发展过程状态转移矩阵为 P。那么，不同阶段的状态向量分别为：

$$X_1=X_0P,\ X_2=X_1P,\ \cdots,\ X_k=X_{k-1}P \qquad (9.2.5)$$

(2) 假设系统发展过程状态向量 X 满足条件：$XP=X$，则系统处于稳定状态，X 为状态转移矩阵 P 的不变向量。记 $X=(X_1, X_2, \cdots, X_n)$，它通过求解下面联立方程组得出：

$$\begin{cases} XP=X \\ \sum_{i=1}^{n} X=1 \end{cases} \qquad (9.2.6)$$

由上面马尔可夫过程数学表达式 (9.2.5)，我们可以计算出该居民点 A，B，C 商店以后每个月市场占有率的状态值（见表 9—19）。

表 9—19　　三个商店以后每个月市场占有率的状态值

月序	月份	X_A	X_B	X_C
0	6	0.312	0.313	0.375
1	7	0.288	0.306	0.406
2	8	0.272	0.300	0.428
3	9	0.263	0.294	0.443
4	10	0.257	0.289	0.454
5	12	0.288	0.285	0.427

从表 9—19 中数据变化可知，按目前状态转移概率，三个商店竞争发展趋向是：A，B 两个商店市场占有率逐月下降，C 商店市场占有率在逐月上升。那么，系统发展下去三个商店稳定市场占有率状态该怎样呢？可以用式 (9.2.5) 进行预测。

设稳定状态向量 $X=(X_A, X_B, X_C)$，则由 $XP=X$ 得

$$[X_A \quad X_B \quad X_C]\begin{bmatrix}0.72 & 0.12 & 0.16\\0.08 & 0.80 & 0.12\\0.10 & 0.05 & 0.85\end{bmatrix}=[X_A \quad X_B \quad X_C]$$

加上 $X_A+X_B+X_C=1$，便得联立方程：

$$\begin{cases}0.72X_A+0.08X_B+0.10X_C=X_A\\0.12X_A+0.80X_B+0.05X_C=X_B\\0.16X_A+0.12X_B+0.85X_C=X_C\\X_A+X_B+X_C=1\end{cases}$$

求解联立方程得：$X_A=0.249$，$X_B=0.27$，$X_C=0.481$。即达到稳定状态时，A，B，C 商店市场占有率分别为 24.9%，27%，48.1%。上述信息说明 A，B 两个商店处于不利状态，应该采取相关对策。

A 商店经分析有如下方案供选择：

甲方案：A 商店认为其市场占有率为 32%时，恰与本店实际经营能力相吻合。为了不使其市场占有率下降，确保原有顾客不流失，应该分析顾客该月主要转向 B，C 商店的原因。调查发现顾客转向的原因是 B，C 商店品种齐全，受到相当多的顾客欢迎。为了夺回这部分市场，A 商店应从商品结构上改进。为了尽量减少顾客向其他商店的转移，就要增加本店的保留客户。那么转移概率矩阵中 P_{11} 应为怎样才能使 A 商店市场占有率 $X_A=32\%$ 呢？由马尔可夫过程定量计算则为：

$$[0.312, 0.313, 0.375]\begin{bmatrix}P_{11}\\0.08\\0.10\end{bmatrix}=0.32$$

解得：$P_{11}=0.822$。此概率较原转移矩阵的 P_{11} 提高了 0.10。也就是转移概率矩阵中 A 商店保留概率提高 10%，即可使每月的居民购买户流失的绝对数减少 10%。从现在情况来看，即要减少流向 B，C 两个商店 25 户。

乙方案：A 商店分析其他商店赢得顾客的原因是商店服务质量。将本商店综合能力与 B，C 两个商店比较，商店拟提高从 B 商店向本店的转移概率。要从 B 商店多赢得顾客来实现企业市场占有率 32%的目标，则定量分析 P_{21} 为：

$$[0.312, 0.313, 0.375]\begin{bmatrix}0.72\\P_{21}\\0.10\end{bmatrix}=0.32$$

求解得 $P_{21}=0.18$。即要使 P_{21} 提高 10%，从现在的情况来看，要从 B 商店赢得顾客 25 户。显然，比较两个方案优劣只要比较两个方案的费用水平即可，以费用低者为优。

例 9—14

首都出租汽车公司在北京国际机场、颐和园和北京饭店设有出租汽车站。经抽样调查，顾客在这三个地方租还车的转移概率如表 9—20 所示。公司欲选一处附设

汽车维修点，问设在何处最好？

表 9—20 **顾客转移概率资料**

租车点 \ 转移概率 \ 还车点	北京饭店	颐和园	国际机场
北京饭店	0.6	0.1	0.3
颐和园	0.2	0	0.8
国际机场	0.5	0.2	0.3

解：对首都出租汽车公司来说，租还车是一种转移过程，其转移矩阵资料由表9—20知为：

$$P=\begin{bmatrix}0.6 & 0.1 & 0.3\\ 0.2 & 0 & 0.8\\ 0.5 & 0.2 & 0.3\end{bmatrix}$$

如果我们从返回概率高的角度选择维修点，那么此问题的实质是要求解长期经营稳定状态下每一部汽车回到三个出租地的概率。

令稳定状态下北京饭店、颐和园、国际机场三租车点返回概率分别为 X_1，X_2，X_3。则求解方程组 $X\cdot P=X$，即

$$\begin{cases}0.6X_1+0.2X_2+0.5X_3=X_1\\ 0.1X_1 \qquad\qquad +0.2X_3=X_2\\ 0.3X_1+0.8X_2+0.3X_3=X_3\\ X_1+X_2+X_3=1\end{cases}$$

不难求得 $X_1=0.514$，$X_2=0.124$，$X_3=0.362$。即长期经营每部出租车回到北京饭店的概率是51.4%，回到颐和园的概率是12.4%，回到国际机场的概率是36.2%。若要设汽车维修点，自然应以返回率高的北京饭店出租站为最佳，当然还应结合投入成本大小进行可行性分析后最后决断。

第三节 未确定型决策分析法

有一类决策问题，决策者虽然知道决策结果有几个或许多个，但不知道每一结果发生的概率，这就是未确定型决策问题。未确定型决策也称不确定型决策。这类决策目前尚无完善的客观标准选择最佳方案，主要依据决策者的主观态度进行决策。未确定型决策分析法主要有五种，即乐观法、悲观法、等可能法、系数法和遗憾值法。

一、乐观法

乐观法又称大中取大标准法。乐观法的基本思想是对客观情况的发生总是抱乐

观的态度。这种方法的决策原则是从每一个方案中找出最有利的效益值，然后在这些最有利的效益值中，选取一个效益最大的方案作为决策方案。

例 9—15

某企业要编制年度计划。市场预测提供的数据表明，随着我国社会主义市场经济体制的不断完善和商品经济的发展，居民收入不断增加，消费者对商品品种、花色、款式、规格、质量的要求越来越高。企业必须充分利用现有的人力、物力、财力，不断开发新产品，增加新的花色、品种，扩大网点，增强销售能力，改进服务等，才能满足消费者的需求，在市场经济的海洋中求得生存和发展。因此，企业决策部门根据市场供求关系的变化和自身人、财、物力等情况，拟定了以下四个备选方案。

方案 A_1：扩大进货，增加新品种和适销品种比例；

方案 A_2：只增加部分新品种，而主要通过提高服务质量、改进服务方式来扩大销售；

方案 A_3：增加小商品品种，以品种齐全的小商品吸引顾客；

方案 A_4：扩建网点，增强销售能力。

无论采取何种方案，商品销售量都可能出现四种自然状态：

状态 Q_1：销售量较高；

状态 Q_2：销售量一般；

状态 Q_3：销售量较低；

状态 Q_4：销售量很低。

假如经过对每个方案在各种自然状态下可能达到的销售额、资金周转率、利润率、费用率等指标进行核算后，得出各方案在各种不同的自然状态下的收益值（见表 9—21）。

表 9—21　　各方案的收益值　　单位：万元

损益值 W_{ij} ／ 自然状态 Q_j ／ 方案 A_i	销售量较高 Q_1	销售量一般 Q_2	销售量较低 Q_3	销售量很低 Q_4	最大收益值
A_1	900	750	450	250	900*
A_2	800	600	400	200	800
A_3	700	550	420	300	700
A_4	600	500	380	280	600

* 900 万元为最大值。

表 9—21 中最右边一列为乐观法决策结果，其过程如下：

(1) 把每个方案在各种自然状态下的最大收益值找出来。A_1 方案的最大收益值为 900 万元；A_2 方案的最大收益值为 800 万元；A_3 方案的最大收益值为 700 万元；A_4 方案的最大收益值为 600 万元。

(2) 找出这些最大收益值中的最大值，最大值所对应的方案就是决策方案。本例中，最大收益值中的最大值为 900 万元，则 900 万元所对应的方案 A_1 便是决策方案。

上例决策的依据是收益值。如果以损失值为依据的话，则应该采取小中取小标准，即找出每个方案在各种自然状态下的最小损失值，然后在这些最小损失值中，选取一个损失最小的方案作为决策方案。

二、悲观法

悲观法又称小中取大标准法。悲观法的思想基础与乐观法相反，对客观情况总持悲观态度，因此，它的决策准则是从每一种方案中找出最小的收益值，然后在这些最小的收益值中，再选取一个收益值最大的方案作为决策方案。

仍以上例来说明：

（1）把每个方案在各种自然状态下的最小收益值找出来，A_1方案的最小收益值为 250 万元；A_2为 200 万元；A_3为 300 万元；A_4为 280 万元。

（2）再找出这些最小收益值中的最大值，本例中为 300 万元，则 300 万元所对应的方案 A_3就是决策方案。具体过程见表 9—22。

悲观法如果以损失值为依据时，则应采取大中取小准则，即先找出每个方案在各种状态下的最大损失值，然后再从这些最大损失值中找出最小值，它所对应的方案即为决策方案。

表 9—22　　　　各方案的收益值　　　　单位：万元

损益值 W_{ij} ＼ 自然状态 Q_j ／ 方案 A_i	销售量较高 Q_1	销售量一般 Q_2	销售量较低 Q_3	销售量很低 Q_4	最小收益值
A_1	900	750	450	250	250
A_2	800	600	400	200	200
A_3	700	550	420	300	300*
A_4	600	500	380	280	280

* 300 万元为最大值。

三、等可能法

等可能法又称等概率标准法。等可能法的基本思想是假定未来各种自然状态发生的概率相同（因为决策者既然不能确切知道每一种自然状态出现的概率，也没有理由认为它们出现的概率一定不等，因此就假设各种自然状态发生的机会是均等的，即出现的概率相等），因而等可能法的决策准则是，如果未来有 n 种自然状态，那么就认为每种自然状态发生的概率都是 $1/n$，然后按照风险型决策问题的决策准则，求各方案期望值，进行决策分析。

仍以上例说明：

（1）假设未来四种自然状态发生的概率都相等，即为 1/4。

（2）求出每一方案的收益期望值。

（3）选择具有最大收益期望值的方案为决策方案。即 587.5 万元所对应的方案

A_1为决策方案。具体过程见表9—23。

如果有两个或两个以上方案的期望值相等，则再比较其方差，取方差较小的方案。

表9—23 各方案在相同概率下的值 单位：万元

损益值 W_{ij} / 自然状态 Q_j / 概率 P_j / 方案 A_i	销售量较高 Q_1	销售量一般 Q_2	销售量较低 Q_3	销售量很低 Q_4	收益期望值 $EMV(A_i)$
	1/4	1/4	1/4	1/4	
A_1	900	750	450	250	587.5*
A_2	800	600	400	200	500
A_3	700	550	420	300	492.5
A_4	600	500	380	280	440

* 587.5万元为最大值。

四、系数法

系数法又称折中分析法。系数法是介于乐观法与悲观法之间的一种决策方法。决策对未来发生的情况，既不乐观也不悲观，而是采取一个折中标准，引入一个乐观系数α来计算方案的收益值，α的取值在0～1之间，即$0\leqslant\alpha\leqslant1$；相应的，悲观系数就是$1-\alpha$。决策中，以方案中最乐观的收益值乘以乐观系数$\alpha$，以最不利的收益值乘以悲观系数$1-\alpha$，两项相加，就是该方案的收益期望值，即

$$方案期望值=最乐观的收益值\times\alpha+最悲观的收益值\times(1-\alpha)$$

上例中，假定$\alpha=0.7$，则$1-\alpha=0.3$，结果见表9—24，选择A_1为决策方案。

表9—24 各方案的收益期望值 单位：万元

损益值 W_{ij} / 自然状态 Q_j / 方案 A_i	销售量较高 Q_1	销售量一般 Q_2	销售量较低 Q_3	销售量很低 Q_4	最大收益值	最小收益值	$\alpha=0.7$ $1-\alpha=0.3$ 收益期望值 $EMV(A_i)$
A_1	900	750	450	250	900	250	805*
A_2	800	600	400	200	800	200	720
A_3	700	550	420	300	700	300	580
A_4	600	500	380	280	600	280	504

* 805万元为最大收益期望值。

系数法的两个极端分别是乐观法和悲观法。当$\alpha=1$时，即是乐观法，而当$\alpha=0$时则为悲观法。

五、遗憾值法

遗憾值法又称后悔值分析法。它的基本思想是：决策制定后，若未来实际状态

表明该决策并非最佳决策，而采用其他某个方案会有更好的收益时，决策者必定为没有采用另一方案而感到后悔或遗憾。为了将来少一些后悔，决策者决定以遗憾值作为决策标准选择方案。

遗憾值是每种自然状态下最高收益值与其他收益值之差。将各种状态下的各方案遗憾值求出列于决策表内，在每一方案中选取最大遗憾值，然后在其中选取最小值对应方案作为决策方案。仍以上例的数据为例，各方案各种自然状态下的遗憾值见表 9—25，且从各方案最大遗憾值中取最小值 50 万元对应的 A_1 方案为决策方案。

表 9—25 各方案的遗憾值 单位：万元

遗憾值 \ 自然状态 Q_j / 方案 A_i	销售量较高 Q_1	销售量一般 Q_2	销售量较低 Q_3	销售量很低 Q_4	最大遗憾值
A_1	0	0	0	50	50*
A_2	100	150	50	100	150
A_3	200	200	30	0	200
A_4	300	250	70	20	250

* 50 万元为最小遗憾值。

同一个问题，运用上面五种方法所得出的决策结果可能会不同，这是因为未确定型决策问题自然状态发生的概率不能确定，没有一个统一的客观评价标准。乐观法是以取得最大收益（或最小损失值）为决策标准，是一种最冒险的标准；悲观法是以取得最低程度的收益值（或不超过一定程度的损失值）为决策标准，是一种保守的标准；遗憾值法则追求选择出的方案的最大遗憾值最小，是一种求得心理平衡的标准；系数法是在最大收益值和最小收益值之间进行的折中选择。决策标准的选择取决于决策者对待风险的主观态度和魄力。

一般来说，在决策过程中最好采用各种标准进行计算对比，综合分析，把其中确认为最佳方案次数最多的方案作为最佳方案，比如上例 A_1 方案。另外，上面的分析只是量的分析，在实践中还应当与质的分析结合起来，总体权衡，吸收一些其他方案的优点，以便得出一个较满意的综合方案。

第四节 多阶段决策分析方法

在管理决策中，凡决策的问题通过一次决策就可求得满意决策方案，称单阶段决策。如果要求作出决策的问题错综复杂，在决策过程中，需要将研究的问题分为两个或两个以上相关阶段或层次，进行多阶段、多层次的决策分析来找出整个问题的满意方案，一般称为多阶段决策。多阶段决策分析中，整个决策过程各阶段的决策相互间存在相关的依存关系，因此也称为序贯决策。

多阶段决策分析的基本特点有两个：

第一，将整个决策问题分解为若干关联阶段，构成多阶段子问题，这些子问题以阶段顺序贯通，形成多阶段决策过程。

第二，整个问题求解遵循最优化原则。通常由最后一个阶段的子问题决策开始，逐个向前阶段推进作出决策。在每个阶段上的决策是求得自最后阶段至本阶段的最优解（决策结果），并将此最优解带入前一阶段，直至在起始阶段作出决策为止。

多阶段决策分析方法主要有动态规划法和决策树法。

一、动态规划法

（一）动态规划基本要素

动态规划是一种重要的数量规划方法，它常以动态规划模型来对多阶段决策问题依据最优化原则作抽象描述。这种抽象描述应该包括多阶段动态规划的基本要素。

（1）阶段。将一个复杂问题恰当地划分为若干相互联系的子问题，每个子问题称为阶段，用 i 表示阶段序号变量，采用顺序编号，如 $i=1$，2，3，…，n。

（2）状态变量。状态变量是描述某阶段始端和终端情况的变量。由于划分的各阶段是相互联系的有序连贯阶段，因此每一阶段的始端状态也就是上一阶段的终端状态。用 S_i 表示 i 阶段终端状态变量，则 i 阶段的始端状态变量为 S_{i-1}。

（3）决策变量。每个阶段的决策变量指从进入本阶段某一始端状态演变至本阶段某一终端状态的选择。决策变量就是这种演变过程的可控制变量，用 X_i 表示阶段的决策变量，每个阶段对应一个决策变量，X_i 的多种取值就代表了 i 阶段决策面临的多种备选方案。当然 X_i 的取值受约束条件限制，约束条件通常分为资源约束和非负值约束两类。

（4）转移方程。转移方程是对每个阶段从始端状态演变到终端状态过程中客观规律的数学描述。这种客观规律表达的是每个阶段终端状态与始端状态、决策变量三者之间的演变、转移关系。一般记作：

$$S_i = T_i\ (S_{i-1},\ X_i) \tag{9.4.1}$$

式中，S_i 为第 i 阶段的终端状态；S_{i-1} 为第 i 阶段的始端状态；X_i 为第 i 阶段的决策变量；T_i 为第 i 阶段的终端状态、始端状态、决策变量三者之间关系的函数形式。

必须注意，不同决策问题 T_i 的形式是不同的，这也是动态规划分析中要弄清的关键问题。

（5）阶段效应。进入每一阶段始端状态和其决策变量的选择，不仅决定了本阶段的终端状态，同时也决定了本阶段从始端至终端演变过程中对整个决策目标的贡献，这种贡献称之为阶段效应。

多阶段决策过程的决策目标必须有一个能用来衡量所实现过程优劣的数量指标，不同问题中指标的含义也不同，可能是距离、利润、成本、产量或资本。为此，阶段效应与决策目标的指标要一致。一般记作 $R_i\ (S_{i-1},\ X_i)$，它代表 i 阶段从 S_{i-1} 始端状态选择 X_i 演变到 S_i 终端状态的本阶段的目标贡献，如距离、利润、成本、产量、资本等。具体计算式则要根据具体决策问题的要求与条件分析列出。

(6) 阶段最优策略。多阶段决策对每个阶段都要作出决策，根据阶段间的关联性，每个阶段确定后，就构成一个决策序列，称之为策略。阶段策略是指从某一阶段始端状态演变至终端，及其后所有阶段演变至最后阶段终端之决策构成的决策序列。比如整个问题划分五个阶段，X_i（$i=1$，2，3，4，5）为各阶段决策变量，第三阶段的阶段策略是 X_3，X_4，X_5的集合。由于每一个阶段 X_i都有若干备选方案，因而就能构成多个阶段策略供我们选择，按最大或最小标准从中选择出的阶段策略为阶段最优策略。根据动态规划最优化原则逆向递推关系，阶段最优策略在任意阶段，无论始端状态和决策如何，都和其后阶段的状态和决策共同构成，它表示从某阶段始端状态起直至最后阶段结束止对决策目标作出的最优贡献。即对任何阶段而言，本阶段所采用某方案所得到的阶段效应 R_i（S_{i-1}，X_i）与采用该方案条件下以后各阶段的最优策略之和，构成一个决策目标贡献总和。本阶段采用不同方案，决策目标贡献总和也就不同。从所有这些决策目标贡献总和中产生的最优方案为本阶段的最优策略。

我们用 f_i（S_{i-1}）表示第 i 阶段 S 始端状态至第 n 阶段的最优策略，f_{i+1}（S_i）表示 $i+1$ 阶段从始端状态 S_i至第 n 阶段的最优策略，且 f_{n+1}（S_n）$=0$。依据整体决策目标最大收益或最小成本及最优化原则递推关系，i 阶段最优策略的逆向递推公式为下面两个。

(1) i 阶段最大收益递推公式为：

$$f_i(S_{i-1})=\max_{x_i}\{R_i(S_{i-1},\ x_i)+f_{i+1}(S_i)\},\ i=n,\ n-1,\ \cdots,\ 1 \tag{9.4.2}$$

(2) i 阶段最小成本递推公式为：

$$f_i(S_{i-1})=\min_{x_i}\{R_i(S_{i-1},\ x_i)+f_{i+1}(S_i)\},\ i=n,\ n-1,\ \cdots,\ 1 \tag{9.4.3}$$

显然，当从最后一个阶段递推到起始阶段，起始阶段的最优策略 f_1（S_0）就是整个决策问题的最优策略的优化目标指标数值，对应的 X_1，X_2，…，X_n分别为 f_1（S_0），f_2（S_1），…，f_n（S_{n-1}）的满足约束条件的最优方案。换句话说，对 S_0 来讲，此时 X_1，X_2，…，X_n构成了相应于优化目标指标数值的最优策略。因此，上面两个递推公式就是多阶段决策的两种不同选择标准的动态规划模型。

动态规划模型根据决策变量是连续的还是离散的，可以分为连续性的和离散性的两种；根据决策变量是确定性的还是随机性的，可以分为确定性的和随机性的。资源管理决策中以确定性动态规划模型为多。求解确定性动态规划模型常用图解分析法、列表分析法求解离散性决策变量，用函数分析法求解连续性决策变量。

（二）动态规划图解分析法及其应用

资源管理中如最短运输路程问题、定价问题等多阶段决策问题，当决策变量为离散性时可利用动态规划图解分析法。这里以运输问题动态规划为例介绍图解分析法的应用。

例 9—16

某公司从国外引进一套设备，由设备生产厂至该国出口港有三个港口可供选择，我国进口港也有三个可供选择，进口后可经由两个城市到达公司使用设备的目的地，其间的运输路线（单位：千米）如图 9—11 所示，设每千米运输费用为 100 元。试求运输费用最低的路线。

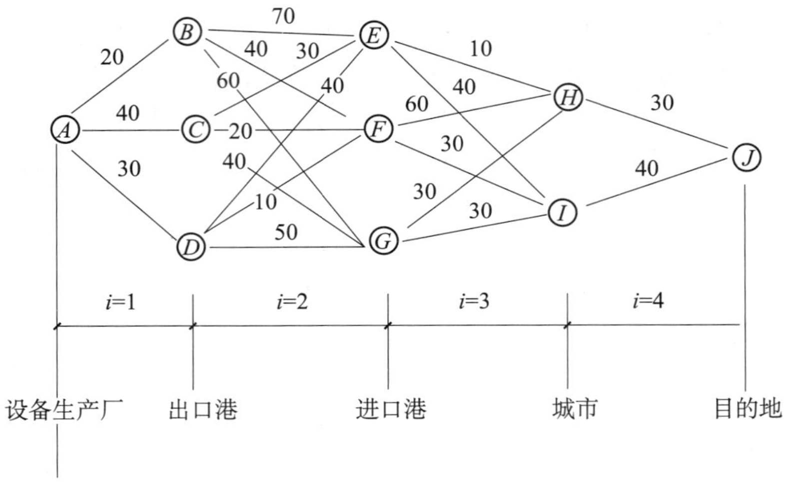

图 9—11　运输费用最低路线选择

解：此问题分成四个阶段。整个问题求解应自最后一个阶段开始，并将每个阶段的终端状态最优解代入前一阶段。按此思路递推图解分析法的步骤如下：

（1）第四阶段（$i=4$）。这一阶段的始端有两个，终端一个，即 $S_3=(H, I)$，$S_4=J$。由于从始端 H 或 I 到终端 J 都只有一条路径，且 J 也是整个问题的终点，故 $f_5(J)=0$，所以本阶段不同始端至终端的最优目标值分别为：$f_4(H)=R_4(H, J)=30$；$f_4(I)=R_4(I, J)=40$。我们把最优目标值标到始端 H 和 I 上方的方框内，最优路径画成双线，如图 9—12 所示。

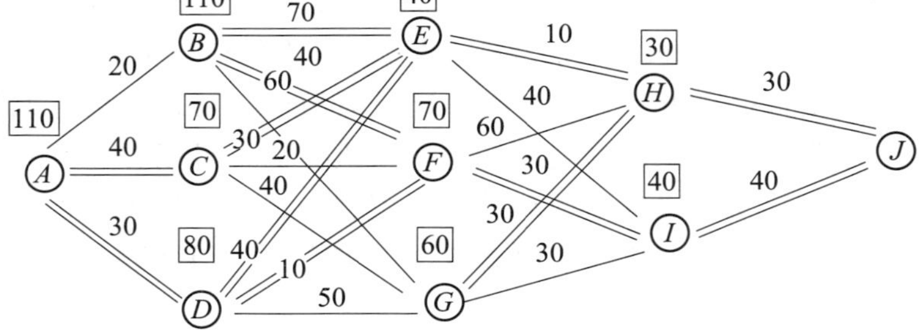

图 9—12　动态规划图解分析路线选择

（2）第三阶段（$i=3$）。终端 $S_3=(H, I)$，始端 $S_2=(E, F, G)$，从不同始端状态至 J 的最优目标值分别为：

$$f_3(E)=\min\begin{Bmatrix}R_3(E,\ H)+f_4(H)\\R_3(E,\ I)+f_4(I)\end{Bmatrix}$$

$$=\min\begin{Bmatrix}\underline{10+30}\\40+40\end{Bmatrix}=40\text{（千米）}$$

$$f_3(F)=\min\begin{Bmatrix}R_3(F,\ H)+f_4(H)\\R_3(F,\ I)+f_4(I)\end{Bmatrix}$$

$$=\min\begin{Bmatrix}60+30\\\underline{30+40}\end{Bmatrix}=70\text{（千米）}$$

$$f_3(G)=\min\begin{Bmatrix}R_3(G,\ H)+f_4(H)\\R_3(G,\ I)+f_4(I)\end{Bmatrix}$$

$$=\min\begin{Bmatrix}\underline{30+30}\\30+40\end{Bmatrix}=60\text{（千米）}$$

将 f_3（E），f_3（F）和 f_3（G）最优目标值标到相应阶段的始端点上方方框内，相应路径画成双线。

（3）第二阶段（$i=2$）。终端 $S_2=$（E，F，G），始端 $S_1=$（B，C，D），不同始端状态至 J 的最优目标值分别为：

$$f_2(B)=\min\begin{Bmatrix}R_2(B,\ E)+f_3(E)\\R_2(B,\ F)+f_3(F)\\R_2(B,\ G)+f_3(G)\end{Bmatrix}$$

$$=\min\begin{Bmatrix}\underline{70+40}\\\underline{40+70}\\60+60\end{Bmatrix}=110\text{（千米）}$$

$$f_2(C)=\min\begin{Bmatrix}R_2(C,\ E)+f_3(E)\\R_2(C,\ F)+f_3(F)\\R_2(C,\ G)+f_3(G)\end{Bmatrix}$$

$$=\min\begin{Bmatrix}\underline{30+40}\\20+70\\40+60\end{Bmatrix}=70\text{（千米）}$$

$$f_2(D)=\min\begin{Bmatrix}R_2(D,\ E)+f_3(E)\\R_2(D,\ F)+f_3(F)\\R_2(D,\ G)+f_3(G)\end{Bmatrix}$$

$$=\min\begin{Bmatrix}\underline{40+40}\\\underline{10+70}\\50+60\end{Bmatrix}=80\text{（千米）}$$

由以上算式可知 $f_2(B)=110$，对应路径有 $B\rightarrow E$ 和 $B\rightarrow F$ 两条，同样，$f_2(D)=80$，对应路径有 $D\rightarrow E$ 和 $D\rightarrow F$ 两条，分别在图上标出最优目标和选择路径。

（4）第一阶段（$i=1$）：始端 $S_1=A$，终端 $S_2=(B, C, D)$，故

$$f_1(A)=\min\begin{Bmatrix} R_1(A, B)+f_2(B) \\ R_1(A, C)+f_2(C) \\ R_1(A, D)+f_2(D) \end{Bmatrix}$$

$$=\min\begin{Bmatrix} 20+110 \\ \underline{40+70} \\ \underline{30+80} \end{Bmatrix}=110\text{（千米）}$$

同样，我们将 $f_1(A)$ 数值标到 A 点上方方框内，$A\rightarrow C$，$A\rightarrow D$ 路径画双线。从图 9—12 就可一目了然地知道从设备生产工厂至目的地的运输费用最低为 11 000 元，路线为 $A\rightarrow C\rightarrow E\rightarrow H\rightarrow J$ 或 $A\rightarrow D\rightarrow E\rightarrow H\rightarrow J$ 或 $A\rightarrow D\rightarrow F\rightarrow I\rightarrow J$ 三条。

（三）动态规划列表分析法及其应用

动态规划列表分析法是指用表格表达整个动态规划递推求解过程。每一阶段对应一个表格，表格中列出本阶段递推公式中的始端状态、备选方案（决策变量）、阶段策略、最优策略。

我们将例 9—16 中最短路线问题动态规划求解过程用列表分析法表达。

（1）分析整个问题的阶段划分及各阶段的始端状态、备选方案（决策变量范围）、转移方程、阶段效应，以使列表过程不遗漏基本要素，使计算、判断准确无误。例 9—16 中决策问题阶段的划分与各阶段有关项目经分析用图 9—13 表示。

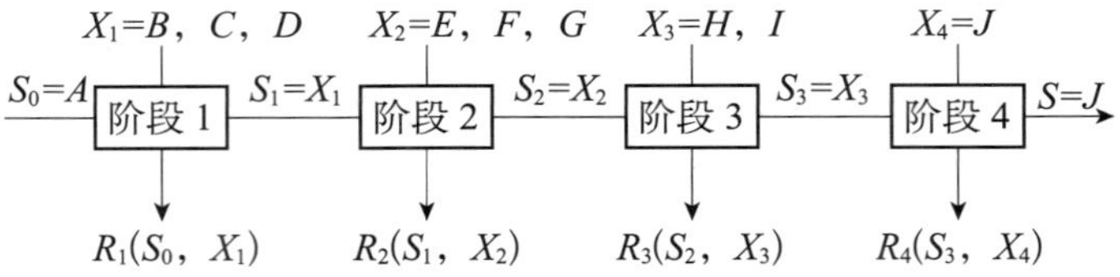

图 9—13　运输问题动态规划决策分析图

（2）从最后阶段开始，列出各阶段的递推公式，据此列出各阶段的规划表格（见表 9—26）。

最优策略由表 9—26 可知为三条路线：

$A\rightarrow C\rightarrow E\rightarrow H\rightarrow J$

$A\rightarrow D\rightarrow E\rightarrow H\rightarrow J$

$A\rightarrow D\rightarrow F\rightarrow I\rightarrow J$

它们的运费均为 11 000 元。

表 9—26　　各阶段的规划表格

备选方案 / 阶段策略 / S_3	备选方案 X_4			最优策略	
	J			f_4 (S_3)	自选方案 $X_4{}^*$
H	30		30	J	
I	40		40	J	
f_4 (S_3)$=\min$ [R_4 (S_3, X_4)]					
$i=3$ 阶段	备选方案 X_3			最优策略	
始端状态 S_2	H	I		f_3 (S_2)	$X_3{}^*$
E	10+30	40+40		40	H
F	60+30	30+40		70	I
G	30+30	30+40		60	H
f_3 (S_2)$=\min$ [R_3 (S_2, X_3)$+f_4$ ($S_3=X_3$)]					
$i=2$ 阶段	备选方案 X_2			最优策略	
始端状态 S_1	E	F	G	f_2 (S_1)	$X_2{}^*$
B	70+40	40+70	60+60	110	E，F
C	30+40	20+70	40+60	70	E
D	40+40	10+70	50+60	80	E，F
f_2 (S_1)$=\min$ [R_2 (S_1, X_2)$+f_3$ ($S_2=X_2$)]					
$i=1$ 阶段	备选方案 X_1			最优策略	
始端状态 S_0	B	C	D	f_1 (S_0)	$X_1{}^*$
A	20+110	40+70	30+80	110	C，D
f_1 (S_0)$=\min$ [R_1 (S_0, X_1)$+f_2$ ($S_1=X_1$)]					

说明：$X_i{}^*$ 表示各阶段的最优方案。

例 9—17

某公司生产机床供机械加工厂使用，这些机床由工厂提前几个月订货，要预计未来 4 个月的需求量。现在公司确知下一年前 4 个月的各月需求量（见表 9—27）。生产机床成本随每月生产机床数量而变化，该公司每月生产机床的最大能力为 4 台，成本资料见表 9—28。又知每台机床在仓库存放的月存储费是 100 元，仓库最大储存能力是 3 台。试确定一个生产计划，使生产成本和存储费用最小。假设计划开始时（1 月 1 日）仓库存储 2 台机床，要求结束时（4 月 30 日）库存等于零。

表 9—27　　下一年前 4 个月各月机床需求量

月份	1	2	3	4
需求量（台）	3	4	2	3

表 9—28　　机床生产成本表

生产量（台）	0	1	2	3	4
总成本（百元）	0	7	9	10	11

解：首先，要充分理解整个决策问题的目标要求与相关约束条件，将它们与动态规划过程的基本要素联系起来，明确各阶段递推过程的相关要素的内在函数。在

本例中：

(1) 4 个月的生产计划安排，可以划分为以月为时间单位的连续阶段，即 $i=1, 2, 3, 4$。

(2) 每个月的期初和期末库存量是每个阶段的始端状态和终端状态，且前阶段的终端状态为本阶段的始端状态。故 S_{i-1} 为期初库存，S_i 为期末库存。

(3) 本例的决策变量是每月的生产数量，记作 X_i（$i=1, 2, 3, 4$）。X_i 的取值（即备选方案拟定）受各月的商品需求量（记作 G_i）、仓库库存最大容量（3 台）、月最大生产能力（4 台机床）和期初库存量的限制，同时还要考虑使总成本最小。故各阶段决策变量 X_i 的约束条件可以表示为：

$$G_i-S_{i-1}\leqslant X_i\leqslant \min\left(4,\ G_i+3-S_{i-1},\ \sum_{i=1}^{4} G_i-S_{i-1}\right) \tag{9.4.4}$$

(4) 本例的转移方程表达每月期末库存量与本月期初库存量、决策变量、本月需求量之间的关系，即各月供求之差。故由下式计算：

$$S_i=S_{i-1}+X_i-G_i \tag{9.4.5}$$

(5) 本例中阶段效应为每月的成本费用，即月生产成本和月库存费用之和。月生产成本由当月决策变量 X_i 决定，记作 $C(X_i)$。月库存费用为月期末库存量与单位商品月存储费之乘积，如果单位商品月存储费用记作 C_0，各阶段的阶段效应可按下式计算：

$$\begin{aligned}R_i(S_{i-1},X_i)&=C(X_i)+C_0S_i\\&=C(X_i)+C_0(S_{i-1}+X_i-G_i)\end{aligned} \tag{9.4.6}$$

(6) 为实现整个问题的决策目标，本例各阶段的最优策略，即阶段最优指标为第 i 月份在期初库存量（S_{i-1}）条件下到第四月份结束的最低成本费用。故各阶段的最优策略可按下式求解：

$$\begin{aligned}f_i(S_{i-1})&=\min[R_i(S_{i-1},X_i)+f_{i+1}(S_i)]\\&=\min[C(X_i)+C_0(S_{i-1}+X_i-G_i)+f_{i+1}(S_i)]\end{aligned} \tag{9.4.7}$$

整个问题的决策过程分析也可用图 9—14 表示。

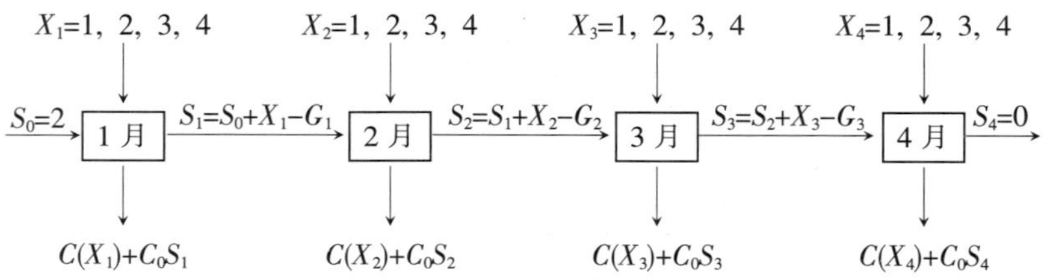

图 9—14　生产成本费用最低动态分析图

其次，依据上述分析列表从第四阶段（4 月份）开始逐次递推到第一阶段（1 月份），便可方便地找到整个问题的最优生产计划策略（见表 9—29）。从表格中我们可知最优策略的生产计划为 1 月份 3 台、2 月份 4 台、3 月份不安排生产、4 月份 3 台。这样既能满足各月机床订货需求，又能使机床生产成本和存储费用最小，为 3 500 元。当然，该策略也提示决策者，满足现有的机床订货需求，公司生产能力并没有充分发挥，为此，公司要设法扩大机床需求，或者根据市场需求开发新产品，充分发挥生产能力。

表 9—29　　动态规划列表分析

$i=4$　4 月份 始端状态 S_1	决策变量 X_4					最优策略	
	0	1	2	3		$f_4(S_3)$	X_4^*
0	—	—	—	10		10	3
1	—	—	9	—		9	2
2	—	7	—	—		7	1
3	0	—	—	—		0	0
$i=3$　3 月份 始端状态 S_2	决策变量 X_3					最优策略	
	0	1	2	3	4	$f_3(S_2)$	X_3^*
0	—	—	9+0+10	10+1+9	11+2+7	19	2
1	—	7+0+10	9+1+9	10+2+7	11+3+0	14	4
2	0+0+10	7+1+10	9+2+7	10+3+0	—	10	0
3	0+1+9	7+2+7	9+3+0	—	—	10	0
$i=2$　2 月份 始端状态 S_1	决策变量 X_2					最优策略	
	0	1	2	3	4	$f_2(S_1)$	X_2^*
0	—	—	—	—	11+0+19	30	4
1	—	—	—	10+0+19	11+1+14	26	4
2	—	—	9+0+19	10+1+14	11+2+10	23	4
3	—	7+0+19	9+1+14	10+2+10	11+3+10	22	3
$i=1$　1 月份 始端状态 S_0	决策变量 X_1					最优策略	
	1	2	3	4		$f_1(S_0)$	X_1^*
2	7+0+30	9+1+26	10+2+23	11+3+22		35	3

二、决策树法

应用决策树进行多阶段决策分析，实际上是将复杂的风险型决策按阶段用决策树图解符号表达，把前一阶段决策树的每个末梢作为下一阶段决策树的根部，依次表达到最终阶段，从而形成枝繁叶茂的“大树”（整个决策大树至少包含两个决策节点），在形成多阶段大树之后，再从右至左按最优化原则完成所有阶段的期望值计算，经选择剪枝便可得出最优方案。

以下通过两个例子说明决策树法的多阶段决策分析过程。

例 9—18

某居民小区准备兴建一个零售商店，经市场行情分析预计，商店开业的前 3 年，经营状况好的概率为 0.7，经营状况差的概率为 0.3；后 7 年的经营状况也有好与差两种，但其出现概率与前 3 年的经营状况有关。如果前 3 年经营状况好，后 7 年经营状况好的概率为 0.85，差的概率为 0.15；如果前 3 年经营状况差，后7年经营状况好的概率为0.10，差的概率为0.90。零售商店的规模有三个方案：

甲方案是建中型商店，总投资400万元，折旧期10年，经营状况好时前3年的年平均收益100万元，后7年150万元。经营状况差时，前后每年平均收益都为10万元。

乙方案是建小型商店，总投资需150万元，折旧期10年，经营状况好时前后每年平均收益70万元，经营状况差时，前后每年平均收益2万元。

丙方案是先建小型商店，前3年经营状况好的基础上再扩建成中型商店。此时需要增加投资210万元，折旧期7年，经营状况好时年均收益150万元，经营状况差时年均收益10万元。

试问依据上述情况和条件，决策者以期望值准则该如何选择决策方案？

解：首先，按题意先画出决策树。即从左到右把两个阶段的三个备选方案和可能出现的自然状态及其概率以决策点、机会点、方案枝、约束条件和概率枝形式画出，并在概率枝末梢标出相应的年收益值。由于分前3年、后7年两个阶段，前一阶段概率枝末梢标出前3年的年收益值，后一阶段即决策树最右端概率枝末梢标出的是后7年的年收益值（见图9—15）。

然后，从右至左分段计算各方案的收益期望值，把计算结果写在各节点上，并进行优选、淘汰、剪枝，把选中方案的期望值写到决策点上方。其中，建中型商店方案枝上机会点收益值为：

机会点①$=(0.1\times150+0.9\times10)\times7=168$（万元）

机会点②$=(0.15\times10+0.85\times150)\times7=903$（万元）

机会点③$=0.3\times(10\times3+168)+0.7\times(100\times3+903)$

$=901.5$（万元）

建小型商店后再根据情况考虑扩建方案枝机会点④⑤⑥收益期望值分别为：

机会点④$=(0.1\times70+0.9\times2)\times7=61.6$（万元）

机会点⑤$=(0.15\times2+0.85\times70)\times7=418.6$（万元）

机会点⑥$=(0.15\times10+0.85\times150)\times7=903$（万元）

决策点Ⅱ表示在前3年经营状况差时是否要扩建商店的决策，显然，max（418.6，903－210）＝693万元。因此决策点的选择是选择扩建方案，估计后7年收益期望值为693万元，不扩建方案剪枝。然后，计算机会点⑦的收益期望值。

机会点⑦$=0.3\times(2\times3+61.6)+0.7\times(70\times3+693)$

$=652.4$（万元）

对于建小型商店10年内不考虑扩建的方案，机会点⑧⑨⑩收益期望值分别为：

机会点⑧$=(0.1\times70+0.9\times2)\times7=61.6$（万元）

机会点⑨$=(0.15\times2+0.85\times70)\times7=418.6$（万元）

机会点⑩$=0.3\times(2\times3+61.6)+0.7\times(70\times3+418.6)$

$=460.3$（万元）

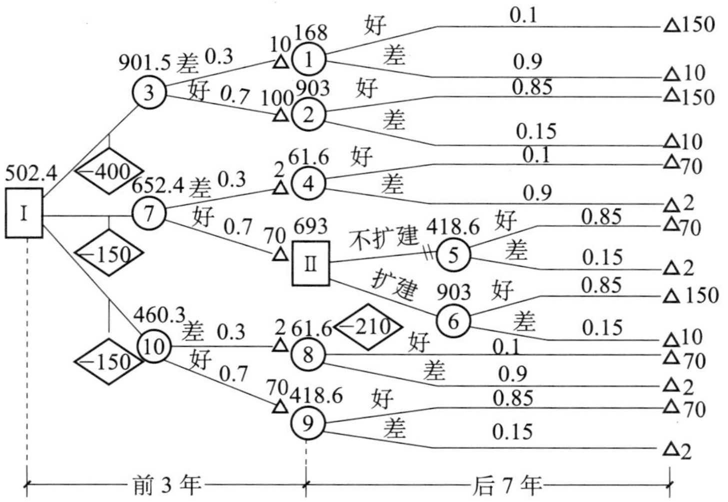

图 9—15　多阶段决策树分析图

分别将计算值标到图 9—15 的对应位置上。最后在决策点 I 上比较三个方案，考虑到开始建店的投资，优选方案选择为：

$$\max\begin{Bmatrix}901.5-400\\652.4-150\\460.3-150\end{Bmatrix}=\max\begin{Bmatrix}501.5\\502.4\\310.3\end{Bmatrix}=502.4\text{（万元）}$$

即选择开始建小型商店，经营 3 年后在市场形势好时再扩建商店方案，该方案 10 年内净收益期望值为 502.4 万元。为此，开始建小型商店时要做好统筹规划。该方案灵活性强，留有余地，不失为精打细算的优选方案。

例 9—19

某服装公司下属服装厂为扩大生产能力，提高产品竞争能力，准备对某类服装生产线进行生产设备更新。经市场调查，此类服装未来不同市场需求概率情况如下：需求量低为 0.3；需求量一般为 0.6；需求量高为 0.1。

服装厂生产设备更新方案有两个。

方案 1：自行研究设计。自行研究设计的成功概率为 0.6。研究经费预计为：若保持原产量水平，只需投资 20 万元；若要增加产量，则需要再投资 5 万元。

方案 2：外购新设备。购置费 45 万元。如果今后增加产量不需要追加投资，具有大的生产潜力。经过了解，能够买到这种设备的可能性为 0.80。

如果两个方案都不成功，则工厂仍然采用现有生产设备生产，并保持原产量。经过预测，三种生产设备方案在不同市场需求状态下的损益值如表 9—30 所示。

表 9—30　　　　　　　　　　不同市场需求状态下的损益值

方案	利润额（万元）/ 状态	需求量低 0.3	需求量一般 0.6	需求量高 0.1
自行研究	产量不变	0	50	150
	产量增加	−20	80	250
外购设备	产量不变	−40	100	200
	产量增加	−80	120	300
现设备（产量不变）		−50	0	20

服装厂设备更新所需投资款项来自公司拨款。试问，服装公司经理应该作出何种决策？

解：对服装公司经理而言，这是包含三个层次的决策问题。第一层次是公司是否批准服装厂的投资款申请；第二层次是服装厂设备更新方案的选择；第三层次是在无论哪种更新设备方案成功后，是否应该增加产量的决策。

利用决策树将决策问题进行描述，并以利润期望值准则作出决策的分析图（见图 9—16）。我们的分析结论是公司经理应批准服装厂外购新设备并增加产量的方案，向该厂调拨投资额 45 万元作为设备购置费用，这样可获得 14.8 万元利润期望值，否则就要处于亏损状态。

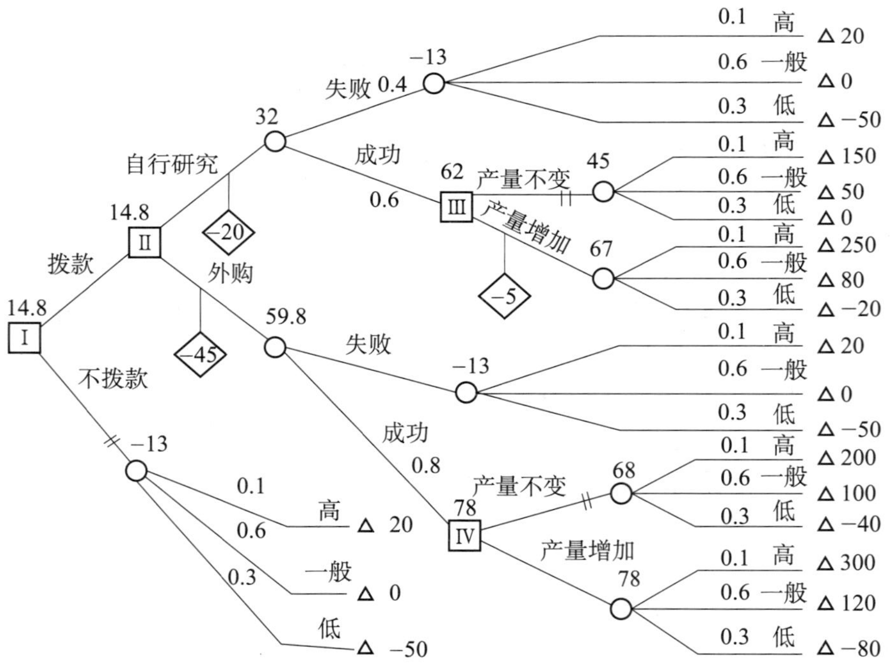

图 9—16　多阶段决策树分析

第五节 效用曲线分析方法

前面我们在讨论风险型决策时，无论以期望值准则或以边际概率准则作出决策，都未考虑决策者个人对风险的独特感觉和反应，即效用因素的影响。本节我们就风险偏好、效用准则、效用曲线分析法作简单介绍。

一、风险偏好与效用准则

风险是指一特定决策方案所致结果的潜在变动性。一般来讲方案可能结果的变动越大，此决策方案的风险就越大。

例如，一个固定资产100万元的企业，每年发生火灾的可能性为0.1%。企业面临的决策问题是要不要投保火灾险。选择投保方案，每年必须支付保险费0.5万元，一旦发生火灾，保险公司将百分之百赔偿企业固定资产100万元。选择不投保方案，虽然能免去保险费支出，但一旦发生火灾，企业损失惨重，企业决策者要承担资产损失责任。决策者面对这个决策问题时，若按货币损益期望值准则进行决策，其结论是不投保火灾险，因为企业不投保方案火灾损失期望值是1 000元（100万元×0.001+0×0.999），小于5 000元保险费，但是实际中企业决策者都愿意投保火灾险。可见，选择决策方案时，除了考虑损失收益值因素的影响外，还必须考虑决策者对于利益和损失的独特的感觉和反应。

又例如，某企业要在A，B两个投资方案中作抉择。两个投资方案都要求期望投入现金10 000元，寿命期均为3年。A方案可确保企业3年获利10万元（净利润的现值）；B方案盈亏情况则与未来市场景气情况有关，其盈亏在景气、一般和萧条三种自然状态下3年的利润净现值分别为20万元、15万元和－10万元。有关专家判断未来3年市场情况景气、一般和萧条三种自然状态出现的概率分别为0.25，0.5和0.25。用损益期望值准则选择方案，此时A方案收益期望值为10万元（10万元×100%）；B方案收益期望值为：

$$0.25\times20+0.5\times15-0.25\times10=10\text{（万元）}$$

两个方案以损益期望值准则来看，没有差别，可任意选择。然而，绝大多数稳妥的、谨慎的决策者都会选择A方案而舍弃B方案，因为A方案是个能100%获10万元利润的方案，而B方案却是个有25%可能亏损10万元的风险方案。当然，不排除会有年轻的、能承受风险的决策者选择B方案，因为B方案毕竟有25%的可能性获得20万元利润。

由此看来，即使两种方案有同样的损益期望值，在决策者眼中，其价值也是不同的。比如，当一个企业处于生死存亡的时候获得10万元货币利润的价值明显会比企业在顺利发展时获得10万元货币利润的价值大得多。这意味着在决策者心中，货币的价值并不必然与其数字价值线性相关，而要受到决策者对利益和损失的态度与反应的影响。我们把决策者对利益和损失的独特态度与反应称为风险偏好。用经济学中“效用”这一术语来度量决策者对货币量的风险偏好程度，那么同一货币量随决策者的风险偏好不同，其价值会不同，有不同的效用。风险偏好取决于决策者个人性格、当时处境和风险趋势识别程度等具体条件。因此，风险偏好不仅因人而异，就是同一个人也会因所处时间和资源条件等不同，而对相同货币量有不同的风险偏好。可见，损益期望值并不是风险型决策唯一的决策准则。在一般情况下，损益期望值作为重复性程式化决策问题的决策准则有较高的可靠性，而对非程式化的一次性决策问题则依据效用准则更为可行。

效用准则指决策者以方案结果货币数量对决策者产生的效用计算方案效用期望值，以方案效用期望值最大化为标准选择决策方案。方案效用期望值的计算方法是在已知决策某方案可能产生的所有结果 W_i（$i=1, 2, \cdots, n$）之后，用每种结果的效用 U_i（$i=1, 2, \cdots, n$）乘以相应结果出现的概率 P_i（$i=1, 2, \cdots, n$），然后再相加，即

$$E_j(U)=\sum_{i=1}^{n}U_iP_i \tag{9.5.1}$$

式中，$E_j(U)$（$j=1, 2, \cdots, k$）为方案效用期望值。

如果决策问题有 k 个方案，那么只要分别计算出 k 个方案的效用期望值 $E_j(U)(j=1,2,\cdots,k)$，从中选择效用期望值最大的方案，即把决策者对方案结果的风险偏好加进决策之中。可见，风险型决策中依据效用准则选择方案的关键是如何根据决策者的风险偏好将货币量转化为效用。

二、风险偏好类型与效用曲线形态

效用度量决策者对可能出现货币量的风险偏好程度有大小之分。效用大小的表现为效用值。通常用1表示最大的效用值，用0表示最小的效用值。同一货币量效用值的大小表现决策者对货币量利益和损失的反应程度，含对风险的喜恶倾向和态度，反映决策者的不同心理状态。采用效用准则选择决策方案，必须将方案决策结果的货币数量与反映决策者风险偏好的效用值取值范围联系起来。通常用（货币）效用曲线为思考工具。效用曲线是在以货币量为横坐标，效用值为纵坐标的直角坐标系内，依据决策者随货币量的变化，其效用值变化的规律画出的曲线。

一般来讲，期望高回报是与高风险相伴随的。决策者在决策选择时为了降低风险而减小期望收益，或为了得到更多期望收益而承受更大的风险。风险型决策中决策者对风险的态度、风险偏好差别很大。总的来看，决策者的风险偏好可以归为三种类型：风险中立型、风险厌恶型和风险爱好型。与此相对应就有三种效用曲线形

式，如图 9—17 所示。

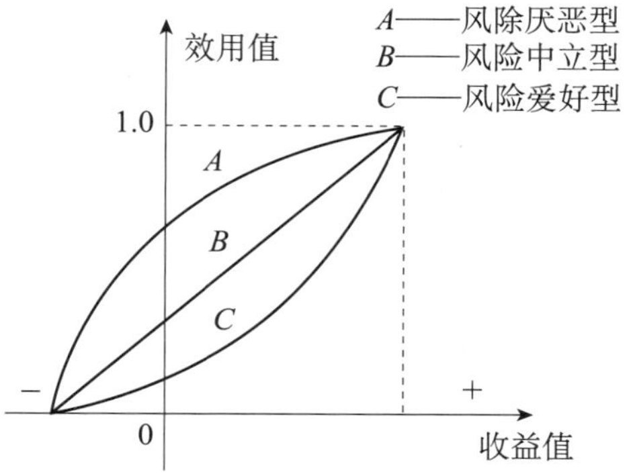

图 9—17　效用曲线形式

风险中立型：决策者决策行为循规蹈矩，他们既不勇于冒险，也不甘落后。在决策过程中随着货币量的增加，认为从单位货币增量中得到的心理满足（效用）增量是不变的。即效用曲线的斜率是常数，如图 9—17 中的直线 B。

风险厌恶型：决策者决策行为慎重稳妥，他们谨小慎微，规避风险，不求大利，对损失十分敏感。在决策过程中随着货币量的增加，认为从单位货币增量中得到的心理满足（效用）增加量会越来越少。即效用曲线的斜率在递减，如图 9—17 中的曲线 A。

风险爱好型：决策者决策行为进取心极强，他们对收益十分敏感，敢于为求高的收益而冒险去拼搏。在决策过程中随着货币量的增加，认为从单位货币增量中得到越来越多的心理满足（效用）增加量。即效用曲线的斜率在递增，如图 9—17 中的曲线 C。

图 9—17 中的三条曲线只是表达风险中立、风险厌恶、风险爱好三种类型风险偏好的三种效用曲线形态。具体决策实践中效用曲线的实际情况，如风险中立型直线形态效用曲线 B 的斜率大小、风险厌恶型效用曲线 A 形态的斜率如何递减和风险爱好型效用曲线 C 形态的斜率如何递增，都应该根据决策者在赌博心理测试中的主观判断而设置其效用曲线，或给出具体效用函数。大量的实践表明，大多数决策者都属于风险厌恶型，只有少数人属于另外两种类型。

三、效用曲线的设置与应用

决策者在方案选择中起着重要作用。如何找到决策者对决策问题所持风险偏好的效用曲线，即决策者效用曲线，成为采用效用准则选择方案所不可缺少的组成部分。下面举例简单说明。

例 9—20

某人有 1 000 元人民币，他面临投资证券与存入银行两种投资方案决策的选择。图 9—18 给出了两种方案：一年内面临的状态概率和一年后的盈亏数值。显然，依据损益期望值最优的决策标准，应该选择将 1 000 元投资证券的方案（见图 9—18）。如果用效用曲线来作出投资方案选择，且决策者属于保守类型，又该作何决定呢？

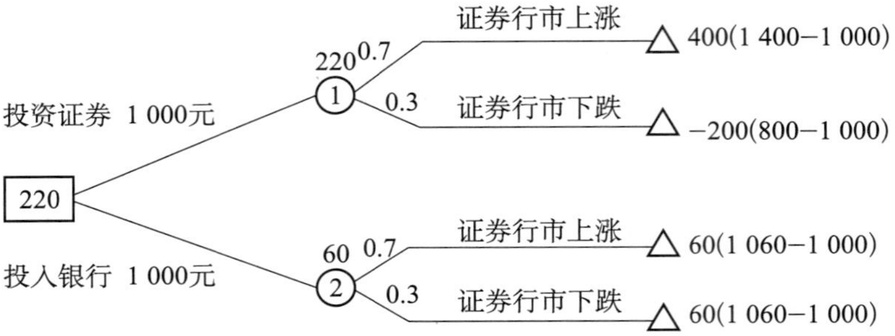

图 9—18 投资问题损益值准则决策树分析图

解：第一，根据决策备选方案条件，决策者明确最满意的损益值和最不希望出现的损益值，分别用 1 和 0 表示其效用值。显然，这里 1 000 元的两种投资方案中，一年后获利 400 元为最满意的损益值，记作 U（400）＝1；一年后损失 200 元是最不希望出现的损益值，记作 U（−200）＝0。这样也就确定了该决策者效用曲线上的两个点 B_1 和 B_2（见图 9—19）。

第二，计算 A_1 投资证券方案损益期望值：

$$E(A_1)=400\times0.7-200\times0.3=220\text{（元）}$$

同时，计算该方案的效用期望值，记作 $E(U_1)$，即

$$E(U_1)=U(400)\times0.7+U(-200)\times0.3$$
$$=1\times0.7+0\times0.3=0.7$$

第三，决策者比较 1 000 元投资证券方案 A_1 和存入银行方案 A_2 的效用期望值。如果决策者是风险厌恶型，他认为 A_2 方案确定无疑能获 60 元盈利要比 A_1 方案损益期望值 220 元更稳妥，也就是在他看来 A_2 方案 100% 的 60 元收益的效用值比 A_1 方案效用期望值高。即

$$E(U_2)=U(60)>E(U_1)=0.7$$

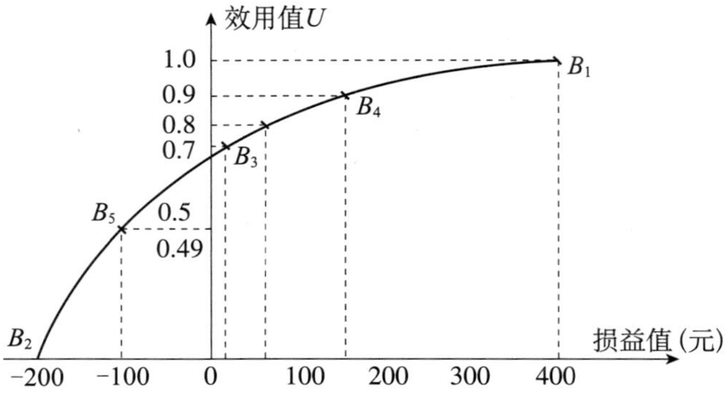

图 9—19 投资效用曲线

第四，测试决策者何种确定无疑的损益值水平方案的效用能与方案 A_1 的效用相等。若该决策者认为确定无疑能获 15 元盈利的某方案 A_3，其效用与方案 A_1 效用

相等，因而有

$$E(U_3)=U(15)=EU(A_1)=0.7$$

这样，我们又找到了该决策者效用曲线上的第三点 B_3。

第五，从效用曲线上找到的已知点 B_1，B_2和 B_3中，将相邻两个点对应横坐标的损益值，构成具有原风险方案出现概率的新方案，分别作为某种机会，重复第二步至第四步的试验，便可找到效用曲线上已确定的两点之间的新效用点。这里，B_1，B_3两点构成的方案是以 70%概率获得 400 元，30%概率获得 15 元的方案 A_4；以 B_3，B_2两点构成的方案是以 70%概率获得 15 元，30%概率获得−200 元的方案 A_5。假定经过测试，决策者认为确定无疑获得 160 元的方案效用与方案 A_4效用相等，则

$$U(160)=EU(A_4)=0.7\times U(400)+0.3\times U(15)$$
$$=0.7\times 1+0.3\times 0.7=0.91$$

这样就确定了效用曲线上第四点 B_4。

同样，经过测试，决策者认为确定无疑要损失 100 元的方案效用值与方案 A_5效用值相等，则

$$U(-100)=EU(A_5)=0.7\times U(15)+0.3\times U(-200)$$
$$=0.7\times 0.7+0.3\times 0=0.49$$

于是就确定了效用曲线上第五点 B_5。

显然，类似第五步可以重复找到效用曲线上已确定两点之间的新效用点，将这些点用一条光滑的曲线连接起来，则此曲线就代表了这位决策者对风险态度的效用曲线（见图 9—19）。根据此效用曲线，能方便地找到 1 000 元投入银行方案 A_2的效用值 $E(U_2)=U(60)=0.8$。由前面知道 $E(U_1)=0.7$，故 $E(U_2)>E(U_1)$。因此，按该决策者效用曲线选择 1 000 元的投资方案应该选择存入银行方案。

例 9—21

某公司要开设一个综合商店，现有建大店和建小店两个方案。建大店和建小店的期望投入成本分别为 150 万元和 80 万元。每个方案在销路好与差两种自然状态下的收益与出现概率如表 9—31 所示。每个收益代表将来全部净利润的现值。试问：(1) 用期望值准则应选哪个方案？(2) 如果决策者为风险厌恶者，用效用准则应选哪个方案？

表 9—31　　各方案在不同自然状态下的收益及其出现概率

自然状态	销路好	销路差
A_1 建大店	350	−250
A_2 建小店	120	−30
出现概率	0.7	0.3

解：(1) 以损益期望值准则选择决策方案，要分别计算两个方案的损益期望值，即

$EMV(A_1)=0.7\times350+0.3\times(-250)=170$（万元）

$EMV(A_2)=0.7\times120+0.3\times(-30)=75$（万元）

比较两个方案利润净现值期望值，因为A_1的期望值大，故应选A_1建大店方案。

（2）理性决策不仅要求了解方案的损益期望值，还要度量方案的风险和了解决策者对风险的偏好。一般用方案的概率分布标准差度量方案的风险，标准差大为风险大，反之则风险小；或用方案的概率分布变异系数v来度量方案损益期望值的相对风险水平，即单位期望值的风险（变动程度）。

方案概率分布标准 $$\delta=\sqrt{\sum_{i=1}^{n}P_i(X_i-\mu)^2} \tag{9.5.2}$$

方案概率分布变异系数 $$v=\frac{\delta}{\mu} \tag{9.5.3}$$

式中，X_i为方案i状态的结果；P_i为i状态概率；μ为方案期望值。由已知数据可以计算A_1和A_2方案的标准差和变异系数，了解两个方案的风险大小。两个方案的度量风险计算如下：

$$\begin{aligned}\delta_1&=\sqrt{\sum_{i=1}^{2}P_i(X_{1i}-\mu_1)^2}\\&=\sqrt{0.7\times(350-170)^2+0.3\times(-250-170)^2}\\&=274.95\end{aligned}$$

$$V_1=\frac{\delta_1}{\mu_1}=\frac{274.95}{170}=1.62$$

$$\begin{aligned}\delta_2&=\sqrt{\sum_{i=1}^{2}P_i(X_{2i}-\mu_2)^2}\\&=\sqrt{0.7\times(120-75)^2+0.3\times(-30-75)^2}\\&=68.74\end{aligned}$$

$$V_2=\frac{\delta_2}{\mu_2}=\frac{68.74}{75}=0.92$$

可见，A_1方案的收益期望值虽高于A_2方案的收益期望值，但由于$\delta_1=274.95$大于$\delta_2=68.74$，故A_1方案是风险较大的方案。此外，两个方案的变异系数告诉我们，A_1方案每1万元期望值的风险（$v_1=1.62$）高于A_2方案（$v_2=0.92$）。就是说，方案选择除考虑风险，还必须结合决策者对承担风险的态度，依据效用准则来选择最大效用期望值的方案为决策方案。

以效用期望值准则选择方案，可以根据前面所讲的心理测试过程，找到风险厌恶决策者的效用曲线。显然，两个方案中350万元净现值是最希望的，亏损250万元是最不希望的，故$U(350)=1$，$U(-250)=0$，并可计算出A_1方案的效用期

望值 $EU(A_1)$：

$$EU(A_1)=U(350)\times0.7+U(-250)\times0.37=0.7$$

如果决策者认为假设存在确定无疑能有50万元净现值收益的方案，其效用值与 $EU(A_1)$ 相等，就找到了 $U(50)=0.7$ 效用曲线上的第三点。进而计算如下两个假设方案：

A_3方案0.7概率获350万元，0.3概率获30万元；A_4方案0.7概率获30万元，0.3概率获−250万元，便可计算 A_3，A_4方案的效用期望值：

$$EU(A_3)=0.7\times U(350)+0.3\times U(30)$$
$$=0.7\times1+0.3\times0.7=0.91$$
$$EU(A_4)=0.7\times U(30)+0.3\times U(-250)$$
$$=0.7\times0.7+0.3\times0=0.49$$

再由决策者分别认同与 $EU(A_3)$ 和 $EU(A_4)$ 相等效用值的确定无疑收益（或损失）的货币量。若决策者认为100%收益250万元效用与 A_3方案效用期望值等效，100%损失30万元的效用与 A_4方案的效用期望值等效，即

$$U(250)=EU(A_3)=0.91$$
$$U(-60)=EU(A_4)=0.49$$

这样就找到了该决策者效用曲线的第四点和第五点。反复测试，便可找到该决策者的效用曲线，如图9—20所示。由该效用曲线便能找到方案 A_2的两种结果。

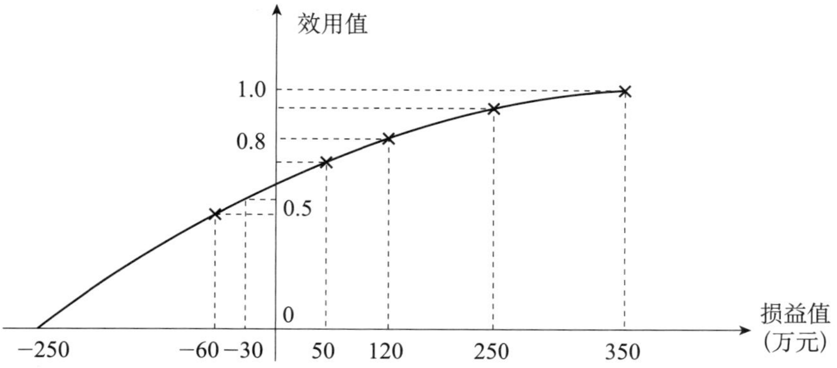

图9—20 效用曲线图

$$EU(A_2)=0.7\times U(120)+0.3\times U(-30)$$
$$=0.7\times0.8+0.3\times0.55=0.725$$

因为 $U(A_2)>U(A_1)$，故按该决策者的风险偏好效用曲线，应选择建小店 A_2方案为决策方案。

练习题

1. 线性规划分析主要应用于哪类管理决策问题？举例说明。
2. 何谓库存管理分析法？库存管理决策的决策变量和约束条件变量有哪些？
3. 按合同规定，食品厂每月要供应食品门市部100箱某种罐头以满足市场需

要，不得缺货。该厂组织一次这种商品生产要花费500元，这种罐头每月每箱存储费为0.4元。试问食品厂组织这种罐头生产的最优策略是什么？（即经济批量、生产间隔时期和每月存货最低费用。）

4. 说明盈亏分析中盈亏平衡分析图的基本意义。

5. 什么是企业经营安全率？怎样依据经营安全率判断企业经营安全状态？

6. 某种产品销售单价为15 000元，单位变动成本为4 250元，固定成本总额为3 000万元，本年度计划利润为750万元，税率为5%。试求该产品应销售多少才能实现计划目标利润？

7. 某企业为发展新产品，准备对工厂进行技术改造。现有两种方案可供选择：方案1从国外引进设备，固定成本为F_1，单位变动费用为v_1；方案2由厂内技术组完成，固定成本为F_2，单位变动费用为v_2，已知$F_1>F_2$，$v_1<v_2$。试用盈亏平衡图分析不同生产规模的最佳技术性方案是什么？（假设产品销售单位为一定。）

8. 某书店希望订购最新出版的图书，书店以往3个月内新书销售量的统计资料有以下规律：

销售量（册）	50	100	150	200
占比例	20%	40%	30%	10%

假设本次准备购进的新书每本订购价为4元，销售价为6元，书的处理价为每本2元。

（1）试用期望值准则法决定订购数量；

（2）若某市场调查部门能帮助书店调查销售量的确切数字，该书店愿意付出多少调查费用？（利用第6章完全信息价值概念。）

（3）用边际概率准则法决定订购数量。

9. 已知A，B，C三个公司生产同一种产品，在某地区进行市场调查，发现该地区用户对这三个公司产品使用上的变化倾向为：

概率		本期购买		
		A	B	C
上期购买	A	0.85	0.05	0.10
	B	0.01	0.90	0
	C	0.15	0.15	0.70

试问按此变化倾向发展下去，三个公司稳定的市场占有率各为多少？（利用马尔可夫过程概念。）

10. 某商店根据市场供求关系的变化以及生产的现实可能性，拟定A，B，C，D四个备选方案来满足需求。市场需求未来可出现高、中、低三种自然状态，经过对三种自然状态下商店可能达到的销售额及有关财务指标核算，各备选方案不同自然状态下的收益值如下表所示：

状态 收益值 方案	高需求	中需求	低需求
A	5	3	1
B	4	1	−1
C	10	5	−4
D	15	0	−6

试分别用乐观法、悲观法、系数法（乐观系数取 0.6）和遗憾值法进行决策，掌握上述分析法的基本思路。

11. 什么是多阶段决策？它的基本特点是什么？

12. 某运输公司拟将一批棉花从产地 A 运到 B 地纺织厂，两地间可供选择的公路运输网络图如下所示。图中圆圈代表起点、终点和中途汽车可能经过的地点；两圆圈间直线表示可行路线，线上数字表示两个地点间的里程（单位：千米）。试用动态规划图解方法找出 A 地至 B 地的最短运输路线。

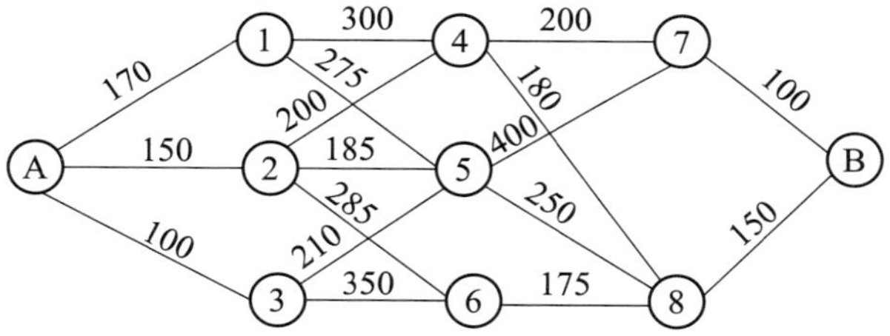

13. 某公司考虑进入某地区开发新市场。在进入前可能先经试销再作进入与否的决策，也可以不经试销而作出进入与否的决策。假定已花费试销费用 0.3 万元，进入市场费用 1 万元。进入市场后若成功则年收入 4 万元，不成功则无收入。另外，根据经验可以知道试销结果有好与坏两种，出现概率分别为 60%和 40%；试销结果坏的情况下进入后市场成功与不成功概率分别为 10%和 90%；不经试销直接进入市场，成功与不成功概率分别为 55%和 45%。试问该公司应该怎样决策？(用决策树分析法。)

14. 什么是效用准则？用效用曲线说明管理决策者对待风险的三种态度。

第 10 章

决策方案的确定与实施

管理决策过程最后的关键任务是确定决策方案和实施决策方案。前一章介绍的多种决策分析方法有益于帮助决策者选择最优或满意方案。在此基础上，还需要通过敏感度分析、信息价值分析、多指标分析和资本预算分析进一步提供信息帮助决策者作出最后判断，确定决策方案。然后在方案实施过程中为保证决策方案取得实效，做好实施计划的制定、落实、监督和控制。

第一节　敏感度分析

决策过程中对各种备选方案进行可行性研究总是在某种假设和有关估测数据条件下进行的，很难做到百分之百符合实际。再说，这种方案可行性研究是在方案实施之前进行的，距企业实施有一段时间，到企业实施时或实施过程中情况可能又会发生较大变化，这样也会使原可行性研究的结果不符合实际情况。基于这些情况，在决策过程最后，应该做方案的敏感度分析。

一、敏感度分析的基本步骤

敏感度分析是事先对某些可能变化的因素及其对决策目标优劣性影响程度的反复分析，以揭示决策方案优劣性如何随其变化而变化。进行敏感度分析通常应遵循以下几个步骤：

（1）确定进行决策方案敏感度分析的指标。根据决策问题性质、内容的不同，分析的指标也会不同。如上一章确定型决策问题中，例 9—2 进货计划问题的分析指标是目标函数最大利润；例 9—3 运输问题的分析指标是最小运输费用；例 9—5 库存问题的分析指标是经济订购批量；例 9—12 风险型决策问题的分析指标是损益期望值指标。为此，要针对决策目标和可行性分析实际情况，确定敏感度分析的指标。

（2）选取不确定性因素，计算不确定性因素对分析指标的影响程度。

首先，不确定性因素通常应该根据决策问题所确定的敏感度分析指标和有关数据的具体情况来选取。例如，在简单确定型库存模型中，分析指标经济采购批量以公式 $Q_0=\sqrt{\frac{2AP}{C}}$ 来计算。显然，需求量 A、采购费用 P 和单位货物保管费 C 为不同值时，决策目标经济采购批量 Q_0 将变化。因此，需求量、采购费用和单位货物保管费就是该决策问题的不确定性因素。又如，风险型决策由于自然状态发生的概率和条件损益值的变化直接影响到方案损益期望值，因此影响决策方案分析指标损益期望值的不确定性因素就是自然状态概率值和条件损益值。

其次，计算出不确定性因素对分析指标的影响程度。一般应该在其他因素不变的条件下，分别依次变动某一个不确定性因素，并逐个计算不确定性因素对分析指标的影响程度，找出它们的一一对应关系。例如，对于简单库存模型，需求量 A 和一次采购费用变动同样是 10 倍，且某一因素变化而其他因素不变化时，都会使计算出的经济采购批量 Q_0 上升 3.16 倍（10 的平方根），而单位货物保管费用 C 变化 10 倍，A，P 不变时，Q_0 则降低 3.16 倍。

又如，对例 9—2 进货计划问题以线性规划模型求最优方案，涉及的不确定性因素有：甲、乙单位产品的盈利水平（即目标函数的系数值）；甲、乙单位产品对各种资源的需求水平（即约束条件方程组的系数值）和企业组织甲、乙产品进货时可利用的资源条件（即约束条件方程组的常数项值）。这些因素的变化都会使通过线性规划得出的甲、乙产品进货的最优计划数量出现变化，因此，应当掌握模型适应这些不确定性因素变化的敏感程度，也就是掌握现有模型最优解方案能够允许这些系数参量的变化范围，如果超出范围，现有模型的最优解方案就变成非最优方案。

（3）明确敏感因素。根据不确定性因素变动对分析指标的敏感程度，找出对分析指标影响强的因素。我们把对决策方案优良性影响强的不确定性因素称为敏感因素。敏感因素是指变动可能性大，优选方案分析指标对其变动反应灵敏且出现波动亦大的不确定性因素。也就是说，在前一步基础上，比较不确定性因素变动率与分析指标变动率的对应关系，找到敏感因素。

（4）综合分析决策方案的取舍。即对找出的敏感因素要作进一步分析，分析其存在变化的根源，并弄清哪些是主观原因，哪些是客观原因，以便采取相应的有效措施加以控制。如果不能有效地控制其变化，则现有最优方案不可取，应重新考虑替代方案，保证达到分析指标的最佳水平。

例 10—1 ☞

某企业计划生产 A，B 两种产品，每种产品需甲、乙两种原料，每吨产品售价资料，以及每月甲、乙两种原料的定额资料如表 10—1 所示。试进行敏感度分析。

表 10—1　　A，B 产品生产销售有关资料

产品		A	B	每月可利用的最大原料
原料	甲（吨）	4	2	80
	乙（吨）	2	4	100
产品售价（万元/吨）		10	8	

解：我们可以建立该决策问题的线性规划模型。设 A，B 产品月生产量分别为 x_1 和 x_2，则满足约束条件：

$$\begin{cases}4x_1+2x_2\leqslant 80 & \text{甲原料条件}\\ 2x_1+4x_2\leqslant 100 & \text{乙原料条件}\\ x_1\geqslant 0,\ x_2\geqslant 0\end{cases}$$

求目标函数：$max Z=10x_1+8x_2$。

利用线性规划图解法求解，如图 10—1 所示。求解出最优方案：依据现在甲、乙两种原料供应定额和 *A*，*B* 产品的售价，每月 *A* 产品生产 10 吨，*B* 产品生产 20 吨，企业每月最大产值为 260 万元。

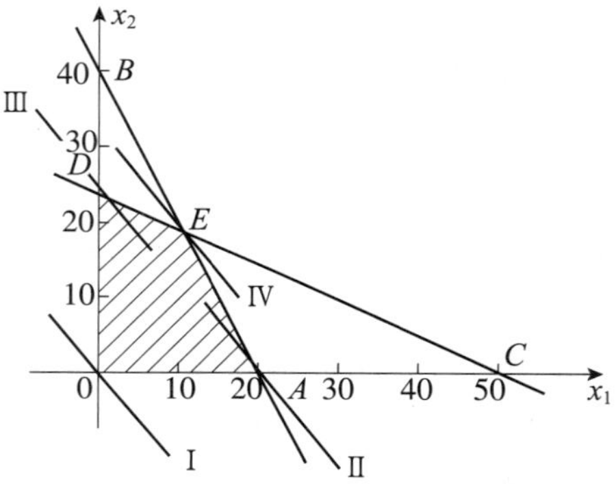

图 10—1　最大目标线性规划图解法

在此基础上进行敏感度分析：

第一，不确定性因素有 *A*，*B* 产品的单位售价。根据最优解 $x_1=10$ 吨和 $x_2=20$ 吨的方案，可以找到该决策问题的分析指标为 *A*，*B* 产品的月产量，它对 *A*，*B* 产品售价变化范围，即敏感范围，计算后知其为：$4<C_A<16$ 和 $5<C_B<20$。即 *A* 产品每吨售价在大于 4 万元和小于 16 万元范围内，*B* 产品每吨售价在大于 5 万元和小于 20 万元范围内变化，现有生产 $x_1=10$ 吨和 $x_2=20$ 吨，仍为最优方案。

第二，约束条件不等式或等式右侧常数项的变化。从约束条件线性函数关系式来看，资源可供量的变化并不改变其对应约束条件线性函数的斜率，仅仅改变在纵横轴上的截距，即随常数项数值的变化，改变了可行解的范围，最优解都在两直线之交点上，但位置出现了变化，表明最优解对常数项变化反应是灵敏的。

第三，约束条件线性函数不等式或等式左侧系数的变化。这些系数代表的是生产经营过程的参量，如原材料消耗定额、工时定额，它们的变化使约束条件线性函数的斜率发生变化，同样引起可行解区发生变化。这种可行解区的变化，一是最优解点仍是两约束条件线性函数之交点 E，但坐标变了，最优解发生变化；二是最优

解可能转移到约束条件线性函数与纵轴或横轴的交点形成的极点上，最优解也发生了变化。可见，线性规划最优解对约束条件线性函数中系数或常数项的变化反应都是灵敏的，对目标函数中系数变化来讲，还有某种适应范围。

可见，该决策问题的敏感因素为约束条件线性函数中的单位产品资源耗量和可利用资源的最大额度量。

第四，要分析能使 A，B 单位产品资源耗量系数变化和甲、乙两种可利用资源最大额度量变化的原因。假设前者的变化是由于生产工艺设备老化和新工人技术不熟练之故，那么更新设备和新工人技术培训就是有效措施，并要进一步分析措施实施能否有效控制两种产品的单位资源消耗量。假设经分析得知，甲、乙两种资源市场供应充足，且企业尚不准备生产使用同样资源的产品，那么也就不必考虑此敏感因素引出的风险防范措施。

例 10—2

某贸易公司为了扩大本公司与俄罗斯的边贸业务，需要在两国边界地区租赁店面。设想有两个方案：方案 A_1 是租赁中型店，方案 A_2 是租赁小型店。公司决策人员要在 A_1，A_2 两个方案中选择其一。租赁小型店，如果公司的边贸业务经营状况好，能够充分合理使用店堂营业面积，一个月可收入（扣除租赁费用后）100 万元；如果经营状况不好，不能合理使用店堂营业面积，则一个月要损失 40 万元。租赁中型店，如果能够充分合理使用营业面积，扣除租赁费用后，一个月可收入 200 万元；如果不能充分合理使用营业面积，一个月要损失 30 万元。公司决策者要在这两个行动方案中确定哪一个是最佳方案。

显然，这个问题的关键在于该贸易公司边贸业务经营状况的好坏和需要营业面积的大小。这个问题由于有多种自然状态而属于风险型决策。根据预测，公司能够充分合理使用小型店营业面积的概率为 0.7，可以达到合理使用中型店营业面积的概率为 0.3。根据以上数据，可列表 10—2。

表 10—2　不同自然状态下合理使用店面的概率及损益值

自然状态	自然状态概率	行动方案（万元）	
		租赁小型店	租赁中型店
合理使用小型店营业面积	0.7	100	−30
合理使用中型店营业面积	0.3	−40	200

确定决策方案，需要计算出不同行动方案的损益期望值。根据表 10—2 的数据，计算如下：

$$EMV(A_2)=100\times0.7+(-40\times0.3)=58\text{（万元）}$$

同理：

$$EMV(A_1)=200\times0.3+(-30\times0.7)=39\text{（万元）}$$

这样，从租赁小型店的损益期望值（58 万元）同租赁中型店的损益期望值（39 万元）的比较中，可以看出，租赁小型店的方案 A_2 应是最佳方案。

如前所述，不同行动方案的损益期望值的大小主要取决于概率值，而概率值往往受到未来不可控因素的影响，不可能同预测的数据完全一致，总会产生误差。为了能够取得最佳方案，或者说为了使选择的最佳方案具有一定的可靠性、稳定性，必须对概率值可能出现的误差变动，在允许的范围内做多次测算，以掌握它的变动对选择最佳方案的影响。

假如合理使用小型店营业面积的概率，由预测的 0.7 提高到 0.8，此时租赁小型店的方案 A_2 是最佳方案。因为概率值越高，期望值越大，所以不必测算。

如果概率值下降，合理使用小型店营业面积的概率由 0.7 下降到 0.6 时，情况如何呢？会不会影响到最佳方案的选择？这就需要测算。测算的有关数据如表 10—3 所示。

表 10—3　　不同自然状态下合理使用店面的概率及损益值

自然状态	自然状态概率	行动方案（万元）	
		租赁小型店	租赁中型店
合理使用小型店营业面积	0.6	100	−30
合理使用中型店营业面积	0.4	−40	200

根据表 10—3 的数据，可以测算出：

$$EMV(A_2)=100\times0.6+(-40\times0.4)=44\ (\text{万元})$$

$$EMV(A_1)=200\times0.4+(-30\times0.6)=62\ (\text{万元})$$

通过比较计算结果可以看出，当合理使用小型店营业面积的概率由 0.7 降到 0.6 时，方案 A_2 就不再是最佳方案，而租赁中型店的方案 A_1 就是最佳方案了。故合理使用小型店营业面积的概率朝小的方向变动，是敏感变动方向。

需要指出，从最佳方案转化为非最佳方案，是一个从量变到质变的过程。在这种转变过程中有一个概率值点，这个概率值点可称为临界概率（亦称转折概率）。最佳方案的转化，都有临界概率。上例中，租赁小型店最佳方案的临界概率是：

$$100P+(-40)\times(1-P)=(-30)P+200(1-P)$$

式中，P 为租赁小型店的概率；$1-P$ 为租赁中型店的概率。

根据计算得知 $P=0.65$，即临界概率 P 为 0.65。就是说，当 $P>0.65$ 时，租赁小型店为最佳方案；反之，当 $P<0.65$ 时，租赁中型店就成为最佳方案了。因此，在确定方案时必须进行敏感度分析，要注意掌握临界概率，并注意概率值变动幅度对最佳方案的影响程度，以更好地选择最佳方案。

二、敏感度分析的目的

在决策过程中，敏感度分析的目的是提高对决策方案经济效果评价的准确性和可靠性。其作用主要是：通过敏感度分析，可以了解相关因素的变动对决策方案、决策目标或其他评价指标的影响程度；找出影响决策最佳方案选择的敏感因素，并进一步分析与之有关的预测或估算数据可能产生的不确定性以及产生此不确定性的根源；有利于比较不同备选方案各自对关键敏感因素的敏感性程度，以便选择敏感度小的方案，减小决策的风险性；能帮助决策者掌握决策最佳方案之最好与最坏的可能变化范围，并通过深入分析知晓可能采取的某些有效控制措施，从而能选取最有实施意义的决策方案。

我们常说决策具有风险性，决策问题涉及的相关因素的不确定性是决策风险性的根源，而各种相关因素的不确定性程度不同，给决策问题带来的风险程度是不一样的。敏感度分析的核心，是从诸多影响因素中找出敏感因素，并设法采取相应的对策和措施进行控制，以减少决策的风险。敏感度分析是决策过程不可缺少的内容。

第二节 信息的价值

决策离不开信息，尤其是当今世界已经进入了一个以创造和利用信息为基础的市场经济社会，决策者孤陋寡闻或以偏概全都会招致决策失败。企业决策者越来越重视利用市场调查和预测提供的信息，作出符合市场需求变化的决策，这样既可保证市场需求，又能获得好的效益。信息能带来价值，但取得信息同样要付出代价。这样，在决策过程中便要对信息本身的价值进行评价，看通过调查和预测获取信息是否值得。

为了对信息的价值进行科学分析，合理评价，人们提出了“完全信息价值”的概念。完全信息价值是指花钱取得信息所能得到的最大收益期望值，记作 EI^*。

假设通过调查和预测获得的全部信息完全准确可靠，在风险型决策中能得到的最大收益称为完全信息最大收益期望值，记作 EI，则

$$EI=\sum_{j=1}^{n}P_j\left(\max_{1\leqslant j\leqslant m}W_{ij}\right)$$

$$EI^*=EI-EMV^*$$

式中，EMV^* 为没有利用完全信息进行最佳方案决策的最大收益期望值。显然，EI 大于 EMV^*。

以例 10—2 来讲，完全信息最大收益期望值为：

$$EI=0.7\times100+0.3\times200=130\ (\text{万元})$$

假设已经利用完全信息进行决策，则先找到没有利用完全信息的最佳方案的最大收益期望值为：

$$EMV^*=\max\begin{Bmatrix}EMV(A_1)\\EMV(A_2)\end{Bmatrix}=\max\begin{Bmatrix}62\\44\end{Bmatrix}=62\ (\text{万元})$$

那么，完全信息价值为：

$$EI^*=EI-EMV^*=130-62=68\ (\text{万元})$$

完全信息价值等于利用完全信息进行决策所取得的收益期望值，减掉没有利用

这种信息进行最佳方案决策的收益期望值。在实际决策中，要取得完全信息是不可能的，只能尽量地去获取更多、更可靠的信息，因此，完全信息价值只不过是一种理论上的概念。在实际应用中，完全信息的价值是指额外信息带来决策方案损益期望值的变动量。理解其含义，有益于决策者提高决策效果，即掌握好提高有关决策方案的自然状态概率的准确性而进行的信息工作的价值，以便决定是否值得去获取额外信息。这主要是为了减少自然状态概率预测的误差，通常要进行商品试销，采取实验等方法取得更多的信息；同时，又要对信息进行合理评价、分析对比，以判断由此付出的代价是否值得。实际工作中，经常可借助决策树分析法来评价、分析、计算某种方法获取的信息价值，以便确定最佳决策方案。

例如，要掌握好提高风险型决策中自然状态出现概率估计的准确性而进行的信息工作的价值，以便决定是否值得开展信息工作。风险型决策中自然状态概率 P_j，一般总是根据历史资料、经验由决策者估计而得，也称先验概率，它具有较大的主观性，往往不能完全反映客观规律。为此，我们常采取一定措施去掌握更全面可靠的信息，逐步修正先验概率，使它能更正确地反映客观规律，从而有助于进行正确决策。通常将修正后的先验概率称为后验概率。

在已知先验概率的基础上，借助市场实验、顾客调查等措施获得信息就能修正先验概率，而获得后验概率。一般情况下，后验概率总能比先验概率提高决策的准确性，但是我们还必须进一步考虑为此而投入的费用是否合算的问题。

例 10—3

某企业考虑进入某一新的国外市场，在决策之前根据掌握的间接资料和经验判断，估计此国外市场上企业产品未来销路有好、中、差三种状态，状态概率及收益如表 10—4 所示。

企业为提高决策准确性，想掌握当地购买力水平下产品销路状态及其概率。当地某信息机构可以提供此类信息，但要求支付 1 万元。该信息机构提供的是当地市场同类产品的实际销售状态 X_i 条件下购买力状态 Z_j 调查结果的概率 $P(Z/X)$（见表 10—5）。试问企业现在该作何种决策？

表 10—4　产品销售状态收益表

销售状态 X_i	好 X_1	中 X_2	差 X_3
出现概率 $P_j(X_i)$	0.35	0.45	0.20
收益（万元）	90	26	−32

表 10—5　产品销路状态概率表

$P(Z/X)$ 状态 / 结论	销路好 X_1	销路中 X_2	销路差 X_3
购买力高 Z_1	0.70	0.30	0.10
购买力中 Z_2	0.20	0.50	0.10
购买力低 Z_3	0.10	0.20	0.80

解：(1) 在已知销路状态的先验概率 $P(X)$ 基础上，增加了调查信息 $P(Z/X)$ 之后，可以利用贝叶斯公式修正先验概率，经修正后得到的后验概率 $P(X/Z)$ 如表 10—6 所示。

(2) 不进行调查的先验概率条件下的分析。决策方案有 A_1 为产品进入新市场，A_2 为产品不进入新市场。

(3) 进行调查的后验概率条件下的分析。决策是在了解市场需求状态 Z_1，Z_2，Z_3 之后，利用后验概率 $P(X/Z)$ 进行 A_1 和 A_2 的方案选择。

表 10—6

先验概率		条件概率 $P(Z/X)$			联合概率 $P(Z,X)=P(X)P(Z/X)$			后验概率 $P(X/Z)=\frac{P(Z,X)}{P(Z)}$		
X	$P(X)$	Z_1	Z_2	Z_3	Z_1	Z_2	Z_3	Z_1	Z_2	Z_3
X_1	0.35	0.70	0.20	0.10	0.245	0.070	0.035	0.612	0.222	0.123
X_2	0.45	0.30	0.50	0.20	0.135	0.225	0.090	0.338	0.715	0.316
X_3	0.20	0.10	0.10	0.80	0.020	0.020	0.160	0.05	0.063	0.561
				$P(Z)=$	0.40	0.315	0.285	1.00	1.00	1.00

本决策问题用决策树法进行，如图 10—2 所示。

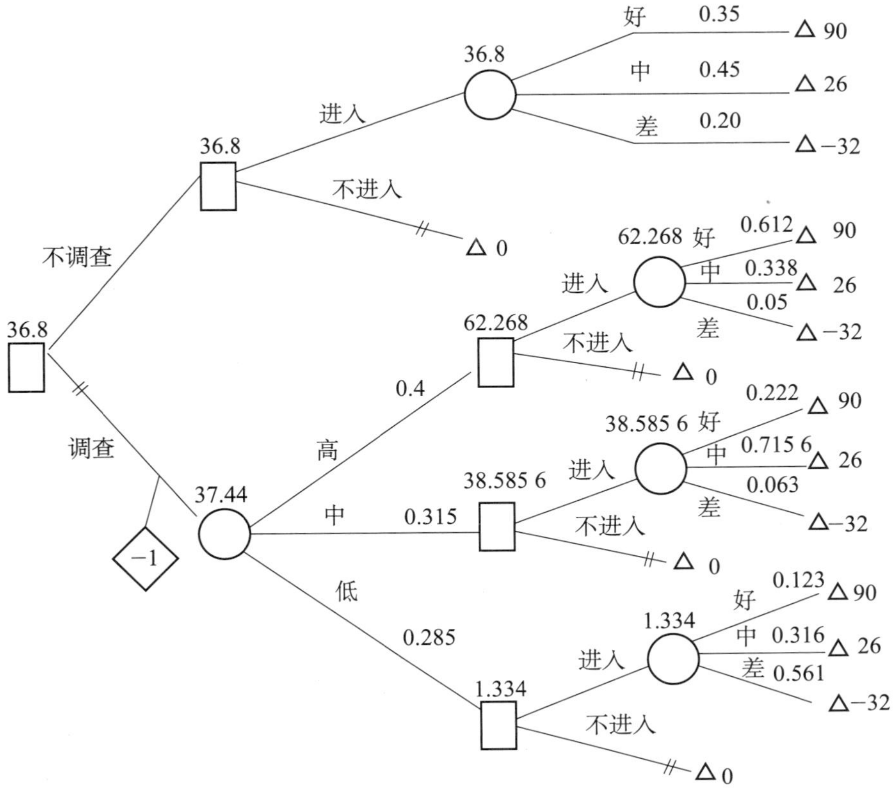

图 10—2 决策树分析

用后验概率的决策分析可知，调查信息支持下作出进入新市场的收益期望值为 37.44 万元，而先验概率的决策分析进入新市场的收益期望值为 36.8 万元。故调查所获得完全信息价值 EI 为 0.64 万元，而调查费为 1 万元，因此调查后决策净收益为－0.36 万元。可见，不应购买当地信息机构提供的信息，依据企业决策者的主观判断进行决策即可。

第三节 多目标决策分析

管理决策中涉及的决策问题大多数是比较复杂的，而要研究社会经济综合效益，就会有多个决策目标。比如企业进货决策，既要考虑进货成本低，又要考虑进货产品质量好；既要考虑最大限度地满足消费者的各种需要，又要考虑投资风险，等等。这样进行决策时，必须研究处理好多个目标及其相互关系。此类决策问题为多目标决策。

一、多目标决策与多指标决策分析

解决多目标决策问题，应当根据实际决策的需要，尽量减少决策目标，将多个目标减少为少数几个关键目标，这样在评价确定决策方案时，就得考察几个目标。确定多目标的决策方案常用的分析方法有多目标规划法和多指标决策分析法，其中多指标决策分析法是非常实用的解决市场决策问题的一类特殊的多目标决策分析方法，近 20 年来在管理决策中越来越受到重视，发展迅速。

管理决策中决策目标的优劣，一般以目标相对应的指标作为评价标准。多目标决策也就有多个指标作为方案选择评估的标准。管理决策中多目标所用的评价指标从经济意义上看无非是两大类：一类是效益指标，如利润、产值、功能、效用等，它们都是求最大值，越大越好；另一类是成本指标，如成本、能耗、物耗、人工、投资等，它们都是求最小值，越小越好。其中，某些模糊性指标，如质量，为很好、一般、差；或服务态度，为好、中、差，等等，通常已经赋予一定数值使其量化，比如，最优赋予 10 分值，最劣赋予 0 分值。管理决策的多目标决策中有明确的相应的指标作为评价标准。实现对若干离散的方案进行选择与评估、确定决策方案的方法，为多指标决策分析。就是说，采用多指标决策分析的多目标决策是一种特殊的多目标决策，其特征为：每个目标有明确的评价指标；实现目标的方案是有限的离散方案；各方案的多指标结果可预先知晓。

假设一复杂决策有 n 个决策目标，明确的评价指标为 f_j $(1\leqslant j\leqslant n)$，如果有 m 个备选方案 A_i $(1\leqslant i\leqslant m)$，则 A_i 方案指标 f_j 的结果为 x_{ij}，全部 x_{ij} 便可组成一个 m 行 n 列的决策矩阵 $D=[x_{ij}]_{m\times n}$。此时，多指标决策分析的研究重点就是根据决策矩阵 D 进行判断，确定满意方案。

多指标决策分析基本思路大致为：首先，将已知的决策矩阵 D 进行标准化处理，处理方法有向量归一化法、线性比例变换法和级差变换法；其次，决策者事先给出某种评价准则或倾向性意见，如评价 n 个指标的优先权重、评价指标的满意水平、n 项评价指标的优先淘汰次序等；然后，采用恰当技术选择满意方案，比如加权法、淘汰法、理想点法等。下面我们通过实例介绍线性比例变换法和加权法。

二、确定型多指标决策分析举例

例 10—4

某航空公司购买飞机问题。现有四种飞机可供选择，决策者考虑的是飞机性能和费用方面的 6 项指标。四种飞机 6 项指标的资料如表 10—7 所示，其中可靠性、灵敏度两项指标已是量化处理后的评分值。试问公司应作何种决策？

表 10—7　四种飞机的 6 项指标资料

方案 \ 指标	最高速度（每小时千米）	飞行距离（千米）	最大负载（千克）	购买费用（百万美元）	可靠性（高低分值）	灵敏度（高低分值）
A_1	2.0	1 500	10 000	5.5	5	9
A_2	2.5	2 700	9 000	6.5	3	5
A_3	1.8	1 800	10 500	4.5	7	7
A_4	2.2	1 800	10 000	5.0	6	3

解：1. 根据决策问题的已知条件，得到该决策问题决策矩阵 D 为：

$$\begin{array}{c} \\ D= \end{array}\begin{array}{c} \begin{matrix} f_1 & f_2 & f_3 & f_4 & f_5 & f_6 \end{matrix} \\ \begin{bmatrix} 2.0 & 1\,500 & 10\,000 & 5.5 & 5 & 9 \\ 2.5 & 2\,700 & 9\,000 & 6.5 & 3 & 5 \\ 1.8 & 1\,800 & 10\,500 & 4.5 & 7 & 7 \\ 2.2 & 1\,800 & 10\,000 & 5.0 & 6 & 3 \end{bmatrix} \end{array}\begin{matrix} A_1 \\ A_2 \\ A_3 \\ A_4 \end{matrix}$$

由于多个评价指标的单位不同、量纲不同、数量级不同，为了统一标准，必须对决策矩阵进行标准化处理，即将所有指标转化为无量纲、无数量级差别的标准分值。线性比例变换法将决策矩阵 D 转化为标准化矩阵 $R=[r_{ij}]_{m\times n}$，可分三种情况。

（1）当矩阵 D 中 f_j 全部为效益属性指标，处理过程如下：

1）各列中取最大的 X_{ij}，记作 X_i^*，即

$$X_i^*=\max_{1\leqslant i\leqslant n} x_{ij}>0$$

2）定义标准化矩阵 R 的元素 r_{ij} 为：

$$r_{ij}=\frac{x_{ij}}{X_i^*}，0\leqslant r_{ij}\leqslant 1；1\leqslant i\leqslant m；1\leqslant j\leqslant n$$

（2）当 D 矩阵中 f_j 全部为成本属性指标，处理过程为：

1）各列中取最大的 X_{ij}，记作 X_i^*，$X_i^*=\max\limits_{1\leqslant i\leqslant n} X_{ij}>0$；

2）定义标准化矩阵 R 的元素 r_{ij} 为：

$$r_{ij}=1-\frac{x_{ij}}{X_i^*}，0\leqslant r_{ij}\leqslant 1；1\leqslant i\leqslant m；1\leqslant j\leqslant n$$

（3）当矩阵 D 中 f_j 既有效益属性指标，也有成本属性指标时，不能用上面转化处理计算公式求 r_{ij}。因为这两类属性的基点是不同的，对于效益性指标来说，基点是 0；对于成本性指标来说，基点却是 1。在此，我们把成本性指标的倒数作为效益性指标，这样，对矩阵 D 中的成本性指标对应的 r_{ij}，按下式计算：

$$r_{ij}=\frac{X_i^*}{x_{ij}}$$

式中，$X_i^*=\min\limits_{1\leqslant i\leqslant m}x_{ij}^*$，即取 f_j 列中最小值。

对矩阵 D 中效益性指标的 r_{ij}，则仍按 $r_{ij}=\frac{x_{ij}}{X_i^*}$ 计算，其中 X_i^* 为 f_j 列中的最大值。

本例矩阵 D 含有成本指标，按第三种情况处理，选择出的 X_i^* 向量为：

$$\begin{matrix} & f_1 & f_2 & f_3 & f_4 & f_5 & f_6 \\ X_i^*=[& 2.5 & 2\,700 & 10\,500 & 4.5 & 7 & 9] \end{matrix}$$

这样便可计算得到标准化矩阵 R 为：

$$R=\begin{matrix} f_1 & f_2 & f_3 & f_4 & f_5 & f_6 & \\ \end{matrix}$$
$$R=\begin{bmatrix} 0.8 & 0.56 & 0.95 & 0.82 & 0.71 & 1.00 \\ 1 & 1 & 0.86 & 0.69 & 0.43 & 0.56 \\ 0.72 & 0.67 & 1.00 & 1.00 & 1.00 & 0.78 \\ 0.88 & 0.67 & 0.95 & 0.90 & 0.71 & 0.33 \end{bmatrix}\begin{matrix} A_1 \\ A_2 \\ A_3 \\ A_4 \end{matrix}$$

2. 决策者事先对 n 个评价指标给出优先权重分别为 w_j，$1\leqslant j\leqslant n$，且 $0\leqslant w_j\leqslant 1$，$\sum w_j=1$。假定本例公司决策者认为 6 个指标的优先权重分别为 0.2，0.1，0.1，0.1，0.2，0.3，这样，6 个指标的权重向量 $W=$ [0.2，0.1，0.1，0.1，0.2，0.3]。

3. 根据上述条件选择加权法来确定满意方案。简单加权法确定方案准则是：

$$A^*=\max_{1\leqslant i\leqslant m}\left[a_i=\sum_{j=1}^{n}w_jr_{ij}\right]$$

式中，r_{ij} 是原决策矩阵 D 进行标准化处理所得矩阵 R 之元素。故本例购买飞机四个方案的 a_i 分别为：

$$a_1=\sum_{j=1}^{6}w_jr_{1j}=0.835 \quad a_2=\sum_{j=1}^{6}w_jr_{2j}=0.709$$

$$a_3=0.852 \qquad a_4=0.738$$

因为 $a_3>a_1>a_4>a_2$，所以

$$A^*=A_3$$

故满意方案是选购第 A_3 种飞机。

三、风险型多指标决策分析

风险型多指标决策问题，有 n 个评价指标 f_j（$j=1, 2, \cdots, n$），m 个方案 A_i（$i=1, 2, \cdots, m$）。对于每一个评价指标，都会有 S_l（$l=1, 2, \cdots, k$）种自然状态下的结果 w_{ik}，且 S_l 的发生概率 P_l 可知，$\sum_{l=1}^{k} P_l=1$。此时，就成为风险型多指标决策。

风险型多指标决策对于每个评价指标都有一张单目标风险型决策表（见表 10—8），也就是说有 n 个决策表矩阵 $x_j=[x_{il}^{j}]_{m\times k}(j=1, 2, \cdots, n)$。解决此类多目标风险型决策的基本思路是将多目标风险型决策转化为单目标风险型决策。具体分析方法有线性加权法和效用曲线法。

表 10—8　　**单目标风险型决策表**

	状态 / 方案	S_1	S_2	$\cdots$	S_k
f_j	A_1	x_{11}	x_{12}	$\cdots$	x_{1k}
	$\vdots$	$\vdots$	$\vdots$		$\vdots$
	A_m	x_{m1}	x_{m2}	$\cdots$	x_{mk}
	概率 P_l	P_1	P_2	$\cdots$	P_k

（一）线性加权法

线性加权法是把 n 张风险决策表经标准化处理后，根据决策者对评价指标偏好优先权重，合并为一张风险决策表，转化为单目标风险决策。

例 10—5

某企业为生产一种新产品考虑投资新建一家分厂，市场预测新产品销售有 4 种可能状态，分厂设计方案也有 4 个，对方案评价指标归为直接收益、间接收益和污染损失 3 项。4 个方案、4 种销售状态下 3 个指标的结果及其出现概率分别见表 10—9 至表 10—11。试问应该选择哪种设计方案？

表 10—9　　**直接收益 f_1**　　单位：万元

状态 / 方案	S_1	S_2	S_3	S_4
A_1	30	30	30	30
A_2	28	33	33	33
A_3	26	31	36	36
A_4	24	29	34	39
概率	0.1	0.2	0.4	0.3

表 10—10 间接收益 f_2 单位：万元

状态 方案	S_1	S_2	S_3	S_4
A_1	100	100	100	100
A_2	98	105	105	105
A_3	96	103	110	110
A_4	95	101	106	120
概率	0.1	0.2	0.4	0.3

表 10—11 污染损失 f_3 单位：万元

状态 方案	S_1	S_2	S_3	S_4
A_1	200	205	210	215
A_2	220	225	230	235
A_3	240	245	250	255
A_4	260	265	270	275
概率	0.1	0.2	0.4	0.3

解：该例用线性加权法来分析，其步骤为：

第一步，将 n 个评价指标决策表矩阵 W_j 作标准化处理。具体做法是，先求每个决策表矩阵元素的均值 $\overline{X}_j$ 与标准差 δ_j。计算公式分别为：

$$\overline{X}_j=\frac{1}{m\times k}\sum_{i=1}^{m}\sum_{l=1}^{k}x_{il}^j$$

$$\delta_j=\sqrt{\frac{1}{m\times k}\sum_{i=1}^{m}\sum_{l=1}^{k}(x_{il}^j-\overline{W}_j)^2}$$

然后，按下式计算每一决策表矩阵 X_j 的标准化矩阵 $R_j=[r_{il}^j]_{m\times k}$ 的元素 r_{il}^j。

$$r_{il}^j=\frac{x_{il}^j-\overline{X}_j}{\delta_j},\ i=1,\ 2,\ \cdots,\ m;\ l=1,\ 2,\ \cdots,\ k$$

式中，r_{il}^j 为用 $\overline{X}_j$ 和 δ_j 来衡量的无量纲的统计值。

本例中 $m=4$，$n=3$，$k=4$，按上面计算公式可以计算得到：

$\overline{X}_1=31.18$　$\overline{X}_2=103.38$　$\overline{X}_3=237.5$

$\delta_1=3.74$　$\delta_2=6.04$　$\delta_3=23.05$

直接收益、间接收益和污染损失的标准化矩阵分别为：

$$R_1=\begin{bmatrix}-0.37 & -0.37 & -0.37 & -0.37\\ -0.90 & 0.43 & 0.43 & 0.43\\ -1.44 & -0.10 & 1.24 & 1.24\\ -1.97 & -0.64 & 0.70 & 2.04\end{bmatrix}$$

$$R_2=\begin{bmatrix}-0.56 & -0.56 & -0.56 & -0.56\\ -0.89 & 0.27 & 0.27 & 0.27\\ -1.22 & -0.06 & 1.10 & 1.10\\ -1.39 & -0.39 & 0.43 & 2.75\end{bmatrix}$$

$$R_3=\begin{bmatrix}-1.63 & -1.41 & -1.19 & -0.98\\ -0.76 & -0.54 & -0.33 & -0.11\\ 0.11 & 0.33 & 0.54 & 0.76\\ 0.98 & 1.19 & 1.41 & 1.63\end{bmatrix}$$

第二步，根据决策者对 n 个评价指标的优先权重，进行矩阵 R 合并。假设本例企业决策者直接收益、间接收益和污染损失指标的优先权重分别为 0.5，0.3，0.2，则 $W=$（0.5，0.3，0.2）。

在三个标准化矩阵合并时，考虑到效益类指标 f_1 和 f_2 都是越大越好，为相加项；损失指标 f_3 是越小越好，从一律求最大值出发，就是希望（$-f_3$）越大越好。为此，合并为一的 R 为：

$$R=0.5R_1+0.3R_2-0.2R_3$$

$$=\begin{bmatrix}-0.03 & -0.07 & -0.12 & -0.16\\ -0.57 & 0.40 & 0.36 & 0.32\\ -1.11 & -0.13 & 0.24 & 0.80\\ -1.60 & -0.68 & 0.20 & 1.52\end{bmatrix}$$

标准化得到的矩阵 R，其元素 r_{il} 代表了每个方案在不同状态下的综合统计值，无量纲。

第三步，根据标准化矩阵 $R=[r_{il}]_{m\times k}$ 和状态概率向量 $P_l=$（0.1，0.2，0.4，0.3）计算各方案的统计期望值 U_i，即

$$U_i=\sum_{l=1}^{k}P_l r_{il}$$

可得 $U_1=-0.113$　$U_2=0.263$　$U_3=0.439$　$U_4=0.240$

第四步，采用统计期望值最大准则选择满意方案。本例中：

$$U_3>U_2>U_4>U_1$$

$$U^*=\max_{1\leqslant i\leqslant 4}(U_i)=0.439=U_3$$

这样就可得知，该企业应选择 A_3 方案。

（二）效用曲线法

效用曲线法也称效用值法，它是将 n 张评价指标的风险决策表，根据决策者主观判断转化成一张各方案 n 个指标的效用值的决策矩阵，然后依据决策者给出评价指标的优先权重找到满意方案。

以例 10—5 说明其分析步骤。

第一步，由决策者主观判断 f_j 的各方案风险决策表的效用值。一般按决策者的效用曲线来确定决策表中 W_{ij} 的效用值。图 10—3 为某位保守型决策者对表 10—9 至表 10—11 资料分析后得出的三个效用曲线。由此三曲线就可得到 f_1，f_2，f_3 的三个效用值矩阵 R_j（见表 10—12 至表 10—14）。$R_j=[U_{il}^j]_{m\times k}$，$U_{il}^j=U(x_{il}^j)$ 是由效用曲线确定的。

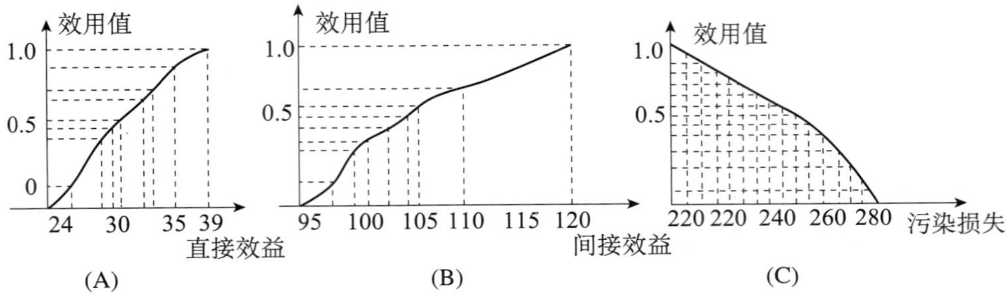

图 10—3 三个指标效用曲线

第二步，分别求出 R_j 各方案评价指标的效用期望值：

$$U_{ij}=\sum_{l=1}^{k}U_{il}^{j}P_{l}$$

将它们组成一张各方案 n 个指标效用期望值决策矩阵 $R=(U_{ij})_{m\times k}$。本例决策矩阵 R 见表 10—15。

表 10—12 f_1

状态 / 方案	S_1	S_2	S_3	S_4	效用期望值
A_1	0.5	0.5	0.5	0.5	0.5
A_2	0.4	0.7	0.7	0.7	0.67
A_3	0.15	0.55	0.9	0.9	0.76
A_4	0.0	0.45	0.75	1.0	0.69
P_l	0.1	0.2	0.4	0.3	

表 10—13 f_2

状态 / 方案	S_1	S_2	S_3	S_4	效用期望值
A_1	0.35	0.35	0.35	0.35	0.35
A_2	0.17	0.58	0.58	0.58	0.54
A_3	0.07	0.5	0.75	0.75	0.73
A_4	0.0	0.4	0.62	1.0	0.56
P_l	0.1	0.2	0.4	0.3	

表 10—14 f_3

状态 / 方案	S_1	S_2	S_3	S_4	效用期望值
A_1	1.00	0.95	0.90	0.85	0.91
A_2	0.80	0.75	0.70	0.65	0.71
A_3	0.62	0.60	0.50	0.45	0.52
A_4	0.32	0.25	0.10	0.0	0.12
P_l	0.1	0.2	0.4	0.3	

表 10—15　　决策矩阵 R

指标 方案	f_1	f_2	f_3
A_1	0.50	0.35	0.91
A_2	0.67	0.54	0.71
A_3	0.76	0.73	0.52
A_4	0.69	0.56	0.12

第三步，决策者明确多个评价指标的优先权重 W_j，按此优先权重选择满意方案 A^*。本例 $W_j=(0.5, 0.3, 0.2)$，每个方案三指标效用值的加权值按 $U_i=\sum_{j=1}^{n}W_jU_{ij}$ 计算。方案 A_1 的 U_1 为：

$$U_1=0.5\times0.5+0.3\times0.35+0.2\times0.91=0.54$$

同样，$U_2=0.64$，$U_3=0.70$，$U_4=0.54$。

比较各方案的效用加权值，最大效用加权值方案为满意方案。本例中 $U_3>U_2>U_4=U_1$，故 A_3 为满意方案。

第四节　资本预算分析

管理决策中资本支出问题大多是涉及更换和扩展企业资源基础的决策。资本支出的预期通常在一年以上，是长期投资决策，不同于正常的经营支出的短期决策，如库存问题经济订购批量决策、生产计划决策、运输路径选择等。在长期投资决策中，要使企业现期资本支出能对未来企业的绩效有较好的长期影响，应该对资本支出进行规划、评估，选择有益的投资项目。通常把规划、评估和选择资本投资项目的过程称为资本预算。

资本预算分析是根据边际收入/边际成本原理分析投资项目的支出和收入对企业的价值的一种分析方法。资本预算分析过程一般包含以下四个主要步骤：第一，提出不同的资本投资决策的项目方案；第二，估算每个项目方案的现金流量；第三，依据现金流量指标评估并确定要实施的投资项目；第四，对投资项目实施后的评估。资本预算的实质是研究投资项目的货币时间价值，以求得资本支出能使企业资源最大化。下面我们就资本预算分析有关概念和方法作简单介绍。

一、货币时间价值

资金支出决策是管理决策的重要内容，而时间因素在资金支出决策中具有重要意义。例如，现将 100 元投入有保证的储蓄，假定年利率（收益率）为 5%，一年后的收益为 105 元，增值 5 元。如果想要在一年后得到 100 元，那么今天只需在账户上存入 95.238 元（100/1.05），这比 100 元少 4.762 元，说明存在着正收益率的货币投资机会，会使未来任何时期得到 100 元都不如今天手中的 100 元钱有价值，这就是货币的时间价值含义。换句话说，货币的时间价值指因放弃现在使用货币的机会，而按放弃使用货币时间的长短现在能得到一种报酬。它是时间和利率两个因素作用的结果。通常将投资者要求的利率称为贴现率，评估方案应该在同一个时点基础上进行。货币的时间价值是按复利方法计算的，具体计算方法较多，我们这里介绍与现金流量贴现相关的复利现值法和年金现值法。

（一）复利现值法

复利现值法简称现值法，它是指将以后 n 年份的收入或支出的资金 S，按复利率 i 进行贴现后的现在价值（即现值 P）。计算公式为：

$$P=\frac{S}{(1+i)^n} \tag{10.4.1}$$

式中，$\frac{1}{(1+i)^n}$称为现值系数，记作 $PVIF_{i,n}$。它表示 n 年后得到的 1 元钱，按 i 进行贴现后的现值。附表七复利现值系数表（$PVIF$ 表）中列出了未来 n 期内不同利率 i 条件下的 $PVIF$。

例如，计划 10 年后得到 10 000 元，利率为 8%，现在应投入现金计算如下：

$$P=\frac{10\ 000}{(1+8\%)^{10}}=4\ 632\text{（元）}$$

或通过查复利现值系数表求得

$$P=S\times PVIF_{8\%,10}=10\ 000\times 0.463\ 2=4\ 632\text{（元）}$$

在实际决策应用中可以将复利现值系数 $PVIF_{i,n}$用于求利率或增长率。

例 10—6

某上市公司 2006 年每股盈利为 3.91 元，有人预测到 2010 年每股盈利为 6.84 元。试问该上市公司的盈利年复利增长率为多少？

解：本例是将 4 年后终值 $S=6.84$ 元，现值 $P=3.91$ 元代入式（10.4.1）求得复利现值系数 $PVIF_{i,4}$，为：

$$PVIF_{i,4}=\frac{P}{S}=\frac{3.91}{6.84}=0.572$$

从附表七找到 4 年那一行，会发现 $PVIF$ 等于 0.572 的 i 是 15%，故该上市公司盈利的年复利增长率是 15%。如果 $PVIF$ 在表中两个数字之间，可用内插法求得。

（二）年金现值法

年金指定期收到或支付的相等金额款项，如工资、租金、利息、保险费等，都表现为年金形式。年金现值是指将以后 n 年内每年得到相同的年金 A，且年金结束期其余额为零，按每期利率 i 进行贴现后的年金现在价值。记作 PVA，计算式为：

$$PVA=A\cdot\frac{(1+i)^{n-1}}{i\ (1+i)^n}=A\cdot PVIFA_{i,n} \qquad (10.4.2)$$

式中，$\frac{(1+i)^{n-1}}{i\ (1+i)^n}$为年金现值系数，记作 $PVIFA_{i,n}$，它表示 n 年内每年年末收到一系列相同的 1 元年金，经过 i 利率贴现之后的现值。附表八年金现值系数表（PVIFA 表）中列出了未来 n 期内不同利率 i 条件下的 $PVIFA$。

例 10—7

某商店扩大经营范围，为了提高劳动效率，要增添一批收银机。现有另一家企业欲转让一批收银机。据专家估计，这批设备使用期可达 10 年，而商店使用这批收银机提高了劳动效率，平均每年可增加收益 2 万元。假设该企业的投资标准是年利润率 8%，那么该商店购买这批设备的最高价格应为多少？

解：显然这是求年金现值的问题。$A=2$，$i=8\%$，$n=10$，代入式(10.4.2)，得

$$PVA=A\cdot\frac{(1+i)^{n-1}}{i\ (1+i)^n}=2\times\frac{(1+8\%)^9}{8\%\times\ (1+8\%)^{10}}=23.15\text{（万元）}$$

因此，购买这批收银机的最高价格不应超过 23.15 万元。

年金现值系数 $PVIFA$ 还可以用来求投资的预期收益率，即一项投资的内部收益率。

例 10—8

某机械厂购买了一台价值 200 000 元的设备，这台设备预期今后 8 年内每年产生 32 210 元的现金流量。试问该设备投资的预期收益率是多少？

利用式（10.4.2），这里 $PVA=200\ 000$ 元，$A=32\ 210$ 元，因此有

$$200\ 000=32\ 210\ (PVIFA_{i,8})$$

$$PVIFA_{r,n}=\frac{200\ 000}{32\ 210}=6.209\ 3$$

在附表八年金现值系数表中 8 年那行中可以看到与 6.209 3 最接近的 $PVIFA$ 出现在 6%那一列中。因此，这项投资提供的预期（内部）收益率为 6%。

二、现金流量及其计算

（一）现金流量的构成

现金流量是评估投资方案是否可行时需要事先计算的基础性数据，它是指与投资项目方案有关的现金流入和现金流出的数量。投资项目现金流量的构成大致归为三类：

第一类是初始现金流量，即投资项目开始投资时发生的现金流量，如固定资产

上的投资、流动资产上的投资（垫支）、其他投资费用（培训费、谈判费、注册费等）和原有固定资产的变价收入。

第二类是营业现金流量，即投资项目投入使用后，在其寿命周期内由生产经营带来的现金流入和流出的数量。一般按年度进行计算，包括企业采用该投资项目后带来的直接与间接（其他部门）的收益和成本。每年的现金流入指因接受该投资项目带来的年度营业现金收入增量，每年的现金流出指因接受该投资项目带来的经营成本增量（ΔC）和缴纳的税金增量。这样投资项目每年净现金流量（NCF）可用下式计算：

$$每年净现金流量=\Delta 净利+\Delta 折旧 \tag{10.4.3}$$

$$\Delta 净利=\Delta 税前收入（1-税率） \tag{10.4.4}$$

$$\Delta 税前收入=\Delta 经营收入-\Delta 经营成本-\Delta 折旧 \tag{10.4.5}$$

因此，经迭代后投资项目的每年净现金流量计算式为：

$$NCF=(\Delta Q-\Delta C-\Delta D)(1-k)+\Delta D \tag{10.4.6}$$

式中，NCF 为投资项目每年净现金流量；ΔQ 为每年经营收入增量；ΔC 为每年经营成本增量；ΔD 为投资项目的每年折旧；k 为企业税率。

第三类是终结现金流量，即投资项目寿命周期结束时所发生的现金流量，如固定资产的残值收入或变价收入、原有垫支在各种流动资金上的资金回收和停止使用的土地的变价收入等。

（二）现金流量的计算

现金流量将发生在未来，在这里我们假定能够相当准确地估计投资项目未来寿命周期内每年的营业收入现金流量，且在各年末一次发生；假定投资方案的投入是确定的，初始投入在每一年年初投入；方案的经营成本和税率也为确定的。这样投资项目每年现金流量就可以按现金流量的构成数据正确计算。

例 10—9 ☞

某公司准备购入一设备来扩充生产能力。现有甲、乙两方案可供选择，甲方案需投资 20 000 元，使用寿命期为 5 年，采用直线法计提折旧，5 年后设备无残值。5 年中每年销售收入（增量）为 12 000 元，每年的经营成本（增量）为 4 000 元。乙方案需投资 24 000 元，使用寿命期为 5 年，采用直线法计提折旧，5 年后有残值收入 4 000 元。5 年中每年的销售收入（增量）为 16 000 元，经营成本第一年为 6 000元，以后随设备陈旧逐年增加修理费，另外需垫支流动资金 3 000 元。假设所得税税率为 40%，试计算两个方案的现金流量。

解：首先，按直线法计算两方案的每年折旧额：

$$甲方案\ \Delta D_1=\frac{20\ 000}{5}=4\ 000（元）$$

$$乙方案\ \Delta D_2=\frac{24\ 000-4\ 000}{5}=4\ 000（元）$$

其次，计算甲、乙两方案的营业现金流量，如表 10—16 和表 10—17 所示。

表 10—16　　**甲方案营业现金流量计算表**　　单位：元

时间（年）	1	2	3	4	5
(1) 销售收入	12 000	12 000	12 000	12 000	12 000
(2) 经营成本	4 000	4 000	4 000	4 000	4 000
(3) 折旧	4 000	4 000	4 000	4 000	4 000
(4) 税前净利＝(1)－(2)－(3)	4 000	4 000	4 000	4 000	4 000
(5) 税金＝(4)×40%	1 600	1 600	1 600	1 600	1 600
(6) 税后净利＝(4)－(5)	2 400	2 400	2 400	2 400	2 400
(7) 现金流量＝(6)＋(3)	6 400	6 400	6 400	6 400	6 400

表 10—17　　**乙方案营业现金流量计算表**　　单位：元

时间（年）	1	2	3	4	5
(1) 销售收入	16 000	16 000	16 000	16 000	16 000
(2) 经营成本	6 000	6 400	6 800	7 200	7 600
(3) 折旧	4 000	4 000	4 000	4 000	4 000
(4) 税前净利＝(1)－(2)－(3)	6 000	5 600	5 200	4 800	4 400
(5) 税金＝(4)×40%	2 400	2 240	2 080	1 920	1 760
(6) 税后净利＝(4)－(5)	3 600	3 360	3 120	2 880	2 540
(7) 现金流量＝(6)＋(3)	7 600	7 360	7 120	6 880	6 540

然后，计算两方案的全部现金流量，即将方案的现金流量构成包括的初始现金流量、营业现金流量和终结现金流量统合起来计算投资项目现金流量，如表 10—18 所示。

表 10—18 中，$t=0$ 代表第一年的年初，$t=1, 2, \cdots, 5$ 分别代表投资项目寿命周期内每年的年末，且假定终结现金流量在寿命周期最后一年年末发生。

表 10—18　　**甲、乙方案现金流量计算表**　　单位：元

时间（t）		0	1	2	3	4	5
甲方案	固定资产投入	－20 000					
	营业现金流量		6 400	6 400	6 400	6 400	6 400
	现金流量合计	－20 000	6 400	6 400	6 400	6 400	6 400
乙方案	固定资产投入	－24 000					
	流动资金垫支	－3 000					
	营业现金流量		7 600	7 360	7 120	6 880	6 540
	固定资产残值						4 000
	流动资金回收						2 000
	现金流量合计	－27 000	7 600	7 360	7 120	6 880	12 540

三、现金流量贴现指标评价方法

在投资项目方案的现金流量计算之后，就该考虑确定是否接受投资项目。广为

使用的是投资回收期决策规则，即计算项目的投资回收期（指回收初始投资所需要的时间），投资回收期越短，说明投资承担的风险越小。企业在投资决策时，为避免出现意外，都会选择投资回收期短的投资项目。投资回收期决策规则简明、易懂，但没有考虑资金的时间价值，有时就会作出错误决策。为此，我们这里着重介绍现金流量贴现指标评价方法，即在投资项目方案的现金流量计算之后，先对现金流量折现，然后选择现金流量贴现指标的决策规则来评价方案的优劣，确定投资项目方案。

现金流量贴现指标是指考虑投资项目资金时间价值的评价项目优劣的指标。常用的现金流量贴现指标有净现值、获利指数和内部收益率三个，相应形成三种决策规则的评价方法。

（一）净现值评价法

1. 净现值的计算

净现值是投资项目投入使用后的现金流量按照企业要求达到的收益率进行贴现后的总现值，减去该项目初始投资以后的余额。记作 NPV，计算式为：

$$\text{方案}\ NPV=\frac{\text{方案收益}}{\text{总现值}}-\frac{\text{方案初始}}{\text{投资额}}=\sum_{t=1}^{n}\frac{NCF_t}{(1+i)^t}-C \qquad (10.4.7)$$

式中，NPV 为方案净现值；NCF_t 为第 t 年的方案现金流量；i 为贴现率（资本成本或企业要求的收益率）；n 为项目预计寿命周期；C 为项目初始投资。

我们以例 10—9 的资料为例说明投资方案净现值如何计算。

从表 10—18 可知甲方案的每年净现金收入流量 NCF 相等，为 6 400 元，方案未来收益的总现值可以按年金法公式（10.4.2）折成现值。假设贴现率为 10%，计算如下：

$$\begin{aligned}NPV_1&=\text{未来方案收益总现值}-\text{初始投资额}\\&=NCF_1\frac{(1+i)^{n-1}}{i\ (1+i)^n}-C\\&=6\ 400\times\frac{(1+10\%)^{5-1}}{10\%\times(1+10\%)^5}-20\ 000\\&=6\ 400\times PVIFA_{10\%,5}-20\ 000\\&=6\ 400\times3.791-20\ 000\\&=4\ 262.4\ (\text{元})\end{aligned}$$

从表 10—18 可知乙方案的每年净现金流量不相等，假设贴现率为 10%，根据式（10.4.1）按复利现值法折成现值。如表 10—19 所示，乙方案的净现值$NPV_2=$ 3 821.26 元。

2. 净现值法决策规则

在计算出投资方案净现值之后，就可按净现值决策规则确定投资方案。净现值决策规则是：

（1）对于只有一个投资项目的方案，只要方案净现值大于或等于零，该方案就可以接受；方案净现值小于零，则应拒绝此方案，因为负净现值不会对利润最大化目标作出贡献。

表 10—19　　乙方案净现值计算表

t	各年的 NCF (1)	现值系数 (2)	现值 (3)＝(1)×(2)
1	7 600	$1/(1+10\%)^1=0.909$	6 908.40
2	7 360	$1/(1+10\%)^2=0.826$	6 079.36
3	7 120	$1/(1+10\%)^3=0.751$	5 347.12
4	6 880	$1/(1+10\%)^4=0.683$	4 699.04
5	12 540	$1/(1+10\%)^5=0.621$	7 787.34
方案未来收益的总现值		30 821.26	
减　初始投资净现值		27 000	
		$NPV_2=3\ 821.26$ 元	

（2）对于多个互斥备选投资方案，是在正净现值方案中取最大净现值方案。

从以上甲、乙两方案净现值计算结果可知，两方案净现值都为正值，故均可接受，但甲方案净现值大于乙方案，故该公司扩大生产能力应选用甲方案。

净现值评价法的优点是考虑了资金的时间价值，为是否接受投资项目提供了一种客观的基于收益最大化的评价指标，也是一种较多采用的方法。缺点是不能提示方案本身可能达到的实际收益率是多少。

（二）获利指数评价法

1. 获利指数的计算

获利指数是投资项目未来收益总现值与初始投资额的现值之比，用 PI 表示。计算式为：

$$PI=\frac{\text{未来收益总现值}}{\text{初始投资额}} \qquad (10.4.8)$$

2. 获利指数决策规则

获利指数法中的方案未来收益总现值的计算与净现值评价法中的计算相同。在投资方案 NCF 计算之后便可利用式（10.4.8）计算 PI，然后按获利指数决策规则确定投资决策项目。获利指数决策规则是：

（1）对于只有一个投资项目的方案，方案获利指数 PI 大于或等于 1，则为可接受，否则就拒绝；

（2）对于多个互斥备选投资项目的方案，应选用获利指数 PI 超过 1 最多的投资方案。

我们仍以例 10—9 的资料为例，计算甲、乙两方案的获利指数。

$$\text{甲方案}\quad PI_1=\frac{\text{未来收益的总现值}}{\text{初始投资额}}$$

$$=\frac{NCF_1\cdot\frac{(1+i)^{n-1}}{i(1+i)^n}}{C_1}$$

$$=\frac{6\ 400\times 3.791}{20\ 000}$$

$$=\frac{24\ 262.4}{20\ 000}$$

$$=1.213$$

乙方案　$PI_2=\frac{30\ 821.26}{27\ 000}$

$$=1.141$$

乙方案的未来收益总现值见表 10—19 的计算。

两个方案的获利指数都大于 1，都为可接受方案，但因甲方案的获利指数更大，故应确定甲方案为公司投资方案。

获利指数评价法的优点是考虑了资金的时间价值，且能够反映投资项目的盈亏速度；因获利指数用相对数来表示，有利于在初始投资额不同的投资方案之间进行对比。缺点是获利指数这一概念不便于理解。

（三）内部收益率评价法

1. 内部收益率的计算

内部收益率是使投资项目方案净现值等于零的贴现率，即能使方案收益总现值与初始投资额相等的贴现率为方案的内部收益率。计算公式如下：

$$\sum_{t=1}^{n}\frac{NCF_t}{(1+i)^t}=C \tag{10.4.9}$$

显然，在投资项目方案未来每年收益现金流量 NCF 相等的情况下，利用上式可计算出年金现值系数，即

$$\sum_{t=1}^{n}\frac{1}{(1+i)^t}=\frac{C}{NCF_t}=PVIFA_{i,n} \tag{10.4.10}$$

然后去查年金现值系数表，如果在相同的期数 n 行内找出与上述年金现值系数相同的系数，该系数所在列的贴现率 i 即为方案内部收益率。如果在期数 n 行内只能找到与上述年金现值系数相邻近的较大和较小的两个贴现率，则采用内插法计算出该方案的内部收益率。

如果投资方案未来每年现金流量 NCF_t 不相等，方案内部收益率的计算较复杂，具体步骤如下：

第一步，先预估一个贴现率，并按此贴现率找到未来各年的复利现值系数 $PVIF_{i,n}$。将各年的现金流量 NCF_t 折成现值，然后按照式（10.4.7）列表计算出方案的净现值 NPV。如果算出的方案净现值为正数，则表示预估的贴现率小于该项目的实际内部收益率，应提高预估贴现率再进行测算；反之，则应降低预估贴现率，再进行测算。经过反复测算，找到方案净现值 NPV 由正值到负值比较接近于零的两个贴现率。

第二步，根据第一步找到的比较接近于零的贴现率，再用内插值法计算方案的实际内部报酬率。

例 10—10

某小型家电生产企业准备开发一种食品搅拌器，所需的新设备初始投资为 50

万元，该设备将在 5 年内折旧完（使用直线法计提折旧费），设备残值为零。经财会人员估计，每年搅拌器销售增量收益为 40 万元，每年的增量经营成本为 25 万元，且知企业所得税税率为 40%。试问该投资方案可否接受？

解：首先，根据所提供的资料，该方案的初始投资额 C 为 50 万元，如果接受该方案，每年销售收入增量 ΔQ 为 40 万元，每年经营成本增量 ΔC 为 25 万元，每年的折旧费增量 ΔD 为 10 万元（50/5），税率 k 为 40%。将上述数据代入式（10.4.6），计算出方案每年的净现金流量 NCF 为：

$$NCF=(\Delta Q-\Delta C-\Delta D)(1-k)+\Delta D$$
$$=(40-25-10)\times(1-40\%)+10=13\text{（万元）}$$

其次，将每年相同的 NCF 代入式（10.4.10）计算年金现值系数 $PVIFA_{i,5}$：

$$PVIFA_{i,5}=\frac{C}{NCF}=\frac{50}{13}=3.846$$

然后，查年金现值系数表，在 $n=5$ 一行上查到 3.846 落在 3.890～3.791 之间，此两个年金现值系数对应的贴现率分别为 9%和 10%。我们用内插值法求方案的内部收益率。设内部收益率为 x，则

$$(3.890-3.791):(3.890-3.846)=(9\%-10\%):(9\%-x)$$
$$0.099:0.044=(-1\%):(9\%-x)$$
$$2.25=\frac{-0.01}{9\%-x}$$
$$9\%-x=-\frac{0.01}{2.25}$$
$$x=9.44\%$$

因此，该方案的内部收益率为 9.44%。

最后，就要按内部收益率决策规则来确定可否接受该方案。

2. 内部收益率决策规则

使用内部收益率规则之前，决策者应该确定企业要求的必要收益率或资本成本的大小，然后按内部收益率决策规则确定投资方案。内部收益率决策规则是：

（1）对只有一个投资方案的接受与否决策中，只要计算出的方案内部收益率大于或等于企业的必要收益率或资本成本，就接受；反之，则拒绝。

（2）对有多个互斥备选方案的选择，应选用方案内部收益率超过企业必要收益率或资本成本最多的投资项目方案。

例 10—10 方案的内部收益率为 9.44%，如果企业必要收益率为 10%，显然此项投资方案预期内部收益率小于必要收益率，故不能接受此投资方案。

内部收益率评价法考虑了资金的时间价值，反映了投资项目实施后的真实收益率，易于理解，但这种方法计算过程复杂，尤其是投资项目每年 NCF 不相等时，一般要经过多次预估贴现率测算才能算出方案内部收益率。

前面我们介绍的净现值法、获利指数法和内部收益率法，都是评价和确定投

资项目过程的做法。一旦确定接受某个投资项目，就会去实施。考虑到上述三种评价方法是在预先估算出未来现金流入量和流出量基础上进行的，因此不能期望投资项目实施之后的实际值与估计值完全一致。为此，在投资项目实施之后应该对该投资项目进行评估，即把接受项目的实际现金流量与项目提出到确定时估计的现金流量加以比较，对存在较大的偏差进行检查分析，力求确定产生偏差的原因。这种投资项目实施之后的评估，有益于决策者对今后的投资决策进行更好的评估。

第五节 决策方案的实施

在确定最优方案或满意方案之后，便要全盘组织实施。在方案实施过程中，还应该根据主客观条件的变化进行决策追踪，确保决策的实效。

一、决策方案实施过程

组织决策方案实施过程，主要包括：

（一）拟定切合实际的实施计划

决策是从若干备选方案中进行选择的活动过程，它是计划工作的核心。决策方案的实施计划是为实现最佳决策方案而对未来行动过程所作的一种部署，它是决策过程的延续。换句话说，在认识到机会和明确了目标后，计划工作的核心只不过是对决策过程的说明。企业任何一个活动过程，是很少能够单独进行的，因此，每一个决策方案的实施，一定会与其他计划，如招聘与职工培训、物质设施准备、财务、广告、货源组织、销售等计划相互联系。计划工作的职能是让企业中的每个成员知道，为了实现决策目标他们应完成什么和怎样完成。

拟定实施计划通常包括：建立与健全掌握整个工作执行进度的制度；确保所有人员都清楚地了解工作任务和目的；使每个职工明确自己的职责；确定工作人员汇报工作执行情况的时间；健全信息反馈系统等。实施计划还必须注意：一方面要充分估计到实施过程中可能发生的各种不良情况和必须采取的补救措施；另一方面要根据方案的目标要求，明确地规定决策行动空间、时间的界限，从而保证决策方案的顺利实现。

（二）明确决策的实施要求

即要向全体执行人员传达决策方案的实施要求，它通常与宣传教育工作结合起来进行。参加实施方案的人越多，宣传解释工作的重要性就越大。让每个执行人员了解个人活动短期和长期的最终结果（即目标任务）是什么；与决策目标（总目标）的关系；明确考核目标完成情况的衡量标准；明确执行者的职责、时间、空间、物质力量的配置以及可提供的指导和若干必要的保证条件等，是明确决策实施要求的主要内容。在实施工作中，要防止决策方案及其实施计划在逐级向执行人传递过程中走样变形，应该保证准确无误。

（三）进行监督和检查

为了保证决策方案的实现，除了要向执行人员准确地宣传与说明实施要求外，还应经常对实施情况进行监督检查，以便随时发现执行实施计划中的薄弱环节，采取措施及时纠正。这样做也有利于及时总结和推广先进经验，使执行人员能够经常了解计划实施进度，促进计划要求的全面实现。此外，检查实施计划的执行情况，还可以及时了解客观情况的发展变化，找出出现偏差的主要原因，以便适时调整、修正方案。因而，组织好监督与检查，是可靠的信息反馈和保证方案顺利实现不可缺少的一环。

搞好监督与检查，可以通过原始记录、统计报表等进行日常监督检查，也可以深入现场，通过观察、询问、座谈等方式进行定期监督检查。无论采用哪种方法，都应当深入实际，坚持实事求是的原则。同时，要以建立、健全核算制度为前提，如建立健全统计核算、会计核算、业务核算、作业技术核算等，对决策实施工作有一个精确的核算。

（四）注意方案的修正

在决策方案执行过程中，往往会由于一些主客观原因，如商品供需情况发生了变化，或者决策方案本身考虑不周、决策方案组织不当等，而必须修正原方案。从某种程度上说，在决策方案实施过程中进行修正是必要的，也是正常的。决策者既不能认为确定了最佳方案，交付实施，就算决策完毕，也不能过分自负，认为自己选择的方案天衣无缝，无须修正。事实上，注意决策方案的实施情况，随时接受反馈，修正方案，对失去了部分效用的原方案迅速进行调整，是消除问题、排除实施障碍、保证决策方案实施最终成功的必不可少的条件。

在实施过程中，从发现问题到修正方案，有一个调查了解问题产生原因的过程。在问题产生原因没有了解清楚之前，可以采取临时性措施，以利于减少损失，使工作顺利进行。有时，虽然问题产生的原因已经找到，但是决策者无法修正方案，即问题不是通过决策者本身的努力所能解决的，在这种情况下，则要灵活地采取适应性措施，使不利影响减小到最低程度。另外，方案修正并非都是由于出现了不利因素，有时在决策实施过程中也可能出现事先没有预料到的有利因素，在这种情况下，也应对方案进行必要的修正，以取得更好的经济效益。

当然，修正原方案，可能会遇到种种阻力，其中包括来自日常生活中的惰性、习惯势力、认识上的分歧及反对意见，因此，决策者必须有勇气克服各种阻力，保证决策方案实施的成功。

方案实施过程中进行方案的修正离不开追踪决策。追踪决策是在信息反馈基础上，发现情况变化或决策失误危及目标实现时，对原方案进行的根本性调整或修正的决策。追踪决策是原先决策方案实施执行过程中引出的一种决策，其决策程序和一般决策相同，但在分析思考时要注意以下两点区别：

（1）追踪决策的“非零起点”指导思想。一般决策在决策过程中，从分析问题、确定目标到选择方案，其客观条件还没有受到本次决策的干扰和影响，因此，它是“以零为起点”的决策。追踪决策则不同，它所面临的对象与条件，已经受到实施本次决策方案的影响与干扰，产生了人力、物力、财力的消耗，亦即处于“非零起点”条件下的决策。

（2）追踪决策分析的重点在于“双重优化”。一般决策是分析当时的问题、条件和目标，根据预测资料选择方案，常以损益期望值准则选择最大效益或最低成本的方案，而追踪决策时要分析新的主客观条件，重点分析失误的产生过程及其原因，寻找一个既能最大限度地弥补原决策失误损失，又能优于原决策获得更好效益的满意决策。

追踪决策必须及时，不得延误，否则后果严重。同时，要注意追踪决策过程中的人为感情因素，比如原决策人的消极抵触情绪；原决策反对者的全盘否定倾向；旁观者的推波助澜等，因而必须重视尽可能消除这些不利心理因素的影响。

二、决策信息支持系统

信息是决策的基础。离开信息的收集、加工处理和传递，决策的科学性和正确性就无法保证。决策信息支持系统是一个由人员、设备和程序组成的有机复合体，其功能是确定信息需要；收集信息与加工信息；信息系统管理；向决策者提供信息。其结构为网络结构，借助企业内部报告系统、市场情报系统、营销调研系统和综合分析系统四个子系统的相互联系，为决策提供信息服务。

内部报告系统主要收集和生成反映企业当前的销售额、存货、现金流动以及应收应付款等方面的信息报告；市场情报系统主要向信息使用者提供营销环境变化的情报，如顾客、竞争者、供应商、中间商、运输代理、广告代理、金融保险等方面的信息；营销调研系统则为制定某项具体管理决策而系统地进行信息收集、分析研究，提出预测信息，如市场特点、市场潜量、市场占有份额、商业趋势、销售前景、价格研究、新产品市场接受情况等短期或长期预测信息。综合分析系统是指支持整个企业信息管理的各种先进信息管理技术，如各种数据统计分析方法、信息传递渠道控制、各种决策模型、模拟程序等。借助于这些先进的信息管理技术能帮助管理部门制定各种决策。

随着企业决策信息支持系统的信息收集、处理、传递实现计算机化，促使决策信息支持系统实现信息收集制度化、形式标准化、内容系统化、存储档案化、传递规范化，从而大大提高信息的可靠性和时效性，为管理者进行科学决策提供前提条件和实施的保证。

练习题

1. 举例说明敏感度分析的意义。

2. 在决策过程中如何对情报自身价值进行评价?

3. 怎样组织好决策方案的实施?

4. 简述多指标决策分析的特征与分析思路。

5. 解释下列名词：敏感度分析、完全信息价值、多指标决策分析、追踪决策、货币时间价值、资本预算分析。

附表一

标准正态分布表

$$\Phi(x)=\int_{-\infty}^{x}\frac{1}{\sqrt{2\pi}}e^{-\frac{x^2}{2}}dx$$

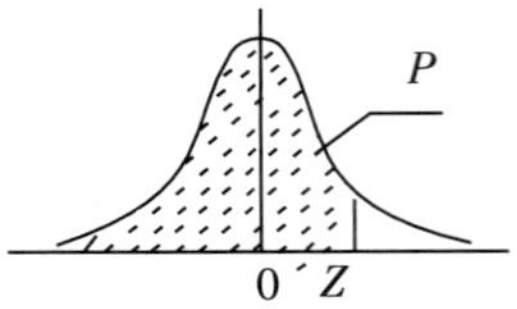

x	0.00	0.01	0.02	0.03	0.04
0.0	0.500 000	0.503 989	0.507 978	0.511 966	0.515 953
0.1	0.539 828	0.543 795	0.547 758	0.551 717	0.555 670
0.2	0.579 260	0.583 166	0.587 064	0.590 954	0.594 835
0.3	0.617 911	0.621 720	0.625 516	0.629 300	0.633 072
0.4	0.655 422	0.659 097	0.662 757	0.666 402	0.670 031
0.5	0.691 462	0.694 974	0.698 468	0.701 944	0.705 401
0.6	0.725 747	0.729 069	0.732 371	0.735 653	0.738 914
0.7	0.758 036	0.761 148	0.764 238	0.767 305	0.770 350
0.8	0.788 145	0.791 030	0.793 892	0.796 731	0.799 546
0.9	0.815 940	0.818 589	0.821 214	0.823 814	0.826 391
1.0	0.841 345	0.843 752	0.846 136	0.848 495	0.850 830
1.1	0.864 334	0.866 500	0.868 643	0.870 762	0.872 857
1.2	0.884 930	0.886 861	0.888 768	0.890 651	0.892 512
1.3	0.903 200	0.904 902	0.906 582	0.908 241	0.909 877
1.4	0.919 243	0.920 730	0.922 196	0.923 641	0.925 066
1.5	0.933 193	0.934 478	0.935 745	0.936 992	0.938 220
1.6	0.945 201	0.946 301	0.947 384	0.948 449	0.949 497
1.7	0.955 435	0.956 367	0.957 284	0.958 185	0.959 070
1.8	0.964 070	0.964 852	0.965 620	0.966 375	0.967 116
1.9	0.971 283	0.971 933	0.972 571	0.973 197	0.973 810
2.0	0.977 250	0.977 784	0.978 308	0.978 822	0.979 325
2.1	0.982 136	0.982 571	0.982 997	0.983 414	0.983 823
2.2	0.986 097	0.986 447	0.986 791	0.987 126	0.987 455
2.3	0.989 276	0.989 556	0.989 830	0.990 097	0.990 358
2.4	0.991 802	0.992 024	0.992 240	0.992 451	0.992 656

0.05	0.06	0.07	0.08	0.09
0.519 939	0.523 922	0.527 903	0.531 881	0.535 856
0.559 618	0.563 559	0.567 495	0.571 424	0.575 345
0.598 706	0.602 568	0.606 420	0.610 261	0.614 092
0.636 831	0.640 576	0.644 309	0.648 027	0.651 732
0.673 645	0.677 242	0.680 822	0.684 386	0.687 933
0.708 840	0.712 260	0.715 661	0.719 043	0.722 405
0.742 154	0.745 373	0.748 571	0.751 748	0.754 903
0.773 373	0.776 373	0.779 350	0.782 305	0.785 236
0.802 337	0.805 105	0.807 850	0.810 570	0.813 267
0.828 944	0.831 472	0.833 977	0.836 457	0.838 913
0.853 141	0.855 428	0.857 690	0.859 929	0.862 143
0.874 928	0.876 976	0.879 000	0.881 000	0.882 977
0.894 350	0.896 165	0.897 958	0.899 727	0.901 475
0.911 492	0.913 085	0.914 657	0.916 207	0.917 736
0.926 471	0.927 855	0.929 219	0.930 563	0.931 888
0.939 429	0.940 620	0.941 792	0.942 947	0.944 083
0.950 529	0.951 543	0.952 540	0.953 521	0.954 486
0.959 941	0.960 796	0.961 636	0.962 462	0.963 273
0.967 843	0.968 557	0.969 258	0.969 946	0.970 621
0.974 412	0.975 002	0.975 581	0.976 148	0.976 705
0.979 818	0.980 301	0.980 774	0.981 237	0.981 691
0.984 222	0.984 614	0.984 997	0.985 371	0.985 738
0.987 776	0.988 089	0.988 396	0.988 696	0.988 989
0.990 613	0.990 863	0.991 106	0.991 344	0.991 576
0.992 857	0.993 053	0.993 244	0.993 431	0.993 613

续前表

x	0.00	0.01	0.02	0.03	0.04
2.5	0.993 790	0.993 963	0.994 132	0.994 297	0.994 457
2.6	0.995 339	0.995 473	0.995 604	0.995 731	0.995 855
2.7	0.996 533	0.996 636	0.996 736	0.996 833	0.996 928
2.8	0.997 445	0.997 523	0.997 599	0.997 673	0.997 744
2.9	0.998 134	0.998 193	0.998 250	0.998 305	0.998 359
3.0	0.998 650	0.998 694	0.998 736	0.998 777	0.998 817
3.1	0.999 032	0.999 065	0.999 096	0.999 126	0.999 155
3.2	0.999 313	0.999 336	0.999 359	0.999 381	0.999 402
3.3	0.999 517	0.999 534	0.999 550	0.999 566	0.999 581
3.4	0.999 663	0.999 675	0.999 687	0.999 698	0.999 709
3.5	0.999 767	0.999 776	0.999 784	0.999 792	0.999 800
3.6	0.999 841	0.999 847	0.999 853	0.999 858	0.999 864
3.7	0.999 892	0.999 896	0.999 900	0.999 904	0.999 908
3.8	0.999 928	0.999 931	0.999 933	0.999 936	0.999 938
3.9	0.999 952	0.999 954	0.999 956	0.999 958	0.999 959
4.0	0.999 968	0.999 970	0.999 971	0.999 972	0.999 973
4.1	0.999 979	0.999 980	0.999 981	0.999 982	0.999 983
4.2	0.999 987	0.999 987	0.999 988	0.999 988	0.999 989
4.3	0.999 991	0.999 992	0.999 992	0.999 993	0.999 993
4.4	0.999 995	0.999 995	0.999 995	0.999 995	0.999 996
4.5	0.999 997	0.999 997	0.999 997	0.999 997	0.999 997
4.6	0.999 998	0.999 998	0.999 998	0.999 998	0.999 998
4.7	0.999 999	0.999 999	0.999 999	0.999 999	0.999 999
4.8	0.999 999	0.999 999	0.999 999	0.999 999	0.999 999
4.9	1.000 000	1.000 000	1.000 000	1.000 000	1.000 000

0.05	0.06	0.07	0.08	0.09
0.994 614	0.994 766	0.994 915	0.995 060	0.995 201
0.995 975	0.996 093	0.996 207	0.996 319	0.996 427
0.997 020	0.997 110	0.997 197	0.997 282	0.997 365
0.997 814	0.997 882	0.997 948	0.998 012	0.998 074
0.998 411	0.998 462	0.998 511	0.998 559	0.998 605
0.998 856	0.998 893	0.998 930	0.998 965	0.998 999
0.999 184	0.999 211	0.999 238	0.999 264	0.999 289
0.999 423	0.999 443	0.999 462	0.999 481	0.999 499
0.999 596	0.999 610	0.999 624	0.999 638	0.999 651
0.999 720	0.999 730	0.999 740	0.999 749	0.999 758
0.999 807	0.999 815	0.999 822	0.999 828	0.999 835
0.999 869	0.999 874	0.999 879	0.999 883	0.999 888
0.999 912	0.999 915	0.999 918	0.999 922	0.999 925
0.999 941	0.999 943	0.999 946	0.999 948	0.999 950
0.999 961	0.999 963	0.999 964	0.999 966	0.999 967
0.999 974	0.999 975	0.999 976	0.999 977	0.999 978
0.999 983	0.999 984	0.999 985	0.999 985	0.999 986
0.999 989	0.999 990	0.999 990	0.999 991	0.999 991
0.999 993	0.999 993	0.999 994	0.999 994	0.999 994
0.999 996	0.999 996	0.999 996	0.999 996	0.999 996
0.999 997	0.999 997	0.999 998	0.999 998	0.999 998
0.999 998	0.999 998	0.999 998	0.999 999	0.999 999
0.999 999	0.999 999	0.999 999	0.999 999	0.999 999
0.999 999	0.999 999	0.999 999	0.999 999	0.999 999
1.000 000	1.000 000	1.000 000	1.000 000	1.000 000

说明：本表对于 x 给出正态分布函数 $\Phi(x)$ 的数值。例如，对于 $x=1.33$，$\Phi(x)=0.908\ 241$。

附表二

t 分布表

$$P\{t(n)>t_{\alpha}(n)\}=\alpha$$

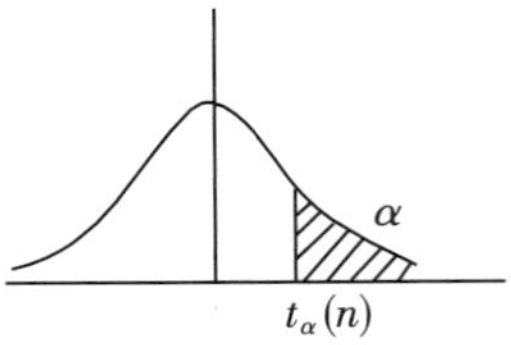

自由度 n	α=2.5	0.10	0.05	0.025	0.01	0.005
1	1.000 0	3.077 7	6.313 8	12.706 2	31.820 7	63.657 4
2	0.816 5	1.885 6	2.920 0	4.302 7	6.964 6	9.924 8
3	0.764 9	1.637 7	2.353 4	3.182 4	4.540 7	5.840 9
4	0.740 7	1.533 2	2.131 8	2.776 4	3.746 9	4.604 1
5	0.726 7	1.475 9	2.015 0	2.570 6	3.364 9	4.032 2
6	0.717 6	1.439 8	1.943 2	2.446 9	3.142 7	3.707 4
7	0.711 1	1.414 9	1.894 6	2.364 6	2.998 0	3.499 5
8	0.706 4	1.396 8	1.859 5	2.306 0	2.896 5	3.355 4
9	0.702 7	1.383 0	1.833 1	2.262 2	2.821 4	3.249 8
10	0.699 8	1.372 2	1.812 5	2.228 1	2.763 8	2.169 3
11	0.697 4	1.363 4	1.795 9	2.201 0	2.718 1	3.105 8
12	0.695 5	1.356 2	1.782 3	2.178 8	2.681 0	3.054 5
13	0.693 8	1.350 2	1.770 9	2.160 4	2.650 3	3.012 3
14	0.692 4	1.345 0	1.761 3	2.144 8	2.624 5	2.976 8
15	0.691 2	1.340 6	1.753 1	2.131 5	2.602 5	2.946 7
16	0.690 1	1.368 8	1.745 9	2.119 9	2.583 5	2.920 8
17	0.689 2	1.333 4	1.739 6	2.109 8	2.566 9	2.898 2
18	0.688 4	1.330 4	1.734 1	2.100 9	2.552 4	2.878 4
19	0.687 6	1.327 7	1.729 1	2.093 0	0.539 5	2.860 9
20	0.687 0	1.325 3	1.724 7	2.086 0	2.528 0	2.845 3
21	0.684 6	1.323 2	1.720 7	2.079 6	2.517 7	2.831 4
22	0.685 8	1.321 2	1.717 1	2.073 9	2.508 3	2.818 8
23	0.685 3	1.319 5	1.713 9	2.068 7	2.499 9	2.807 3
24	0.684 8	1.317 8	1.710 9	2.063 9	2.492 2	2.796 9
25	0.684 4	1.316 3	1.708 1	2.059 5	2.485 1	2.787 4

续前表

自由度 n	α=2.5	0.10	0.05	0.025	0.01	0.005
26	0.684 0	1.315 0	1.705 6	2.055 5	2.478 6	2.778 7
27	0.683 7	1.313 7	1.703 3	2.051 8	2.472 7	2.770 7
28	0.683 4	1.312 5	1.701 1	2.048 4	2.467 1	2.763 3
29	0.683 0	1.311 4	1.699 1	2.045 2	2.462 0	2.756 4
30	0.682 8	1.310 4	1.697 3	2.042 3	2.457 3	2.750 0
31	0.682 5	1.309 5	1.695 5	2.039 5	2.452 8	2.744 0
32	0.682 2	1.308 6	1.693 9	2.036 9	2.448 7	2.738 5
33	0.682 0	1.307 7	1.692 4	2.034 5	2.444 8	2.733 3
34	0.681 8	1.307 0	1.690 9	2.032 2	2.441 1	2.728 4
35	0.681 6	1.306 2	1.689 6	2.030 1	2.437 7	2.723 8
36	0.681 4	1.305 5	1.688 3	2.028 1	2.454 3	2.719 5
37	0.681 2	1.304 9	1.687 1	2.026 2	2.431 4	2.715 4
38	0.681 0	1.304 2	1.686 0	2.024 4	2.428 6	2.711 6
39	0.680 8	1.303 6	1.684 9	2.022 7	2.425 8	2.707 9
40	0.680 7	1.303 0	1.683 9	2.021 1	2.423 3	2.704 5
41	0.680 5	1.302 5	1.682 9	2.019 5	2.420 8	2.701 2
42	0.680 4	1.302 0	1.682 0	2.018 1	2.418 5	2.698 1
43	0.680 2	1.301 6	1.681 1	2.016 7	2.416 3	2.695 1
44	0.680 1	1.301 1	1.680 2	2.015 4	2.414 1	2.692 3
45	0.680 0	1.300 6	1.679 4	2.014 1	2.412 1	2.689 6

附表三

χ^2 分布表

$P\{(x^2)(n) > Z_\alpha^2(n)\} = \alpha$

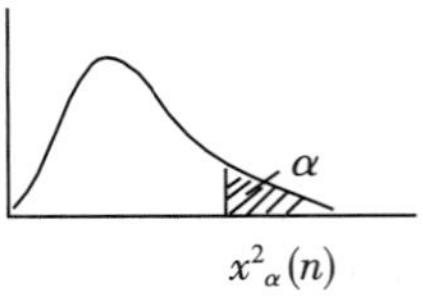

n	α=0.995	0.99	0.975	0.95	0.90	0.75
1	—	—	0.001	0.004	0.016	0.102
2	0.010	0.020	0.051	0.103	0.211	0.575
3	0.072	0.115	0.216	0.352	0.584	1.213
4	0.207	0.297	0.484	0.711	1.064	1.923
5	0.412	0.554	0.831	1.145	1.610	2.675
6	0.676	0.872	1.237	1.635	2.204	3.455
7	0.989	1.239	1.690	2.167	2.833	4.255
8	1.344	1.646	2.180	2.733	3.490	5.071
9	1.735	2.088	2.700	3.325	4.168	5.899
10	2.156	2.558	3.247	3.940	4.865	6.737
11	2.603	3.053	3.816	4.575	5.578	7.584
12	3.047	3.571	4.404	5.226	6.304	8.438
13	3.565	4.107	5.009	5.892	7.042	9.299
14	4.075	4.660	5.629	6.571	7.790	10.165
15	4.601	5.229	6.262	7.261	8.547	11.037
16	5.142	5.812	6.908	7.962	9.312	11.912
17	5.697	6.408	7.564	8.672	10.085	12.792
18	6.265	7.015	8.231	9.390	10.865	13.675
19	6.844	7.633	8.907	10.117	11.651	14.562
20	7.434	8.260	9.591	10.851	12.443	15.452
21	8.034	8.897	10.283	11.591	13.240	16.344
22	8.643	9.542	10.982	12.338	14.042	17.240
23	9.260	10.196	11.689	13.091	14.848	18.137
24	9.886	10.856	12.401	13.848	15.659	19.037
25	10.520	11.524	13.120	14.611	16.473	19.939

α=0.25	0.10	0.05	0.025	0.01	0.005
1.323	2.706	3.841	5.024	6.635	7.879
2.773	4.605	5.991	7.378	9.210	10.597
4.108	6.251	7.815	9.348	11.345	12.838
5.385	7.779	9.448	11.143	13.277	14.806
6.626	9.236	11.072	12.833	15.086	16.750
7.841	10.645	12.592	14.449	16.812	18.548
9.037	12.017	14.067	16.013	18.475	20.278
10.219	13.362	15.507	17.535	20.090	21.955
11.389	14.684	16.919	19.023	21.666	23.589
12.549	15.987	18.307	20.483	23.209	25.188
13.701	17.275	19.675	21.920	24.725	26.757
14.845	18.549	21.026	23.337	26.217	28.299
15.984	19.812	22.362	24.736	27.688	29.819
17.117	21.064	23.685	26.119	29.141	31.319
18.245	22.307	24.996	27.488	30.578	32.801
19.369	23.542	26.296	28.845	32.000	34.267
20.489	24.769	27.587	30.191	33.409	35.718
21.605	29.989	28.869	31.526	34.805	37.156
22.718	27.204	30.144	32.852	36.191	38.582
23.828	28.412	31.410	34.170	37.566	39.997
24.935	29.615	32.671	35.479	38.932	41.401
26.039	30.813	33.924	36.781	40.289	42.796
27.141	32.007	35.172	38.076	41.638	44.181
28.241	33.196	36.415	39.364	42.980	45.559
29.339	34.382	37.652	40.646	44.314	46.928

续前表

n	α=0.995	0.99	0.975	0.95	0.90	0.75
26	11.160	12.198	13.844	15.379	17.292	20.843
27	11.808	12.879	14.573	16.151	18.114	21.749
28	12.461	13.565	15.308	16.928	18.939	22.657
29	13.121	14.257	16.047	17.708	19.768	23.567
30	13.787	14.954	16.791	18.493	20.599	24.478
31	14.458	15.655	17.539	19.281	21.434	25.390
32	15.134	16.362	18.291	20.072	22.271	26.304
33	15.815	17.074	19.047	20.867	23.110	27.219
34	16.501	17.789	19.806	21.664	23.952	28.136
35	17.192	18.509	20.569	22.465	24.797	29.054
36	17.887	19.233	21.336	23.269	25.643	29.973
37	18.586	19.960	22.106	24.075	26.492	30.893
38	19.289	20.691	22.878	24.884	27.343	31.815
39	19.996	21.426	23.654	25.695	28.196	32.737
40	20.707	22.164	24.433	26.509	29.051	33.660
41	21.421	22.906	25.215	27.326	29.907	34.585
42	22.138	23.650	25.999	28.144	30.765	35.510
43	22.859	24.398	26.785	28.965	31.625	36.436
44	23.584	25.148	27.575	29.787	32.487	37.363
45	24.311	25.901	28.366	30.621	33.350	38.291

α=0.25	0.10	0.05	0.025	0.01	0.005
30.435	35.563	38.885	41.923	45.642	48.290
31.528	36.741	40.113	43.194	46.963	49.645
32.620	37.916	41.337	44.461	48.278	50.993
33.711	39.087	42.557	45.722	49.588	52.336
34.800	40.256	43.773	46.949	50.892	53.672
35.887	41.422	44.985	48.232	52.191	55.003
36.973	42.585	46.194	49.480	53.486	56.328
38.058	43.745	47.400	50.725	54.776	57.648
39.141	44.903	48.602	51.966	56.061	58.964
40.223	46.059	49.802	53.203	57.342	60.275
41.304	47.212	50.998	54.437	58.619	61.581
42.383	48.363	52.192	55.668	59.892	62.883
43.462	49.513	53.384	56.896	61.162	64.181
44.539	50.660	54.572	58.120	62.428	65.476
45.616	51.805	55.758	59.342	63.691	66.766
46.692	52.949	56.942	60.561	64.950	68.053
47.766	54.090	58.124	61.777	66.206	69.336
48.840	55.230	59.354	62.990	67.459	70.616
49.913	56.369	60.481	46.201	68.710	71.893
40.985	57.505	61.656	65.410	69.957	73.166

附表四

F 分布表

$$P\{F(n_1, n_2) > F_\alpha(n_1, n_2)\} = \alpha$$

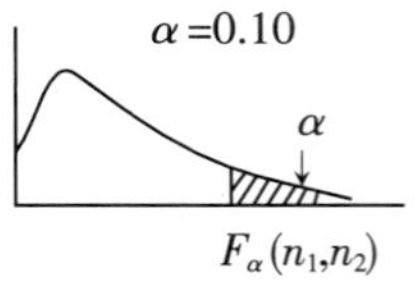

（α=0.10）

n_2 \ n_1	1	2	3	4	5	6	7	8	9	10
1	39.86	49.50	53.59	55.83	57.24	58.20	58.91	59.44	59.86	60.19
2	8.53	9.00	9.16	9.24	9.29	9.33	9.35	9.37	9.38	9.39
3	5.54	5.46	5.39	5.34	5.31	5.28	5.27	5.25	5.24	5.23
4	4.54	4.32	4.19	4.11	4.05	4.01	3.98	3.95	3.94	3.92
5	4.06	3.78	3.62	3.52	3.45	3.40	3.37	3.34	3.32	3.30
6	3.78	3.46	3.29	3.18	3.11	3.05	3.01	2.98	2.96	2.94
7	3.59	3.26	3.07	2.96	2.88	2.83	2.78	2.57	2.72	2.70
8	3.46	3.11	2.92	2.81	2.73	2.67	2.62	2.95	2.56	2.54
9	3.36	3.01	2.81	2.69	2.61	2.55	2.51	2.47	2.44	2.42
10	3.29	2.92	2.73	2.61	2.52	2.46	2.41	2.38	2.35	2.32
11	3.23	2.86	2.66	2.54	2.45	2.39	2.34	2.30	2.27	2.25
12	3.18	2.81	2.61	2.48	2.39	2.33	2.38	2.24	2.21	2.19
13	3.14	2.76	5.56	2.43	2.35	2.28	2.23	2.20	2.16	2.14
14	3.10	2.73	2.52	2.39	2.31	2.24	2.19	2.15	2.12	2.10
15	3.07	2.70	2.49	2.36	2.27	2.21	2.16	2.12	2.09	2.06
16	3.05	2.67	2.46	2.33	2.24	2.18	2.13	2.09	2.06	2.03
17	3.03	2.64	2.44	2.31	2.22	2.15	2.10	2.06	2.03	2.00
18	3.01	2.62	2.42	2.29	2.20	2.13	2.08	2.04	2.00	1.98
19	2.99	2.61	2.40	2.27	2.18	2.11	2.06	2.02	1.98	1.96
20	2.97	2.59	2.38	2.25	2.16	2.09	2.04	2.00	1.96	1.94
21	2.96	2.57	2.36	2.23	2.14	2.08	2.02	1.98	1.95	1.92
22	2.95	2.56	2.35	2.22	2.13	2.06	2.01	1.97	1.93	1.90
23	2.94	2.55	2.34	2.21	2.11	2.05	1.99	1.95	1.92	1.89
24	2.93	2.54	2.33	2.19	2.10	2.04	1.98	1.94	1.91	1.88
25	2.92	2.53	2.32	2.18	2.09	2.02	1.97	1.93	1.89	1.87
26	2.91	2.52	2.31	2.17	2.08	2.01	1.96	1.92	1.88	1.86
27	2.90	2.51	2.30	2.17	2.07	2.00	1.95	1.91	1.87	1.85
28	2.89	2.50	2.29	2.16	2.06	2.00	1.94	1.90	1.87	1.84
29	2.89	2.50	2.28	2.15	2.06	1.99	1.93	1.89	1.86	1.83
30	2.89	2.49	2.28	2.14	2.05	1.98	1.93	1.88	1.85	1.82
40	2.84	2.44	2.23	2.09	2.00	1.93	1.87	1.83	1.79	1.76
60	2.79	2.39	2.18	2.04	1.95	1.87	1.82	1.77	1.74	1.71
120	2.75	2.35	2.13	1.99	1.90	1.82	1.77	1.72	1.68	1.60
∞	2.71	2.30	2.08	1.94	1.85	1.77	1.72	1.67	1.63	1.65

12	15	20	24	30	40	60	120	∞
60.71	61.22	61.74	62.00	62.26	62.53	62.79	63.06	63.33
9.41	9.42	9.44	9.45	9.46	9.47	9.47	9.48	9.49
5.22	5.20	5.18	5.18	5.17	5.16	5.15	5.14	5.13
3.90	3.87	3.84	3.83	3.82	3.80	3.79	3.78	3.72
3.27	3.24	3.21	3.19	3.17	3.16	3.14	3.12	3.10
2.90	2.87	2.84	2.82	2.80	2.78	2.76	2.74	2.72
2.67	2.63	2.59	2.58	2.56	2.54	2.51	2.49	2.47
2.50	2.46	2.42	2.40	2.38	2.36	2.34	2.32	2.29
2.38	2.34	2.30	2.28	2.25	2.23	2.21	2.18	2.16
2.28	2.24	2.20	2.18	2.16	2.13	2.11	2.08	2.06
2.21	2.17	2.12	2.10	2.08	2.05	2.03	2.00	1.97
2.15	2.10	2.06	2.04	2.01	1.99	1.96	1.93	1.90
2.10	2.05	2.01	1.98	1.96	1.93	1.90	1.88	1.85
2.05	2.01	2.96	1.94	1.91	1.89	1.86	1.83	1.80
2.02	1.97	1.92	1.90	1.87	1.85	1.82	1.79	1.76
1.99	1.94	1.89	1.87	1.84	1.81	1.78	1.75	1.72
1.96	1.91	1.86	1.84	1.81	1.78	1.75	1.72	1.69
1.93	1.89	1.84	1.81	1.78	1.75	1.72	1.69	1.66
1.91	1.86	1.81	1.79	1.76	1.73	1.70	1.67	1.63
1.89	1.84	1.79	1.77	1.74	1.71	1.68	1.64	1.61
1.87	1.83	1.78	1.75	1.72	1.69	1.66	1.62	1.59
1.86	1.81	1.76	1.73	1.70	1.67	1.64	1.60	1.57
1.84	1.80	1.74	1.72	1.69	1.66	1.62	1.59	1.55
1.83	1.78	1.73	1.70	1.67	1.64	1.61	1.57	1.53
1.82	1.77	1.72	1.69	1.66	1.63	1.59	1.56	1.52
1.81	1.76	1.71	1.68	1.65	1.61	1.58	1.54	1.50
1.80	1.75	1.70	1.67	1.64	1.60	1.57	1.53	1.49
1.79	1.74	1.69	1.66	1.63	1.59	1.56	1.52	1.48
1.78	1.73	1.68	1.65	1.62	1.58	1.55	1.51	1.47
1.77	1.72	1.67	1.64	1.61	1.57	1.54	1.50	1.46
1.71	1.66	1.61	1.57	1.54	1.51	1.47	1.42	1.38
1.66	1.60	1.54	1.51	1.48	1.44	1.40	1.35	1.29
1.60	1.55	1.48	1.45	1.41	1.37	1.32	1.26	1.19
1.55	1.49	1.42	1.38	1.34	1.30	1.24	1.17	1.00

续前表

(α=0.05)

n_2 \ n_1	1	2	3	4	5	6	7	8	9	10
1	161.40	199.50	215.70	224.60	230.20	234.00	236.80	238.90	240.50	241.90
2	18.51	19.00	19.16	19.25	19.30	19.33	19.35	19.37	19.38	19.40
3	10.13	9.55	9.28	9.12	9.01	8.94	8.89	8.85	8.81	8.79
4	7.71	6.94	6.59	6.39	6.26	6.16	6.09	6.04	6.00	5.96
5	6.61	5.79	5.41	5.19	5.05	4.95	4.88	4.82	4.77	4.74
6	5.99	5.14	4.76	4.53	4.39	4.28	4.21	4.15	4.10	4.06
7	5.59	4.74	4.35	4.12	3.97	3.87	3.79	3.73	3.68	3.64
8	5.32	4.46	4.07	3.84	3.69	3.58	3.50	3.44	3.39	3.35
9	5.12	4.26	3.86	3.63	3.48	3.37	3.29	3.23	3.18	3.14
10	4.96	4.10	3.71	3.48	3.33	3.22	3.14	3.07	3.02	2.98
11	4.84	3.98	3.59	3.36	3.20	3.09	3.01	2.95	2.90	2.85
12	4.75	3.89	3.49	3.26	3.11	3.00	2.91	2.85	2.80	2.75
13	4.67	3.81	3.41	3.18	3.03	2.92	2.83	2.77	2.71	2.67
14	4.60	3.74	3.34	3.11	2.96	2.85	2.76	2.70	2.65	2.60
15	4.54	3.68	3.29	3.06	2.90	2.79	2.71	2.64	2.59	2.54
16	4.49	3.63	3.24	3.01	2.85	2.74	2.66	2.59	2.54	2.49
17	4.45	3.59	3.20	2.96	2.81	2.70	2.61	2.55	2.49	2.45
18	4.41	3.55	3.16	2.93	2.77	2.66	2.58	2.51	4.46	2.41
19	4.38	3.52	3.13	2.90	2.74	2.63	2.54	2.48	2.42	2.33
20	4.35	3.49	3.10	2.87	2.71	2.60	2.51	2.45	2.39	2.35
21	4.32	3.47	3.07	2.84	2.68	2.57	2.49	2.42	2.37	2.32
22	4.30	3.44	3.05	2.82	2.66	2.55	2.46	2.40	2.34	2.30
23	4.28	3.42	3.03	2.80	2.64	2.53	2.44	2.37	2.32	2.27
24	4.26	3.40	3.01	2.78	2.62	2.51	2.42	2.36	2.30	2.25
25	4.24	3.39	2.99	2.76	2.60	2.49	2.40	2.34	2.28	2.24
26	4.23	3.37	2.98	2.74	2.59	2.47	2.39	2.32	2.27	2.22
27	4.21	3.35	2.95	2.73	2.57	2.46	2.37	2.31	2.25	2.20
28	4.20	3.34	2.96	2.71	2.56	2.45	2.36	2.29	2.24	2.19
29	4.18	3.33	2.93	2.70	2.55	2.43	2.35	2.23	2.22	2.18
30	4.17	3.32	2.92	2.69	2.53	2.42	2.33	2.27	2.21	2.16
40	4.08	3.23	2.84	2.61	2.45	2.34	2.25	2.18	2.12	2.08
60	4.00	3.15	2.76	2.53	2.37	2.25	2.17	2.10	2.04	1.99
120	3.92	3.07	2.68	2.45	2.29	2.17	2.02	2.09	1.96	1.91
∞	3.84	3.00	2.60	2.37	2.21	2.10	2.01	1.94	1.88	1.83

12	15	20	24	30	40	60	120	∞
243.9	245.9	248.0	249.1	250.1	251.1	252.3	253.3	254.3
19.41	19.43	19.45	19.45	19.46	19.47	19.48	19.49	19.50
8.74	8.70	8.66	8.64	8.62	8.59	8.57	8.55	8.53
5.91	5.86	5.80	5.77	5.75	5.72	5.69	5.66	5.63
4.68	4.62	4.56	4.53	4.50	4.46	4.43	4.40	4.36
4.00	3.94	3.87	3.84	3.81	3.77	3.74	3.70	3.67
3.57	3.51	3.44	3.41	3.83	3.34	3.30	3.27	3.23
3.28	3.22	3.15	3.12	3.08	3.04	3.01	2.97	2.93
3.07	3.01	2.94	2.90	2.86	2.83	2.79	2.75	2.71
2.91	2.85	2.77	2.74	2.70	2.66	2.62	2.58	2.54
2.79	2.72	2.65	2.61	2.57	2.53	2.49	2.45	2.40
2.69	2.62	2.54	2.51	2.47	2.43	2.38	2.34	2.30
2.60	2.53	2.46	2.42	2.38	2.34	2.30	2.25	2.21
2.53	2.46	2.39	2.35	2.31	2.27	2.22	2.18	2.13
2.48	2.40	2.33	2.29	2.25	2.20	2.16	2.11	2.07
2.42	2.35	2.28	2.24	2.19	2.15	2.11	2.06	2.01
2.38	2.31	2.23	2.19	2.15	2.10	2.06	2.01	1.96
2.34	2.27	2.19	2.15	2.11	2.06	2.02	1.97	1.92
2.31	2.23	2.16	2.11	2.07	2.03	1.98	1.93	1.88
2.28	2.20	2.12	2.08	2.04	1.99	1.95	1.90	1.84
2.25	2.18	2.10	2.05	2.01	1.96	1.92	1.87	1.81
2.23	2.15	2.07	2.03	1.98	1.94	1.89	1.84	1.78
2.20	2.13	2.05	2.01	1.96	1.91	1.86	1.81	1.76
2.18	2.11	2.03	1.98	1.94	1.89	1.84	1.79	1.73
2.16	2.09	2.01	1.96	1.93	1.87	1.82	1.77	1.71
2.15	2.07	1.99	1.95	1.90	1.85	1.80	1.75	1.69
2.13	2.06	1.97	1.93	1.88	1.84	1.79	1.73	1.67
2.12	2.04	1.96	1.91	1.87	1.82	1.77	1.71	1.65
2.10	2.03	1.94	1.90	1.85	1.81	1.75	1.70	1.64
2.09	2.01	1.93	1.89	1.84	1.79	1.71	1.68	1.62
2.00	1.92	1.84	1.79	1.74	1.69	1.64	1.58	1.51
1.92	1.84	1.75	1.70	1.65	1.59	1.53	1.47	1.39
1.83	1.75	1.66	1.61	1.55	1.50	1.43	1.35	1.25
1.75	1.67	1.57	1.52	1.46	1.39	1.32	1.22	1.00

续前表

(α=0.025)

n_2 \ n_1	1	2	3	4	5	6	7	8	9	10
1	647.8	799.5	864.2	899.6	921.8	937.1	948.2	956.7	963.3	968.6
2	38.51	39.00	39.17	39.25	39.30	39.33	39.86	39.37	39.39	39.40
3	17.44	16.04	15.44	15.10	14.88	14.73	14.62	14.54	14.47	14.42
4	12.22	10.65	9.98	9.60	9.36	9.20	9.07	8.98	8.90	8.84
5	10.01	8.43	7.76	7.39	7.15	6.98	6.85	6.76	6.68	6.62
6	8.81	7.26	6.60	6.23	5.99	5.82	5.70	5.60	5.52	5.45
7	8.07	6.54	5.89	5.52	5.29	5.12	4.99	4.90	4.82	4.76
8	7.57	6.06	5.42	5.05	4.82	4.65	4.53	4.43	4.36	4.30
9	7.21	5.71	5.08	4.72	4.48	4.32	4.20	4.10	4.03	3.96
10	6.94	5.46	4.83	4.47	4.24	4.07	3.95	3.85	3.78	3.72
11	6.72	5.26	4.63	4.28	4.04	3.88	3.76	3.66	4.59	3.53
12	6.55	5.10	4.47	4.12	3.89	3.73	3.61	3.51	3.44	3.37
13	6.41	4.97	4.35	4.00	3.77	3.60	3.48	3.39	3.31	3.25
14	6.30	4.86	4.24	3.89	3.66	3.50	3.38	3.29	3.21	3.15
15	6.20	4.77	4.15	3.80	3.58	3.41	3.29	3.20	3.12	3.06
16	6.12	4.69	4.08	3.73	3.50	3.34	3.22	3.12	3.05	2.99
17	6.04	4.62	4.01	3.66	3.44	3.28	3.16	3.06	2.98	2.92
18	5.98	4.56	3.95	3.61	3.38	3.22	3.10	3.01	2.92	2.87
19	5.92	4.51	3.90	3.56	3.33	3.17	3.05	2.96	2.88	2.82
20	5.87	4.46	3.86	3.51	3.29	3.13	3.01	2.91	2.84	2.77
21	5.83	4.42	3.82	3.48	3.25	3.09	2.97	2.87	2.80	2.73
22	5.79	4.38	3.78	3.44	3.22	3.05	2.93	2.84	2.76	2.70
23	5.75	4.35	3.75	3.41	3.18	3.02	3.90	2.81	2.73	2.67
24	5.72	4.32	3.72	3.38	3.15	2.99	2.87	2.78	2.70	2.64
25	5.69	4.29	3.69	3.35	3.13	2.97	2.85	2.75	2.68	2.61
26	5.66	4.27	3.67	3.33	3.10	2.94	2.82	2.73	2.65	2.59
27	5.63	4.24	3.65	3.31	3.08	2.92	2.80	2.71	2.63	2.57
28	5.61	4.22	3.63	3.29	3.06	2.90	2.78	2.69	2.61	2.55
29	5.59	4.20	3.61	3.27	3.04	2.88	2.76	2.67	2.59	2.53
30	5.57	4.18	3.59	3.25	3.03	2.87	2.75	2.65	2.57	2.51
40	5.42	4.05	3.46	3.13	2.90	2.74	2.62	2.53	2.45	2.39
60	5.29	3.93	3.34	3.01	2.79	2.63	2.51	2.41	2.33	2.27
120	5.15	3.80	3.23	2.89	2.67	2.52	2.39	2.30	2.22	2.16
∞	5.02	3.69	3.12	2.79	2.57	2.41	2.29	2.19	2.11	2.05

12	15	20	24	30	40	60	120	∞
976.7	984.9	993.1	997.2	1 001	1 006	1 010	1 014	1 018
39.41	39.43	39.45	39.46	39.46	39.47	39.48	39.49	39.50
14.34	14.25	14.17	14.12	14.08	14.04	13.99	13.95	13.90
8.75	8.66	8.65	8.51	8.46	8.41	8.36	8.31	8.26
6.52	6.34	6.33	6.28	6.32	6.18	6.12	6.07	6.02
5.37	5.27	5.17	5.12	5.07	5.01	4.96	4.90	4.85
4.67	4.57	4.47	4.42	4.36	4.31	4.25	4.20	4.14
4.20	4.10	4.00	3.95	3.89	3.84	3.78	3.73	3.67
3.87	3.77	3.67	3.61	3.56	3.51	3.45	3.39	3.33
3.62	3.52	3.42	3.37	3.31	3.26	3.20	3.14	3.08
3.43	3.33	3.23	3.17	3.12	3.06	3.00	2.94	2.88
3.28	3.18	3.07	3.02	2.96	2.91	2.85	2.79	2.72
3.15	3.05	2.95	2.89	2.84	2.78	2.72	2.66	2.60
3.05	2.95	2.84	2.79	2.73	2.67	2.61	2.55	2.49
2.96	2.86	2.76	2.70	2.64	2.59	2.52	2.46	2.40
2.89	2.79	2.68	2.63	2.57	2.51	2.45	2.38	2.32
2.82	2.72	2.62	2.56	2.50	2.44	2.38	2.32	2.25
2.77	2.67	2.56	2.50	2.44	2.38	2.32	2.26	2.19
2.72	2.62	2.51	2.45	2.39	2.33	2.27	2.20	2.13
2.68	2.57	2.46	2.41	2.35	2.29	2.22	2.16	2.09
2.64	2.53	2.42	2.37	2.31	2.95	2.18	2.11	2.04
2.60	2.50	2.39	2.33	2.27	2.21	2.14	2.08	2.00
2.57	2.47	2.30	2.36	2.24	2.18	2.11	2.04	1.97
2.54	2.44	2.33	2.27	2.21	2.15	2.08	2.01	1.94
2.51	2.41	2.30	2.24	2.18	2.12	2.05	1.98	1.91
2.49	2.39	2.28	2.22	2.16	2.09	2.03	1.95	1.88
2.47	2.36	2.25	2.19	2.13	2.07	2.00	1.93	1.85
2.45	2.34	2.23	2.17	2.11	2.05	1.98	1.91	1.83
2.43	2.32	2.21	2.15	2.09	2.03	1.96	1.89	1.81
2.41	2.31	2.20	2.14	2.07	2.01	1.94	1.87	1.79
2.29	2.18	2.07	2.01	1.94	1.88	1.80	1.72	1.64
2.17	2.06	1.94	1.88	1.82	1.74	1.67	1.58	1.48
2.05	1.94	1.82	1.76	1.69	1.61	1.53	1.43	1.31
1.94	1.83	1.77	1.64	1.57	1.48	1.39	1.27	1.00

续前表 （$\alpha=0.01$）

n_2 \ n_1	1	2	3	4	5	6	7	8	9	10
1	4 052	4 999.5	5 403	5 625	5 764	5 859	5 928	5 982	6 022	60.56
2	98.50	99.00	99.17	99.25	99.30	99.33	99.36	99.37	99.39	99.40
3	34.12	30.82	29.46	28.71	28.24	27.91	27.67	27.49	27.35	27.23
4	21.20	18.00	16.69	15.98	15.52	15.21	14.98	14.80	14.66	14.55
5	16.26	13.27	12.06	11.39	10.97	10.67	10.46	10.29	10.16	10.05
6	13.75	10.92	9.78	9.15	8.75	8.47	8.26	8.10	7.98	7.87
7	12.25	9.55	8.45	7.85	7.46	7.19	6.99	6.84	6.72	6.62
8	11.26	8.65	7.59	7.01	6.63	6.37	6.18	6.03	5.91	5.81
9	10.56	8.02	6.99	6.42	6.06	5.80	5.61	2.47	5.35	5.26
10	10.04	7.56	6.55	5.99	5.64	5.39	5.20	5.06	4.94	4.85
11	9.65	7.21	6.22	5.67	5.32	5.07	4.98	4.47	4.63	4.54
12	9.33	6.93	5.95	5.41	5.06	4.82	4.64	4.50	4.39	4.30
13	9.07	6.70	5.74	5.21	4.86	4.62	4.44	4.30	4.19	3.10
14	8.86	6.51	5.56	5.04	4.69	4.46	4.28	4.14	4.03	3.94
15	8.68	6.36	5.42	4.89	4.56	4.32	4.14	4.00	3.89	3.80
16	8.53	6.23	5.29	4.77	4.44	4.20	4.03	3.89	3.78	3.69
17	8.40	6.11	5.18	4.67	4.34	4.10	3.93	3.79	3.68	3.59
18	8.29	6.01	5.09	4.58	4.25	4.01	3.84	3.71	3.60	3.51
19	8.18	5.93	5.01	4.50	4.17	3.94	3.77	3.63	3.52	3.43
20	8.10	5.85	4.94	4.43	4.10	3.87	3.70	3.56	3.46	3.37
21	8.02	5.78	4.87	4.37	4.04	3.81	3.64	3.51	3.40	3.31
22	7.95	5.72	4.82	4.31	3.99	3.76	3.59	3.45	3.35	3.26
23	7.88	5.66	4.76	4.26	3.94	3.71	3.54	3.41	3.30	3.21
24	7.82	5.61	4.72	4.22	3.90	3.67	3.50	3.36	3.26	3.17
25	7.77	5.57	4.68	4.18	3.85	3.63	3.46	3.32	3.22	3.13
26	7.72	5.53	4.64	4.14	3.82	3.59	3.42	3.26	3.18	3.09
27	7.68	5.49	4.60	4.11	3.78	3.56	3.39	3.26	3.15	3.06
28	7.64	5.45	4.57	4.07	3.75	3.53	3.36	3.23	3.12	3.03
29	7.60	5.42	4.54	4.04	3.73	3.50	3.33	3.20	3.09	3.00
30	7.56	5.39	4.51	4.02	3.70	3.47	3.30	3.17	3.07	2.98
40	7.31	5.18	4.31	3.83	3.51	3.29	3.12	3.99	2.89	2.80
60	7.08	4.98	4.13	3.65	3.34	3.12	2.95	2.82	2.72	2.63
120	6.85	4.79	3.95	3.48	3.17	2.96	2.79	2.66	2.56	2.47
∞	6.63	4.61	3.78	3.32	3.02	2.80	2.64	2.51	2.41	2.32

12	15	20	24	30	40	60	120	∞
6 106	6 157	6 209	6 235	6 261	6 287	6 313	6 339	6 366
99.42	99.43	99.45	99.46	99.47	99.47	99.48	99.49	99.50
24.05	26.87	26.69	26.60	26.50	26.41	26.32	26.22	26.13
14.37	14.20	14.02	13.93	13.84	13.75	13.65	13.56	13.46
9.89	9.72	9.55	9.47	9.38	9.29	9.20	9.11	9.02
7.72	7.56	7.40	7.31	7.23	7.14	7.06	6.97	6.88
6.47	6.31	6.16	6.07	5.99	5.91	5.82	5.74	5.65
5.67	5.52	5.39	5.28	5.20	5.12	5.03	4.95	4.86
5.11	4.96	4.81	4.73	4.65	4.57	4.48	4.40	4.31
4.71	4.56	4.41	4.33	4.25	4.17	4.08	4.00	3.91
4.40	4.25	4.10	4.02	3.94	3.86	4.78	3.69	3.60
4.16	4.01	3.86	3.78	3.70	3.62	3.54	3.45	3.36
3.96	3.82	3.66	3.59	3.51	3.43	3.34	3.25	3.17
3.80	3.66	3.51	3.43	3.35	3.27	3.18	3.09	3.00
3.67	3.52	3.37	3.29	3.21	3.13	3.05	2.96	2.87
3.55	3.41	3.26	3.18	3.10	3.02	2.93	2.84	2.75
3.46	3.31	3.16	3.08	3.00	2.92	2.83	2.75	2.65
3.37	3.23	3.08	3.00	2.92	2.84	2.75	2.66	2.57
3.30	3.15	3.00	2.92	2.84	2.76	2.67	2.58	2.49
3.23	3.09	2.94	2.86	2.78	2.69	2.61	2.52	2.42
3.17	3.03	2.88	2.80	2.72	2.64	2.55	2.46	2.36
3.12	2.98	2.83	2.75	2.67	2.58	2.50	2.40	2.31
3.07	2.93	2.78	2.70	2.62	2.54	2.45	2.35	2.26
3.03	2.89	2.74	2.66	2.58	2.49	2.40	2.31	2.21
2.99	2.85	2.70	2.62	2.54	2.45	2.36	2.27	2.17
2.96	2.81	2.66	2.58	2.50	2.42	2.33	2.23	2.13
2.93	2.78	2.63	2.55	2.47	2.38	2.29	2.20	2.10
2.90	2.75	2.60	2.52	2.44	2.35	2.26	2.17	2.06
2.87	2.73	2.57	2.49	2.41	2.33	2.23	2.14	2.03
2.84	2.70	2.55	2.47	2.39	2.30	2.21	2.11	2.01
2.66	2.52	2.37	2.29	2.20	2.11	2.02	1.92	1.80
2.50	2.35	2.20	2.12	2.03	1.94	1.84	1.73	1.60
2.34	2.19	2.03	1.95	1.86	1.76	1.66	1.53	1.38
2.18	2.04	1.88	1.79	1.70	1.59	1.47	1.32	1.00

续前表 （α=0.005）

n_2 \ n_1	1	2	3	4	5	6	7	8	9	10
1	16 211	20 000	21 615	22 500	23 056	23 437	23 715	23 925	24 091	24 224
2	198.5	199.0	199.2	199.2	199.3	199.3	199.4	199.4	199.4	199.4
3	55.55	49.80	47.47	46.19	45.39	44.84	44.44	44.13	43.88	43.69
4	31.33	26.28	24.26	23.15	22.46	21.97	21.62	21.35	21.14	20.97
5	22.78	18.31	16.53	15.56	14.94	14.51	14.20	13.96	13.77	13.62
6	18.63	14.54	12.92	12.03	11.46	11.07	10.79	10.57	10.39	10.25
7	16.24	12.40	10.88	10.05	9.52	9.16	8.89	8.68	8.51	8.38
8	14.69	11.04	9.60	8.81	8.30	7.95	7.69	7.50	7.34	7.21
9	13.61	10.11	8.72	7.96	7.47	7.13	6.88	6.69	6.54	6.42
10	12.83	9.43	8.08	7.34	6.87	6.54	6.30	6.12	5.97	5.85
11	12.23	8.91	7.60	6.88	6.42	6.10	5.86	5.68	5.54	5.42
12	11.75	8.51	7.23	6.52	6.07	5.76	5.52	5.35	5.20	5.09
13	11.37	8.19	6.93	6.23	5.79	5.48	5.25	5.08	4.94	4.82
14	11.06	7.92	6.68	6.00	5.56	5.26	5.03	4.86	4.72	4.60
15	10.80	7.70	6.48	5.80	5.37	5.07	4.85	4.67	4.54	4.42
16	10.58	7.51	6.30	5.64	5.21	4.91	4.69	4.52	4.38	4.27
17	10.38	7.35	6.16	5.50	5.07	4.78	4.56	4.39	4.25	4.14
18	10.22	7.21	6.03	5.37	4.96	4.66	4.44	4.28	4.14	4.03
19	10.77	7.09	5.92	5.27	4.85	4.56	4.34	4.18	4.04	3.39
20	9.94	6.99	5.82	5.17	4.76	4.47	4.26	4.09	3.96	3.85
21	8.83	6.89	5.73	5.09	4.68	4.39	4.18	4.01	3.88	3.77
22	9.73	6.81	5.65	5.02	4.61	4.32	4.11	3.94	3.81	3.70
23	9.63	6.73	5.58	4.95	4.54	4.26	4.05	3.88	3.75	3.64
24	9.55	6.66	5.52	4.89	4.49	4.20	3.99	3.83	3.69	3.59
25	9.48	6.60	5.46	4.84	4.43	4.15	3.94	3.78	3.64	3.54
26	9.41	6.54	5.41	4.79	4.38	4.10	3.89	3.73	3.60	3.49
27	9.34	6.49	5.36	4.74	4.34	4.06	3.85	3.69	3.56	3.45
28	9.28	6.44	5.32	4.70	4.30	4.02	3.81	3.65	3.52	3.41
29	9.23	6.40	5.28	4.66	4.26	3.89	3.77	3.61	3.48	3.38
30	9.18	6.35	5.24	4.62	4.23	3.95	3.74	3.58	3.45	3.34
40	8.83	6.07	4.98	4.37	3.99	3.71	3.51	3.35	3.22	3.12
60	8.49	5.79	4.73	4.14	3.76	3.49	3.29	3.13	3.01	2.90
120	8.18	5.54	4.50	3.92	3.55	3.28	3.09	3.93	2.81	2.71
∞	7.88	5.30	4.28	3.72	3.35	3.09	2.90	2.74	3.62	2.52

12	15	20	24	30	40	60	120	∞
24 426	24 630	24 836	24 940	25 044	25 148	25 253	25 359	25 465
199.4	199.4	199.4	199.5	199.5	199.5	199.5	199.5	199.5
43.39	43.08	42.78	42.62	42.47	42.31	42.15	41.99	41.83
20.76	20.44	20.17	20.03	19.89	19.75	19.61	19.47	19.32
13.38	13.15	12.90	12.78	12.66	12.53	12.40	12.27	12.14
10.03	9.81	9.59	9.47	9.39	9.24	9.12	9.00	8.88
8.18	1.97	7.75	7.65	7.53	7.42	7.31	7.19	7.08
7.01	6.81	6.61	6.50	6.40	6.29	6.18	6.06	5.95
6.23	6.03	5.83	5.73	5.62	5.52	5.41	5.30	5.19
5.66	5.47	5.27	5.17	5.07	4.97	4.86	4.75	4.64
5.24	5.05	4.86	4.76	4.65	4.55	4.44	4.34	4.23
4.91	4.72	4.53	4.43	4.33	4.23	4.12	4.01	3.90
4.64	4.46	4.27	4.17	4.07	3.97	3.87	3.76	3.65
4.43	4.25	4.06	3.96	3.86	3.76	3.66	3.55	3.44
4.25	4.07	3.88	3.79	3.69	3.58	3.48	3.37	3.26
4.10	3.92	3.73	3.64	3.54	3.44	3.33	3.32	3.11
3.97	3.79	3.61	3.51	3.41	3.31	3.21	3.10	3.98
3.86	3.68	3.50	3.40	3.30	3.20	3.10	2.99	2.87
3.76	3.59	3.40	3.31	3.21	3.11	3.00	2.89	2.78
3.68	3.50	3.32	3.22	3.12	3.02	2.92	2.81	2.69
3.60	3.43	3.24	3.15	3.05	2.95	2.84	2.73	2.61
3.54	3.36	3.18	3.08	2.98	2.88	2.77	2.66	2.55
3.47	3.30	3.12	3.02	2.92	2.82	2.71	2.60	2.48
3.42	3.25	3.06	2.97	2.87	2.77	2.66	2.55	2.43
3.37	3.20	3.01	2.92	2.82	2.72	2.61	2.50	2.38
3.33	3.15	2.97	2.87	2.77	2.67	2.56	2.45	2.33
3.28	3.11	2.93	2.83	2.73	2.63	2.52	2.41	2.29
3.25	3.07	2.89	2.79	2.69	2.59	2.48	2.37	2.25
3.21	3.04	2.86	2.76	2.66	2.52	2.45	2.33	2.21
3.18	2.01	2.82	2.73	2.63	2.52	2.42	2.30	2.18
2.95	2.78	2.60	2.50	2.40	2.30	2.18	2.06	1.93
2.74	2.57	2.39	2.29	2.19	2.08	1.96	1.83	1.69
2.54	2.37	2.19	2.09	1.98	1.87	1.75	1.61	1.43
2.36	2.19	2.00	1.90	1.79	1.67	1.53	1.36	1.00

续前表 （α=0.001）

n_2 \ n_1	1	2	3	4	5	6	7	8	9	10
1	4 053+	5 000+	5 404+	5 625+	5 764+	5 859+	5 929+	5 981+	6 023+	6 056+
2	998.5	999.0	999.2	999.2	999.3	999.3	999.4	999.4	999.4	999.4
3	167.0	148.5	141.1	137.1	134.6	132.8	131.66	130.6	129.9	129.2
4	74.14	61.25	56.18	53.44	51.71	50.53	49.66	49.00	48.47	48.05
5	47.18	37.12	33.20	31.09	29.75	28.84	28.16	27.64	27.24	26.92
6	35.51	27.00	23.70	21.92	20.81	20.03	19.46	19.03	18.69	18.41
7	29.25	21.69	18.77	17.19	16.21	15.52	15.02	14.63	14.33	14.08
8	25.42	18.49	15.83	14.39	13.49	12.86	12.40	12.04	11.77	11.54
9	22.86	16.39	13.90	12.56	11.71	11.13	10.70	10.37	10.11	9.89
10	21.04	14.91	12.55	11.28	10.48	9.29	9.52	9.20	8.96	8.75
11	19.69	13.81	11.56	10.35	9.58	9.05	8.66	8.35	8.12	7.92
12	18.64	12.97	10.80	9.63	8.89	8.38	8.00	7.71	7.48	7.29
13	17.81	12.31	10.21	9.07	8.35	7.86	7.49	7.21	6.98	6.80
14	17.14	11.78	9.73	8.62	7.92	7.43	7.08	6.80	6.58	6.40
15	16.59	11.34	9.34	8.25	7.57	7.09	6.74	6.47	6.26	6.08
16	16.12	10.97	9.00	7.94	7.27	6.81	6.46	6.19	5.98	5.81
17	15.72	10.66	8.73	7.68	7.02	7.56	6.22	5.96	5.75	5.58
18	15.38	10.39	8.49	7.46	6.81	6.35	6.02	5.76	5.56	5.39
19	15.08	10.16	8.28	7.26	6.62	6.18	5.85	5.59	5.39	5.22
20	14.82	9.95	8.10	7.10	6.46	6.02	5.69	5.44	5.24	5.08
21	14.59	9.77	7.94	6.95	6.32	5.88	5.56	5.31	5.11	4.95
22	14.38	9.61	7.80	6.81	6.19	5.76	5.44	5.19	4.99	4.83
23	14.19	9.47	7.67	6.69	6.08	5.65	5.33	5.09	4.89	4.73
24	14.03	9.34	7.55	6.59	5.98	5.55	5.23	4.99	4.80	4.64
25	13.88	9.22	7.45	6.49	5.88	5.46	5.15	4.99	4.71	4.56
26	13.74	9.12	7.36	6.41	5.80	5.38	5.07	4.83	4.64	4.48
27	13.61	9.02	7.27	6.33	5.73	5.31	5.00	4.76	4.57	4.41
28	13.50	8.93	7.19	6.25	5.66	5.24	4.93	4.69	4.50	4.35
29	13.39	8.35	7.12	6.19	5.59	5.18	4.87	4.64	4.45	4.29
30	13.29	8.77	7.05	6.12	5.53	5.12	4.82	4.52	4.39	4.24
40	12.61	8.25	6.60	5.70	5.13	4.73	4.44	4.21	4.02	3.87
60	11.97	7.76	6.17	5.31	4.76	4.37	4.09	3.87	3.69	3.54
120	11.38	7.22	5.79	4.95	4.42	4.04	3.77	3.55	3.38	3.24
∞	10.83	6.91	5.42	4.62	4.10	3.74	3.47	3.27	3.10	2.96

12	15	20	24	30	40	60	120	∞
6 107+	6 158+	6 209+	6 235+	6 261+	6 287+	6 313+	6 340+	6 366+
999.4	999.4	999.4	999.5	999.5	999.5	999.5	999.5	999.5
128.3	127.4	126.4	125.9	125.4	125.0	124.5	124.0	123.5
47.41	46.76	46.10	45.77	45.43	45.09	44.75	44.40	44.05
26.42	25.91	25.39	25.14	24.87	24.60	24.33	24.60	23.79
17.99	17.56	17.12	16.89	16.67	16.44	16.21	15.99	15.75
13.71	13.32	12.93	12.73	12.53	12.33	12.12	11.91	11.70
11.19	10.48	10.48	10.30	10.11	9.92	9.73	9.53	9.33
9.57	9.24	8.90	8.72	8.55	8.37	8.19	8.00	7.81
8.45	8.13	7.80	7.64	7.47	7.30	7.12	6.94	6.76
7.63	7.32	7.01	6.85	6.68	6.52	6.35	6.17	6.00
7.00	6.71	6.40	6.25	6.09	5.93	5.76	5.59	5.42
6.52	6.23	5.93	5.78	5.63	5.47	5.30	5.14	4.97
6.13	5.85	5.56	5.41	5.25	5.10	4.94	4.77	4.60
5.81	5.54	5.25	5.10	4.95	4.80	4.64	4.47	4.31
5.55	5.27	4.99	4.85	4.70	4.54	4.39	4.23	4.06
5.32	5.05	4.78	4.63	4.48	4.33	4.18	4.02	3.85
5.13	4.87	4.59	4.45	4.30	4.15	4.00	3.84	3.67
4.97	4.70	4.43	4.29	4.14	3.99	3.84	3.68	3.51
4.82	4.56	4.29	4.15	4.00	3.86	3.70	3.54	3.38
4.70	4.44	4.17	4.03	3.88	3.74	3.58	3.42	3.26
4.58	4.33	4.06	3.92	3.78	3.63	3.48	3.32	3.15
4.48	4.23	3.96	3.82	3.68	3.53	3.38	3.22	3.05
4.39	4.14	3.87	3.74	3.59	3.45	3.29	3.14	2.97
4.31	4.06	3.79	3.66	3.52	3.37	3.22	3.08	2.89
4.24	3.99	3.72	3.59	3.44	3.30	3.15	2.99	2.82
4.17	3.92	3.66	3.52	3.38	3.23	3.08	2.92	2.75
4.11	3.86	3.60	3.46	3.32	3.18	3.02	2.86	2.69
4.05	3.80	3.54	3.41	3.27	3.12	2.97	2.81	2.64
4.00	3.75	3.49	3.36	3.22	3.07	2.92	2.76	2.59
3.64	3.40	3.15	3.01	3.87	2.73	2.57	2.41	2.23
3.31	3.08	2.83	2.69	2.55	2.41	2.25	2.08	1.89
3.02	2.78	2.53	2.40	2.26	2.11	1.95	1.76	1.54
2.74	2.51	2.27	2.13	1.99	1.84	1.66	1.45	1.00

说明：+表示要将此数乘以100。

附表五　　相关系数 $\rho=0$ 的临界值表

$n-2$	5%	1%	$n-2$	5%	1%	$n-2$	5%	1%
1	0.997	1.000	16	0.468	0.590	35	0.325	0.418
2	0.950	0.990	17	0.456	0.575	40	0.304	0.393
3	0.878	0.959	18	0.444	0.561	45	0.288	0.372
4	0.811	0.917	19	0.433	0.549	50	0.273	0.354
5	0.754	0.874	20	0.423	0.537	60	0.250	0.325
6	0.707	0.834	21	0.413	0.526	70	0.232	0.302
7	0.666	0.798	22	0.404	0.515	80	0.217	0.283
8	0.632	0.765	23	0.396	0.505	90	0.205	0.267
9	0.602	0.735	24	0.388	0.496	100	0.195	0.254
10	0.576	0.708	25	0.381	0.487	125	0.174	0.228
11	0.553	0.684	26	0.374	0.478	150	0.159	0.208
12	0.532	0.661	27	0.367	0.470	200	0.138	0.181
13	0.514	0.641	28	0.361	0.463	300	0.113	0.148
14	0.497	0.623	29	0.355	0.456	400	0.098	0.128
15	0.482	0.606	30	0.349	0.449	1 000	0.062	0.081

附表六　　　　　　　　　　　　　　　正交表

①L_8（2^7）

试验号＼列号	1	2	3	4	5	6	7
1	1	1	2	1	2	2	1
2	2	1	1	1	1	2	2
3	1	2	1	1	2	1	2
4	2	2	2	1	1	1	1
5	1	1	2	2	1	1	2
6	2	1	1	2	2	1	1
7	1	2	1	2	1	2	1
8	2	2	2	2	2	2	2

②L_8（4×2^4）

试验号＼列号	1	2	3	4	5
1	1	1	1	1	1
2	1	2	2	2	2
3	2	1	1	2	2
4	2	2	2	1	1
5	3	1	2	1	2
6	3	2	1	2	1
7	4	1	2	2	1
8	4	2	1	1	2

③L_{16}（4^5）

试验号＼列号	1	2	3	4	5
1	1	1	1	1	1
2	1	2	2	2	2
3	1	3	3	3	3
4	1	4	4	4	4
5	2	1	2	3	4
6	2	2	1	4	3
7	2	3	4	1	2
8	2	4	3	2	1
9	3	1	3	4	2
10	3	2	4	3	1
11	3	3	1	2	4
12	3	4	2	1	3
13	4	1	4	2	3
14	4	2	3	1	4
15	4	3	2	4	1
16	4	4	1	3	2

④L_{16}（2^{15}）

试验号＼列号	1	2	3	4	5	6	7	8	9	10	11	12	13	14	15
1	1	1	1	1	1	1	1	1	1	1	1	1	1	1	1
2	1	1	1	1	1	1	1	2	2	2	2	2	2	2	2
3	1	1	1	2	2	2	2	1	1	1	1	2	2	2	2
4	1	1	1	2	2	2	2	2	2	2	2	1	1	1	1
5	1	2	2	1	1	2	2	1	1	2	2	1	1	2	2
6	1	2	2	1	1	2	2	2	2	1	1	2	2	1	1
7	1	2	2	2	2	1	1	1	1	2	2	2	2	1	1
8	1	2	2	2	2	1	1	2	2	1	1	1	1	2	2
9	2	1	2	1	2	1	2	1	2	1	2	1	2	1	2
10	2	1	2	1	2	1	2	2	1	2	1	2	1	2	1
11	2	1	2	2	1	2	1	1	2	1	2	2	1	2	1
12	2	1	2	2	1	2	1	2	1	2	1	1	2	1	2
13	2	2	1	1	2	2	1	1	2	2	1	1	2	2	1
14	2	2	1	1	2	2	1	2	1	1	2	2	1	1	2
15	2	2	1	2	1	1	2	1	2	2	1	2	1	1	2
16	2	2	1	2	1	1	2	2	1	1	2	1	2	2	1

⑤L_4（2^6）

试验号＼列号	1	2	3
1	1	1	1
2	1	2	2
3	2	1	2
4	2	2	1

⑥L_{25}（5^6）

列号 / 试验号	1	2	3	4	5	6	7	8	9	10	11	12	13	14	15	16	17	18	19	20	21	22	13	24	25
1	1	1	1	1	1	2	2	2	2	2	3	3	3	3	3	4	4	4	4	4	5	5	5	5	5
2	1	2	3	4	5	1	2	3	4	5	1	2	3	4	5	1	2	3	4	5	1	2	3	4	5
3	1	2	3	4	5	2	3	4	5	1	3	4	5	1	2	4	5	1	2	3	5	1	2	3	4
4	1	2	3	4	5	3	4	5	1	2	5	1	2	3	4	2	3	4	5	1	4	5	1	2	3
5	1	2	3	4	5	4	5	1	2	3	2	3	4	5	1	5	1	2	3	4	3	4	5	1	2
6	1	2	3	4	5	5	1	2	3	4	4	5	1	2	3	3	4	5	1	2	2	3	4	5	1

⑦L_9（3^4）

列号 / 试验号	1	2	3	4
1	1	1	1	1
2	1	2	2	2
3	1	3	3	3
4	2	1	2	3
5	2	2	3	1
6	2	3	1	2
7	3	1	3	2
8	3	2	1	3
9	3	3	2	1

⑧L_{18}（2×3^7）

列号 / 试验号	1	2	3	4	5	6	7	8
1	1	1	1	1	1	1	1	1
2	1	1	2	2	2	2	2	2
3	1	1	3	3	3	3	3	3
4	1	2	1	1	2	2	3	3
5	1	2	2	2	3	3	1	1
6	1	2	3	3	1	1	2	2
7	1	3	1	2	1	3	2	3
8	1	3	2	3	2	1	3	1
9	1	3	3	1	3	2	1	2

续前表

试验号 \ 列号	1	2	3	4	5	6	7	8
10	2	1	1	3	3	2	2	1
11	2	1	2	1	1	3	3	2
12	2	1	3	2	2	1	1	3
13	2	2	1	2	3	1	3	2
14	2	2	2	3	1	2	1	3
15	2	2	3	1	2	3	2	1
16	2	3	1	3	2	3	1	2
17	2	3	2	1	3	1	2	3
18	2	3	3	2	1	2	3	1

附表七

复利现值系数表（PVIF 表）

n \ i(%)	1	2	3	4	5	6	7	8	9
1……	0.990	0.980	0.971	0.962	0.952	0.943	0.935	0.926	0.917
2……	0.980	0.961	0.943	0.925	0.907	0.890	0.873	0.857	0.842
3……	0.971	0.942	0.915	0.889	0.864	0.840	0.816	0.794	0.772
4……	0.961	0.924	0.888	0.855	0.823	0.792	0.763	0.735	0.708
5……	0.951	0.906	0.863	0.822	0.784	0.747	0.713	0.681	0.650
6……	0.942	0.888	0.837	0.790	0.746	0.705	0.666	0.630	0.596
7……	0.933	0.871	0.813	0.760	0.711	0.665	0.623	0.583	0.547
8……	0.923	0.853	0.789	0.731	0.677	0.627	0.582	0.540	0.502
9……	0.914	0.837	0.766	0.703	0.645	0.592	0.544	0.500	0.460
10……	0.905	0.820	0.744	0.676	0.614	0.558	0.508	0.463	0.422
11……	0.896	0.804	0.722	0.650	0.585	0.527	0.475	0.429	0.388
12……	0.887	0.788	0.701	0.625	0.557	0.497	0.444	0.397	0.356
13……	0.879	0.773	0.681	0.601	0.530	0.469	0.415	0.368	0.326
14……	0.870	0.758	0.661	0.577	0.505	0.442	0.388	0.340	0.299
15……	0.861	0.743	0.642	0.555	0.481	0.417	0.362	0.315	0.275
16……	0.853	0.728	0.623	0.534	0.458	0.394	0.339	0.292	0.252
17……	0.844	0.714	0.605	0.513	0.436	0.371	0.317	0.270	0.231
18……	0.836	0.700	0.587	0.494	0.416	0.350	0.296	0.250	0.212
19……	0.828	0.686	0.570	0.475	0.396	0.331	0.277	0.232	0.194
20……	0.820	0.673	0.554	0.456	0.377	0.312	0.258	0.215	0.178
25……	0.780	0.610	0.478	0.375	0.295	0.233	0.184	0.146	0.116
30……	0.742	0.552	0.412	0.308	0.231	0.174	0.131	0.099	0.075
40……	0.672	0.453	0.307	0.208	0.142	0.097	0.067	0.046	0.032
50……	0.608	0.372	0.228	0.141	0.087	0.054	0.034	0.021	0.013

10	11	12	13	14	15	16	17
0.909	0.901	0.893	0.885	0.877	0.870	0.862	0.855
0.826	0.812	0.797	0.783	0.769	0.756	0.743	0.731
0.751	0.731	0.712	0.693	0.675	0.658	0.641	0.624
0.683	0.659	0.636	0.613	0.592	0.572	0.552	0.534
0.621	0.593	0.567	0.543	0.519	0.497	0.476	0.456
0.564	0.535	0.507	0.480	0.456	0.432	0.410	0.390
0.513	0.482	0.452	0.425	0.400	0.376	0.354	0.333
0.467	0.434	0.404	0.376	0.351	0.327	0.305	0.285
0.424	0.391	0.361	0.333	0.300	0.284	0.263	0.243
0.386	0.352	0.322	0.295	0.270	0.247	0.227	0.208
0.350	0.317	0.287	0.261	0.237	0.215	0.195	0.178
0.319	0.286	0.257	0.231	0.208	0.187	0.168	0.152
0.290	0.258	0.229	0.204	0.182	0.163	0.145	0.130
0.263	0.232	0.205	0.181	0.160	0.141	0.125	0.111
0.239	0.209	0.183	0.160	0.140	0.123	0.108	0.095
0.218	0.188	0.163	0.141	0.123	0.107	0.093	0.081
0.198	0.170	0.146	0.125	0.108	0.093	0.080	0.069
0.180	0.153	0.130	0.111	0.095	0.081	0.069	0.059
0.164	0.138	0.116	0.098	0.083	0.070	0.060	0.051
0.149	0.124	0.104	0.087	0.073	0.061	0.051	0.043
0.092	0.074	0.059	0.047	0.038	0.030	0.024	0.020
0.057	0.044	0.033	0.026	0.020	0.015	0.012	0.009
0.022	0.015	0.011	0.008	0.005	0.004	0.003	0.002
0.009	0.005	0.003	0.002	0.001	0.001	0.001	0

续前表

n \ i(%)	18	19	20	25	30	35	40	50
1……	0.847	0.840	0.833	0.800	0.769	0.741	0.714	0.667
2……	0.718	0.706	0.694	0.640	0.592	0.549	0.510	0.444
3……	0.609	0.593	0.579	0.512	0.455	0.406	0.364	0.296
4……	0.516	0.499	0.482	0.410	0.350	0.301	0.260	0.198
5……	0.437	0.419	0.402	0.320	0.269	0.223	0.186	0.132
6……	0.370	0.352	0.335	0.262	0.207	0.165	0.133	0.088
7……	0.314	0.296	0.279	0.210	0.159	0.122	0.095	0.059
8……	0.266	0.249	0.233	0.168	0.123	0.091	0.068	0.039
9……	0.225	0.209	0.194	0.134	0.094	0.067	0.048	0.026
10……	0.191	0.176	0.162	0.107	0.073	0.050	0.035	0.017
11……	0.162	0.148	0.135	0.086	0.056	0.037	0.025	0.012
12……	0.137	0.124	0.112	0.069	0.043	0.027	0.018	0.008
13……	0.116	0.104	0.093	0.055	0.033	0.020	0.013	0.005
14……	0.099	0.088	0.078	0.044	0.025	0.015	0.009	0.003
15……	0.084	0.074	0.065	0.035	0.020	0.011	0.006	0.002
16……	0.071	0.062	0.054	0.028	0.015	0.008	0.005	0.002
17……	0.060	0.052	0.045	0.023	0.012	0.006	0.003	0.001
18……	0.051	0.044	0.038	0.018	0.009	0.005	0.002	0.001
19……	0.043	0.037	0.031	0.014	0.007	0.003	0.002	0
20……	0.037	0.031	0.026	0.012	0.005	0.002	0.001	0
25……	0.016	0.013	0.010	0.004	0.001	0.001	0	0
30……	0.007	0.005	0.004	0.001	0	0	0	0
40……	0.001	0.001	0.001	0	0	0	0	0
50……	0	0	0	0	0	0	0	0

附表八 年金现值系数表（PVIFA 表）

n \ i(%)	1	2	3	4	5	6	7	8	9
1……	0.990	0.980	0.971	0.962	0.952	0.943	0.935	0.926	0.917
2……	1.970	1.942	1.913	1.886	1.859	1.833	1.808	1.783	1.759
3……	2.941	2.884	2.829	2.775	2.723	2.673	2.624	2.577	2.531
4……	3.902	3.808	3.717	3.630	3.546	3.465	3.387	3.312	3.240
5……	4.853	4.713	4.580	4.452	4.329	4.212	4.100	3.993	3.890
6……	5.795	5.601	5.417	5.242	5.076	4.917	4.767	4.623	4.486
7……	6.728	6.472	6.230	6.002	5.786	5.582	5.389	5.206	5.033
8……	7.652	7.325	7.020	6.733	6.463	6.210	5.971	5.747	5.535
9……	8.566	8.162	7.786	7.435	7.108	6.802	6.515	6.247	5.995
10……	9.471	8.983	8.530	8.111	7.722	7.360	7.024	6.710	6.418
11……	10.368	9.787	9.253	8.760	8.306	7.887	7.499	7.139	6.805
12……	11.255	10.575	9.954	9.385	8.863	8.384	7.943	7.536	7.161
13……	12.134	11.348	10.635	9.986	9.394	8.853	8.358	7.904	7.487
14……	13.004	12.106	11.296	10.563	9.899	9.295	8.745	8.244	7.786
15……	13.865	12.849	11.938	11.118	10.380	9.712	9.108	8.559	8.061
16……	14.718	13.578	12.561	11.652	10.838	10.106	9.447	8.851	8.313
17……	15.562	14.292	13.166	12.166	11.274	10.477	9.763	9.122	8.544
18……	16.398	14.992	13.754	12.659	11.690	10.828	10.059	9.372	8.756
19……	17.226	15.678	14.324	13.134	12.085	11.158	10.336	9.604	8.950
20……	18.046	16.351	14.877	13.590	12.462	11.470	10.594	9.818	9.129
25……	22.023	19.523	17.413	15.622	14.094	12.783	11.654	10.675	9.823
30……	25.808	22.396	19.600	17.292	15.372	13.765	12.409	11.258	10.274
40……	32.835	27.355	23.115	19.793	17.159	15.046	13.332	11.925	10.757
50……	39.196	31.424	25.730	21.482	18.256	15.762	13.801	12.233	10.962

续前表

n \ $i(\%)$	10	11	12	13	14	15	16	17	18
1……	0.909	0.901	0.893	0.885	0.877	0.870	0.862	0.855	0.847
2……	1.736	1.713	1.690	1.668	1.647	1.626	1.605	1.585	1.566
3……	2.487	2.444	2.402	2.361	2.322	2.283	2.246	2.210	2.174
4……	3.170	3.102	3.037	2.974	2.914	2.855	2.798	2.743	2.690
5……	3.791	3.696	3.605	3.517	3.433	3.352	3.274	3.199	3.127
6……	4.355	4.231	4.111	3.998	3.889	3.784	3.685	3.589	3.498
7……	4.868	4.712	4.564	4.423	4.288	4.160	4.039	3.922	3.812
8……	5.335	5.146	4.968	4.799	4.639	4.487	4.344	4.207	4.078
9……	5.759	5.537	5.328	5.132	4.946	4.472	4.607	4.451	4.303
10……	6.145	5.889	5.650	5.426	5.216	5.019	4.833	4.659	4.494
11……	6.495	6.207	5.938	5.687	5.453	5.234	5.029	4.836	4.656
12……	6.814	6.492	6.194	5.918	5.660	5.421	5.197	4.988	4.793
13……	7.103	6.750	6.424	6.122	5.842	5.583	5.342	5.118	4.910
14……	7.367	6.982	6.628	6.302	6.002	5.724	5.468	5.229	5.008
15……	7.606	7.101	6.811	6.462	6.142	5.847	5.575	5.324	5.092
16……	7.824	7.379	6.974	6.604	6.265	5.954	5.668	5.405	5.162
17……	8.022	7.549	7.102	6.729	6.373	6.047	5.749	5.475	5.222
18……	8.201	7.702	7.250	6.840	6.467	6.128	5.818	5.534	5.273
19……	8.365	7.839	7.366	6.938	6.550	6.198	5.877	5.584	5.316
20……	8.514	7.963	7.469	7.025	6.623	6.259	5.929	5.628	5.353
25……	9.077	8.422	7.843	7.330	6.873	6.464	6.097	5.766	5.467
30……	9.427	8.694	8.055	7.496	7.003	6.566	6.177	5.829	5.517
40……	9.779	8.951	8.244	7.634	7.105	6.642	6.233	5.871	5.548
50……	9.915	9.042	8.304	7.675	7.133	6.661	6.246	5.880	5.554

19	20	25	30	35	40	50
0. 840	0. 833	0. 800	0. 769	0. 741	0. 714	0. 667
1. 547	1. 528	1. 440	1. 361	1. 289	1. 224	1. 111
2. 140	2. 106	1. 952	1. 816	1. 696	1. 589	1. 407
2. 639	2. 589	2. 362	2. 166	1. 997	1. 849	1. 605
3. 058	2. 991	2. 689	2. 436	2. 220	2. 035	1. 737
3. 410	3. 326	2. 951	2. 643	2. 385	2. 168	1. 824
3. 706	3. 605	3. 161	2. 802	2. 508	2. 263	1. 883
3. 954	3. 837	3. 329	2. 925	2. 598	2. 331	1. 922
4. 163	4. 031	3. 463	3. 019	2. 665	2. 379	1. 948
4. 339	4. 192	3. 571	3. 092	2. 715	2. 414	1. 965
4. 486	4. 327	3. 656	3. 147	2. 752	2. 438	1. 977
4. 611	4. 439	3. 725	3. 190	2. 779	2. 456	1. 985
4. 715	4. 533	3. 780	3. 223	2. 799	2. 469	1. 990
4. 802	4. 611	3. 824	3. 249	2. 814	2. 478	1. 993
4. 876	4. 675	3. 859	3. 268	2. 825	2. 484	1. 995
4. 938	4. 730	3. 887	3. 283	2. 834	2. 489	1. 997
4. 988	4. 775	3. 910	3. 295	2. 840	2. 492	1. 998
5. 033	4. 812	3. 928	3. 304	2. 844	2. 494	1. 999
5. 070	4. 843	3. 942	3. 311	2. 848	2. 496	1. 999
5. 101	4. 870	3. 954	3. 316	2. 850	2. 497	1. 999
5. 195	4. 948	3. 985	3. 329	2. 856	2. 499	2. 000
5. 235	4. 979	3. 995	3. 332	2. 857	2. 500	2. 000
5. 258	4. 997	3. 999	3. 333	2. 857	2. 500	2. 000
5. 262	4. 999	4. 000	3. 333	2. 857	2. 500	2. 000

参考文献

1. 车礼等．市场调查与预测．武汉：武汉大学出版社，1993

2. 唐小我．经济预测方法．成都：成都电讯工程学院出版社，1989

3. 赫伯特·A·西蒙．管理决策新科学．北京：中国社会科学出版社，1982

4. 胡玉立等．企业预测与决策．北京：中国财政经济出版社，1995

5. 王小波等．经济周期与预警研究——理论、方法、应用．北京：冶金工业出版社，1994

6. 南阜薰等．决策技术．北京：中国铁道出版社，1989

7. 尼尔·塞茨．商情预测．北京：中国统计出版社，1990

8. 马尔科姆·S·格林伍德等．企业经济学——原理与案例．大连：东北财经大学出版社，1999

9. 詹姆斯·R·麦圭根等．管理经济学——应用、战略与策略．北京：机械工业出版社，2000

10. 斯蒂文·库克，尼葛尔·斯莱克．制定管理决策教程（第二版）．北京：华夏出版社，2000

11. 简明．营销理论与实务．香港：天马图书有限公司，2001

12. 易丹辉．统计预测——方法与应用．北京：中国统计出版社，2001

13. 纳雷希·K·马尔霍特拉．市场营销研究——应用导向．北京：电子工业出版社，2002

14. 吴明隆．SPSS统计应用实务．北京：中国铁道出版社，2000

15. 戴维·R·安德森，丹尼斯·J·斯威尼，托马斯·A·威廉斯．数据、模型与决策（第11版）．北京：机械工业出版社，2006

16. 简明．营销调研．北京：中国人民大学出版社，2011

17. 菲利普·科特勒．营销管理（第14版·全球版）．北京：中国人民大学出版社，2012

图书在版编目（CIP）数据

市场预测与管理决策/简明，胡玉立编著．—5版．—北京：中国人民大学出版社，2014.4
21世纪工商管理系列教材
ISBN 978-7-300-18955-0

Ⅰ．①市… Ⅱ．①简…②胡… Ⅲ．①市场预测-高等学校-教材②市场管理-高等学校-教材
Ⅳ．①F713.5

中国版本图书馆CIP数据核字（2014）第044156号

21世纪工商管理系列教材
市场预测与管理决策（第五版）
简　明　胡玉立　编著
Shichang Yuce yu Guanli Juece

出版发行	中国人民大学出版社		
社　　址	北京中关村大街31号	**邮政编码**	100080
电　　话	010－62511242（总编室）		010－62511770（质管部）
	010－82501766（邮购部）		010－62514148（门市部）
	010－62515195（发行公司）		010－62515275（盗版举报）
网　　址	http://www.crup.com.cn		
经　　销	新华书店		
印　　刷	北京昌联印刷有限公司	**版　　次**	1985年9月第1版
开　　本	787mm×1092mm　1/16		2014年4月第5版
印　　张	24 插页1	**印　　次**	2024年1月第8次印刷
字　　数	525 000	**定　　价**	38.00元

中国人民大学出版社　管理分社

教师教学服务说明

中国人民大学出版社管理分社以出版工商管理和公共管理类精品图书为宗旨。为更好地服务一线教师，我们着力建设了一批数字化、立体化的网络教学资源。教师可以通过以下方式获得免费下载教学资源的权限：

★ 在中国人民大学出版社网站 www.crup.com.cn 进行注册，注册后进入“会员中心”，在左侧点击“我的教师认证”，填写相关信息，提交后等待审核。我们将在一个工作日内为您开通相关资源的下载权限。

★ 如您急需教学资源或需要其他帮助，请加入教师 QQ 群或在工作时间与我们联络。

中国人民大学出版社　管理分社

教师 QQ 群：648333426(工商管理)　114970332(财会)　648117133(公共管理)
教师群仅限教师加入，入群请备注（学校+姓名）

联系电话：010-62515735，62515987，62515782，82501048，62514760

电子邮箱：glcbfs@crup.com.cn

通讯地址：北京市海淀区中关村大街甲 59 号文化大厦 1501 室（100872）

管理书社　　人大社财会　　公共管理与政治学悦读坊